Rechtliche Grundlagen bayerischer Zensur im 19. Jahrhundert

Rechtshistorische Reihe

Band 273

Peter Lang
Frankfurt am Main · Berlin · Bern · Bruxelles · New York · Oxford · Wien

Barbara Széchényi

Rechtliche Grundlagen bayerischer Zensur im 19. Jahrhundert

Peter Lang
Europäischer Verlag der Wissenschaften

Bibliografische Information Der Deutschen Bibliothek
Die Deutsche Bibliothek verzeichnet diese Publikation in der Deutschen Nationalbibliografie; detaillierte bibliografische Daten sind im Internet über <http://dnb.ddb.de> abrufbar.

Zugl.: Regensburg, Univ., Diss., 2003

Die vorliegende Arbeit wurde von Herrn Professor Schwab zur Aufnahme in die Reihe empfohlen.

D 355
ISSN 0344-290X
ISBN 3-631-51330-5

www.peterlang.de

Meinen Eltern

Vorwort

Die vorliegende Untersuchung wurde als Dissertation im Oktober 2002 an der Juristischen Fakultät der Universität Regensburg angenommen.

Ohne die mir von vielen Seiten gewährte Unterstützung wäre sie nicht entstanden. An erster Stelle möchte ich mich bei Herrn Prof. Dr. Dieter Schwab bedanken, der die Entstehung dieser Arbeit stets begleitete und mir in vielen Gesprächen ergänzende Hinweise und wertvolle Anregungen gab.

Bei der Arbeit im Staatsarchiv München, wies mich Herr Dr. Bachmann auf interessante Zensurakten in, wofür ihm mein Dank gebührt.

Weiterhin möchte ich mich an dieser Stelle bei meinen Eltern bedanken, die mir die Anfertigung dieser Dissertation ermöglicht haben. Besonderer Dank gilt meiner Mutter für die Korrektur der Arbeit.

Köszönöm a hollónak a segitséget.

Leipzig, im Mai 2003 Barbara Széchényi

Inhaltsverzeichnis

Einleitung und Begriffserläuterungen

„Wiewohl auch auf etlichen vorigen gehaltenen Reichstagen bey schweren Poenen statuirt und gebotten worden, dass die Obrigkeit bey ihren Druckereyen, Buchführern und sonsten ernstliche Versehung thun sollen, damit keine Schmähbücher, Gemählde oder dergleichen – dadurch nichts gutes, sondern nur Zanck, Aufruhr, Misstrauen und Zertrennung alles friedlichen Wesens angestifft- öffentlich oder heimlich gemacht, gedruckt, verkaufft oder sonsten ausgehen.“[1]

Eine Betrachtung der Geschichte der Zensur wird durch den Titel dieser Arbeit in zeitlicher und räumlicher Hinsicht konkretisiert: Im Mittelpunkt des Interesses steht das Zensurwesen im 19. Jahrhundert im Königreich Bayern. Diese Zeitspanne zählt in der Geschichte der Zensur zu den spannendsten und bewegtesten Jahren, da Eindrücke von Revolution und Reaktion, neuer Freizügigkeit und strengen Sittlichkeitsvorstellungen in den Zensurgesetzen dieser Zeit ihren Niederschlag gefunden haben. Um diesen Teil der Geschichte der Zensur nicht isoliert darzustellen, wird sich der erste Teil dieser Arbeit mit der Vorgeschichte befassen. Von den Anfängen der Zensur im 5. Jahrhundert vor Christus soll der Bogen bis zum Vorabend zur Systematisierung des Zensurwesens am Ende des 18. Jahrhunderts gespannt werden. Dabei werden neben den Ereignissen auf Reichsebene auch die Entwicklungen in Bayern verfolgt. Nach diesem Überblick über die Entstehung des Zensurwesens im alten deutschen Reich und den Jahren nach seinem Untergang widmet sich der zweite Teil dieser Arbeit der Geschichte der Zensur im 19. Jahrhundert. Der Schwerpunkt liegt dabei auf den rechtlichen Grundlagen der bayerischen Zensur. Die Anzahl und Verschiedenheit der im 19. Jahrhundert zur Ausübung der Zensur im Königreich Bayern herangezogenen Rechtsgrundlagen ist beträchtlich: Neben speziellen Presseedikten und strafrechtlichen Vorschriften konnten Zensurmaßnahmen auch auf Regelungen der Gewerbeordnung gestützt werden.
Bevor die Betrachtungen zur Geschichte der Zensur nun mit einem kurzen Rückblick zum ersten überlieferten Zensurprozess beginnen, soll zunächst ein kurzer Blick auf den Begriff *Zensur* geworfen werden. Eine einheitliche Definition des Zensurbegriffs ist noch in keinem der einschlägigen Gesetze getroffen worden. Auch der Wissenschaft ist dies noch nicht gelungen. Im Jahre 1865 wurde in einer juristischen Schrift Zensur als die *„Vorschrift jedes zur Veröffentlichung durch den Druck bestimmte Geistesprodukt (oder durch gewisse Gattungen derselben, z.B. politische Zeitungen) einer Behörde zur Einsicht sowie zur Genehmigung vorzulegen“*[2] verstanden. Ende des 19. Jahrhunderts galt *„Censur“* als Prüfung und Beurteilung besonders eines Menschen und seiner

---

[1] § 154 Speyerer RA (in: Neue und vollständigere Sammlung der Reichsabschiede, Neudruck der Ausgabe 1747, Osnabrück 1967, Band III, S. 308).
[2] Friedrich Wiebeking, Die bayerische Pressgesetzgebung, Bamberg 1865, S. 2.

Handlungsweise, weshalb auch „*von dem Urteile einer Prüfungsbehörde über die Kenntnisse und Leistungen eines Examinierten*"[3] gesprochen wurde. Das Handbuch zur deutschen Rechtsgeschichte versteht heute unter Zensur die „*staatliche Inhaltskontrolle von Veröffentlichungen oder zur Veröffentlichung bestimmte Presseerzeugnisse (Zeitungen, Zeitschriften, Bücher), von Filmen, von Rundfunk- sowie Fernsehsendungen und von Computerprogrammen.*"[4] Es wird also eine Differenzierung zwischen Vor- und Nachzensur getroffen. Bei der Vorzensur (Präventivzensur, *censura praevia*) erfolgt eine Kontrolle noch bevor eine Herstellung, Veröffentlichung oder Verbreitung eines Werkes stattfindet, wogegen bei der Nachzensur (Repressivzensur, *censura repressiva*) die Überprüfung erst nach diesem Zeitpunkt vorgenommen wird[5]. Das Grundgesetz hat ein Zensurverbot in Art 5 Abs.1 S. 3 GG verankert, demzufolge eine Zensur nicht stattfindet[6]. Mit Zensur meint es zunächst die Vorzensur. Das wird deutlich, wenn man Art 5 Abs.2 des Grundgesetzes betrachtet, wonach die (Nach-) Zensur in den dort vorgesehenen Grenzen möglich ist.

---

[3] Art. „Censur", in: Brockhaus Konversations-Lexikon, 14. Auflage, 4. Band, Leipzig 1892, S. 30.

[4] Zur Begriffserläuterung vgl. Art. „Zensur" von Dieter Werkmüller, in: Handwörterbuch zur Deutschen Rechtsgeschichte, Hrsg: Adalbert Erler, Ekkehard Kaufmann und Dieter Werkmüller, V. Band, Berlin 1998, S. 1655.

[5] Vgl. Art. „Zensur" von Dieter Werkmüller, in: Handwörterbuch zur Deutschen Rechtsgeschichte, Hrsg: Adalbert Erler, Ekkehard Kaufmann und Dieter Werkmüller, V. Band, Berlin 1998, S. 1655.

[6] Vgl. u.a. Herzog, in: Maunz/Dürig, Grundgesetz Kommentar zu Art 1 Abs. 1 S. 3, München 2001, Rn. 297; Wendt, in: Münch/Kunig (Hrsg.), Grundgesetz Kommentar, 5. Auflage, München 2000, S. 429; Pieroth/Schlink, Grundrechte Staatsrecht II, 17. Auflage, Heidelberg 2001, S. 146.

I. Geschichte der Zensur von ihren Anfängen bis 1818

Die Erfindung der Buchdruckerkunst in der Mitte des 15. Jahrhunderts wird häufig als Geburtsstunde der Zensur angesehen[7]. Sicherlich hat erst die Möglichkeit der Gedankenäußerung und -verbreitung durch Druckwerke der Zensur eine bis dahin ungeahnte Bedeutung verliehen. Erste überlieferte Zensurmaßnahmen und damit der Anfang der Geschichte der Zensur dürfte jedoch 2000 Jahre vorher anzusiedeln sein. Um diese doch beträchtliche Zeitspanne nicht gänzlich außer Acht zu lassen, soll hier versucht werden, mittels einiger Beispiele einen Eindruck vom Zensurwesen vor der Erfindung der Buckdruckerkunst zu vermitteln. Da sich der Schwerpunkt dieser Arbeit jedoch im 19. Jahrhundert befindet, will und kann dieses Kapitel über die Anfänge der Zensur keinen Anspruch auf eine abschließende Darstellung erheben, sondern soll lediglich der Einleitung in die Thematik dienen.

1. Zensurwesen vor Erfindung der Buchdruckerkunst

Verbote von Schriften, deren Beschlagnahme und Verbrennung sowie die Bestrafung der Verfasser werden aus Griechenland schon aus dem fünften vorchristlichen Jahrhundert überliefert[8], so etwa aus dem Jahre 415 oder 411 v. Chr., als auf dem Marktplatz von Athen Schriften des bedeutenden Sophisten Protagoras (481-411 v. Chr.[9]), welcher über Rechtswissenschaft, Rhetorik, Ethik und Grammatik schrieb, öffentlich verbrannt wurden[10]. Protagoras, der mit Peri-

---

[7] Oswald Krempel, Das Zensurrecht in Deutschland zu Ausgang des 18. und Beginn des 19. Jahrhunderts, Würzburg 1921, S. 12; Josef Bayrle, Die rechtliche Situation bayerischer Presse von 1818-1848, München 1948, S. 1.

[8] Ulrich Eisenhardt, Die kaiserliche Aufsicht über Buchdruck, Buchhandel und Presse im Heiligen Römischen Reich Deutscher Nation (1496-1806), Karlsruhe 1970, S. 4; Friedrich Kapp und Johann Goldfriedrich, Geschichte des Deutschen Buchhandels, 4 Bände (Band I), Leipzig 1886- 1913, S. 523.

[9] Diogenes Laertius, Leben und Meinungen berühmter Philosophen, 2. Auflage, Hamburg 1967, Buch IX., S. 185 ff.

[10] Über diesen Prozess wurde erst relativ spät von lateinischen und griechischen Schriftstellern berichtet, von denen Cicero der älteste Zeuge ist, der berichtet, dass die Athener Protagoras wegen seines Zweifels am Dasein der Götter mit Verbannung bestraft und seine Schriften öffentlich auf der Agora verbrannt haben: „*(...) nam Abderites quidem Protagoras, cuius a te modo mentio facta est, sophistes temporibus illis vel maximus, cum in principio libri sic posuisset [de divis neque ut sint neque ut non sint habeo dicere], Atheniensium iussu urbe atque agro est exterminatus librique eius in contione combusti; ex quo equidem existimo tardioris ad hanc sententiam profitendam multos esse factos, quippe cum poenam ne dubitatio quidem effugere potuisset (...).*“ (Marcus Tullius Cicero, De natura deorum. Libri tres. In Lateinisch-deutscher Ausgabe, herausgegeben, übersetzt und kommen-tiert von Olof Gigon und Laila Straume-Zimmermann, Darmstadt 1996, S. 52).

kles befreundet war und Euripides sowie Demokrit mit seinen Schriften beeinflusste, verfasste eine Schrift, in welcher er seine Skepsis bezüglich der Existenz von Göttern bekundete[11]. Wegen des Satzes „*Über die Götter allerdings habe ich keine Möglichkeit zu wissen, weder dass sie sind, noch dass sie nicht sind, noch, wie sie etwa an Gestalt sind*“[12], wurde er wegen Gottlosigkeit verklagt und aus Athen verbannt. Seine Schriften wurden, nachdem man sie von allen Besitzern eingezogen hatte, auf der Agora dem Feuer übergeben[13]. Auf dem Weg ins Exil nach Sizilien soll Protagoras im Alter von neunzig Jahren gestorben sein[14].

Im Römischen Reich wurden Bücherverbrennungen vor allem aus religiösen und politischen Gründen vorgenommen, wobei besonders die Schriften mit beleidigendem Inhalt, die sog. Schmäh- und Spottschriften (*libelli famosi*[15]) und Zauberbücher (*libri magicae artis*[16]), zu denen in der Kaiserzeit auch die astrologischen Schriften zählten[17], ins Visier gerieten[18]. Spätestens seit 435 v.

---

[11] W. Fahr, Theous nomizein, Zum Problem der Anfänge des Atheismus bei den Griechen, Hildesheim/Olms 1969, 181 f.; Art. „ Absebieprozesse“ von W. Nestle, in: Reallexikon für Antike und Christentum 1, Hrsg: u.a. Th. Klauser, Stuttgart 1950 ff., S. 735.

[12] Hermann Diels, Die Fragmente der Vorsokratiker. Griechisch und Deutsch, 6. Auflage, Hrsg. Walter Kranz, 2. Band, Berlin 1952, S. 265 (B. Fragmente 4.). Text auch überliefert durch Marcus Tullius Cicero, De natura deorum. Libri tres. In Lateinisch-deutscher Ausgabe, Hrsg., übersetzt und kommentiert von Olof Gigon und Laila Straume-Zimmermann, Darmstadt 1996, S. 53.

[13] Diogenes Laertius, Leben und Meinungen berühmter Philosophen, 2. Auflage, Hamburg 1967, Buch IX., S. 186; Wolfgang Speyer, Büchervernichtung und Zensur des Geistes bei Heiden, Juden und Christen, Stuttgart 1981, S. 46.

[14] Obwohl diese Überlieferung aus chronologischen und sachlichen Gründen nicht über jeden Zweifel erhaben ist, gilt sie doch allgemein als der erste bekannte Fall von Zensur (Wolfgang Speyer, Büchervernichtung und Zensur des Geistes bei Heiden, Juden und Christen, Stuttgart 1981, S. 46; Hans J. Schütz, Verbotene Bücher, Eine Geschichte der Zensur, München 1990, S. 27; Diogenes Laertius, Leben und Meinungen berühmter Philosophen, 2. Auflage, Hamburg 1967, Buch IX., S. 188).

[15] Ulrich Eisenhardt, Die kaiserliche Aufsicht über Buchdruck, Buchhandel und Presse im Heiligen Römischen Reich Deutscher Nation (1496-1806), Karlsruhe 1970, S. 4; Wolfgang Speyer, Die Büchervernichtung und Zensur des Geistes bei Heiden, Juden und Christen, Stuttgart 1981, S. 57.

[16] Wolfgang Speyer, Büchervernichtung und Zensur des Geistes bei Heiden, Juden und Christen, Stuttgart 1981, S. 54.

[17] Vgl. W. Gundel / H.G. Gundel, Astrologumena. Die astrologische Literatur in der Antike und ihre Geschichte, Sudhoffs Archiv, Beiheft 6, Wiesbaden 1966, S. 134.

[18] Ludwig Hoffmann, Geschichte der Censur und Preßfreiheit, historisch philosophisch bearbeitet, Theil I. Berlin 1819, S. 8; Friedrich Kapp und Johann Goldfriedrich, Geschichte des Deutschen Buchhandels, 4 Bände (Band I), Leipzig 1886-1913, S. 523; Ulrich Eisenhardt, Die Kaiserliche Aufsicht über Buchdruck, Buchhandel und Presse im Heiligen Römischen Reich Deutscher Nation (1496-1806), Karlsruhe 1970, S. 4.

Chr. wurden für die im Fünfjahreszyklus stattfindende Steuerschätzung (*census*) zwei Amtsträger gewählt, die außerdem als Sittenrichter tätig waren. Das heute verwendete Wort *Zensur* stammt von der *censura*, dem Amt dieser Zensoren[19].

Während die Freiheit der Rede und Schrift in der römischen Republik mit dem Verfall der Senatsherrschaft zunächst noch wuchs, wurde mit der Alleinherrschaft von Augustus in Form des Principats jede Kritik am römischen Staat zu einer Kritik am Princeps[20]. Als populäres Beispiel für die Ausübung der Zensur in dieser Zeit soll der römische Dichter Ovid (43 v. Chr. bis 17 n. Chr.) dienen. Ovid soll Zeuge eines delikaten Vorfalls zwischen Julia, der Enkelin des Kaisers Augustus, und einem gewissen Silanus gewesen sein. Schon seit langem hatte Ovid durch seine Liebesdichtungen, vor allem durch die „Ars amatoria"[21], in der die Liebe zu Freigelassenen gepriesen und so mittelbar die Ehegesetze des Kaisers Augustus aus dem Jahre 18 v. Chr. missachtet wurden, den Ärger des Kaisers auf sich gezogen[22]. Der um Steigerung der Sittlichkeit bemühte Kaiser[23] nahm die vermutete Mitwisserschaft Ovids zum Anlass, um ihn nach Tomis am Schwarzen Meer zu verbannen[24]. Er durfte zwar sein Vermögen behalten, seine Werke mussten aber aus allen öffentlichen Bibliotheken Roms entfernt werden[25]. Ovid starb nach acht Jahren im Exil[26].

Unter Kaiser Diokletian wurden im Zuge der Christenverfolgung christliche Schriften konfisziert und verbrannt. Nach der staatlichen Anerkennung des

[19] Art. „Zensur" von Dieter Werkmüller, in: Handwörterbuch zur Deutschen Rechtsgeschichte, Hrsg: Adalbert Erler, Ekkehard Kaufmann und Dieter Werkmüller, V. Band, Berlin 1998, S. 1655; Art. „Censur", in: Brockhaus Konversations-Lexikon, 14. Auflage, 4. Band, Leipzig 1892, S. 30.

[20] Wolfgang Speyer, Büchervernichtung und Zensur des Geistes bei Heiden, Juden und Christen, Stuttgart 1981, S. 56 ff.

[21] Naso Publius Ovidus, Ars amatoria, lateinisch-deutsch, Herausgeber: Michael von Albrecht, Stuttgart 1996.

[22] Wilfried Stroth, Ovids Liebeskunst und die Ehegesetze des Augustus, Gymnasium 86, 1979, S. 323-352.

[23] Augustus, der selbst religiös aufgeklärt war und sich über die Grenzen der ehelichen Treue hinwegsetzt haben soll, versuchte mit den alten bäuerlichen Wertvorstellungen in einer gänzlich veränderten kulturellen und sozialen Umwelt auch die Pudicitia zu erneuern (Wolfgang Speyer, Die Büchervernichtung und Zensur des Geistes bei Heiden, Juden und Christen, Stuttgart 1981, S. 61).

[24] Wolfgang Speyer, Die Büchervernichtung und Zensur des Geistes bei Heiden, Juden und Christen, Stuttgart 1981, S. 61; Hans J. Schütz, Verbotene Bücher, Eine Geschichte der Zensur, München 1990, S. 28.

[25] Wolfgang Speyer, Die Büchervernichtung und Zensur des Geistes bei Heiden, Juden und Christen, Stuttgart, 1981, S. 62; Hans J. Schütz, Verbotene Bücher, Eine Geschichte der Zensur, München 1990, S. 28.

[26] Hans J. Schütz, Verbotene Bücher, Eine Geschichte der Zensur, München 1990, S. 28.

Christentums durch Kaiser Konstantin dauerte es nicht lange und die Überzeugung, „durch das Feuer die Stimme des freien Geistes austilgen zu können"[27], wurde auch von Vertretern des Christentums geteilt. Diese bereicherten die Strafe der Bücherverbrennung noch um die Strafe des Fluchs, welcher außer den Verfasser der missliebigen Schrift auch noch den Hersteller und Leser derselben zu treffen drohte[28]. Die Vernichtung antichristlicher Schriften[29] durch Verbrennung wurde von den Kirchenvätern zumeist gebilligt, da die Zensur im Kampf um den rechten Glauben als ebenso legitimes Mittel wie die Verfluchung des Gegners verstanden wurde[30]. Die Zensur als Mittel der Kirche im Kampf um den rechten Glauben sollte Jahrhunderte später mit der Erfindung der Buchdruckerkunst eine neue Dimension erlangen.

Im Mittelalter wurde Zensur vor der Erfindung der Buchdruckerkunst nur im kirchlichen Bereich ausgeübt, wo Schriften zugänglichen waren und auch gelesen wurden[31]. Dabei ist unter dem Begriff Zensur vor der Erfindung des Buchdrucks die Nachzensur zu verstehen, da erst die später mögliche massenhafte Verbreitung von Ideen die Einführung einer kirchlichen Vorzensur für alle den Glauben und die Kirche berührenden Schriften notwendig machte[32]. Im kirchlichen Bereich übten die Ordensleitungen beziehungsweise bischöflichen Ordinariate mittels der theologischen Fakultäten die Kontrolle über die sich dort im Umlauf befindenden Handschriften aus[33].

Der spektakulärste Häresieprozess wurde im Jahre 1327 um die Schriften des Universitätslehrers und Predigers Meister Eckhart O.P.[34] in Köln geführt[35]. Mei-

---

[27] Hans J. Schütz, Verbotene Bücher, Eine Geschichte der Zensur, München 1990, S. 28 f. .

[28] Gerhard Sauder, Die Bücherverbrennung, Frankfurt am Main, 1985, S. 10 f.; Hans J. Schütz, Verbotene Bücher, Eine Geschichte der Zensur, München 1990, S. 29.

[29] Unter antichristlichen Schriften sind sowohl heidnische als auch häretische zu verstehen.

[30] Vgl. Gerhard Sauder, Die Bücherverbrennung. Zum 10. Mai 1933. München 1990, S. 11.

[31] Oswald Krempel, Das Zensurrecht in Deutschland zu Ausgang des 18. und Beginn des 19. Jahrhunderts, Würzburg 1921, S.3; Helmut Neumann, Staatliche Bücherzensur und – aufsicht in Bayern von der Reformation bis zum Ausgang des 17. Jahrhunderts, Karlsruhe 1977, S. 3; Ulrich Eisenhardt, Die Kaiserliche Aufsicht über Buchdruck, Buchhandel und Presse im heiligen römischen Reich deutscher Nation (1496-1806), Karlsruhe 1970, S. 4;

[32] Vgl. Art. „Zensur" von Dieter Werkmüller, in: Handwörterbuch zur Deutschen Rechtsgeschichte, Hrsg: Adalbert Erler, Ekkehard Kaufmann und Dieter Werkmüller, V. Band, Berlin 1998, S. 1656 und Art. „Inquistition" von A. Erler, in: Handwörterbuch zur Deutschen Rechtsgeschichte, II. Band, Berlin 1978, S. 370 f.

[33] Dieter Breuer, Die Geschichte der literarischen Zensur in Deutschland, S. 23.

[34] O.P. steht für „Ordinis Praedicatorum", die Bezeichnung der Zugehörigkeit zum Predigerorden, was der amtlichen Bezeichnung der Dominikaner entspricht.

[35] Günter Jerouschek, Religiosität zwischen Inquisitionsgericht und Zensur, Anmerkungen zu Aufstieg, Prozess und jähem Ende des Meister Eckhart O.P., Goltdammers`s Archiv für Strafrecht, 1989, S. 508 f. .

ster Eckhart O.P. stammte aus dem Geschlecht derer von Hochheim und gehörte damit dem Adel an[36]. Er wurde 1260 bei Tambach in Thüringen geboren und trat dem Erfurter Dominikanerorden bei. Er galt nach einer glanzvolle Ordenslaufbahn, in welcher er das Priorat, Provinzialat und zwei Mal das Ordenslehramt an der damals führenden Universität von Paris[37] inne hatte, als sehr bedeutender Mann[38]. Im Jahre 1313 nach Straßburg beordert, sollte er den Versuch unternehmen, die in Frauenklöstern und Beginenkonventen anzutreffende mystisch gefärbte Form der Religiosität in die Kirchendisziplin einzubinden[39]. Ab 1323 arbeitete er als Lehrer des Generalstudiums in Köln. Meister Eckhart O.P. war bereits seit seiner Straßburger Zeit in ordenspolitische Richtungskämpfe mit seinen laxeren Ordensbrüdern verstrickt. Dadurch schuf er sich innerhalb der Dominikaner viele Gegner, die die mystischen Neigungen Eckharts zum Vorwand nahmen, um gegen den unangenehmen Reformpolitiker vorzugehen[40]. So kam es, dass Meister Eckhart O.P., wegen einer Intrige aus den Reihen seiner Ordensbrüder zunächst mit einem ordensdisziplinären Verfahren überzogen[41], 1327 dann vor dem geistlichen Gericht des erzbischöflichen Stuhls zu Köln der Häresie angeklagt wurde[42]. Der nun folgende Ketzerprozess verlief

---

[36] Die Ausführungen zu Meister Eckhart O.P. folgen im wesentlichen der Darstellung von Winfried Trusen, Der Prozess gegen Meister Eckhart. Vorgeschichte, Verlauf und Folgen, Rechts- und Staatswissenschaftliche Veröffentlichungen der Görres-Gesellschaft, Hrsg: A. Hollerbach, M. Maier, P. Mikat. N.F., Heft 54, Paderborn/München/ Wien/ Zürich 1988, S. 17 ff.

[37] Aus dieser Zeit stammt sein Beiname Meister (= magister).

[38] Winfried Trusen, Der Prozeß gegen Meister Eckhart. Vorgeschichte, Verlauf und Folgen, Rechts- und Staatswissenschaftliche Veröffentlichungen der Görres-Gesellschaft, Hrsg: A. Hollerbach, M. Maier, P. Mikat. N.F., Heft 54, Paderborn/München/ Wien/ Zürich 1988, S. 17.

[39] Vgl. Winfried Trusen, Der Prozeß gegen Meister Eckhart. Vorgeschichte, Verlauf und Folgen, Rechts- und Staatswissenschaftliche Veröffentlichungen der Görres-Gesellschaft, Hrsg: A. Hollerbach, M. Maier, P. Mikat. N.F., Heft 54, Paderborn/München/ Wien/ Zürich 1988, S. 49 ff.

[40] Winfried Trusen, Der Prozeß gegen Meister Eckhart. Vorgeschichte, Verlauf und Folgen, Rechts- und Staatswissenschaftliche Veröffentlichungen der Görres-Gesellschaft, Hrsg: A. Hollerbach, M. Maier, P. Mikat. N.F., Heft 54, Paderborn/München/ Wien/ Zürich 1988, S. 59 ff.

[41] Der vom Papst bestellte Visitator Nikolaus von Straßburg entlastete Meister Eckhart O.P. zwar konnte letztendlich aber den folgenden Ketzerprozeß nicht verhindern (vgl. Winfried Trusen, Der Prozess gegen Meister Eckhart. Vorgeschichte, Verlauf und Folgen, Rechts- und Staatswissenschaftliche Veröffentlichungen der Görres-Gesellschaft, Hrsg: A. Hollerbach, M. Maier, P. Mikat. N.F., Heft 54, Paderborn/München/ Wien/ Zürich 1988, S. 66 ff.).

[42] Dieter Breuer, Geschichte der literarischen Zensur in Deutschland, S. 23; Günter Jerouschek, Religiosität zwischen Inquisitionsgericht und Zensur, Anmerkungen zu Aufstieg, Prozess und jähem Ende des Meister Eckhart O.P., in: Goltdammer's Archiv 1989, S. 510; Winfried Trusen, Der Prozess gegen Meister Eckhart. Vorgeschichte, Verlauf und Folgen, Rechts- und Staatswissenschaftliche Veröffentlichungen der Görres-Gesellschaft, Hrsg: A.

von Anfang an für Meister Eckhart O.P. so ungünstig, dass eine Verurteilung drohte. Dies bewog ihn bereits Anfang 1327 zu dem Schritt, sich mit einer Appellation an den Heiligen Stuhl in Rom zu wenden[43]. Außerdem entschloss er sich, um seiner Verurteilung als Ketzer zuvorzukommen, zu einer öffentlichen „protestatio", in welcher er seine Treue zur Kirche beteuerte und sich verpflichtete, sich deren Urteil zu unterwerfen[44]. Im Rahmen des Appellationsverfahrens, welches in Avignon[45] stattfand, wurde der als „Ketzerprozess" begonnene Prozess in ein Zensurverfahren überführt, was weit weniger gravierend war[46]. Nun wurde lediglich geprüft, ob die von Meister Eckhart O.P. vertretenen Ansichten geeignet waren, zu häretischen Irrtümern Anlass zu geben. Das Ergebnis dieses Zensurverfahrens war, dass Meister Eckhart O.P. sechsundzwanzig von achtundzwanzig zur Debatte stehenden Sätzen vor dem päpstlichen Gericht zu Avignon als möglicherweise irrig, respektive häretisch wirkend, widerrufen musste[47]. Er starb auf der Rückreise von Avignon[48]. Obwohl sich inzwischen herausgestellt hat, dass die im Prozess diskutierten Sätze nur isoliert

---

Hollerbach, M. Maier, P. Mikat. N.F., Heft 54, Paderborn/München/ Wien/ Zürich 1988, S. 59 ff.

[43] Dies wurde von Meister Eckharts O.P. Kölner Richter als „frivol", was etwa die Bedeutung von „rechtsmissbräuchlich" halte, bezeichnet. Allerdings konnte diese Einschätzung nichts daran ändern, dass durch diese Appellation der Heilige Stuhl als judex ad quem die Sache nun an sich ziehen konnte (vgl. Winfried Trusen, Der Prozess gegen Meister Eckhart. Vorgeschichte, Verlauf und Folgen, Rechts- und Staatswissenschaftliche Veröffentlichungen der Görres-Gesellschaft, Hrsg: A. Hollerbach, M. Maier, P. Mikat. N.F., Heft 54, Paderborn/München/ Wien/ Zürich 1988, S. 99).

[44] Winfried Trusen, Der Prozess gegen Meister Eckhart. Vorgeschichte, Verlauf und Folgen, Rechts- und Staatswissenschaftliche Veröffentlichungen der Görres-Gesellschaft, Hrsg: A. Hollerbach, M. Maier, P. Mikat. N.F., Heft 54, Paderborn/München/ Wien/ Zürich 1988, S. 104 ff.

[45] Der heilige Stuhl war im Zeitraum zwischen 1309 bis 1377 in seiner „babylonischen Gefangenschaft" in Avignon angesiedelt (Günter Jerouschek, Religiosität zwischen Inquisitionsgericht und Zensur, Anmerkungen zu Aufstieg, Prozess und jähem Ende des Meister Eckhart O.P., in: Goltdammer`s Archiv 1989, S. 511).

[46] Winfried Trusen, Der Prozess gegen Meister Eckhart. Vorgeschichte, Verlauf und Folgen, Rechts- und Staatswissenschaftliche Veröffentlichungen der Görres-Gesellschaft, Hrsg: A. Hollerbach, M. Maier, P. Mikat. N.F., Heft 54, Paderborn/München/ Wien/ Zürich 1988, S. 99.

[47] Günter Jerouschek, Religiosität zwischen Inquisitionsgericht und Zensur, Anmerkungen zu Aufstieg, Prozess und jähem Ende des Meister Eckhart O.P., in: Goltdammer`s Archiv 1989, S. 511.

[48] Vgl. Dieter Breuer, Geschichte der literarischen Zensur in Deutschland, S. 23; Günter Jerouschek, Religiosität zwischen Inquisitionsgerichten und Zensur, Anmerkungen zu Aufstieg, Prozess und jährem Ende des Meister Eckhart O.P., in: Goltdammer`s Archiv 1989, S. 511.

dargestellte Ausschnitte einer dialektischen Überlegung Eckharts waren, blieb die Verurteilung bis heute bestehen[49].
Dieser spektakuläre Fall eines zunächst als Ketzerprozess begonnenen Zensurverfahrens zu Beginn des 14. Jahrhunderts soll die Beispiele, welche von einem Zensurwesen vor der Erfindung des Buchdruckes zeugen, abschließen. War die Bedeutung der Zensur in diesem Stadium ihrer Geschichte auf den kleinen Teil der Bevölkerung beschränkt, der lesen konnte und Zugang zu Handschriften hatte, eine Möglichkeit, die sich meist[50] nur in Klöstern oder Universitäten bot[51], so sollte die Erfindung der Buchdruckerkunst dies grundlegend ändern[52].

2. Entwicklung der kirchlichen Zensur nach der Erfindung der Buchdruckerkunst

In der Mitte des 15. Jahrhunderts wurde mit der Buchdruckerkunst ein Mittel gefunden, den durch die Schrift verkörperten Gedanken rasch die weiteste Verbreitung zu sichern. Zwar hatte es auch schon vorher, außer der mühsamen und extrem zeitintensiven Kopie von Hand, Vervielfältigungsmöglichkeiten gegeben: So waren seit dem 8. Jahrhundert im ostasiatischen Raum Texte mittels der Holzschnitttechnik verbreitet, ab dem 11. Jahrhundert wurden Tonlettern verwendet und nach 1400 wurde mit dem Sandgussverfahren gearbeitet[53]. Aber erst die technischen Erfindungen Gutenbergs, der Guss und Satz metallener Einzeltypen und der Druck in einer Presse[54] ermöglichten es, Schriften in einer der hohen Kunst der Handschriften vergleichbaren Schönheit und zugleich in einer

---

[49] Dieter Breuer, Geschichte der literarischen Zensur in Deutschland, S. 23.

[50] Neben Klöstern und Universitäten beschäftigten sich auch einzelne Bürger mit Handschriften. So wird von einem Stadtpfarrer und Dechant Dr. Rudolf Volkhart von St. Peter überliefert, dass er eine Schriftensammlung besaß, welche neben theologischen auch medizinische und naturwissenschaftliche Werke umfasste. Im Jahre 1447 soll er seine Sammlung der Stadt München zur Benützung durch Priester und Gelehrte gestiftet haben. Von einer entsprechenden Stiftungs-Urkunde, die auf den 29.4.1447 datiert ist und welche die Titel der Schriftensammlung beinhaltet, berichtet Pius Dirr, Buchwesen und Schrifttum im alten München 1450-1800, München 1929, S. 11.

[51] Oswald Krempel, Das Zensurrecht in Deutschland zu Ausgang des 18. und Beginn des 19. Jahrhunderts, Würzburg 1921, S. 3; Pius Dirr, Buchwesen und Schrifttum im alten München 1450-1800, München 1929, S. 11.

[52] Ernst Voulliéme, Der Buchdruck Kölns bis zum Ende des fünfzehnten Jahrhunderts, Nachdruck der Ausgabe Bonn 1903, Düsseldorf 1978, S. LXXX ff.

[53] Hermann Barge, Geschichte der Buchdruckerkunst von ihren Anfängen bis zur Gegenwart, Leipzig 1940, S. 9 ff.

[54] Hermann Barge, Geschichte der Buchdruckerkunst von ihren Anfängen bis zur Gegenwart, Leipzig 1940, S. 9 ff.; Stephan Füssel, Gutenberg und seine Wirkung, Frankfurt am Main und Leipzig, 1999, S. 9 ff.

bis dahin unbekannten Vielzahl zu herzustellen[55]. Die Vorkämpfer der kirchlichen Reformation konnten mit Hilfe der „schwarzen Kunst"[56] durch eine Flut von Streitschriften „alle erregbaren Geister"[57] in Bewegung setzten, was dazu führte, dass sich zuerst die kirchliche, dann auch die staatliche Gesetzgebung nach Schutzmitteln umsah, welche die durch diese neue Erfindung wesentlich gesteigerte „Gefahr einer Überflutung der alten Ordnung"[58] abzuwenden dienen sollten.

Als bedeutendestes Mittel zur Kontrolle der Druckschriften erlangte nun die Zensur ihre besondere Ausprägung[59]. War das Lesen und Bücherstudium zunächst eine Sache weniger Bevorzugter, die Gelegenheit hatten, kostbare handgeschriebene Werke zu benützen, so erreichten Flugschriften und Spottgedichte kirchenkritischen Inhalts einen großen Teil der Bevölkerung[60]. Dies rief die Kirchenfürsten, allen voran den Papst und wenig später auch die weltlichen Könige und Fürsten[61] auf den Plan, deren gemeinsames Bestreben danach trachtete, dem gottlosen, ärgerniserregenden Treiben etwas entgegenzusetzen[62]. Zur Kontrolle der Druckschriften wurde eine Vorzensur sowie die Einführung einer Leseerlaubnis eingesetzt[63]. Eine der ersten Quellen[64] des nun entstehenden

---

55 Stephan Füssel, Gutenberg und seine Wirkung, Frankfurt am Main und Leipzig, 1999, S. I.
56 Pius Dirr, Buchwesen und Schrifttum im alten München 1450-1800, München 1929, S. 12.
57 Wilhelm Koller, Das Reichs-Preßgesetz vom 7. Mai 1874, Nördlingen 1888, S. III.
58 Deutscher Buchdruck und deutsche Geschichte: Ausstellung der Preußischen Staatsbibliothek zur 500sten Jahrfeier der Erfindung Gutenbergs, Berlin 1940, S. 5 f.; Jürgen Gramlich, Rechtsordnungen des Buchgewerbes im Alten Reich, Frankfurt am Main 1994 , S. 4 ff.; Stephan Füssel, Gutenberg und seine Wirkung, Frankfurt am Main und Leipzig 1999, S. 9 ff.; Ernst Voulliéme, Der Buchdruck Kölns bis zum Ende des fünfzehnten Jahrhunderts, Nachdruck der Ausgabe Bonn 1903, Düsseldorf 1978, S. LXXX; vgl. Oswald Krempel, Das Zensurrecht in Deutschland zu Ausgang des 18. und Beginn des 19. Jahrhunderts, Würzburg 1921, S. 18.
59 Ulrich Eisenhardt, Die kaiserliche Aufsicht über Buchdruck, Buchhandel und Presse im Heiligen Römischen Reich Deutscher Nation (1496-1806), Karlsruhe 1970, S. 4.
60 Pius Dirr, Buchwesen und Schrifttum im alten München 1450 – 1800, München 1929, S. 11 f.
61 Die später erlassenen Gesetze und Verordnungen des Reichs bekräftigten die das Zensurwesen betreffenden kirchlichen Verfügungen und gaben denselben den nötigen Nachdruck für das bürgerliche und staatliche Leben (Joseph Hilgers, Der Index der verbotenen Bücher, 9. Fassung, Freiburg 1904, S. 206; Friedrich Wiebeking, Die bayerische Pressgesetzgebung, Bamberg 1865, S. 2).
62 Vgl. Oswald Krempel, Das Zensurrecht in Deutschland zu Ausgang des 18. und Beginn des 19. Jahrhunderts, Würzburg 1921, S. 17.
63 Oswald Krempel, Das Zensurrecht in Deutschland zu Ausgang des 18. und Beginn des 19. Jahrhunderts, Würzburg 1921, S. 16.
64 Ausführlich zu den Anfängen der Zensur nach der Einführung des Buchdrucks: Joseph Hilgers, Der Index der verbotenen Bücher, 9. Fassung, Freiburg 1904, S. 406 ff.; Zum ersten Zensurprozess in Köln: Otto Zaretzky, Der erste Kölner Zensurprozess, Köln 1906, S. 1 ff.

Zensursystems ist die vom 17. November 1487 datierte Bulle „*Inter multiplices*" des Papstes Innozenz VIII[65]. Sie enthält die erste allgemeine Zensurordnung der christlichen Welt, in welcher ganz allgemein die Bischöfe mit der Ausübung der Zensur betraut wurden[66]. Die Bulle wurde durch den Erzbischof Hermann IV. nur im Territorium der Kölner Erzdiözese promulgiert und blieb infolgedessen im übrigen Reich unbekannt[67]. Im Jahre 1486 errichtete der Erzbischof von

---

[65] Bulle „*Inter multiplices*". Erstdruck in den Statuta povincialia et synodalia ecclesiae Coloniensis. Coloniae 1492, 88 f.; Joseph Hilgers, Die Bücherverbote in Papstbriefen, Freiburg 1907, S. 17; Josef Hilgers, Der Index der verbotenen Bücher, 9. Fassung, Freiburg 1904, S. 480 f.; Ernst Voulliéme, Der Buchdruck Kölns bis zum Ende des fünfzehnten Jahrhunderts, Nachdruck der Ausgabe Bonn 1903, Düsseldorf 1978, S. LXXXVIII f.

[66] Bereits einige Jahre zuvor hatte die Universität von Köln mit ihren Zensurmaßnahmen vorgenommen (vgl. dazu die Verordnung in den Statuten der theologischen Fakultät zu Köln aus dem Jahre 1398, in der es heißt: „*Item quod lecutras suas sententiarum non communicabunt publice transscribendas antequam per facultatem examinate fuerint et apporbate*", abgedruckt bei: Franz Joseph von Bianco, Die Alte Universität Köln. Teil I, Band 2, Aalen 1974, S. 44.) Die Verordnung sah die Unterdrückung verbotener und verurteilter Bücher durch Vernichtung, Verbrennung, Einziehung oder Aufbewahrung vor (Die Zensur an den Universitäten, in: Joseph Hilgers, Der Index der verbotenen Bücher, 9. Fassung, Freiburg 1904, S. 404). Dies erregte den Widerstand der Buchdrucker, weshalb sich die Universität Köln in dieser Sache an den Papst wandte. Papst Sixtus IV. unterstützte die Kölner Universität in ihrem Kampf gegen den Druck und die Verbreitung irrgläubiger Schriften und erteilte ihr in einem Breve vom 18.3.1479 die Befugnis, die Zensur auszuüben: „*Sixtus Papa IV, dilectis filiis Rectori Decanis ac universitäti studii Coloniensis.Dilecti filii, Salutem et apostolicam benedictionem.Accepimus litteras vestras, ex quibus cum iucunditate intelleximus, quo zelo fidei orthodoxae, quaque prudentia scripta erronea haeresin sapientia legi, imprimi ac vendi prohibueritis, mulierculanumque imperitiam represseritis. Qua dum tenentur, interpretantur quod nesciunt, et scripturarum sibi usurpant scientiam, in maximos dilabuntur errores, nec sibi solum, sed aliis quoque animarum praecipitium struunt. Laudamus vos in domino vehementer. Fecistis ut bonos catholicos (quales semper fuistis) decet, et quod vos non venietis in omnibus desideriis vestris promptiores atque benigniores. Ceterum ut quod bene coepistis, facilius possitis perficere, harum serie vobis authoritate aposolica licentiam et facultatem concedimus coercendi sub censuris ecclesiasticis et aliis opportunis remediis impressores, emptores, lectores librorum huiusmodi. Et quia fieri posset, ut impressores praedicti metu vestri alio se conferrent, volumus ut ordinariis et magistratibus locorum in quibus erunt, Nostram hanc voluntatem significetis, quam ubique volumus observari.Datum Romae apud sanctum Petrum sub annulo piscatoris, die XVII. Martii M.CCCC.LXXIX : Ontificatus nostri Anno Octavo.*" (abgedruckt bei: Josef Hilgers, Der Index der verbotenen Bücher, 9. Fassung, Freiburg 1904, S. 479; Ernst Voulliéme, Der Buchdruck Kölns bis zum Ende des fünfzehnten Jahrhunderts, Nachdruck der Ausgabe Bonn 1903, Düsseldorf 1978, S. LXXXIV ff.); Ludwig Freiherr von Pastor, Geschichte der Päpste im Zeitalter der Renaissance, Band III, achte und neunte Auflage, Freiburg 1926, S. 308.; Ernst Voulliéme, Der Buchdruck Kölns bis zum Ende des fünfzehnten Jahrhunderts, Nachdruck der Ausgabe Bonn 1903, Düsseldorf 1978, S. XCI.

[67] Joseph Hilgers, Der Index der verbotenen Bücher, 9. Fassung, Freiburg 1904, S. 408.

Mainz, Berthold von Henneberg[68] die Zensurkommission für die Erzdiozese Mainz, die dort als geistlicher Apparat fungierte[69]. Trotz dieser entschiedenen und strengen Erlasse mangelt es an Zeugnissen über die Tätigkeit einer Zensurbehörde[70]. Am 12. November 1499 erließ der Offizial der Kölner Kurie, Heinrich von Irlem, ein Zensurdekrekt im Namen des Erzbischofes Hermann von Köln, in dem die Vorschriften und Strafandrohungen der Bulle Innocenz` VIII. den Druckern nochmals eingeschärft wurden[71]. Dieses Dekret fand allerdings nur in seinem Sprengel Anwendung[72].

Am 1. Juni 1501 erneuerte Papst Alexander VI. die Bulle von Papst Innozenz VIII. durch ein Zensuredikt[73]. Darin billigte er der Buchdruckerkunst zur Vervielfältigung bewährter und nützlicher Bücher zwar einen gewissen Nutzen zu, machte jedoch zugleich auf die Gefahr des Missbrauchs durch Vervielfältigung verderblicher Schriften aufmerksam[74]. Um den Missbrauch zu unterbinden, verlangte er, dass die Drucker durch geeignete Mittel angehalten würden, die Vervielfältigung von Schriften, welche dem katholischen Glauben zuwider oder geeignet wären, den Gläubigen Anstoß zu geben, zu unterlassen:

„Da wir einem so abscheulichen Übel ohne weiteren Verzug entgegentreten wollen, wie Wir nach dem Uns von oben anvertrauten Hirtenamte verpflichtet

---

[68] Berthold von Henneberg setzte sich vor allem deswegen für die Zensur ein, weil er die Gefahren verhüten wollte, welche aus willkürlichen Übersetzungen und Fälschungen der Heiligen Schrift und aus unsittlicher Lektüre dem Seelenheil der ihm anvertrauten Gläubigen erwachsen könnte (Joseph Weiß, Berthold von Henneberg. Erzbischof von Mainz (1484-1504), Freiburg 1889, S. 47 f.).

[69] Mit weiteren Verweisen zum Zensuredikt Berthold von Hennebergs vom 4. Januar 1486: Joseph Weiß, Berthold von Henneberg. Erzbischof von Mainz (1484-1504), Freiburg 1889, S. 46 f.; Art. „Zensur“ von Dieter Werkmüller, in: Handwörterbuch zur Deutschen Rechtsgeschichte, Hrsg: Adalbert Erler, Ekkehard Kaufmann und Dieter Werkmüller, V. Band, Berlin 1998, S. 1656; Heinrich Hubert Houben, Hier Zensur- Wer dort ?, Leipzig 1990, S. 7; Art. „Censur“, in: Brockhaus Conversations-Lexikon, 14. Auflage, 4. Band, Leipzig 1892, S. 30; Oswald Krempel, Das Zensurrecht in Deutschland zu Ausgang des 18. und Beginn des 19. Jahrhunderts, Würzburg 1921, S. 17.

[70] Ernst Voulliéme, Der Buchdruck Kölns bis zum Ende des fünfzehnten Jahrhunderts, Nachdruck der Ausgabe Bonn 1903, Düsseldorf 1978, S. XCI.

[71] Ernst Voulliéme, Der Buchdruck Kölns bis zum Ende des fünfzehnten Jahrhunderts, Nachdruck der Ausgabe Bonn 1903, Düsseldorf 1978, S. XCI.

[72] Joseph Hilgers, Der Index der verbotenen Bücher, 9. Fassung, Freiburg 1904, S. 408.

[73] Die Bulle Alexanders VI. war mit der Bulle Innozenz` VIII. beinahe identisch (Ludwig Freiherr von Pastor, Geschichte der Päpste im Zeitalter der Renaissance, Band III, achte und neunte Auflage, Freiburg 1926, S. 614; Ernst Voulliéme, Der Buchdruck Kölns bis zum Ende des fünfzehnten Jahrhunderts, Nachdruck der Ausgabe Bonn 1903, Düsseldorf 1978, S. XCII).

[74] Ludwig Freiherr von Pastor, Geschichte der Päpste im Zeitalter der Renaissance, Band III, achte und neunte Auflage, Freiburg 1926, S. 614.

sind, verbieten Wir Kraft apostolischer Autorität durch Gegenwärtiges allen in den genannten Kirchenprovinzen wohnenden Druckern und ihren Gehilfen bei Strafe der Exkommunikation latae sententiae und bei einer von den Erzbischöfen von Köln oder ihren Generalvikaren oder Offizialen festzusetzenden und für die Apostolische Kammer einzuziehenden Geldstrafe, fortan Bücher, Traktate oder Schriften irgend welcher Art zu drucken oder drucken zu lassen ohne vorherige Befragung der genannten Erzbischöfe, Generalvikare oder Offiziale und ohne eine von diesen unentgeltlich zu erteilende spezielle und ausdrückliche Erlaubnis, wobei Wir es letzteren zur Gewissenspflicht machen, vor Erteilung einer solchen Erlaubnis die zu druckenden Bücher sorgfältig zu prüfen oder von kundigen und katholischen Männern prüfen zu lassen und dafür zu sorgen, dass nichts gedruckt werde, was dem orthodoxen Glauben zuwider, gottlos oder ärgernisgebend ist.“[75]

Neben diesem Befehl Papst Alexanders VI., eine kirchliche Vorzensur einzuführen[76], verlangte er von den Buchdruckern auch, die bis zu diesem Zeitpunkt gedruckten irrtümlichen, gottlosen und ärgernisgebenden Schriften abzuliefern[77].

Das Zensuredikt Papst Alexanders VI. brachte dem Zensurwesen in Deutschland folglich mehrere neue Impulse: Zur Sicherstellung der Reinheit kirchlicher Lehre und zur Unterdrückung *irriger, gottloser oder ärgerniserregender Schriften* mussten die Erzbischöfe oder ihre Gehilfen den Inhalt vor dem Druck sorgfältig prüfen und bei Genehmigung eine spezielle ausdrückliche Erlaubnis zum

---

[75] Übersetzung des lateinischen Textes in: Ludwig Freiherr von Pastor, Geschichte der Päpste im Zeitalter der Renaissance, Band III, achte und neunte Auflage, Freiburg 1926, S. 614, 615.

[76] Friedrich Kapp, Geschichte des Deutschen Buchhandels, 1. Band, Leipzig 1886, S. 530, S. 6; Helmut Neumann, Staatliche Bücherzensur und – aufsicht in Bayern von der Reformation bis zum Ausgang des 17. Jahrhunderts, 1. Auflage, Karlsruhe 1977, S. 4; Art. „Presserecht“ von W. Mallmann, in: Handwörterbuch zur deutschen Rechtsgeschichte, III. Band, Berlin 1984, S. 1902.

[77] Der entsprechende Teil der deutschen Übersetzung des Zensuredikts vom 1. Juni 1501 lautet: „*Und weil es nicht genügen würde, gegen zukünftige Drucke Vorsorge zu treffen, wenn nicht auch die schon gedruckten irrtümlichen, gottlosen und ärgernisgebenden Schriften unterdrückt werden, so beauftragen Wir kraft Unserer Autorität dieselben Erzbischöfe, Vikare und Offiziale, je in ihrer Kirchenprovinz alle und jegliche Drucker und andere Personen, in was immer für einer Würde, Stand, Grad und Stellung sie sein mögen, zu ermahnen und aufzufordern, innerhalb einer von ihnen zu bestimmenden Frist Verzeichnisse von allen gedruckten Büchern anzulegen und die gedruckten Bücher und Traktate, von denen die erwähnten Erzbischöfe, Vikare oder Offiziale urteilen oder erklären, dass darin etwas dem katholischen Glauben Widersprechendes, Gottloses, Ärgernisgebendes oder Übelklingendes enthalten sei, ohne Rückhalt und Betrug abzuliefern, gleichfalls bei Strafe der Exkommunikation latae sententiae und einer von ihnen, wie oben gesagt, festzusetzenden Geldstrafe.*“ (abgedruckt bei: Ludwig Freiherr von Pastor, Geschichte der Päpste im Zeitalter der Renaissance, Band III, achte und neunte Auflage, Freiburg 1926, S. 615).

Druck erteilen. Diese Präventivzensur sollte unentgeltlich und ohne Aufschub gewährt werden. Bereits gedruckte Bücher, die als irrtümlich, gottlos oder ärgerniserregend eingestuft wurden, sollten innerhalb einer bestimmten Frist abgeliefert werden. Um eine derartige Charakterisierung der Druckwerke vornehmen zu können, sollten Verzeichnisse von allen gedruckten Büchern angelegt werden. Die im Falle einer Zuwiderhandlung angedrohte Strafe war entweder eine Geldstrafe oder die Exkommunikation[78]. Die Bulle Alexanders VI. war in ihrem Geltungsbereich allerdings auf das Gebiet der Kirchenprovinzen von Köln, Mainz, Trier und Magdeburg beschränkt[79].

Am 3. Mai 1515 erging schließlich die Bulle *„Inter solicitudines"*[80] Leos X., welche als erste Zensurbestimmung auf dem Territorium des gesamten deutschen Reichs galt[81]. Unter Zustimmung des fünften Laterankonzils wurde in dieser Bulle die Vorzensur aller Schriften durch die kirchliche Obrigkeit unter Androhung einer Geldstrafe oder der Strafe der Exkommunikation gefordert.

Neben der Zensur wurde als Reaktion auf die in hohem Ausmaß entstandenen neuen Druckwerke für Theologen und Gelehrte eine Leseerlaubnis eingeführt[82]. Dazu schuf Papst Paul IV. im Jahre 1559 das erste päpstliche Verzeichnis mit dem Titel *Index librorum prohibitorum*[83]. Schon früher waren mehrere Kataloge und kleinere Verzeichnisse verbotener Bücher publiziert worden[84]. Der *Index librorum prohibitorum* Pauls IV. war alphabetisch gegliedert und unterteilte die Werke innerhalb der einzelnen Buchstaben in jeweils drei *„Klassen"*[85]. In der ersten Sparte befanden sich die *„Vornamen oder Zunamen derjenigen, von wel-*

---

[78] Art. „Presserecht" von..., in, Handwörterbuch der Staatswissenschaft, Hrsg: J. Conrad, W. Lexis, E. Loenig, 2. Auflage, Jena 1901, S. 232 f.

[79] Ernst Voulliéme, Der Buchdruck Kölns bis zum Ende des fünfzehnten Jahrhunderts, Nachdruck der Ausgabe Bonn 1903, Düsseldorf 1978, S. XCII; Joseph Hilgers, Der Index der verbotenen Bücher, 9. Fassung, Freiburg 1904, S. 408.

[80] Abgedruckt bei: Magnum Bullarium Romanum. Bullarum Privilegiorum AC Diplomatum Romanorum Pontificum Amplissima Collectio. Tomus Tertius. Pars Tertia, Photomechanischer Nachdruck Graz/Austria 1964, S. 409 f.

[81] Joseph Hilgers, Der Index der verbotenen Bücher, 9. Fassung, Freiburg 1904, S. 408.

[82] Art. „Presserecht", in: Handwörterbuch der Staatswissenschaft, Hrsg: J. Conrad, W. Lexis, L. Elster, E. Loenig, 2. Auflage, Jena 1901, S. 232 f. .

[83] Der Index Pauls IV. ist abgedruckt bei: Franz Heinrich Reusch, Die Indices librorum prohibitorum des sechzehnten Jahrhunderts, Tübingen 1886, S. 176 ff.; Franz Heinrich Reusch, Der Index der verbotenen Bücher, Band 1, Neudruck der Ausgabe Bonn 1883, Aalen 1967, S. 258.

[84] In den Jahren 1549 und 1550 wurden in Köln zwei derartige Verzeichnisse veröffentlicht (Franz Heinrich Reusch, Die Indices librorum prohibitorum des sechzehnten Jahrhunderts, Tübingen 1886, S. 1).

[85] Franz Heinrich Reusch, Der Index der verbotenen Bücher, Band 1, Neudruck der Ausgabe Bonn 1883, Aalen 1967, S. 263.

chen erkannt worden ist, dass sie mehr als die übrigen und gewissermaßen ex professo geirrt haben, und darum werden ihre sämtlichen Schriften, worüber sie auch handeln mögen, durchaus verboten."[86] Die zweite Abteilung enthielt Namen „*gewisser Schriftsteller, von denen einige Bücher darum verworfen werden, weil die Erfahrung hinlänglich gelehrt hat, dass dieselben entweder zur Ketzerei oder zu irgend einer Art von zauberischer Gottlosigkeit [gemeint sind Bücher über Astrologie, Wahrsagerei, Anm.d.V.] oder überhaupt zu nicht zu duldenden Irrthümern mitunter verlocken.*"[87] Im dritten Teil schließlich standen „*Titel von Büchern, welche, meist von ungenannten Ketzern verfasst, sehr verderbliche Lehren enthalten.*"[88] Dieser Index Pauls IV. erfuhr auf dem dritten Trientiner Konzil des Jahres 1562-1563 einige Modifikationen. Der derart überarbeitete *Index librorum prohibitorum* Pauls IV. bildete die Grundlage für den im Jahre 1564 von Papst Pius IV. publizierten Index[89], der als *Tridentiner Index* in die Geschichte einging[90]. Der *Tridentiner Index* bildete die Grundlage der bis ins 20. Jahrhundert erscheinenden römischen Indices. Die letzte Auflage wurde 1948 publiziert. Seine Abschaffung erfolgte 1966[91].

In Bayern erschien im Jahre 1566 ein ausführlicher Katalog der Bücher, die auf bayerischem Territorium verkauft werden durften: „*Catalogus der Büecher unnd Schrifften, unser Heilige Religion unnd Geistliche Sachen belangendt, welche im Landt zu Bayrn, offentlich fayl zuhaben und zuverkauffen, erlaubt seindt. Gedruckht zu München bey Adam Berg [1566].*" [92] Inhaltlich unterschied sich dieser Katalog von dem päpstlichen *Index librorum prohibitorum* dadurch, dass er die erlaubten und nicht die verbotenen Druckwerke auflistete. Dem 1566 durch Adam Berg publizierten Katalog folgte im Jahre 1582 ein weiterer, der sich expressis verbis auf den Tridentiner Index bezog[93]. Das sich auf diese Weise ent-

---

[86] Deutsche Übersetzung bei: Franz Heinrich Reusch, Der Index der verbotenen Bücher, Band 1, Neudruck der Ausgabe Bonn 1883, Aalen 1967, S. 263.

[87] Deutsche Übersetzung bei: Franz Heinrich Reusch, Der Index der verbotenen Bücher, Band 1, Neudruck der Ausgabe Bonn 1883, Aalen 1967, S. 264.

[88] Deutsche Übersetzung bei: Franz Heinrich Reusch, Der Index der verbotenen Bücher, Band 1, Neudruck der Ausgabe Bonn 1883, Aalen 1967, S. 264.

[89] Text abgedruckt bei: Franz Heinrich Reusch, Die Indices librorum prohibitorum des sechzehnten Jahrhunderts, Tübingen 1886, S. 243 ff.

[90] Franz Heinrich Reusch, Der Index der verbotenen Bücher, Band 1, Neudruck der Ausgabe Bonn 1883, Aalen 1967, S 315.

[91] Art. „Zensur" von Dieter Werkmüller, in: Handwörterbuch zur Deutschen Rechtsgeschichte, Hrsg: Adalbert Erler, Ekkehard Kaufmann und Dieter Werkmüller, V. Band, Berlin 1998, S. 1656.

[92] Text abgedruckt bei: Franz Heinrich Reusch, Die Indices librorum prohibitorum des sechzehnten Jahrhunderts, Tübingen 1886, S. 324 ff.

[93] Text abgedruckt bei: Franz Heinrich Reusch, Die Indices librorum prohibitorum des sechzehnten Jahrhunderts, Tübingen 1886, S. 341 ff.

wickelnde kirchliche Zensurwesen animierte bald die weltlichen Obrigkeiten dazu, ihrerseits Zensurgesetze zu erlassen.

3. Entstehung eines weltlichen Zensurwesens im Heiligen Römischen Reich deutscher Nation

Die Aufsicht über den Druck und den Vertrieb von Schriften hatte sich in Deutschland bereits im 16. Jahrhundert zu einem System konkretisiert, welches in seinen Grundzügen unverändert bis zum Untergang des alten Reichs zu Beginn des 19. Jahrhunderts Bestand haben sollte[94]. Die zu Anfang des 16. Jahrhunderts verbreiteten Schriften beschäftigten sich überwiegend mit religiösen Fragen[95]. Rechtsgrundlagen für die Zensur dieser Schriften waren in verschiedenen reichsgesetzlichen Bestimmungen enthalten[96].
Als eine der ersten Regelungen[97] brachte das Wormser Edikt aus dem Jahre 1521 dem in der Entstehung begriffenen Zensursystem neue Impulse. Darin wurde angeordnet, dass Luthers Schriften zu verbrennen[98] oder anderswie zu vernichten seien[99]. Daneben wurde es verboten, bisher veröffentlichte und neue

---

[94] Ulrich Eisenhardt, Wandlungen von Zweck und Methoden der Zensur im 18. und 19. Jahrhundert, in: Von der Pressfreiheit zur Pressefreiheit, Hrsg: Württembergische Landesbibliothek Stuttgart in Zusammenarbeit mit dem Verband Süddeutscher Zeitungsverleger und dem Verband der Druckindustrie in Baden-Württemberg, Stuttgart 1983, S. 1.

[95] Friedrich Wiebeking, Die bayerische Pressgesetzgebung, Bamberg 1865, S. 2.

[96] Vor allem einige Reichsabschiede (darunter v.a. der Nürnberger RA von 1524, der Speyerer RA von 1529, der Augsburger RA von 1530, der Speyerer RA von 1570), Reichspolizeiordnungen (*Reformation guter Policey* aus dem Jahre 1548, *Reichspolizeiordnung* von 1577), kaiserliche Wahlkapitulationen sowie auch der Religionsfrieden von 1555 (vgl. Ulrich Eisenhardt, Die kaiserliche Aufsicht über Buchdruck, Buchhandel und Presse im Heiligen Römischen Reich Deutscher Nation (1496-1806), Karlsruhe 1970, S. 24 ff.).

[97] Zu einzelnen früheren Verordnungen vgl. Ulrich Eisenhardt, Die kaiserliche Aufsicht über Buchdruck, Buchhandel und Presse im Heiligen Römischen Reich Deutscher Nation (1496-1806), Karlsruhe 1970, S. 5.

[98] *„(...) des Luthers vergift schriften und bücher, als die so dienen zu ainem grossen auflauf, schaden, zertrennung und ketzereien in gotes kirchen, mit dem feur zu verbrennen und in den und ander weg genzlichen abzethun, zu vernichten und zu verdilgen.“* (abgedruckt bei: Deutsche Reichstagsakten unter Karl V., zweiter Band, bearbeitet von Adolf Wrede, 2. Auflage, Göttingen 1962, S. 656).

[99] *„Ferner gebieten wir euch allen und eur jedem insonders bei den vorgeschriben peenen, das eur kainer des obgenannten Martin Luthers schriften, von unserm hailigen vater babst, wie obstet, verdambt, und all ander schriften, die in Latein und Deutsch oder in ander sprach bisher durch ine gemacht sein oder hinfür gemacht werden, als böhs, argwenig und verdechtlich und von einem offenbarn, hartneggichen ketzer ausgegangen, kauf, verkauf, lese, behalt, abschreib, druck oder abschreiben oder drucken lasse, noch seiner opinion zufall, die auch nit halt, predig noch beschirme, noch das in ainig ander weg, wie menschensinn das bedenken kann, understee, unangesehen ob darin etwas guts, den ainfeltigen menschen damit*

Schriften Luthers zu drucken, zu kaufen und zu verkaufen, zu besitzen, zu benutzen, oder in irgendeiner anderen Weise seine Lehre zu vertreten oder gar zu beschützen[100]. Diese Maßnahme wurde damit erklärt, dass Luthers Schriften wie tödliches Gift im Essen seien, weshalb man sie zum Schutz der Menschen von ihnen fernhalten müsse:

„*...dann wie die allerpeste speis, so mit ainem clainen tropfen gifts vermischet, von allen menschen gescheuhet, sovil mer sollen soliche schriften und bücher, in den so manig der seelen gift und verdambnus eingefürt sein, von uns allen nit allein vermitten, sonder auch die von aller menschen gedechtnus abgethan und verdilgt werden, damit si niemand schaden oder ewiglich todten.*“[101]

Über das Verbot der Schriften Luthers hinaus enthielt das Edikt als vorbeugende Maßnahme Zensurbestimmungen, die alle Publikationsmittel der Zeit zu erfassen suchten[102]. So hieß es für „*ander bücher, sie seinen in welicher facultet und begreifen was si söllen, die sollen mit wissen und willen des ordinarien und ausserhalb desselben kainswegs gedruckt, verkauft, noch zu drucken oder zu verkaufen understanden, verschaffet noch gestatet werden, in kain weise.*“[103] Neben der Herstellung und dem Vertrieb von Schriften und Büchern sollten auch Werke der bildenden Kunst der Kontrolle durch Zensurorgane unterstellt werden[104]. Für das Amt der Zensoren waren die Bischöfe und theologischen Fakultäten der Universitäten vorgesehen[105]. Zusammenfassend ergibt sich, dass

---

zu betriegen, eingefürt were.“ (abgedruckt bei: Deutsche Reichstagsakten unter Kaiser Karl V., zweiter Band, bearbeitet von Adolf Wrede, 2. Auflage, Göttingen 1962, S. 655).

[100] Der Reichstag zu Worms von 1521. Reichspolitik und Luthersache, Hrsg: Fritz Reuter i.V.m. Anton Philipp Brück, Ludwig Petry, Heinrich Steitz, Worms 1971, S. 150.

[101] Abgedruckt bei: Deutsche Reichsakten unter Kaiser Karl V., zweiter Band, bearbeitet von Adolf Wrede, 2. Auflage, Göttingen 1962, S. 655.

[102] Der Reichstag zu Worms von 1521. Reichspolitik und Luthersache, Hrsg: Fritz Reuter i.V.m. Anton Philipp Brück, Ludwig Petry, Heinrich Steitz, Worms 1971, S. 150.

[103] Abgedruckt bei: Deutsche Reichstagsakten unter Kaiser Karl V., zweiter Band, bearbeitet von Adolf Wrede, 2. Auflage, Göttingen 1962, S. 658.

[104] Der Reichstag zu Worms von 1521. Reichspolitik und Luthersache, Hrsg: Fritz Reuter i.V.m. Anton Philipp Brück, Ludwig Petry, Heinrich Steitz, Worms 1971, S. 150.

[105] „*Damit auch solichs alles und ander ursachen künftiger irrsal abgesniten, und die gift der, so soliche schriften dichten und machen, ferner nit ausgeprait und die hochberümbte kunst der druckerei allein in guten und löblichen sachen gepraucht und geübt werde, so haben wir weiter aus kaiserlicher und königlicher oberkeit (...)geboten (...), das wir hiemit für ain unzerbrochenlich gesetze zu halten erkennen, das hinfüro kein buchtrucker oder jemands ander, er sei wer oder wo er wölle, in hailigen Römischen reiche, auch in unsern erbkönigreichen, fürstenthumben und landen kain bücher, noch ander schriften, in den etwas begriffen wirdet, das den christenlichen glauben wenig oder vil anruret, zum ersten druck nit drucke on wissen und willen des ordinarien desselben orts oder seines substituten und verordenten, mit zulassung der facultet in der hailigen geschrift einer der nechstgelegnen*

im Wormser Edikt neben einem Verbot der Schriften Luthers ein darüber hinausgehendes Verbot von Schriften gegen die Kirche und die Person des Papstes, sowie die Einführung einer Vorzensur enthalten war. Das Verbot lutherischer Schriften im gesamten Reich durch das Wormser Edikt zeigte auch in Bayern bald seine Wirkung.

Innerhalb Bayerns hatte sich durch die Veränderung der Großhandelswege München an der ehemals so blühenden Reichsstadt Regensburg vorbei[106] zu einer der wichtigsten bayerischen Städte entwickelt[107]. Beeinflusst von den wesentlich fortschrittlicheren Städten Nürnberg und Augsburg[108], kam es dort ab 1500 zu einer dauerhaften Druckertätigkeit[109]. Der Buchdrucker Hans Schobser[110], durch dessen Nachdruck das Wormser Edikt in Bayern kraft herzoglicher Anordnung verbreitet werden konnte, betrieb eine der ersten Druckereien in München[111]. Schobser hatte in der Zeit vor dem Wormser Edikt einige Schriften Luthers und dessen Anhänger nachgedruckt[112]. In einem Brief des Luthergegners Johann Eck wird berichtet, dass bei Karl Schobser im Jahre 1520 die ganze Auflage eines Nachdrucks des berühmten Aufrufes Luthers „*an den christlichen Adel teutscher Nation*“ beschlagnahmt worden sei: „*Es sind auch der Büchlin an Adel 1500 zu München gedruckt worden. Da das mein gnädiger Herr Herzog Wilhelm ist innen worden, hat er die all dem Drucker genommen.*“[113]

---

universitet.“ (abgedruckt bei: Deutsche Reichstagsakten unter Kaiser Karl V., zweiter Band, bearbeitet von Adolf Wrede, 2. Auflage, Göttingen 1962, S. 658).

[106] Ausführlich Darstellung zur Entwicklung des Buchgewerbes in Regensburg: Karl Schottenloher, Das Regensburger Buchgewerbe im 15. und 16. Jahrhundert. Mainz 1920, S. 1-73.

[107] Pius Dirr, Buchwesen und Schrifttum im alten München 1450-1800, München 1929, S. 13.

[108] Karl Schottenloher, Der Münchener Buchdrucker Hans Schobser 1500-1530, Nachdruck der Ausgabe München 1925, München 1967, S. 4.

[109] Pius Dirr, Buchwesen und Schrifttum im alten München 1450-1800, München 1929, S. 15.

[110] Der Buchdrucker Hans Schopser war im Jahre 1500 nach München gezogen. Der entsprechende Eintrag in den Ratsprotokollen der Stadt München lautete: „*Hans Schopsser, den puchdrucker von Augspurg, hat man steuerfrey auf 6 Jar aufgenommen, hie Burger zu sein. Actum an Freitag vor Martini Anno 1500.*“(nach Karl Schottenloher, Der Münchner Buchdrucker Hans Schobser. 1500-1530, Nachdruck der Ausgabe München 1925, München 1967, S. 3).

[111] Klaus Kopfmann, Die Religionsmandate des Herzogtums Bayern in der Reformationszeit (1522-1531), München 2000, S. 16 f.

[112] Etwa aus dem Verzeichnis der Verlagswerke Schobsers: „*Nr. 65, Ain Sermon oder predig von der betrachtung des geyligen leydens Christi. Doctor Martini Luther zu Wittenberg.*“ (Nach Karl Schottenloher, Der Münchner Buchdrucker Hans Schobser. 1500-1530, Nachdruck der Ausgabe München 1925, München 1967, S. 7, 11 ff.).

[113] Vgl. Pius Dirr, Buchwesen und Schrifttum im alten München 1450-1800, München 1929, S. 24; Karl Schottenloher, Der Münchner Buchdrucker Hans Schobser. 1500-1530, Nachdruck der Ausgabe München 1925, München 1967, S. 8; Helmut Neumann, Staatliche

Nach dem Erlass des Wormser Edikts und der davon beeinflussten Richtung am bayerischen Hof druckte Karl Schobser (jedenfalls ab dem Jahre 1524) nur noch Werke, deren Inhalte sich gegen die neue Lehre richteten[114], unter anderem auch das erste bayerische Religionsmandat[115]. Waren die bayerischen Fürsten Wilhelm IV. und Ludwig X. vor dem Wormser Edikt noch nicht allzu streng bezüglich der Besitzer und Leser Luthers Schriften gewesen, so erließen sie am 5. März 1522 mit dem ersten Religionsmandat[116] ein Verbot der religiösen Neuerung und bedrohten die Verbreitung und das Lesen ketzerischer Schriften nun mit Strafe[117]. Die Festlegung des Strafmaßes lag dabei im Ermessen der Herzöge[118].

Auf Reichsebene wurde in § 28 des Nürnberger Reichsabschiedes[119] von 1524 zunächst die Einhaltung der Vorschriften des Wormser Edikts gefordert[120]. Die

---

Bücherzensur und –aufsicht in Bayern von der Reformation bis zum Ausgang des 17. Jahrhunderts, Karlsruhe 1977, S. 7.

[114] Beschreibung der Druckwerke Hans Schobsers bei: Karl Schottenloher, Der Münchner Buchdrucker Hans Schobser. 1500-1530, Nachdruck der Ausgabe München 1925, München 1967, S. 11 ff. Ähnliches ereignete sich auch in anderen bayerischen Städten, wie z.B. in Landshut, wo Johann Weyssenburger als erster Buchdrucker tätig war. Weyssenburger hatte vor dem Wormser Edikt Schriften Luthers und andere evangelische Traktate publiziert. Nachdem sich die bayerischen Landesfürsten infolge des Wormser Edikts gegen die Lehren Luthers wandten, konnte er nur noch katholische Schriften drucken (vgl. dazu aus dem Verzeichnis der Druckwerke Johann Weyssenburgers: *„Nr. 92. Leo X: Bulla contra errores Martini Lutheri et sequacium / Nr. 94. Der Römischen kaiserlichen Mayestat Edict wider Martin Luther Büecher und lere seyne anhenger Enthalter unnd nachvolger und Etlich ander schmeliche schrifften. Auch gesetz der Druckerey.“* (Nach Karl Schottenloher, Die Landshuter Buchdrucker des 16. Jahrhunderts, Nachdruck der Ausgabe Mainz 1930, München 1967, S. 32).

[115] Klaus Kopfmann, Die Religionsmandate des Herzogtums Bayern in der Reformationszeit (1522-1531), München 2000, S. 55.

[116] Der Text des ersten bayerischen Religionsmandat vom 5.3.1522 ist abgedruckt bei: Klaus Kopfmann, Die Religionsmandate des Herzogtums Bayern in der Reformationszeit (1522-1531), München 2000, S. 55 ff.

[117] Sigmund von Riezler, Geschichte Baierns, Band 4, Neudruck der Auflage Gotha 1899, Aalen 1964, S. 79; Pius Dirr, Buchwesen und Schrifttum im alten München 1450 –1800, München 1929, S. 25.

[118] Klaus Klopfmann, Die Religionsmandate des Herzogtums Bayern in der Reformationszeit (1522-1531), München 2000, S. 21.

[119] Reichsabschied wird im Folgenden mit RA abgekürzt.

[120] § 28 des Nürnberger RA lautete: *„(...), unter anderen inhaltet, dass Wir Uns versehen, die Ständ des Heil. Reichs, als Schützer und Schirmer des Glaubens, sollten Unserem zu Worms mit Bewilligung Churfürsten, Für-sten, Prälaten, Grafen und aller Stände ausgangen Mandaten gehorsamlich gelebt und nach-kommen seyn, darzu dieselbe gehandhabt haben, und dass solches nicht beschehen , von ge-meiner Christenheit, Teitscher Nation, nicht kleine Beschwerung getragen: Auch derhalben Unser Ansinnen und Begehren abermahls gestalt, dass ein jeder Churfürst (...) für sich selbst, auch bey seinen Unterthanen daran und obseyn wolt, damit solchem Unserem zu Worms aus-gegangenen Mandat nochmahls gehorsamlich*

Obrigkeiten sollten als Schützer und Schirmer des Glaubens nach den im Wormser Edikt beschlossenen Regeln leben, aber auch dafür Sorge tragen, dass ihre Untertanen sich danach richteten. Weiterhin wurde jede Obrigkeit aufgefordert, die Druckereien in ihrem Land zu kontrollieren, um eine Verbreitung von *„Schmachschrifft und Gemählde"* zu unterbinden. Dies bedeutete nichts anderes, als dass den Landesfürsten die Pflicht auferlegt wurde, in ihren Territorien die Vorzensur einzuführen[121].

In Bayern ließ eine entsprechende Reaktion nicht lange auf sich warten. Bereits am 6. Juli 1524 kam es in Regensburg zu einem Zusammenschluss katholischer Fürsten, Bischöfe und der bayerischen Herzöge Wilhelm und Ludwig mit dem päpstlichen Legaten (sog. Regensburger Einung[122]). Die Mitglieder der Regensburger Einung hatten sich unter Bezugnahme auf den Nürnberger RA darauf verständigt, dass der Buchdruck und namentlich die Verbreitung lutherischer Schriften für die alte Lehre eine große Gefahr darstellte, der es mit Hilfe der Vorzensur zu Leibe zu rücken galt[123]. So lautete die entsprechende Passage im Dokument zur Regensburger Einung:

„So wir auch befinden, das bissheer die verdambten und verfuerischen Leeren, schmach und schantgeschrifften allermaist durch die druckerey aussgebraitt und ab der versehung des kaiserlichen edicts nit allenthalben, als das billich ge-

---

gelebt werde. Demnach auf solch Unser Ge-sinnen und Begehren haben sich Unser und des Heil. Reichs Chursfürsten (...), als gehorsame Glieder des Heil. Reichs, vereinigt und beschlossen, demselbigen Unserm Mandat gehorsam-lich, wie sich dass schuldig erkennen, so viel ihnen möglich, zu geleben, gemäß zu halten und nachzukommen. Darzu dass eine jede Obrigkeit bey ihren Druckereyen, und sonst allenthal-ben nothdürftig Einsehens haben sollen, damit Schmachschrifft und Gemählde hinfürter gänz-lich abgethan wird, und nicht weiter ausgebreitet: und dass fürter der Druckerey halben, In-halt Unsers Mandats, gehalten werde. Ob aber jemands derhalben Beschwerung oder Ver-hinderung begegnet oder zuständе, mag solches Unserm Statthalter und Regiment anzeigen, die haben von Uns Befehl wie wir ihnen auch hiemit ernstlich befehlen, den Ansuchenden Hülff und Rath mitzuzheilen, darob zu halten, und dasselbig Unser Mandat mit allem Fleiß zu exequieren." (Abgedruckt bei: Neue und vollständigere Sammlung der RA, Band II, Neu-druck der Ausgabe 1747, Osnabrück 1967, S. 258).

[121] Helmut Neumann, Staatliche Bücherzensur und –aufsicht in Bayern von der Reformation bis zum Ausgang des 17. Jahrhunderts, Karlsruhe 1977, S. 8.

[122] Das Dokument über die Regensburger Einung (teilweise auch als Regensburger Bündnis bezeichnet) ist Teil des von Erzherzog Ferdinand und dem Legaten Campeggio einberufenen Regensburger Konvents von 1524. Abgedruckt bei: Acta Reformationis Catholicae Ecclesiam Germaniae Concernentia Saeculi XVI. Die Reformverhandlungen des Deutschen Episkopats von 1520 bis 1570, Band 1, Hrsg: Georg Pfeilschifter, Regensburg 1959, S. 329 ff.

[123] Sigmund von Riezler, Geschichte Baierns. Band 4, Neudruck der Ausgabe Gotha 1899, Aalen 1964, S. 102 f.; Jaques Rosenthal (Hrsg.), Literatur der Reformation. Mit einem Anhang: Papstbullen des Reformationszeitalters, München ohne Jahresangabe, S. 66.

schehen sein solt, gehalten ist worden, so haben wir furgenommen und wellen, das nun furan in unsern (und unserer gnedigen herren) landen gebietten (und bistumben), wie obgemelt, kain puechdrucker einich puech noch gemeld zu drucken undtersteen, es sey dan zuvor solichs uns (und unsern gnedigen herren) oder unsern (und irer gnaden) darzue verordenten furgetragen, mit vleiss examinirt und ime zu drucken zugelassen worden“[124].

Daneben wurde die Herstellung einer Druckschrift ohne Vorzensur bei Strafe verboten[125]. Die bayerischen Herzöge verbanden die Ideen der Regensburger Einung zur Bekämpfung und Fernhaltung des Luthertums mit den Beschlüssen des Wormser Edikts und erließen am 2. Oktober 1524 das zweite Religionsmandat („*Landbot wider die Lutherische Sekt*“)[126]. Darin wurde verkündet, dass die Buchdrucker, um einer Verbreitung Luthers Irrlehren vorzubeugen, keine Bücher oder Bilder drucken dürften, welche nicht zuvor den Herzögen oder von diesen bestimmten Personen zur Genehmigung vorgelegt worden wären. Weiter wurde ein Verkaufsverbot für Luthers Bücher, Schriften und Gemälde verhängt[127].

Zur Konkretisierung der Errichtung einer Vorzensur in den Territorien des deutschen Reichs enthielt § 9 des Speyerer RA von 1529 weitere Bestimmungen[128].

---

124 Acta Reformationis Catholicae Ecclesiam Germaniae Concernentia Saeculi XVI. Die Reformverhandlungen des Deutschen Episkopats von 1520 bis 1570, Band 1, herausgegeben von Georg Pfeilschifter, Regensburg 1959, S. 332.

125 „*Welicher aber ausserhalb solicher erlaubnuss zu drucken undtersteen wurd, der soll darumb (nach ungnaden und nach vermögen des kaiserlichen edikts) gestraft werden. Es soll auch des Luthers und seiner anhenger, auch ander ketzerisch verfuerisch und verpotten buecher, schandt und schmachschriften und gemäld in unsern (unserer gnedigen herren) landen bistumben und gebietten durch niemandt kaufft, verkaufft, verschenckt, noch in ainich ander weis aussgebraitt werden. Darauf nach ausweisung der geschribenen recht und kaiserlichen edicts und ander straff verfaren lassen.*“ (Abgedruckt bei: Acta Reformationis Catholicae Ecclesiam Germaniae Concernentia Saeculi XVI. Die Reformverhandlungen des Deutschen Episkopats von 1520 bis 1570, Band 1, herausgegeben von Georg Pfeilschifter, Regensburg 1959, S. 332).

126 Abgedruckt bei: Klaus Klopfmann, Die Religionsmandate des Herzogtums Bayern in der Reformationszeit (1522-1531), München 2000, S. 67 f.; Sigmund von Riezler, Geschichte Baierns, Band 4, Neudruck der Ausgabe Gotha 1899, Aalen 1964, S. 104; Helmut Neumann, Staatliche Bücherzensur und –aufsicht in Bayern von der Reformation bis zum Ausgang des 17. Jahrhunderts, Karlsruhe 1977, S. 7.

127 Sigmund von Riezler, Geschichte Baierns, Band 4, Neudruck der Ausgabe Gotha 1899, Aalen 1964, S. 104.

128 § 9 des Speyerer RA von 1529 lautete: „Darzu sollen und wollen Wir, auch Churfürsten, Fürsten und Ständ des Reichs, mitlerzeit des Concilii, in allen Druckereyen und bey allen Buchführern, einer jeden Obrigkeit mit allem möglichen Fleiß Versehung thun, dass weiter nichts Neues gedruckt, und sonderlich Schmähschriften, weder öffentlich oder heimlich gedicht, gedruckt, zu feilen Kauff getragen, oder ausgelegt werden, sondern was derhalben

Die Vorzensur sollte nach diesem RA durch eine von der Obrigkeit dazu eingesetzte *„verständige Person"* ausgeübt werden[129]. Wurde die Druckschrift nicht zur Veröffentlichung zugelassen, so wurde dem Verfasser, Drucker und Verkäufer der Schrift bei schwerer Strafe verboten, sich dem Zensurspruch zu widersetzen.

Bereits ein Jahr später zeigten sich in § 58 des Augsburger RA Ansätze eines institutionalisierten weltlichen Zensursystems[130]. Jedes Druckwerk musste den Drucker und den Druckort nennen, um so die Feststellung der Zuständigkeitskompetenzen für die Ausübung der Vorzensur zu ermöglichen. Die oberste Aufsicht über das Bücher- und Pressewesen lag danach beim Kaiser, der diese Befugnis aus dem kaiserlichen Bücherregal ableitete und deren Ausübung auf den Reichshofrat übertrug[131]. Das früher aus wirtschaftlichem Interesse des Druckers und Verlegers zum Schutze vor unerlaubtem Büchernachdruck vergebene

---

weiter gedicht, gedruckt oder feil gehabt wird, das soll zuvor von jeder Oberkeit, darzu verordnete verständige Person, besichtiget. Und so darinn Mängel befunden, soll dasselbig zu drucken oder feil zu haben, bey grosser Straff nicht zugelassen, sondern also strenglich verboten und gehalten, auch der Dichter, Drucker und Verkauffer, so solch Gebot überfahren, durch die Obrigkeit, darunter sie gesessen oder betreten, nach Gelegenheit gestraft werden." (RA von Speyer 1529, § 9, abgedruckt bei: Neue und vollständigere Sammlung der RA, Neudruck der Ausgabe 1747, Osnabrück 1967, Band II, S. 294 f.).

129 Vgl. dazu auch Oswald Krempel, Das Zensurrecht in Deutschland zu Ausgang des 18. und Beginn des 19. Jahrhunderts, Würzburg 1921,S. 18.

130 § 58 des Augsburger RA von 1530 lautete: *„Und nachdem durch die unordentliche Druckerey bis anhero viel Übels entstanden: Setzen, ordnen und wollen Wir, dass ein jeder Churfürst, Fürst und Stand des Reichs, geistlich und weltlich, mittlerzeit des günsstigen Concilii in allen Druckereyen, auch bey allen Buchführern, mit ernstem Fleiß Versehung thun, dass hinfürter nichts Neues, und sonderlich Schmähschriften, Gemählders, oder dergleichen, weder öffentlich oder heimlich gedicht, getruckt, oder feil gehabt werden, es sey dann zuvor durch dieselb geistlich oder weltlich Obrigkeit darzu verordnete verständige Personen besichtigt, des Druckers Nahmen und Zunahmen, auch die Stadt, darinn solches getruckt, mit nähmlichen Worten darann gesetzt. Und so darinn Mangel befunden, soll dasselbig zu trucken oder feil zu haben nicht zugelassen, was auch solcher Schmähe- oder dergleichen Bücher hievor getruckt, soll nicht feil gehabt oder verkafut werden. Und wo der Tichter, Trucker oder Verkauffer solche Ordnung oder Gebott überfahren, soll er durch die Oberkeit, darunter er gesessen oder betretten, nach Gelegenheit, an Leib oder Gut gestrafft werden: Und wo einige Oberkeit, sie wäre wer sie wolle, hierinn läßig befunden würde, alsdann soll und mag Unser Kayserlicher Fiscal, gegen derselben Oberkeit um die Straff procediren und fürfahren, welche Straff nach Gelegenheit jeder Oberkeit, und derselben Fahrlässigkeit, Unser Kaiserlich Kammer Gericht zu setzten und zu taxieren Macht haben soll."* (RA von Augsburg, § 58, abgedruckt bei: Neue und vollständigere Sammlung der RA, Neudruck der Ausgabe 1747, Osnabrück 1967, Band II, S. 314).

131 Art. „Zensur" von Dieter Werkmüller, in: Handwörterbuch zur Deutschen Rechtsgeschichte, Hrsg: Adalbert Erler, Ekkehard Kaufmann und Dieter Werkmüller, V. Band, Berlin 1998, S. 1657.

Druckprivileg verwandelte sich so in eine Druckerlaubnis. Doch nicht nur die Drucker und Verleger mussten sich aufgrund des neuen Zensursystems in Acht nehmen, auch die landesherrlichen Zensoren wurden ihrerseits durch die kaiserlichen Fiskale überprüft, ob sie ihrem Zensuramt gewissenhaft nachkamen. Im Falle, dass die kaiserlichen Fiskale feststellten, dass ein landesherrlicher Zensor bei der Erfüllung seiner Aufsichtspflicht *„lässig befunden würde, alsdann soll und mag Unser Kayserlicher Fiscal gegen derselben Oberkeit um die Straff procedieren"*, die das Reichskammergericht festsetzen und aussprechen sollte[132].

In Bayern verständigten sich die bayerischen Herzöge im Dezember 1530 darauf, die Beschlüsse des Augsburger RA in Bayern als Landesrecht zu verkünden[133]. Im Mai des Jahres 1531 erging dann das dritte bayerische Religionsmandat, welches sich unter Bezugnahme auf das Wormser Edikt wider die Abweichungen vom alten Glauben wandte[134]. Es folgten noch weitere bayerische Zensurmandate[135], die sich alle gegen ärgerliche und verführerische Bücher, Gedichte und Schmähschriften wandten[136]. Darunter z.B. das Mandat vom 6. Januar 1540: *„Mandat wegen allerlay verbottne ergerliche und verfüerische Püecher, Gedicht und Schmachschrifften im Fürstenthumb Bayren nit fail zu haben noch umb zu tragen."*[137] Darin wurden die Obrigkeiten jedes bayerischen Ortes angewiesen, ihre Buchhändler monatlich zu kontrollieren[138].

---

[132] Vgl. Augsburger RA, § 58, Neue und vollständigere Sammlung der RA, Neudruck der Ausgabe 1747, Osnabrück 1967, S. 314.

[133] Vgl. Protokoll des Geheimen Sekretärs Wilhelms IV.: *„Erstlich sullen die artickel der christlichen religion halben im Reichsabschid furgenommen werden, wie die erhallten sollen werden, in druck ausgeen vnd deshalben ein auszug gemacht werden, sovil das land Bairn betrifft"* (abgedruckt bei: Klaus Kopfmann, Die Religionsmandate des Herzogtums Bayern in der Reformationszeit (1522-1531), München 2000, S. 46).

[134] Das dritte bayerische Religionsmandat ist abgedruckt bei: Klaus Kopfmann, Die Religionsmandate des Herzogtums Bayern in der Reformationszeit (1522-1531), München 2000, S. 113.

[135] Im Jahre 1598 erging ein Mandat Herzog Maximilians, in dem er gegen die *„heimliche Einschleichung allerhand ketzerischer Bücher"* vorgehen wollte (abgedruckt bei: Geschichtliche Quellenhefte. Heft 17. Bayerische Quellen zur deutschen Geschichte, Teil I, 2. Auflage, Frankfurt am Main, 1961, S. 72 f.).

[136] Staatsbibliothek München, cgm 2536 (Mandatenbuch), fol. 349-351. Abgedruckt bei: Karl Bosl (Hrsg.), Dokumente zur Geschichte von Staat und Gesellschaft in Bayern, Band 2, München 1977, S. 683.

[137] Staatsbibliothek München, cgm 2536 (Mandatenbuch), fol. 349-351. Abgedruckt in: Dokumente zur Geschichte von Staat und Gesellschaft in Bayern. Hrsg. Karl Bosl, Abteilung I, Band 2, München 1977, S. 683.

[138] Bayerisches Zensurmandat von 1540: *„Doch mit der maß, das ein jede Obrikait an dem ort, da solch vnnsers Fürstenthumbs inlenndisch Puechfüerer wohnen vnd ire Puechläden oder Cramen haben, mit vleis verordnen vnd bestellen soll, das zum minsten ainmal im Monat ir Läden vnd Cramen besichtigt, auch sonst täglich guet achtung vnd aufsechen gehabt werde, damit Sy khein verbottn, verfüerisch, ergerlich Puech oder schrifften fail haben oder*

Auf Reichsebene enthielt der RA von Speyer aus dem Jahre 1570 weitere zensurrelevante Bestimmungen[139]. In den §§ 154-159 wurde unter anderem

---

verkhauffen." (Text abgedruckt in: Staatsbibliothek München, cgm 2536 (Mandatenbuch), fol. 349-351. Abgedruckt in: Dokumente zur Geschichte von Staat und Gesellschaft in Bayern. Hrsg. Karl Bosl, Abteilung I, Band 2, München 1977, S. 683).

[139] § 154 Speyerer RA: „*Wiewohl auch auf etlichen vorigen gehaltenen Reichstagen bey schweren Poenen statuirt und gebotten worden, dass die Obrigkeit bey ihren Druckereyen / Buchführern / und sonsten ernstliche Versehung thun sollen, damit keine Schmähbücher /Gemählde oder dergleichen (dadurch nichts gutes, sondern nur Zanck, Aufruhr, Misstrauen und Zertrennung alles friedlichen Wesens angestifft) öffentlich oder heimlich gemacht /gedruckt, verkaufft, oder sonsten ausgehen: So kommen wir doch in gewisse Erfahrung, dass solchem unserem und deß Heil.Reichs Gebott an vielen Oertern nicht gelebt, sondern zugesehen werden will, dass hin un wieder allerley schandlose Schmähschriften, Bücher, Karten und Gemählde gedruckt und gemahlet, ohn alles straffen, zuvorab auf den gemeinen Jahr-Märkten, Messen und in anderen Versammlungen umgetragen, feil gegeben, kaufft, und ausgebreitet, darunter dann auch niemand, es sey Obrigkeit, Herr oder Unterthan, verschonet werde.*"

§ 155 Speyerer RA: „*Dieweil dann solche vermessene ungescheute Frechheit deß lästerlichen Druckens, Mahlens und Schmähens, um so vielmehr zu coercieren, und allenthalben abzustellen, haben wir uns mit gemeinen Standen und den Abgesandten dahin verglichen: Darauf setzen, ordnen und wollen wir, dass hinfüro im ganzen Römischen Reich Buchdruckereyen an keine andere Oerter, dann in denen Städten, da Churfürsten und Fürsten ihre gewöhnliche Hof-haltung haben, oder da Universitates studiorum gehalten, oder in ansehnlichen Reichsstädten verstattet, aber sonsten alle WinckelDruckereyen stracks abgeschaffet werden sollen.*"

§ 156 Speyerer RA: „*Zum anderen, soll auch kein Buchdrucker zugelassen werden, der nicht zuforderst von seiner Obrigkeit, da er häußlich sitzet, darzu redlich, ehrbar, und aller Ding tüglich erkennt, auch daselbst mit sonderm leiblichem Eyd beladen in seinem Drucken, jetzigen und anderen RA sich gemäß zu verhalten. Zum dritten, sollen einem jeden alle lästerliche schmähliche Bücher, Schriften, Karten, oder Gedicht, in Druck zu geben oder zu drucken, durchaus bey hoher Straff, auch Verlust der Bücher und Druckereyen verbotten seyn. Zum vierten, soll auch keiner etwas zu drucken Macht haben, das nicht zuvor von seiner Obrigkeit ersehen, und also zu drucken ihme erlaubt wäre. Zum fünften, soll derselbe alsdann auch dess Dichters oder Authoris, gleichfalls seinen Nahmen und Zunahmen, die Stadt und Jahrzahl dazu setzen.*"

§ 157 Speyerer RA: „*Da aber deren Ding eines oder mehr unterlassen, sollen nicht allein die gedruckte Bücher / Schriften oder Karten alsbald von der Obrigkeit confisciert, sondern auch Drucker, und bey weme die zu kaufen, oder sonsten auszubreiten, begriffen, an Gut, oder sonsten nach Gestalt und vermög gemeiner Recht, unnachlässlich gestraft werden.*"

§ 158 Speyerer RA: „*Mit gleichen Straffen und Ernst, soll auch gegen denjenigen, so lästerlich schmähliche Gemählde machen, zu verkauffen, oder sonsten zu divulgiren umführen.*"

§ 159 Speyerer RA: „*Darum gebieten und wollen wir, dass alle und jede Stände, und Obrigkeiten, ob diesem unserem Gebott mit allem ernstlichem Fleiß halten, auch sonderlich ihre Druckereyen unverwarnter Ding visitieren, dann da sie in diesem jemand übersehen, colludiren, oder keinen gebührenden Ernst und Straff gegen die Übertretter fürnehmen würden, sollen sie damit in unsere schwere Ungnad gefallen seyn, und nach gestalten Dingen pro arbitrio von uns gestrafft werden.*" (§§ 154, 155, 156, 157, 158, 159 des Speyerer RA von moniert, dass die Obrigkeit ihre Druckereien nicht gründlich genug kontrolliere. Weiterhin wurde der Sinn und Zweck der Unterbindung von Schmähbüchern und entsprechenden Gemälden den offenbar unverständigen landesherrlichen Obrigkeiten erläutert: *„dadurch nichts gutes, sondern nur Zanck, Aufruhr, Misstrauen und Zertrennung alles friedlichen Wesens angestifft.“*[140] § 155 Speyerer RA regelte, wo Druckereien gestattet wären (nämlich *„an keinen anderen Oerten, dann in denen Städten, da Churfürsten und Fürsten ihre gewöhnliche Hoffhaltung haben, oder da Universtitates studiorum gehalten, oder in ansehnlichen Reichsstädten verstattet“*[141]) und verbot im gleichen Zug alle anderen Druckereien[142]. Gemäß § 156 Speyerer RA wurden die Drucker verpflichtet, einen Eid abzulegen, sich gemäß den Vorschriften des Speyerer und der zuvor ergangenen RA zu verhalten. Daneben erfolgte die Wiederholung des Verbots, kritische Bücher oder Schriften in Druck zu geben oder zu drucken. Bei Zuwiderhandlung wurde eine hohe Strafe angedroht[143]. Auch die Pflicht, die Druckwerke der zur Vorzensur verpflichteten Obrigkeit vorzulegen, wurde erneut betont. Ein Drucker war ab sofort verpflichtet, seinen Vor- und Zunamen, sowie den Vor- und Zunamen des Autors und den Druckort nebst Jahreszahl anzugeben[144]. Unangekündigte Kontrollen in Druckereien wurden den Obrigkeiten aufgegeben und selbige verwarnt, ihrer Aufgabe mit dem gebührenden Ernst nachzukommen:*„Druckereyen unverwarnter Ding visitieren, dann da sie in diesem jemand übersehen, colludieren, oder keinen gebührenden Ernst und Straff gegen die Übertretter fürnehmen würden, sollen sie damit in unsere schwere Ungnad gefallen seyn, und nach gestalten Dingen pro arbitrio von uns gestrafft werden.“*[145]

Neben den RA enthielten auch die Reichspolizeiordnungen von 1548 und 1577 Regelungen, die das Zensursystem weiter ergänzten. In der *Reformation guter Policey* zu Augsburg von 1548 befasste sich der Titel XXXIV mit *„Schmäh-*

1570 abgedruckt bei: Neue und vollständigere Sammlung der RA, Neudruck der Ausgabe 1747, Osnabrück 1967, Band III, S. 308.)

[140] § 154 Speyerer RA von 1570, abgedruckt bei: Neue und vollständigere Sammlung der RA, Neudruck der Ausgabe 1747, Osnabrück 1967, Band III, S. 308.

[141] § 155 Speyerer RA von 1570, abgedruckt bei: Neue und vollständigere Sammlung der RA, Neudruck der Ausgabe 1747, Osnabrück 1967, Band III, S. 308.

[142] § 155 Speyerer RA von 1570, abgedruckt bei: Neue und vollständigere Sammlung der RA, Neudruck der Ausgabe 1747, Osnabrück 1967, Band III, S. 308.

[143] § 156 Speyerer RA von 1570, abgedruckt bei: Neue und vollständigere Sammlung der RA, Neudruck der Ausgabe 1747, Osnabrück 1967, Band III. S. 308.

[144] § 156 Speyerer RA von 1570, abgedruckt bei: Neue und vollständigere Sammlung der RA, Neudruck der Ausgabe 1747, Osnabrück 1967, Band III. S. 308.

[145] § 159 Speyerer RA von 1570, abgedruckt bei: Neue und vollständigere Sammlung der RA, Neudruck der Ausgabe 1747, Osnabrück 1967, Band III. S. 308.

schriften, Gemählden und Gemächten"[146]. In § 1 des Titel XXXIV der *Reformation guter Policey* von 1548 wurde zunächst beklagt, dass „*schmähliche Bücher,*

[146] „*Reformation guter Policey, Titel XXXIV: § 1: (...), dass in allen Druckereyen auch bey allen Buchführern mit ernstem Fleiß Fürsehung gethan, dass hinführo nicht Neues, und sonderlich Schmähschriften Gemählds oder der-gleichen, weder öffenltich noch heimlich gedicht, gedruckt, und feil gehabt werden sollen, wie dann dieselben Abschied ferner mitbringen: So befinden Wir doch, dass ob derselben unser Satzung gar nichts gehalten, sondern dass solche schmähliche Bücher Schriften Gemählds und Gemächts je länger je mehr gedicht, gedruckt, gemacht, feil gehabt, und ausgebreitet werden. (...) So setzen und ordnen Wir, auch hiermit ernstlich gebietend, dass hinführo alle Buchdrucker wo und an welchem Ort die in dem heiligen Reich gesessen sind, bey Nieder-legung ihres Handwerks auch einer schweren Poen, nemlich N. Gulden ihren ordentlichen Obrigkeiten, unabläßlich zu bezahlen, keine Bücher klein oder groß wie die Namen haben möchten, im Druck ausgehen lassen sollen dieselben seyen dann zuvor durch ihre ordentliche Obrigkeit eines jeden Orts oder ihre darzu Verordnete besichtiget und Lehr der Christlichen Kirchen, deßgleichen dem Abschied des Reichstags allhie, auch anderen hievor auffgerichten Abschieden, so demselben jetzo allhie gemachten Abschied nicht zuwider sind, gemäß be-funden: Darzu, dass sie nicht auffrührisch oder schmählich, es treffe gleich hohe, niedrige, gemeine oder, sondere Personen an, und deßhalben approbiert und zulassen. Bey gleicher Poen sollen alle obgemeldre Buchdrucker schuldig und verpflicht seyn in alle Bücher, so sie also mit Zulassen der Obrigkeit, hinführo drucken werden, den Autorem oder Dichter des Buchs, auch seinen des Druchers Namen deßgleichen die Stadt oder das Ort, da es gedruckt worden, unterschiedlich und mit Namen zu benennen und zu vermelden.*
§ 2: Ferner setzen (...) Wir, dass alle und jede Obrigkeiten, uns und dem Heiligen Reich unterworffen, ernstlich Einsehens thun, und verschaffen sollen, dass nicht allein dem wie obgemeldt, treulich nachkommen und gelbt werde, sondern dass auch nichts, so der Catholischen allgemeinen Lehr der Heiligen Christlichen Kirchen ungemäß und widerwärtig oder zu Unruhe und Weiterung Ursach gegeben deßgleichen auch nicht schmälichs paßquillischs oder anderer Weiß, wie das Namen haben möchte, diesem jetzo allhie auffgerichten Abschied, und andern Abschieden, so demselben nicht zu entgegen seynd, ungemäß, in was Schein das geschehen: möchte, gedicht geschrieben in Druck gebracht gemahlt geschnitzt gegossen oder gemacht sondern wo solche und dergleichen Bücher, Schrifften, Gemählde, Abgüß, Geschnitzt und Gemächts im Druck oder sonst vorhanden wären, oder künftiglich ausgiengen, und an Tag kämen, dass dieselbe nicht feil gehabt, gekaufft, umgetragen, noch ausgebreitet, sondern den Verkäuffern genommen, und so viel immer möglich untergedruckt werde, und soll nicht allein der Verkauffer, oder Feilhaber, sondern auch der Käuffer und andere, bey denen solche Bücher, Schmähschriften oder Gemählds, Paßquills, oder andere Weiß, sie seyen geschrieben (...) gefänglich angenommen, gütlich, oder wo es die Nothdurfft erfordert, peinlich, wo ihm solche Bücher (...), herkommen, gefragt, und so der Author, oder ein anderer wer der wäre, von dem er, der gefangen, solche Schrift (...), überkommen, unter derselben Oberkeit gesessen, der soll alsbald auch gefänglich eingezogen: wäre aber unter einer anderen Herrschafft wonhafftig, derselben soll solches alsbald durch die Oberkeit, da der erst Feyl- oder Inhaber solcher Schriften betretten, angezeigt, die abermals wie vor laut, handeln, und dem also lang vorgeschriebener Maß, nachgefragt und nachgegangen, biß der rechte Author befunden, der alsdann sampt den jenigen, so es also umgetragen, feyl gehabt, oder sonst ausgegeben, vermög der Recht, und je nach Gelegenheit, und Gestalt der Sachen darum gestraft werden.

Schriften, Gemählds und Gemächts je länger je mehr gedicht, gedruckt, gemacht, feil gehabt und ausgebreitet" würden, obwohl das Verbot für Druckereien und Buchführer, „*nichts Neues, und sonderlich Schmähschriften, Gemählds oder dergleichen*" zu drucken und zu vertreiben, bereits auf den vorherigen Reichstagen ergangen war[147]. Dann wurde bei Strafe verboten, ein Druckwerk erscheinen zu lassen, welches nicht zuvor die Zensur durch die Obrigkeit passiert hatte: „*alle Buchdrucker, wo und an welchem Ort die in dem Heiligen Reich gesessen sind, bey Niederlegung ihres Handwerks, auch einer schweren Poen, (...) keine Bücher, klein oder groß, wie die Namen haben möchten, im Druck ausgehen lassen sollen, dieselben seyen dann zuvor durch ihre ordentliche Obrigkeit eines jeden Orts, oder ihre darzu Verordnete besichtiget,(...).*"[148] Im selben Paragraphen wurden außerdem alle Buchdrucker verpflichtet, „*in alle Bücher, so sie also mit zulassen der Obrigkeit, hinführo drucken werden, den Authorem oder Dichter des Buchs, auch seinen des Druckers Namen, deßgleichen die Stadt oder das Ort, da es gedruckt worden, unterschiedlich und mit Namen zu benennen, und zu vermelden.*"[149] Der § 3 des Titels XXXIV der *Reformation guter Policey* sah für den Fall, dass die landesherrliche Obrigkeit bei der Ausübung der Zensur nicht mit gebotener Strenge durchgreifen würde, den Einsatz eines kaiserlichen Fiscals vor: „*wo aber einige Oberkeit (...) fahrlässig handeln und nicht straffen würde: Alsdann soll Unser Kayserlicher Filcal wider dieselbig, auch den Dichter, Drucker, oder die Buchführer und Verkäuffer, auf*

§ 3: Wo aber einige Oberkeit, wer die wäre, oder wie sie Namen haben möchte, in Erkündigung solcher Ding, oder so es ihr angezeigt, darinnen fahrläässig handeln und nicht straffen würde: Alsdann soll Unser Kayserlicher Fiscal wider dieselbig, auch den Dichter, Drucker, oder die Buchführer und Verkäuffer, auf gebührliche Straff procediren und handeln, welch Straff nach Gelegenheit und Gestalt der Sachen, Unser Kayserliches Cammergericht, zu setzten, und zu moderiren, Macht und Befehl haben soll.

§ 4: Doch wo vor dieser Zeit etwan dergleichen Bücher, Gemähld oder Schriften hinter einen kommen, und also hinter ihm blieben wären, der soll darum nicht gefährd werden: Aber dannoch schuldig seyn, so er die befünde, dieselbige nicht wieter auszubreiten, zu verschenken oder zu verkauffen, und also vorige Schmach wieder zu erneuern, sondern abweg zuthun, oder dermassen zu verwahren, dass sie niemands zu Schmach reichen oder gelangen mögen." (Abgedruckt bei: Neue und vollständigere Sammlung der RA, Band II, Neudruck der Ausgabe 1747, Osnabrück 1967, Band II, S. 604 f.).

[147] § 1 der Reformation guter Policey, zu Augsburg 1548, Abschnitt XXXIV, abgedruckt bei: Neue und vollständigere Sammlung der RA, Band II, Neudruck der Ausgabe 1747, Osnabrück 1967, S. 604.

[148] § 1 der Reformation guter Policey, zu Augsburg 1548, Abschnitt XXXIV, abgedruckt bei: Neue und vollständigere Sammlung der RA, Band II, Neudruck der Ausgabe 1747, Osnabrück 1967, S. 604.

[149] § 1 der Reformation guter Policey, zu Augsburg 1548, Abschnitt XXXIV, abgedruckt bei: Neue und vollständigere Sammlung der RA, Band II, Neudruck der Ausgabe 1747, Osnabrück 1967, S. 604.

gebührliche Straff procediren und handeln (...).“[150] Das kaiserliche Kammergericht war zur Festlegung der Art und Höhe der Strafe im Falle einer nachlässigen Zensurausübung durch die landesherrlichen Obrigkeiten zuständig[151].

Vorschriften zur Zensur enthielt auch der Titel XXXV der Reichspolizeiordnung des Jahres 1577[152]. In sieben Paragraphen wurde in diesem Titel zunächst erneut das Verbot für die Buchdrucker und Buchhändler, ohne Zensur „*nichts Neues, noch Paßquille zu drucken, oder zu verkaufen*“, wiederholt[153]. Auch die Pflicht, den Autor oder Dichter des Buches, den Drucker und Druckort zu nennen, wurde erneut ausgesprochen[154]. Daneben erfolgte ein Hinweis auf die Kontrolle der zensurausübenden Obrigkeit durch die kaiserlichen Fiskale. Weiterhin wurde festgesetzt, wo sich im Reich Buchdruckereien befinden dürften bei gleichzeitigem Verbot sonstiger Druckereien: „*dass im ganzen Römischen Reich die Buchtruckereyen an keinen andern Oertern, dann in den Städten, da Churfürsten und Fürsten ihre gewöhnliche Hoffhaltung haben, oder da Universitates seyen, oder in ansehnlichen Reichstädten verstattet, aber sonsten alle Winckeltruckereyen gestracks abgeschafft werden sollen.*“[155] Neben der Wiederholung der bis dahin ergangenen Zensurregelungen enthielt Titel XXXV der Reichspolizeiordnung von 1577 in seinem § 7 eine Vorschrift, die auf eine Sitte, die sich offensichtlich in einigen Ländern des Reichs eingebürgert hatte, reagierte. Gläubiger hatten auf Nichtzahlung ihres Schuldners bzw. des Bürgens mit öffentlichen Schmähkampagnen („*...da dem Glaubiger, auf sein Ansinnen, von seinem Schuldner oder Bürgen nicht bezahlt wird, dass er derentwegen dieselbigen mit schänd-*

150 § 3 der Reformation guter Policey, zu Augsburg 1548, Abschnitt XXXIV, abgedruckt bei: Neue und vollständigere Sammlung der RA, Band II, Neudruck der Ausgabe 1747, Osnabrück 1967, S. 605.

151 Vgl. § 3 der Reformation guter Policey, zu Augsburg 1548, Abschnitt XXXIV, abgedruckt bei: Neue und vollständigere Sammlung der RA, Band II, Neudruck der Ausgabe 1747, Osnabrück 1967, S. 605.

152 Oswald Krempel, Das Zensurrecht in Deutschland zu Ausgang des 18. und Beginn des 19. Jahrhunderts, Würzburg 1921, S. 19.

153 § 2 Policeyordnung, zu Frankfurt 1577, Abschnitt XXXV, abgedruckt bei: Neue und vollständigere Sammlung der RA, Band III, Neudruck der Ausgabe 1747, Osnabrück 1967, S. 396; Art. „Censur“, in: Brockhaus Konversations-Lexikon, 14. Auflage, 4. Band, Leipzig 1892, S. 30.

154 § 2 Policeyordnung , zu Frankfurt 1577, Abschnitt XXXV, abgedruckt bei: Neue und vollständigere Sammlung der RA, Band III, Neudruck der Ausgabe 1747, Osnabrück 1967, S. 396.

155 § 6 Policeyordnung, zu Frankfurt 1577, Abschnitt XXXV, abgedruckt bei: Neue und vollständigere Sammlung der RA, Band III, Neudruck der Ausgabe 1747, Osnabrück 1967, S. 396.

lichen Gemähld und Brieffen, öffentlich anschlagen, schelten, beschreyen und beruffen läßet.“[156]) reagiert. Diese Art der Selbsthilfe wurde nun untersagt[157].

Weitere reichsrechtliche Zensurvorschriften[158] fanden sich unter anderem in der Peinlichen Halsgerichtsordnung Karls V. von 1532, wo es in Art 110 hieß, dass boshafte Lästerer und Verfasser von Schmähschriften mit Strafe zu belegen seien[159]. Zur Ausübung der Zensur auf Grundlage der RA und Polizeiordnungen wurde im Jahre 1579 in Frankfurt am Main ein Reichsfiskalprokurator zum kaiserlichen Bücherkommissar ernannt[160]. Als solcher übte er die Oberaufsicht über die landesherrlichen Zensurbehörden aus[161]. Der Westfälische Friede im Jahre 1648 brachte bezüglich der Reichszensurgesetzgebung einen gewissen Abschluss, indem er alle Schriften verbot, deren Inhalt sich gegen die Beschlüsse der wichtigsten Konfessionsverträge richtete[162].

---

[156] § 7 Policeyordnung, zu Frankfurt 1577, Abschnitt XXXV, abgedruckt bei: Neue und vollständigere Sammlung der RA, Band III, Neudruck der Ausgabe 1747, Osnabrück 1967, S. 397.

[157] Vgl. Oswald Krempel, Das Zensurrecht in Deutschland zu Ausgang des 18. und Beginn des 19. Jahrhunderts, Würzburg 1921, S. 20.

[158] Dazu ausführlich Ulrich Eisenhardt, Die kaiserliche Aufsicht über Buchdruck, Buchhandel und Presse im Heiligen Römischen Reich Deutscher Nation (1496-1806), Karlsruhe 1970, S. 15 ff., 49 ff., 63 ff.; Oswald Krempel, Das Zensurrecht in Deutschland zu Ausgang des 18. und Beginn des 19. Jahrhundert, Würzburg 1921, S. 17 f.

[159] „*Welcher jemand durch Schmachbrief, zu Latein Libellus Famosus/Pasquille genannt, die er ausbreitet, und sich nach Ordnung der Recht, mit seinem rechten Tauf- und Zunahmen nicht unterschreibt, unrechtlicher, unschuldiger Weiß Laster und Übel zumist, wo die mit Wahrheit erfunden würden, dass der Geschmächt an seinem Leib, Leben oder Ehren peinlich gestrafft werden möcht, derselbig boßhafftig Lästerer soll nach Erfindung solcher Übelthat, als die Recht sagen, mit der Pön, in welche er den Unschuldigen, Geschmächten, durch seine böse, unwahrhaftige Lästerschrift hat bringen wöllen, gestraft werden. Und ob sich auch gleichwohl die aufgelegte Schmach der zugemessenen That in der Wahrheit erfünde, soll dennoch der Ausruffer solcher Schmach, nach Vermög der Recht, und Ermessen des Richters, gestrafft werden.*“ (Abgedruckt bei: Neue und vollständigere Sammlung der RA, Neudruck der Ausgabe 1747, Osnabrück 1967, Band II, S. 383).

[160] Art. „Zensur“ von Dieter Werkmüller, in: Handwörterbuch zur Deutschen Rechtsgeschichte, Hrsg: Adalbert Erler, Ekkehard Kaufmann und Dieter Werkmüller, V. Band, Berlin 1998, S. 1658.

[161] Art. „Zensur“ von Dieter Werkmüller, in: Handwörterbuch zur Deutschen Rechtsgeschichte, Hrsg: Adalbert Erler, Ekkehard Kaufmann und Dieter Werkmüller, V. Band, Berlin 1998, S. 1658.

[162] Gemäß Art V § 50 Instrumentum Pacis Osnaburgense wurden alle Schriften verboten, welche dem Passauer Vertrag, dem Augsburger Religionsfrieden und dem Westfälischen Frieden zuwider waren (Auszüge aus Art V Instrumentum Pacis Osnaburgense in: Herbert Langer, Der Westfälische Frieden. Pax Europaea und Neuordnung des Reichs, Berlin 1994, S. 146 ff.); Art. „Zensur“ von Dieter Werkmüller, in: Handwörterbuch zur Deutschen Rechtsgeschichte, Hrsg: Adalbert Erler, Ekkehard Kaufmann und Dieter Werkmüller, V. Band, Berlin 1998, S. 1658.

War die Zensur in Bayern im 17. Jahrhundert auf die bereits existierenden Zensur- und Religionsmandate gestützt worden, so sollte nun im 18. Jahrhundert ein neues Kapitel des Zensurwesens in Bayern beginnen[163].

4. Zensurwesen in Bayern im 18. Jahrhundert

Galt die Zensur in absolutistischen Zeiten noch als selbstverständliche Pflicht der Obrigkeit, als Ausdruck der Fürsorge für die leitungs- und schutzbedürftigen Untertanen, so sollte sich diese Sichtweise mit der Verbreitung aufklärerischer Gedanken in Bayern langsam ändern[164]. Um einen Eindruck zu vermitteln, wie sich das Gedankengut der Aufklärung mittels Schriften, Büchern oder sonstigen Druckwerken in der bayerischen Bevölkerung zu dieser Zeit verbreiten konnte, sollen hier einige Anmerkungen zum Wandel des Buchmarktes im 18. Jahrhundert folgen.

Im 18. Jahrhundert änderte sich das Leseverhalten der Menschen in solchem Maße, dass dafür der Begriff der *Leserevolution* geprägt wurde[165]. Das erwachende Lesebedürfnis im Volk führte zur Entstehung von privaten Büchersammlungen, Lesegesellschaften und Leihbibliotheken[166] und führte bald zu einer Etablierung eines literarischen Marktes mit Gewinnmöglichkeiten für Verleger, Buchhändler und Autoren[167]. Nachdem zuvor überwiegend Sujets aus dem religiösen Bereich gefragt waren, kamen nun beim aufstrebenden Bildungs-

---

163 *„Bayern sei aus dem siebzehnten Jahrhundert beinahe unmittelbar ins neunzehnte hineingeglitten, ohne vom achtzehnten so recht etwas verspürt zu haben.“* (Pius Dirr, Buchwesen und Schrifttum im alten München, München 1929, S. 90).

164 Art. „Zensur“ von Dieter Werkmüller in:Handwörterbuch zur Deutschen Rechtsgeschichte, Hrsg: Adalbert Erler, Ekkehard Kaufmann und Dieter Werkmüller, V. Band, Berlin 1998, S. 1658 ff.; vgl. Wilhelm Fichtl, Das bayerische Bücherzensurkollegium 1769-1799, München 1941, S. 7.

165 Silvia Wimmer, Die bayerisch-patriotischen Geschichtsdramen. Ein Beitrag zur Geschichte der Literatur, der Zensur und des politischen Bewusstseins unter Kurfürst Karl Theodor, München 1999, S. 28.

166 Vgl. Ferdinand Lorenz, Zur Geschichte der Zensur und des Schriftwesens in Bayern, S. 324, 333 f.; Pius Dirr, Buchwesen und Schrifttum im alten München, München 1929, S. 89; Wilhelm Fichtl, Aufklärung und Zensur, in: Krone und Verfassung. König Max I. Joseph und der neue Staat; Beiträge zur Bayerischen Geschichte und Kunst 1799-1825, Hrsg: Hubert Glaser, München 1980, S. 174 ff. (174).

167 Vgl. Dieter Schwab, Pressefreiheit als Menschenrecht. Zur Theorie der Gedanken- und Pressefreiheit bei Carl Friedrich Bahrdt, in: Dieter Schwab, Geschichtliches Recht und moderne Zeiten. Ausgewählte rechtshistorische Aufsätze, Heidelberg 1995, S. 47 ff. (58).

bürgertum neue, unterhaltsamere Themen mit populärem Charakter in Mode[168]. Das im Wachsen begriffene Spektrum der Druckerzeugnisse umfasste bald neben Romanen, Broschüren, Flugschriften, Almanachen und Taschenkalendern auch Reisebeschreibungen, Jugendbücher und Zeitschriften[169]. Der Alphabetisierungsgrad im mitteleuropäischen Bereich war noch im letzten Drittel des 18. Jahrhunderts um 15 % anzusiedeln, wobei sich die Zahl der Lesekundigen überwiegend auf Bürgertum und Adel beschränkte, während die Bauern, als Schicht mit dem größten Bevölkerungsanteil, kaum des Lesens mächtig waren[170]. Die Verbreitung aufklärerischer Gedanken wurde aber durch die nur geringe Anzahl der Lesekundigen nicht gehindert, da mündliche Tradition und Bilder eine Informationsübermittlung ermöglichten. Neues Gedankengut, ein wachsendes Lesebedürfnis und damit verbunden ein florierender Buchmarkt sowie das im Aufstreben begriffene Bildungsbürgertum, all diese Komponenten wären schon per se ausreichend gewesen, eine Veränderung im bayerischen Zensurwesen zu bewirken[171]. Wie beeinflußte also die Veränderung der Lesegewohnheiten die Zensurgesetzgebung Bayerns ?

An Zensurfreiheit war in Bayern, das von Ländern umgeben war, in denen von der Zensur Gebrauch gemacht wurde, nicht zu denken. Wäre in Bayern die Zensurpolitik liberaler als in den Nachbarländern gehandhabt worden, hätten sich Hersteller und Vertreiber zensurgefährdeter Literatur Bayern als Zufluchtsort auserkoren, was nicht dem Interesse des bayerischen Kurfürsten entsprach. Die Entwicklung im bayerischen Zensurwesen schlug unter dem seit 1745 regierenden Maximilian III. Joseph eine gänzlich andere Richtung ein[172]. Die wichtigsten Neuerungen sollen im Folgenden kurz vorgestellt werden.

---

168 Silvia Wimmer, Die bayerisch-patriotischen Geschichtsdramen. Ein Beitrag zur Geschichte der Literatur, der Zensur und des politischen Bewusstseins unter Kurfürst Karl Theodor, München 1999, S. 28.

169 Wilhelm Fichtl, Aufklärung und Zensur, in: Krone und Verfassung. König Max I. Joseph und der neue Staat; Beiträge zur Bayerischen Geschichte und Kunst 1799-1825, Hrsg: Hubert Glaser, München 1980, S. 174 ff. (174); Pius Dirr, Buchwesen und Schrifttum im alten München, München 1929, S. 89.

170 Silvia Wimmer, Die bayerisch-patriotischen Geschichtsdramen. Ein Beitrag zur Geschichte der Literatur, der Zensur und des politischen Bewusstseins unter Kurfürst Karl Theodor, München 1999, S. 28, 29.

171 Vgl. Wilhelm Fichtl, , Aufklärung und Zensur, in: Krone und Verfassung. König Max I. Joseph und der neue Staat; Beiträge zur Bayerischen Geschichte und Kunst 1799-1825, Hrsg: Hubert Glaser, München 1980, S. 174 ff. (175).

172 Insgesamt ergingen folgende Zensurmandate unter der Regentschaft Maximilian III. Joseph in Bayern:
1. Mandat vom 29. August 1766, das die Aufhebung eines Bücherverbotes zum Gegenstand hatte, das vom Freisinger Ordinariat gegen Veremund von Lochstein erlassen worden war. Das Verbot war damit begründet worden, dass das Buch der Kirchenzucht zuwider laufen würde. Dieses Verbot wurde als Eingriff in die landesherrlichen Rechte und Zensur gewertet

Die Antwort Maximilians auf den blühenden Buchmarkt, der zur Verbreitung aufklärerischer Ideen in Bayern beitrug, erfolgte durch ein kurfürstliches Mandat am 1. August 1769[173]. Dieses Mandat kann inhaltlich in drei Teile gegliedert

---

und durch dieses Mandat aufgehoben (Sammlung der Kurpfalz-Baierischen allgemeinen und besonderen Landesverordnungen, Zweiter Band, München 1784, S. 1086).
2. *Mandat vom 1. August 1769*, durch das ein u.a. Bücherzensurkollegium eingeführt wurde (Sammlung der neuest und merkwürdigsten Churbaierischen Generalien und Landesverordnungen. München 1771, S. 479 f.).
3. *Erläuterung des vorstehenden Mandats durch Mandat vom 28. November 1769.* Diese Erläuterung enthielt Hinweise zur Bekanntmachung und der jährlichen Ergänzung des catalogus librorum prohibitorum, Erklärungen zur Konfiskation verbotener Bücher und deren Einsendung zum Zensurkollegium, sowie sonstig zu verhängende Geldstrafen und schließlich die Zensurfreiheit für Bücher, die für öffentliche, geistliche oder weltliche Bibliotheken bestimmt waren (Sammlung der neust und merkwürdigsten Churbaierischen Generalien und Landesverordnungen. München 1771, S. 483 f.).
4. *Mandat vom 7. Juni 1771*, das erneut auf die Notwendigkeit einer Zensur bei allen Druckschriften hinwies (Mayr`sche Generaliensammlung vom Jahr 1788, Bd. IV. S. 629).

[173] *„Unseren Gruß und Churfürstl. Gnade zuvor: und geben denselben hiemit zu vernehmen. Nachdem die leidige Erfahrung bezeuget, wie viel Schaden durch die seit einigen Jahrhunderten eingerissene und von der erfundenen Buchdruckerey allzu sehr begünstigte Autor- und Bücherschreibsucht der Kirche Gottes nicht allein, sondern auch den weltlichen Staaten, vermittelst Ausbreitung höchst gefährlicher und aufrührischer Maximen, auch öfters unter dem geheiligten Vorwande der Religion selbst, zugefügt worden; welches Uebel bey der heut zu Tage mehr und mehr zunehmender Bücherschreiberey immer weiter um sich zu greifen beginnt. So haben wir Uns entschlossen, in Kraft der von Gott Uns verliegenen landesfürstlichen eigenen Macht, und höchsten Schutz und Schirmgewalt über das Kirchenwesen Unserer Lande, alle diejenigen Maaßregeln zu ergreifen, womit sothanem Uebel am kräftigsten gesteuret, und von Unsern Landen solche Bücher soviel möglich abgehalten werden mögen, worinnen entweder die Grundsätze Unserer hei. Römisch katholischen Religion, oder die Rechte der Staaten überhaupt, und des Unsrigen insbesondere, angetastet, bestritten, oder misshandelt werden, oder sonst obscöne, leichtfertige, ärgerliche, injuriose, und sonst immer den guten Sitten zu widerlaufende Dinge enthalten sind, deren unbeachtsame Lesung, schwache, einfältige, und zum Bösen ohnehin geneigte Gemüther zu allerhand bösen Ausschweifungen gemeiniglich zu verleiten pfleget. Zu dem Ende haben Wir ein eigenes von gelehrten, bescheidenen, und in allen Gattungen der Wissenschaften bewanderten Männern besetztes Bücher-Censur-Collegium in Unserer allhiesigen churfürstlichen Residenzstadt aufgestellet, und demselben die Besorgung aller in das Büchercensurwesen einschlagenden Geschäfte Unserer Churlande und der Obernpfalz dergestalt übertragen: daß*
1mo. Alle Unsere nachgesetzten Justiz-Cameral- und Policeycollegia und Aemter, in Sachen, die das Bücherwesen, und deren Censur betreffen, an dasselbe hiermit angewiesen seyn sollen, um sich allda in dergleichen Angelegenheiten Raths und Beischeids zu erholen; welchenfalls die Berichte circa formalia & Curialia auf eben die Art und Weise, wie bey Unsern übrigen Hof- und Justizcollegien gestellet, die mit den allhiesigen aber vorfallenden Correspondenzen collegialiter vermittelst der gewöhnlichen Signaturen gepflogen werden müßen. Wie dann besagte Unsere nachgesetzten Justiz-Cameral- und Policeycollegia und Aemter auf vorhergehende Requisitiones und respective Befehle ermeldtem Bücher-Censurcollegio unweigerliche hilfreiche Hand schleunigst zu biethen haben.

2do. Alle Bücher, Schriften, Theses, Zeitungen, Monat- und Wochenstücke etc.etc. (Unsere landsherrliche Verordnung allein ausgenommen) welche in Unsern Landen gedruckt oder verleget, oder von auswärtigen hereingebracht werden, gehören unter die Censur dieses Collegii, und dürfen bey Vermeydung der Confiscation, und anderer empfindlichen Strafen weder gedrucket, noch verleget, noch verkauft werden, ehe und bevor sie der Censur angezeiget, auf Verlangen vorgeleget, und die schriftliche Approbation, und respektive Erlaubniß zum Verkauf erholet worden; sie mögen handeln, von was sie immer wollen, und von wem sie immer vorher censieret, und approbieret worden seyn mögen; indem keine dergleichen auswärtige Censur, Refection oder Approbation Unserm Bücher-Censurcollegio zu folge der demselben ertheilten Instruction zur Richtschnur dienen soll, ein Buch zu verwerfen, oder zu approbieren.

3tio. Allem Unterschleif, und Einschwärzungen schädlicher Bücher, so viel an Uns, kräftigst vorzubeugen, und gleichwohl den freyen Buchhandel, so wenig, als immer möglich und rathsam seyn mag, einzuschränken; befehlen Wir Unserm allhiesigen Hauptmauth- und Accisamt hiermit gnädigst und gemessen, daß selbiges alles hier ankommende Bücherpacqueter, sie mögen addreßiret seyn, an wen sie immer wollen, ohne Ausnahm, Unserm Bücher-Censurcollegio überantworten, und die Interessenten um deren Habhaftwerdung alldahin verwiesen sollen. Und damit man nicht die Gefährde spielen möge, die bestellten Bücher außer Unserer Residenzstadt dirigieren zu lassen, um der Censur zu entgehen; so ergehet hiemit

4to. An alle Unsere Gränz-Mauth- und Accisämter Unserer ernstliche und geschärfte Befehl, daß sie bey Vermeidung unausbleiblicher Dassationsstrafen keine Bücherpaquer, welcher außer Unserer Residenzstadt anderwärtshin in Unsere Lande addreßiret würden, passieren lassen, sondern selbige solang an- und zuruckhalten sollen, bis gleichwohl die Interessenten einen ordentlichen gefertigten Paß von Unserm Bücher-Censurcollegio vorzeigen werden; wornach sodann das Paquet eröfnet, un ddie darinnen enthaltenen Stücke gegen die Paß specifice benannten Bücher gehalten, die paßierlichen sofort ausgefolget, die im Paß nicht befindlichen aber weiters an, und zuruckgehalten werden müssen. Wir ermahnen daher

5to. Sämmentliche Bücherhändler Unserer Lande und ander, welche außerhalb Unserer Residenzstadt wohnen, und die an sie spedirten Bücher nicht allhier in München, sondern an dem Orte ihres Aufenthalts abstoßen lassen wollten, daß sie sich hierinnfalls selbsten vor Schaden und Verzögerung seyn, und mit ihren auswärtigen Correspondenten solchergestalt benehmen mögen, damit ihnen keine unverlangten Bücher zugesendet werden. Die Noten hingegen derjenigen Bücher, welche sie zu verschreiben gedenken, haben sie dem Bücher-Censurcollegio zu übergeben, und zu gewärtigen, welche Bücher 1)simpliciter und unbedingt passieren: welche davon 2) zur Censur geliefert werden müssen: und welche 3) gar nicht passiert werden. Ueber die erste Gattung der Bücher erhalten sie sofort gefertigte Freypässe: die zweyte Gattung müssen sie allhier in München absetzen lassen, um beym Collegio censiert zu werden, wenn sie solche anderst noch verschreiben wollen: die dritte Gattung der unpaßierlichen Bücher aber dürfen sie durchaus nicht kommen lassen, wofern sie sich nicht vergeblichen Fracht, und Respeditionskosten, und dazu noch auf Betretten ihres Ungehorsams der Confiscation, und andern unausbleiblichen Strafen auszusetzen gedenken. Die erhaltenen Freypässe hingegen mögen sie ihren auswärtigen Corresponten übermachen, damit selbige nebst den Frachtbriefen bey den Gränzmauthämtern vorgewiesen, und hiernach die Visitationen vorbemeldtermassen vorgenommen werden können. Damit auch

6to. Unsere Buchhändler und andere in Zukunft wissen mögen, was für Bücher nicht passieret werden; so werden Wir demnächsten einen ordentlichen Catalogum verbothener Bücher in öffentlichen Druck legen lassen.

7mo. Wenn von einem Buch oder Schrift etc.etc. so in Unseren Landen gedruckt, oder verleget werden soll, die Approbation verlanget wird, so muß das Werk der Censur in Manuscript vorgeleget werden: allermassen alle von dato an nach sechs Wochen ohne vorherige ausdrückliche Approbation und respective Erlauniß Unseres Bücher-Censurcollegii in hiesigen Landen gedruckte oder verlegte Bücher, wenn sie auch an sich selbst nichts anstößiges enthielten, ohne weiters der Confication und Bestrafung gegen die Verleger sowohl als Buchdrucker ipso facto unterworfen sind. Wornach sich jedermann zu achten und vor Schaden zu hüten wissen wird. Belangend

8vo. Die auswärtigen Buchhändler, welche die hierländischen Jahrmärkte besuchen; wollen Wir obige Verordnung auch auf sie, und zwar dergestalt extendiret wissen, daß sie zeitlich und wenigstens 3 Monate vorher die Catalogos (von jedem 10 Exemplaria) derjenigen Bücher, welche sie zum Verkauf hereinzubringen gedenken, dem Bücher-Censurcollegio übergeben sollen, damit sie allda durchgangen, und die unpaßierlichen Bücher in Margine mit Sternlein notieren, sofort der Catalogus gestempfelt, und hiernebst ein schriftlicher Paß demselben beygeheftet werde; womit sich die Frachter bey den Mauth- und Accisämtern zu legitimieren haben. Würde nun ein auswärtiger die hierländischen Jahrmärkte besuchender Buchhandler mit Büchern betretten, welche entweder im Catalogo mit Sternlein notiert, oder gar nicht darinnen enthalten wären, oder wenn er gar keinen mit Freypaß versehenen und mit Sternlein notierten Catalogum aufzuweisen hätte: so sollen alle solche Bücher ohne Unterschied bey Unsern Mauth- und Accisämtern, allwo sie vor erwähntermaßen zu visitieren kommen, als verbothen und contrebande confiscieret werden. Und gleichwie

9no. Die Erfahrung lehret, daß die meisten schädlichen Bücher, und Broschuren durch die herum hausierenden Krämer und sogenannten Kräxenträger in Unsere Lande hereinschleichen; so soll erstich dergleichen Hausieren mit Büchern niemanden, wer er immer sey, gestattet werden, der keinen gefertigten Paß oder Liscenzzettel von Unserm Bücher-Censurcollegio aufzuweisen hat; immassen einem solchen mit dergleichen Paß nicht versehenen Hausierer, Landrämer, oder Krläxenträger von jedem Mauth- und Accisamt, oder in dessen Ermanglung von jedes Orts Obrigkeit alle bey sich habende Bücher und gedruckte Schriften ohne weiters hinweggenommen, und confisciert werden sollen. Eben dergleichen Confiscation unterwirft sich auch

10mo. Ein solcher hausirender Landkrämer oder Kraxenträger, welcher (wenn er auch sonst mit einem Paß oder Licenzzettel versehen wäre) solche Bücher zum Verkauf mit sich führet, die nicht vom Bücher-Censurcollegio gestempfelt sind, welcher Stempfel ihm anderergestalt nicht bewilliget wird, als wenn er sich durch gefertigte Noten legitimieren kann, diejenigen Bücher und Schriften, womit er im Lande hausieren will, von innländischen Buchhändlern erhandelt zu haben. Unsere Gränz-Mauth- und Accisämter haben dahero unnachlässig darauf zu halten, daß keine solche hausierende Landkrämer und Kraxenträger die auswärts erhandelte Bücher und Broschuren bey sich haben, (worunter Wir auch die sogenannten herumhausierenden Dissertationshändler begriffen wissen wollen) ins Land hereingelassen, sondern ohne weiters zurückgewiesen werden.

11mo. Alle obige Verordnungen erstrecken sich keineswegs auf diejenigen Bücherspeditionen, welche blos durch Unsere Lande transistieren, und an solche Orte dirigieret werden, die Unserer landesherrlichen Bothmäßigkeit nicht unterworfen sin; (welche ins besondere der Reichstadt Regenspurg zu gutem kommen soll) als welche gegen Entrichtung der gewöhnlichen Mauthgebühr frey und ungehindert auch ohne Visitation durch Unsere Lande Passieren mögen, wann anderst sonst kein Verdacht einiger Gefährde mit unterlauft. Letztlich und werden. Im ersten Teil drückte Maximilian seine Missbilligung hinsichtlich der steigenden „*Autor- und Bücherschreibsucht*" aus, wodurch es zur „*Ausbreitung höchstgefährlicher und aufrührischer Maximen*" kommen würde[174]. Im zweiten Teil kündigte er Maßnahmen an, um Bücher von seinen Untertanen fernzuhalten, die ihrem Inhalt nach die Religion, den Staat, seine eigene Person oder die guten Sitten in Frage stellten oder angriffen:

„*So haben Wir Uns entschlossen, in Kraft der von Gott Uns verliehenen Landesfürstlichen eigenen Macht, und höchsten Schutz- und Schirmgewalt über das Kirchenwesen Unserer Lande, alle diejenigen Maassregeln zu ergreifen, womit sothanem Uebel am kräftigsten gesteuert, und von Unsern Landen solche Bücher soviel möglich abgehalten werden mögen, worinnen entweder die Grundsätze Unserer heiligen römisch katholischen Religion, oder die Rechte der Staaten überhaupt, und des Unsrigen ins besondere, angetastet, bestritten, oder misshandelt werden, oder sonst obscöne, leichtfertige, ärgerliche, injuriose, und sonst immer den guten Sitten zu wiederlaufende Dinge enthalten sind.*"[175]

Erklärte Motivation dieser Reaktion des Kurfürsten war auch hier, wie bei den meisten Zensurmaßnahmen im 18. Jahrhundert, die Untertanen vor üblem Gedankengut zu bewahren: „*...Bücher soviel möglich abgehalten werden mögen,*

12mo. Sind wir zwar nicht ungeneigt, den Predigern, Professoren, oder anderen distinguirten Personen, von welchem kein übler Gebrauch oder Periculum perversionis zu besorgen ist, wenn sie darum behörig einlangen werden, die Erlaubniß zu ertheilen, ein und anders Exemplar von verbothenen Büchern kommen zu lassen; jedoch soll diesesmal mit Unserm gnädigsten spezial Vorwissen und gegen ausstellenden Revers geschehen, daß dieselben nicht weiter gegeben, sondern nur aus guten Endzwecke, und allenfalls der Widerlegung halber begehret werden. Was endlich und

13tio. Die Gerichtsbarkeit in Confiscationsfällen anbelangt, so soll es darmit, wie bey allen anderen conficablen Waaren, jedoch mit dem Unterschied gehalten werden, daß die Appellationes von erster Instanz in Bücherconfiscationssachen an Unser Bücher-Censurcollegium, weiterhin aber nicht mehr resoriteren sollen. Wie dann auch dasselbe die Confiscations aller im Lande selbst ohne dessen spezial Approbation gedruckten oder verlegten Bücher zu verhängen hat, von welcher kein anders remedium Juris als zu Unserer höchsten Stelle selbsten Statt und Platz haben soll. Damit sich nun jedermann vor Schaden zu bewahren wissen, niemand aber mit der Unwissen-heit entschuldigen möge; so befehlen Wir gnädigst, daß dieses Unser Generalmandat in Druck gelegt, allenthalben publicieret, und gewöhnlicher Orten, besonders bey Unsern Mauthstationen affigiert werden solle.Gegeben in Unserer Haupt- und Residenzstadt München den 1ten August." (abgedruckt bei: Sammlung der neust und merkwürdigsten Churbaierischen Generalien und Landesverordnungen. München 1771, S. 479).

[174] Mandat vom 1. August 1769, abgedruckt bei: Sammlung der neust und merkwürdigsten Churbaierischen Generalien und Landesverordnungen, München 1771, S. 479 f.

[175] Mandat vom 1. August 1769, abgedruckt bei: Sammlung der neust und merkwürdigsten Churbaierischen Generalien und Landesverordnungen, München 1771, S. 479 f.

...deren unbedachtsame Lesung schwache, einfältige, und zum Bösen ohnehin geneigte Gemüther zu allerhand bösen Ausschweifungen zu verleiten pfleget"[176]. Im letzten Teil des Mandats offenbarte der Kurfürst schließlich, wie er den gefährlichen Entwicklungen entgegenzutreten gedachte: „*Zu dem Ende haben Wir ein eigenes von Gelehrten, bescheidenen, und in allen Gattungen der Wissenschaften bewanderten Männern besetztes Bücher-Censur-Collegium in Unserer allheisigen churfürstlichen Residenzstadt aufgestellet, und demselben die Besorgung aller in das Bücher-Censurwesen einschlagenden Geschäfte Unserer Churlande und der obern Pfalz übertragen.*[177]" Dem Mandat folgte noch ein Erläuterungsmandat vom 28. November 1769, worin weitere Details bezüglich der Ausübung der Zensur durch das Bücherzensurkollegium geregelt waren[178].

[176] Mandat vom 1. August 1769, abgedruckt bei: Sammlung der neust und merkwürdigsten Churbaierischen Generalien und Landesverordnungen, München 1771, S. 479 f.

[177] Mandat vom 1. August 1769, abgedruckt bei: Sammlung der neust und merkwürdigsten Churbaierischen Generalien und Landesverordnungen, München 1771, S. 479 f.; vgl. dazu auch Oswald Krempel, Das Zensurrecht in Deutschland zu Ausgang des 18. und Beginn des 19. Jahrhunderts, Würzburg 1921, S. XXIII (Beilage III.); Wilhelm Fichtl, Aufklärung und Zensur, in: Krone und Verfassung. König Max I. Joseph und der neue Staat; Beiträge zur Bayerischen Geschichte und Kunst 1799-1825, Hrsg: Hubert Glaser, München 1980, S. 174 ff. (174).

[178] „*Unseren Gruß und Churfürstlichen Gnade zuvor: und geben hiemit zu vernehmen: wasmassen Wir auf verschiedene an Uns gebrachte triftige Vorstellungen, welche sich sowohl auf die Ausbreitung der wissenschaften, als den hierzu nothwendigen Bücherhandel gründen, Uns gnädigst entschlossen haben, daß unserer 1ten August dies laufenden Jahrs in Bücher-Censursachen gnädigst erlassene Mandat folgendergestalten zu erläutern, un in etwas einzuschränken, als nämlichen*
1mo. Muß hierinnfalls der Catalugus librorum prohibitorum, welcher in nächst bevorstehend 1770ten Jahr an das Licht tretten, und nach Erforderniß alle Jahre mit neuen Zusätzen vermehret werden wir, zu leichtest und allgemeinen Richtschnur dienen, wo folglich bis zu dessen Bekanntmachung alles in jenem Stand verbleibet, wie es vor Erlassung Unsers vorigen Mandats gewesen ist; sofort bey denen Mauth- und Accisämtern alle von inn- und ausländischen Buchhändlern hereinbringen: dann von hieländischen Privatpersonen bestellte Bücher (jedoch exclusive derjenigen, welche untern 1ten August abhin sonderheitlich und namentlich verbothen worden) gegen alleiniger Entrichtung der Mauth- und Accisgebühren ohne Aufenthalt und ohne Erforderung eines Licenzzettels hereinpassieren. Wir versehen uns aber hiebey gnädigst, daß sich niemand unterstehen werde, diese einstweilige Erlaubniß zu Hereinbringung solcher Bücher zu missbrauchen, worinn entweders glaubenswidrige Sätze, dem Staat schädliche Maximen, oder Sitten verderbliche Leichtfertigkeiten enthalten sind; und zwar um so weniger, als Wir dieser kurzen Nachsicht ungehindert nicht ermangeln werden, hinlängliche Nachforschungen anzustellen, und auf Befund einer Gefährde mit empfindlichen Bestrafungen fürzuschreiten. Soblad nun
2do. Vorbesagtermassen der Catalogus librorum prohibitorum, offentlich bekannt gemacht, und von Zeit zu Zeit mit Zusätzen vermehret seyn wird, so gedenken Wir zu billlicher Erleichterung jener inländischer Buchhändler, und Privatpersonen, deren außer Lands bestellte Bücher nicht in hiesiger Residenzstadt, sondern anderswo abgstossen werden, die erforderliche Abbdrücke diess Catalogi un dder Suplementen Unsern Gränzmauthämtern zu

Mit der Berufung eines eigenen Bücherzensurkollegiums für Bayern war ein ganz neues Institut zur Kontrolle der Druckschriften entstanden[179]. Maximilian III. Joseph hatte die Anregung zur Einrichtung eines kurfürstlichen Bücherzensurkollegiums von seinen beiden Beratern, Peter von Osterwald und Andreas Felix Oefele erhalten. Peter von Osterwald, 1718 in Weilburg (Nassau) geboren, hatte sich neben dem Studium der Rechtswissenschaften auch mit Philosophie, Geschichte, Mathematik und besonders mit religiösen Fragen befasst[180]. Zum Katholizismus übergetreten, war er zeitweise als Lehrer im Regensburger

---

dem Ende mitzutheilen, damit sie sich hieraus gleich in der Kürze selbst ersehen, und bey der ohnehin allzeit pflichtmäßig vorzunehmenden Visitation die in dem Catalogo nicht enthaltene Bücher an dem Ort ihres Abstosses paßiren lassen, die verbothene aber nach Anleitung Unsers vorigen Mandat vom 1ten August dieses Jahres §.13 alsobald confisciren; wobey Wir hiernächst ausdrücklich verordnen, daß neben der Confiscation auch jederzeit eine ergiebige Geldstrafe verhenget, und hievon ein Theil Uns verrechnet, der zweyte Theil dem confiscirenden Mauthamt, und der 3te den Aufbringer verbleibe, der 4te aber zu Unserer Censurcollegii-Kanzley nebst den confiscirten Büchern eingeschickt werden solle; mit welch letzteren Wir alsdann schon eine solche Verfügung treffen werden, daß kein Schaden mehr hieraus erwachsen kann. Betreffend hingegen jene Bücher, welche an hiesige Buchhändler oder Privatpersonen addreßiert sind; mithin vor dem Abstoß zu dem hiesigen Hauptmauth- und Accisamt geliefert werden müssen, bleibt es durchgehends bey dem, was im erstgedachten Mandat von 1ten August §.3 verordnet ist. So viel nun

3tio. Die ausländischen Bücherhändler betrift, so wolle Wir von der Zeit an, an der Catalogus der verbothenen Bücher publiciret seyn wird, den in §. 8. des Mandats von 1ten August zu Einschickung der 10 Exemplarien anberaumten 3 monatlichen Termin zu ihrer mehrern Bequemlichkeit auf 4 Wochen heruntergesetzt haben. Endlich und

4to. Ist Unserer weiterer gnädigster Befehl, daß jene Bücher, welche an eine hieländische öffentliche, geist- oder weltliche Bibliothek addreßiret sind, und wo zugleich ein von dem Ordensobern, Innhaber oder Besorger der Bibliothek schriftlich gefertigtes Attestat beygebracht wird, gegen sonstiger Bezahlung des betreffenden Mauth- und Accisquanti bey Unsern Mauth- und Zollämtern ohne Censurvisitation frey und ungehindert paßiret werden sollen. In allen übrigen Puncten aber, worinn gegenwärtig keine Abänderung gemacht worden ist, bleibt es durchgehends bey oftgehörten Mandat vom 1ten August dies Jahrs, und diese Beschränkung desselben soll zu jedermanns Wissenschaft allenthalben, und besonders bey Unsern Mauthstationen öffentlich angeschlagen, und publicirt werden. Gegeben in Unserer Haupt- und Residenzstadt München den 28ten November Anno 1769." (abgedruckt bei: Sammlung der neuest und merkwürdigsten Churbaierischen Generalien und Landesverordnungen, München 1771, S. 483 f.).

[179] Inwiefern sich das bayerische Bücherzensurkollegium von einem bereits bestehenden ähnlichen Institut ableitet, ist nicht gesichert. Mögliches Vorbild könnte die österreichische Zensurkommission sein, die seit Mitte der sechziger Jahre des 18. Jahrhunderts in Wien bestand (vgl. Wilhelm Fichtl, Das bayerische Bücherzensurkollegium 1769-1799, München 1941, S. 39 f.).

[180] Vgl. zu Peter von Osterwald und Andreas Felix Oefele: Wilhelm Fichtl, Das bayerische Bücherzensurkollegium, München 1940, S. 32 ff.; Wilhelm Fichtl, Aufklärung und Zensur, in: Krone und Verfassung. König Max I. Joseph und der neue Staat; Beiträge zur Bayerischen Geschichte und Kunst 1799-1825, München 1980, S. 174 ff. (175).

Kloster St. Emmeram tätig. Pikanterweise war Peter von Osterwald 1766 selbst in einen Zensurvorfall verwickelt worden, als er unter dem Pseudonym Veremund von Lochstein eine kirchenpolitische Schrift verfasst hatte[181]. Osterwald wurde, von Kurfürst Maximilian III. Josef an dessen Hof gerufen, zu einer einflussreichen Persönlichkeit im neu entstandenen Zensurkollegium.
Andreas Felix Oefele war nach einem Studium in Literaturgeschichte und Altertumswissenschaft zunächst als Bibliothekar tätig gewesen, bevor er ab 1737 mit der Erziehung der herzoglichen Prinzen Max und Klemens Franz von Bayern betraut wurde. Im Alter von 64 Jahren wurde er in das bayerische Bücherzensurkollegium berufen.

Das Tätigkeitsprofil des Bücherzensurkollegiums war in dreizehn Paragraphen festgelegt, die insgesamt eine Verschärfung des bayerischen Zensurwesens bedeuteten[182]. Von geistlichen Behörden weitgehend unabhängig, setzte sich das Kollegium aus literarischen und anderen wissenschaftlichen Fachreferenten zusammen, die vom Kurfürsten bestimmt wurden[183].

---

[181] Die vom Freisinger Ordinariat angeordnete Konfisation der Schrift („*Veremunds von Lochstein Gründe sowohl für als wider die geistliche Immunität in zeitlichen Dingen*") wurde von Maximilian III. Joseph als Eingriff in die landesherrlichen Rechte und die Zensur gesehen und durch Mandat vom 29. August 1766 aufgehoben: „*Da so viel zu Tag, daß hierin kein Glauben- und Religionssachen, sondern nur landesherrliche Gerechtsame und Befugnisse, welche bereits bei den meisten catholischen Staten in kundiger Uebung seindt, mithin keine ander als zeitlich und solche Dinge abgehandelt werden, worüber die Censur in unsern Landen niemand als uns selbst von Landtsherrschaft wegen gebührt, (...).*" (Mayr`sche Generaliensammlung vom Jahr 1784, Bd. II, S. 1086). Vgl. dazu auch Karl Theodor Heigel, Censurwesen in Altbayern in: Karl Theodor Heigel, Neue historische Vorträge und Aufsätze, München 1883, S. 231 ff. (237); vgl. Wilhelm Fichtl, Das bayerische Bücherzensurkollegium 1769-1799, München 1941, S. 19.

[182] Vgl. Josef Bayrle, Die rechtliche Situation der bayerischen Presse von 1818-1848, München 1948, S. 14.

[183] Vgl. zur Unabhängigkeit von geistlichen Behörden schon das Mandat vom 29. August 1766, in welchem die Aufhebung des vom Freisinger Ordinariats gegen Veremund von Lochstein unter dem Vorwand eines der Kirchenzucht zuwiderlaufenden Buches erlassenen Verbotes als ein Eingriff in die landesherrlichen Rechte und Zensur gewertet wurde (Mayr`sche Generaliensammlung vom Jahr 1784, Band II. S. 1086); vgl. dazu Wilhelm Fichtl, der die wichtigste Bestimmung des Zensurmandats darin sieht, dass dem Zensurkollegium keine anderwärtige Zensur als Richtschnur dienen dürfe, woraus sich ergibt, dass der Staat die kirchlichen Zensuren (durch den Papst, die Bischöfe, usw.) nicht mehr anerkannte und für sich das Recht beanspruchte, die gesamte religiöse Literatur von seinem Standpunkt aus zu zensieren (Wilhelm Fichtl, Aufklärung und Zensur, in: Krone und Verfassung. König Max I. Joseph und der neue Staat; Beiträge zur Bayerischen Geschichte und Kunst 1799-1825, Hrsg: Hubert Glaser, München 1980, S. 174 ff.); Pius Dirr, Buchwesen und Schrifttum im alten München, München 1929, S. 96; vgl. Karl Theodor Heigel, Censur in Altbayern, in: Karl Theodor Heigel, Neue historische Vorträge und Aufsätze, München 1883, S. 231 ff. (237).

Der Kontrollumfang umfaßte gemäß § 2 des Zensurmandats alle in Bayern gedruckten oder von anderen Ländern nach Bayern kommenden Bücher[184]. In § 3 des Zensurmandats war geregelt, dass die Haupt-, Maut- und Accisämter Bayerns verpflichtet waren, Bücherpakete unabhängig vom Adressaten dem Bücherzensurkollegium zu übergeben, um auch innerhalb Bayerns versendete Bücher dem Zugriff der Zensurbehörde zu sichern[185]. Dabei bedurften Bücher, die in Bayern vertrieben werden sollten, einer Lizenz in Form eines durch das Bücherzensurkollegium zu erteilenden Freipasses. Bücher ohne diese Lizenz waren gemäß § 4 des Mandates umgehend beim Zensurkollegium abzugeben. Auch die sogenannten Bücherhausierer wurden bedacht[186]. So sollten diese nach § 5 des

---

[184] *„Alle Bücher, Schriften, Theses, Zeitungen, Monat- und Wochenstücke etc. etc. (Unsere Landesherrliche Verordnungen allein ausgenomen) welche in Unsern Landen gedruckt oder verleget, oder von auswärigen hereingebracht werden, ehe und bevor sie der Censur angezeiget, auf Verlangen vorgeleget, und die schriftliche Approbation, und respective Erlaubnis zum Verkauf erholet worden; sie mögen; indem, keine dergleichen anderwärtige Censur, Rejection oder Approbation Unserm Bücher-Censur-Collegio zu folge der demselben ertheilten Instruction zur Richtschnur dienen soll, ein Buch zu verwerfen, oder zu approbieren.“* (abgedruckt bei: Wilhelm Fichtl, Aufklärung und Zensur, in: Krone und Verfassung. König Max I. Joseph und der neue Staat, Hrsg: Hubert Glaser, München 1980,S. 174 ff. (174)).

[185] *„§§ 3 und 4 des Zensurmandats vom 1. August 1769: Allem Unterschleif und Einschwärzungen schädlicher Bücher, soviel an Uns, kräftig vorzubeugen und gleichwohl den freien Buchhandel so wenig als immer möglich und rathsam sein mag einzuschränken, befehlen Wir Unserm allhiesigen Haupt- Mauth- und Accis-Amt hiemit gnädigst und gemessen, dass selbiges alle hier ankommende Bücherpaqueter, sie mögen adressieret sein an wen sie immer wollen, ohne Ausnahme Unserm Bücher-Censur-Collegio überantwortet und die Interessenten um deren Habhaftwerdung alldahin verweisen sollen und damit man nicht die Gefährde spielen möge, die bestellten Bücher ausser Unserer Residenzstadt dirigieren zu lassen um der Censur zu entgehen, so ergeht hiemit an alle Unsere Grenz- Mauth- und Accisämter unser ernstliche und geschärfte Befehl, dass sie bei Vermeidung unausbleiblicher Kassationsstrafe kein Bücherpaquet, welche ausser Unserer Residenzstadt anderwärts hin in Unsere Lande adressieret würden, passieren zu lassen, sondern solange an- und zurückhalten sollen, bis gleichwohl die Interessenten einen ordentlichen gefertigten Pass von Unserm Bücher-Censur-Collegio vorzeigen werden, sonach sodann das Paquet eröffnet und die darin enthaltenen Stücke gegen die im Pass specifice genannten Bücher gehalten die passierlichen sofort ausgefolget, die im Pass nicht befindlichen aber ohne weiteres an- und zurückgehalten werden müssen.“* (abgedruckt bei: Oswald Krempel, Das Zensurrecht in Deutschland zu Ausgang des 18. und Beginn des 19. Jahrhunderts, Würzburg 1921, S. XXIV, XXV, Beilage III.); vgl. Silvia Wimmer, Die bayerisch-patriotischen Geschichtsdramen. Ein Beitrag zur Geschichte der Literatur, der Zensur und des politischen Bewusstseins unter Kurfürst Karl Theodor, München 1999, S. 35.

[186] Vgl. § 9 des Zensurmandats wo es hieß, dass *„die Erfahrung lehret, dass die meisten schädlichen Bücher und Broschüren durch die herumhausirenden Krämer und sogenannten Kräxenträger in Unsere Lande hereinschleichen, so soll erstlich dergleichen Hausiren mit Büchern niemand, wer er immer sei, gestattet werden, der keinen gefertigten Pass oder Lizenzzettel von Unserm Bücher-Censur-Collegium aufzuweisen hat, immassen einem solchen mit dergleichen Pass nicht versehenen Hausirer, Landrämer oder Kräxenträger von jedem*

Zensurmandates einen Pass oder Lizenzzettel des Bücherzensurkollegiums stets bei sich führen. Auswärtige Buchhändler waren gemäß § 8 des Mandates verpflichtet, mindestens drei Monate, bevor sie ihre Druckschriften auf bayerischen Jahrmärkten feilzubieten gedachten, ein Bücherverzeichnis in zehnfacher Ausführung an das Zensurkollegium zu schicken[187].
Die zu kontrollierenden Bücher wurden nach ihrem Inhalt in fünf Fachbereiche (Theologie und kanonisches Recht, öffentliches und bürgerliches Recht, Geschichte und Wirtschaft, Medizin und Philosophie) unterteilt. Jedem Fachbereich war eine dem voraussichtlich zu erwartenden Bedarf entsprechende Anzahl von Zensoren zugeteilt[188]. Der Präsident des Kollegiums verteilte die zu

---

Mauth- und Accisamt oder in dessen Ermangelung von jeder Ortsobrigkeit alle bei sich habende Bücher und gedruckte Schriften ohne weiteres hinweggenommen und confisciert werden sollen." (abgedruckt bei: Oswald Krempel, Das Zensurrecht in Deutschland zu Ausgang des 18. und Beginn des 19. Jahrhunderts, Würzburg 1921, S. XXIII f. (Beilage III.)).

187 „*Für die auswärtigen Buchhändler, welche die hierländischen Jahrmärkte besuchen, wollen Wir obige Anordnung auch auf sie und zwar dergestalt extendieret wissen, dass sie zeitlich und wenigstens 3 Monate vorher die Catalogi (von jedem 10 Exemplaria) derjenigen Bücher, welche sie zum Verkauf hereinzubringen gedenken, dem Bücher-Censur-Collegium übergeben wollen, damit sie allda durchgangen und die unpassirlichen Bücher in margine mit Sternlein notieren, sofort der Catalogus gestempelt und hiernebst ein schriftlicher Pass demselben beigeheftet wird, womit sich die Drachter bei den Mauth- und Accis-Aemtern zu legitimieren haben.Würde nun ein Ausländischer die hierländischen Jahrmärkte besuchender Buchhändler mit Büchern betreten, welche entweder im Catalogus mit Sternlein notiert oder gar nicht darinnen enthalten wären, oder wenn er gar keinen mit Freipass versehenen und mit Sternlein notierten Catalogus aufzuweisen hätte; so sollen alle solche Bücher ohne Unterschied bei Unseren Mauth- und Accis-Aemtern, allwo sie vorerwähntermassen zu visitieren kommen, als verboten und Konterbande confisciert werden und gleichwie die Erfahrung lehret, dass die meisten schädlichen Bücher und Broschüren durch die herumhausierenden Krämer und sogenannten Kräxenträger in Unsere Lande hereinschleichen, so soll erstlich dergleichen Hausiren mit Büchern niemand, wer er immer sei, gestattet werden, der keinen gerechtfertigten Pass oder Lizenzzettel von Unserm Bücher-Censur-Collegium aufzuweisen hat, immassen einem solchen mit dergleichen Pass nicht versehenen Hausirer, Landkrämer oder Kräxenträger von jedem Mauth- und Accisamt oder in dessen Ermangelung von jeder Ortsobrigkeit alle bei sich habende Bücher und gedruckte Schriften ohne weiteres hinweggenommen und confiscirt werden sollen.*" (abgedruckt bei: Oswald Krempel, Das Zensurrecht in Deutschland zu Ausgang des 18. und Beginn des 19. Jahrhunderts, Würzburg 1921, S. XXVI, XXVII, Beilage III.); vgl. Wilhelm Fichtl, Aufklärung und Zensur, in: Krone und Verfassung. König Max I. Joseph und der neue Staat; Beiträge zur Bayerischen Geschichte und Kunst 1799-1825, Hrsg: Hubert Glaser, München 1980, S. 174 ff. (174).

188 Für Theologie und kanonisches Recht: Stiftspfarrer Karl Anton von Vacchiery, der Theatinerpater Johann Edlweck und der Augustinerpater Fulgentius Mayr; für öffentliches und bürgerliches Recht: Johann Adam Baron von Ickstatt; für Geschichte und Wirtschaft: Peter von Osterwald und Andreas Felix von Oefele; für Medizin: Johann Anton von Wolter; für Philosophie: Benediktinerpater Ildephons Kennedy; Leiter des Kollegiums: Johann Josef Graf von Baumgarten (als Präsident) und Baron Maximilian von Leyden (Vizepräsident).

untersuchenden Bücher auf die Zensoren, die den Inhalt auf seine Zulässigkeit hin zu untersuchen hatten. Wurde ein Buch für zulässig erachtet, so fand es Eintrag in den *Catalogus librorum approbatorum*. Bei Zweifeln mussten die Anstoß erregenden Stellen vom gesamten Zensurkollegium untersucht werden, das dann über die Approbation der fraglichen Schrift abstimmte[189]. Wurde die Approbation nicht erteilt, zählte das Druckwerk zu den verbotenen Büchern und konnte gemäß § 10 des Zensurmandats konfisziert werden[190]. Was genau verbotenen Bücher waren, wurde im Mandat jedoch nicht festgelegt. In § 6 des Mandates war dafür ein entsprechender Katalog in Aussicht gestellt worden: „*Damit auch Unsere Buchhändler und andere in Zukunft wissen mögen, was für Bücher nicht passirt werden, so werden wir demnächst einen ordentlichen Catalogum verbotener Bücher in öffentlichen Druck legen lassen.*“[191] Ob ein solcher Katalog der verbotenen Bücher herausgegeben wurde, wird in der Literatur uneinheitlich beantwortet. Lorenz und Dirr vertreten die Auffassung, dass dieser Katalog über zehn Jahre auf sich warten ließ und als er 1781 immer noch nicht erschienen war, hätte das Kollegium selbst erklärt, dass er nicht mehr herausgegeben werden sollte, da die Veröffentlichung verbotener Bücher diese erst interessant machen würde[192]. Anders Heigel, nach dem der bayerische *Catalogus librorum prohibitorum* bereits per Dekret vom 28. November 1769 den Grenz- und Mautämtern zugestellt wurde[193]. Nach Fichtl war der Catalogus librorum prohibitorum erst Herbst 1770 erschienen[194].

Tatsächlich war durch das Bücherzensurkollegium ein solcher Katalog zusammengestellt worden, der dann an die Maut- und Akzisämter ausgegeben wurde. Der „*Catalogus verschiedener Bücher, so von dem Churfürstlichen Büchercensurcollegio theils als religionswidrig, theils als denen guten Sitten, theils auch als denen Landesfürstlichen Gerechtsamen nachtheilig verbothen*

(Vgl. zur Charakterisierung der einzelnen Mitglieder des Bücherzensurkollegiums: Wilhelm Fichtl, Das bayerische Bücherzensurkollegium, München 1940, S. 30 ff.).

[189] Das Bücherzensurkollegium traf zu diesem Zweck monatlich wenigstens einmal oder auch je nach den zu diskutierenden Vorfällen auch öfters zusammen (vgl. Karl Theodor Heigel, Censurwesen in Altbayern in: Karl Theodor Heigel, Neue historische Vorträge und Aufsätze, München 1883, S. 231 ff. (238)).

[190] Vgl. Ferdinand Lorenz, Zur Geschichte der Zensur und des Schriftwesens in Bayern, S. 319.

[191] § 6 des Zensurmandates abgedruckt bei: Oswald Krempel, Das Zensurrecht in Deutschland zu Ausgang des 18. und Beginn des 19. Jahrhundert, Würzburg 1921, S. XXVI (Beilage III.).

[192] Vgl. Ferdinand Lorenz, Zur Geschichte der Zensur und des Schriftwesens in Bayern, S. 324; Pius Dirr, Buchwesen und Schrifttum im alten München, München 1929, S. 97.

[193] Karl Theodor Heigel, Censurwesen in Altbayern in Karl Theodor Heigel, Neue historische Vorträge und Aufsätze, München 1883, S. 231 ff. (241).

[194] Wilhelm Fichl, Aufklärung und Zensur, in: Krone und Verfassung. König Max I. Joseph und der neue Staat; Beiträge zur Bayerischen Geschichte und Kunst 1799-1825, Hrsg: Hubert Glaser, München 1980, S. 174 ff. (176).

worden"[195], erschien in München im Jahre 1770. Bei der Lektüre dieses Verbotskatalogs fallen neben heute vergessenen oder anonymen Schriftstellern[196] auch einige prominente Namen ins Auge. Neben Schriften von Albertus Magnus[197] fanden auch Jean Jacques Rousseau[198] und Voltaire[199] ihren Platz im Katalog. Diese als verboten eingestuften Bücher sollten also grundsätzlich der Konfiskation unterfallen. Ausnahmsweise durften sie aber auch gelesen werden: Gemäß § 12 des Mandats war für „*Prediger, Professoren und andere distinguirte Personen*"[200] eine Sonderregelung vorgesehen. Diese durften sich die Einfuhr des „*einen und anderen Exemplars von verbotenen Büchern*[201]" mit kurfürstlicher Spezialerlaubnis genehmigen, da bei ihnen eine „*periculum perversionis*[202]" nicht zu befürchten war[203].

---

[195] Der bayerische Katalog ist abgedruckt in: Quellen zur Geschichte des Buchwesens, Die Zensur, Band I, Hrsg: Reinhard Wittmann, Nachdruck nach Exemplaren der Bayerischen Staatsbibliothek München, München 1981, S. 431 ff. (Bei diesem Druck ist jeweils am Ende der Seite das erste Wort der darauffolgenden Seite abgedruckt, um dem Buchbinder die richtige Reihenfolge der bedruckten Blätter anzuzeigen).

[196] Vgl. z.B. „Anonym, Mönchswesen, gerechte Klagen wider dasselbe" (vgl. Nachdruck des Katalogus, in: Quellen zur Geschichte des Buchwesens, Die Zensur, Band I, Hrsg: Reinhard Wittmann, Nachdruck nach Exemplaren der Bayerischen Staatsbibliothek München, München 1981, S. 441); Vgl. zu der für das 18. Jahrhundert charakteristische Begleiterscheinung der Anonymität: Ferdinand Lorenz, Zur Geschichte der Zensur und des Schriftwesens in Bayern, S. 325.

[197] Z.B.„Alberto Magno, Falso adscriptus libellus de secretis mulierum, cujuscunque editionis & idiomatis"(vgl. Nachdruck des Katalogus, in: Quellen zur Geschichte des Buchwesens, Die Zensur, Band I, Hrsg: Reinhard Wittmann, Nachdruck nach Exemplaren der Bayerischen Staatsbibliothek München, München 1981, S. 433).

[198] „J.J. Rousseau, Emille, ou l`Education" (vgl. Nachdruck des Katalogus, in: Quellen zur Geschichte des Buchwesens, Die Zensur, Band I, Hrsg: Reinhard Wittmann, Nachdruck nach Exemplaren der Bayerischen Staatsbibliothek München, München 1981, S. 437).

[199] „Candide, où L`optimisme traduit de l`allemand de Mr. Le Dr. Ralph" (vgl. Nachdruck des Katalogus, in: Quellen zur Geschichte des Buchwesens, Die Zensur, Band I, Hrsg: Reinhard Wittmann, Nachdruck nach Exemplaren der Bayerischen Staatsbibliothek München, München 1981, S. 436).

[200] § 12 des Zensurmandats abgedruckt bei: Oswald Krempel, Das Zensurrecht in Deutschland zu Ausgang des 18. und Beginn des 19. Jahrhunderts, Würzburg 1921, S. XXIII f. (Beilage III.).

[201] § 12 des Zensurmandats abgedruckt bei: Oswald Krempel, Das Zensurrecht in Deutschland zu Ausgang des 18. und Beginn des 19. Jahrhunderts, Würzburg 1921, S. XXIII f. (Beilage III.).

[202] § 12 des Zensurmandats abgedruckt bei: Oswald Krempel, Das Zensurrecht in Deutschland zu Ausgang des 18. und Beginn des 19. Jahrhunderts, Würzburg 1921, S. XXIII f. (Beilage III.).

[203] Vgl. Karl Theodor Heigel, Censurwesen in Altbayern, in: Karl Theodor Heigel, Neue historische Vorträge und Aufsätze, München 1883, S. 231 ff. (238).

Neben diesen für die Buchhändler sehr strengen und für die Vertreiber von Schriften mit hohem zeitlichen und finanziellen (es sei hier nur an die zehnfache Ausfertigung eines Bücherverzeichnisses gedacht, das auswärtige Buchhändler gemäß § 8 des Zensurmandats anfertigen mussten) Aufwand verbundenen Vorschriften muss hier auch die höchst umfangreiche Aufgabe des Zensurkollegiums Beachtung finden. Außer ihrer unentgeltlichen Tätigkeit im Bücherzensurkollegium waren die acht Mitglieder als Bibliothekare beziehungsweise Theologen beschäftigt. Sie hatten ein sehr großes Arbeitspensum zu bewältigen: nahezu alle Druckwerke, die, seien sie in Bayern hergestellt oder von außerhalb eingeführt, die bayerische Bevölkerung zu lesen bekommen sollte, mussten vorab geprüft und beurteilt werden[204]. Eine umfassende Kontrolle war aufgrund dieser Voraussetzungen in der Praxis nicht zu gewährleisten.

Zusammenfassend lässt sich festhalten, dass die von Maximilian III. Joseph erlassenen Zensurvorschriften im Wortlaut sehr streng sind, aber ein weiteres Aufblühen des Buchmarktes nicht verhinderten. Die praktische Umsetzung dieser Vorschriften, die ein gewaltiges, fast nicht realisierbares Pensum für die Mitglieder des Zensurkollegiums bedeutete, relativierte die Strenge der Zensurregelungen. In einem Bericht des Zensurkollegiums an Maximilian hieß es: *„Es fählt würklich nicht an heylsamen gesezen, sondern es fählt ihm nur die Exekution derselben.“*[205]
Neben dieser praxisbedingten Aufweichung der Vorschriften darf nicht außer Acht gelassen werden, dass auch nicht immer alles so umgesetzt wurde, wie es die Vorschriften vorsahen, oder wie Dirr es trefflich formulierte, *„man darf nicht übersehen, dass auch hierzulande die Zensurmandate dazu da waren, nach allen Regeln der Kunst durchlöchert und umgangen zu werden.“*[206]

Als fortschrittlich bei der Einführung des Zensurkollegiums kann bewertet werden, dass der einzelne Zensor nicht alleiniger Richter über die Druckwerke war, sondern sich im Zweifelsfall mit seinen Kollegen beraten musste. Die Stimmen-

---

[204] Vgl. Wilhelm Fichtl, Aufklärung und Zensur, in: Krone und Verfassung. König Max I. Joseph und der neue Staat; Beiträge zur Bayerischen Geschichte und Kunst 1799-1825, Hrsg: Hubert Glaser, München 1980, S. 174 ff. (175).
[205] Zitiert nach Wilhelm Fichtl, Aufklärung und Zensur, in: Krone und Verfassung. König Max I. Joseph und der neue Staat; Beiträge zur Bayerischen Geschichte und Kunst 1799-1825, Hrsg: Hubert Glaser, München 1980, S. 174 ff. (178).
[206] Pius Dirr, Buchwesen und Schrifttum im alten München, München 1929, S. 90. Zu dieser Zeit wurde in Bayern das Sprichwort geprägt: „Das Beste bleibt, dass man sich in Bayern zufrieden gibt, wenn ein Gesetz nur einmal gedruckt ist, auf den wirklichen Vollzug sieht hernach niemand mehr!“ (vgl. Ferdinand Lorenz, Zur Geschichte der Zensur und des Schriftwesens in Bayern, S. 324).

mehrheit entschied dann über das Schicksal des fraglichen Druckwerkes[207]. Weiterhin wurde in diesem Mandat eine Differenzierung zwischen Gelehrten getroffen, die auch ein verbotenes Buch ohne Gefahr für ihr Seelenheil lesen konnten und dem gemeinen Volk, das einer Leitung durch die Zensur bedurfte.

Im Ergebnis lässt sich aber festhalten, dass das von Maximilian III. Joseph eingeführte Zensurkollegium die angestrebte Kontrolle über sämtliche Druckwerke Bayerns nicht gewährleisten konnte. Am Ende seiner Regierungszeit musste Maximilian daher feststellen, dass *„Unsere Landesgesetze und Generalien von Unseren Beamten und nachgesetzten Obrigkeiten theils gar nicht, theils mit solcher Lau- und Schläferigkeit beobachtet werden, daß manicher solche kaum zu lesen, und einzusehen...sich die Mühe giebt."*[208]

Nach Maximilians Tod am 30.12.1777 wurde Karl Theodor Bayerns neuer Kurfürst, der bei den Münchener Aufklärern aufgrund seiner Affinitäten zu Voltaire und seiner Begeisterung für Schiller zunächst hoffnungsvoll begrüßt wurde[209]. Waren die ersten zwei Jahre nach dem Regierungsantritts Karl Theodors mit nur einem zensurrelevanten Mandat vergangen, sollte sich dies bald ändern[210]. Die Zahl der Mitglieder des Bücherzensurkollegiums sank zunächst auf zehn[211], wurde dann aber 1780 durch die Berufung weiterer zwölf Zensurräte wieder er-

---

[207] Karl Theodor Heigel, Censurwesen in Altbayern in: Karl Theodor Heigel, Neue historische Vorträge und Aufsätze, München 1883, S. 231 ff. (238).

[208] Zitiert nach Wilhelm Fichtl, Aufklärung und Zensur, in: Krone und Verfassung. König Max I. Joseph und der neue Staat; Beiträge zur Bayerischen Geschichte und Kunst 1799-1825, Hrsg: Hubert Glaser, München 1980, S. 174 ff. (178).

[209] Die Idee, Bayern gegen die österreichischen Niederlande zu tauschen, brachten Karl Theodor in der bayerischen Bevölkerung freilich wenig Sympathien ein (vgl. dazu Silvia Wimmer, Die bayerisch-patriotischen Geschichtsdramen. Ein Beitrag zur Geschichte der Literatur, der Zensur und des politischen Bewusstseins unter Kurfürst Karl Theodor, München 1999, S. 7 f.); Pius Dirr, Buchwesen und Schrifttum im alten München, München 1929, S. 98; vgl. Wilhelm Fichtl, Aufklärung und Zensur, in: Krone und Verfassung. König Max I. Joseph und der neue Staat; Beiträge zur Bayerischen Geschichte und Kunst 1799-1825, Hrsg: Hubert Glaser, München 1980, S. 174 ff. (178).

[210] Durch ein Reskript vom 27. Oktober 1778 wurde das Bücherzensurkollegium angewiesen, *„die in die Landsverfassung oder das politische Fach einschlagende Druckschriften"* nicht mehr zu genehmigen, *„ohne sich höchster Orten vorher darüber angefragt, und die Resolution erhalten zu haben"* (das Reskript vom 27. Oktober 1778 ist zitiert bei Silvia Wimmer, Die bayerisch-patriotischen Geschichtsdramen. Ein Beitrag zur Geschichte der Literatur, der Zensur und des politischen Bewusstseins unter Kurfürst Karl Theodor, München 1999, S. 38).

[211] Die zehn Mitglieder des Bücherzensurkollegiums waren Alexander Graf von Savioli, Anton Edler von Wolter, Karl von Vacciery, Andereas von Oeffele, Heinrich Braun, Anton Kollmann, Ildephons Kennedy, Joseph Benno Gertl, Ferdinand Maria Baader und Ferdinand Sterzinger (vgl. Caroline Gigl, Die Zentralbehörden Kurfürst Karl Theodors in München 1778-1799, München 1999, S. 460).

weitert[212]. Interessant ist hierbei, dass sich unter den neu berufenen Zensoren auch der Hofrat[213] Maximilian Joseph Graf von Montgelas befand[214], der später als Staatskanzler unter Maximilian I. für Bayern große Bedeutung erlangen sollte[215]. Festzuhalten bleibt, dass unter Karl Theodor die Zensur in Bayern auch unter dem Einfluss des ehemaligen Jesuitenpaters Ignaz Frank und seines Helfers Geheimrat von Lippert so stark verschärft wurde, dass die Mitglieder des Bücherzensurkollegiums als *„Henker und Todtengräber der Gedankenfreiheit“*[216] bezeichnet wurden[217]. Wie sich einige Bayern trotz der Vielzahl strenger

---

[212] Silvia Wimmer, Die bayerisch-patriotischen Geschichtsdramen. Ein Beitrag zur Geschichte der Literatur, der Zensur und des politischen Bewusstseins unter Kurfürst Karl Theodor, München 1999, S. 44.

[213] Vgl. das Ernennungsdekret Montgelas' zum wirklichen Hofrat vom 18. August 1777 (Hermann-Joseph Busley, Liselotte Klemmer, Maximilian Joseph Graf von Montgelas. Dokumente zu Leben und Wirken des bayerischen Staatsmannes (Katalog zur Ausstellung im Bayerischen Hauptstaatsarchiv 1988), München 1988, S. 50).

[214] Erwähnung der Ernennung Montgelas' zum Mitglied des Bücherzensurkollegiums durch Schreiben vom 7. September 1780 durch Kurfürst Karl Theodor. Darin weist Kurfürst Karl Theodor auf ein Dekret vom 30. August 1780 hin, in dem er Montgelas zum Bücherzensurrat ernannt hat. Weiterhin wird Montgelas am 7. September 1780 erstmals im Protokoll des Bücherzensurkollegiums erwähnt (vgl. Hermann-Joseph Busley, Liselotte Klemmer, Maximilian Joseph Graf von Montgelas. Dokumente zu Leben und Wirken des bayerischen Staatsmannes (Katalog zur Ausstellung im Bayerischen Hauptstaatsarchiv 1988), München 1988, S. 51).

[215] Montgelas wurde wegen seinen Beziehungen zum Geheimbund der Illuminaten am 27. März 1878 aus den Hofrats- und Bücherzensurrats-Diensten entlassen. In einem *„Extract aus dem Regelbuche der Illuminaten aus Baiern, wonach sich jedes Mitglied zu achten, und hier-über den Eid abzulegen hat“*, wird Montgelas in der angefügten Mitgliederliste an 35. Stelle mit dem Ordensnamen Museus geführt. (vgl. dazu Hermann-Joseph Busley, Liselotte Klemmer, Maximilian Joseph Graf von Montgelas. Dokumente zu Leben und Wirken des bayerischen Staatsmannes (Katalog zur Ausstellung im Bayerischen Hauptstaatsarchiv 1988), München 1988, S. 52; vgl. Wilhelm Fichtl, Aufklärung und Zensur, in: Hubert Glaser (Hrsg.), Krone und Verfassung. König Max I. Joseph und der neue Staat; Beiträge zur Bayerischen Geschichte und Kunst 1799-1825, München 1980, S. 174 ff. (181); vgl. Eberhard Weis, Montgelas. Zwischen Revolution und Reform, München 1971, S. 16 ff.(32). Vgl. zum Geheimbund der Illuminaten in Bayern: Ludwig Hammermayer, Illuminaten in Bayern. Zur Geschichte, Fortwirken und Legende des Geheimbundes, in: Hubert Glaser (Hrsg.), Krone und Verfassung. König Max I. Joseph und der neue Staat; Beiträge zur Bayerischen Geschichte und Kunst 1799-1825, München 1980, S. 146 ff.; vgl. Kampf gegen Illuminaten- und Freimaurertum, in: Caroline Gigl, Die Zentralbehörden Kurfürst Karl Theodors in München 1778-1799, München 1999, S. 270 ff.; siehe auch Montgelas als Mitglied des Illuminatenordens, in: Eberhard Weis, Montgelas. Zwischen Revolution und Reform, München 1971, S. 33 ff.

[216] Karl Theodor Heigel, Censurwesen in Altbayern, in: Karl Theodor Heigel, Neue historische Vorträge und Aufsätze, München 1883, S. 231 ff. (237).

[217] Vgl. zu einzelnen Zensurfällen, sowie der Theaterzensur in Bayern unter Karl Theodor: Silvia Wimmer, Die bayerisch-patriotischen Geschichtsdramen. Ein Beitrag zur Geschichte der Literatur, der Zensur und des politischen Bewusstseins unter Kurfürst Karl Theodor,

Zensurmandate[218] zensierte Informationen zu beschaffen wussten, sei hier an einem Beispiel dargestellt.
Am 10. Dezember 1791 wurde von den vereinigten Münchener Buchhändlern und Druckern[219] eine Denkschrift an den Kurfürst Karl Theodor eingereicht[220]. Die Verfasser der Denkschrift berichteten unter anderem von einer merkwürdi-

---

München 1999, S. 34 ff., 52 ff.; vgl. Eberhard Weis, Montgelas. Zwischen Revolution und Reform, München 1971, S. 26 f.

[218] Insgesamt ergingen folgende Zensurmandate unter der Regentschaft Karl Theodors in Bayern: *1. Mandat vom 2. September 1780*, das ein Vergrößerung des Zensurkollegiums vorsah. Die Mitglieder wurden angewiesen, alle Bücher, Abhandlungen, Komödien, Erinnerungen, Kritiken und andere ähnliche Entwürfe vor Druck und Verbreitung einer genauen Zensur zu unterziehen und für den Fall, dass der Staat durch ein Druckwerk direkt oder indirekt be-troffen wäre oder selbiges dem Staat irgendwie schädlich wäre, sollte umgehend eine Bericht-erstattung erfolgen. Eine ähnliche Regelung wurde bezüglich einer nun verpflichtenden Kommunikation mit dem Ordinariat bei Glaubens- oder Religionsangelegenheiten in Druck-werken getroffen (Mayr`sche Generaliensammlung vom Jahr 1784, Bd. II, S. 956).

2. Mandat vom 1. Dezember 1780 enthielt Regelungen für das Verfahren beim Zensurkollegium bei der Zensur aller Bücher und Schriften in rebus ecclesiasticis et politicis (Mayr`sche Generaliensammlung vom Jahr 1788, Bd. IV, S. 642).

3. Mandat vom 30. Mai 1791, das eine Einschärfung der genauen Beobachtung der Bücherzensurverordnung von Seiten der Mautämtern enthielt (Mayr`sche Generaliensammlung vom Jahr 1797, Bd. V, S. 124).

4. Mandat vom 6. Juli 1791 ermahnte Krämer, Dissertationshändler, Kräxenträger und andere Hausierer, nicht ohne approbierte Verzeichnisse der zu verkaufenden, bewilligten Druckwerke ihrer Tätigkeit nachzugehen (Mayr`sche Generaliensammlung vom Jahr 1797, Bd. V, C. 124).

5. Mandat vom 4. Oktober 1791, das ein Verbot der Einführung und Verbreitung aufrührerischer Schriften aus Frankreich unter Strafe verbot (Mayr`sche Generaliensammlung vom Jahr 1797, Bd. V. S. 124).

6. Mandat vom 7. November 1792, das eine Ausdehnung der Zensurverordnungen auf die inländischen Buchhändler wegen einer Erlaubniseinholung der einzuführenden Bücher, sowie bezüglich der Aufbewahrung der, ohne eine Erlaubnis ausgestatteten, Schriften bei den Mautämtern, bis zu einer Entscheidung in der Sache zum Inhalt hatte (Mayr`sche Generaliensammlung vom Jahr 1797, Bd. V, S. 126).

7. Mandat vom 6. Mai 1795 enthielt u.a. Vorschriften wegen nicht zu großer Ausdehnung der Bücherzensur durch das Zensurkollegium, besonders bezüglich der Universität Ingolstadt (Mayr`sche Generaliensammlung vom Jahr 1797, Bd. V, S. 811).

8. Mandat vom 1. August 1796, das die Zensurfreiheit für solche Druckwerke feststellte, die an weltliche oder an Klosterbibliotheken, an einzelne bestimmte Personen und an die landschaftliche Verordnung adressiert waren (Mayr`sche Generaliensammlung vom Jahr 1797, Bd. V, S. 879).

[219] Unterschrieben war die Schrift von den Buchhändlern Lindauer, Strobel und Lentner und den Buchdruckern Zängl, Franz und Hübschmann (vgl. Pius Dirr, Buchwesen und Schrifttum im alten München, München 1929, S. 114).

[220] Vgl. Hans J. Schütz, Verbotene Bücher. Eine Geschichte der Zensur. München 1990, S. 78 f.

gen Angewohnheit einiger bayerischer Bürger, die offensichtlich durch die strenge Zensurgesetzgebung, die auch viele Zeitungen reglementierte, hervorgerufen worden war: zum Lesen verbotener Blätter spazierten bayerische Bürger täglich in die Nachbarländer, um nach ihrer Rückkehr die dort gelesenen Neuigkeiten in Bayern mündlich zu verbreiteten. Wie häufig dieser Weg der Umgehung bayerischer Zensurvorschriften beschritten wurde, ist bisher noch unerforscht geblieben.
Nach dem Tode Karl Theodors am 16. Februar 1799 übernahm Maximilian IV. Joseph die Regierungsgeschäfte[221]. Für das bayerische Zensurwesen brachte der Regentenwechsel einige Neuerungen mit sich[222]. Als eine seiner ersten Regierungsmaßnahmen löste Maximilian IV. Joseph durch Verordnung vom 2. April 1799 das Zensurcollegium auf, weil es den liberalen Gang der Wissen-

---

[221] Maximilian IV. Joseph wurde der spätere König Maximilian I. Joseph: „*Wir Maximilian Joseph, von Gottes Gnaden König von Baiern, des heiligen römischen Reichs Erzpfalzgraf, Erztruchseß, und Kurfürst. Durch die unerschütterliche Treue Unserer Unterthanen, und die vorzüglich bewiesene Anhänglichkeit der Baiern an Fürst und Vater-land, hat der baierische Staat sich zu seiner ursprünglichen Würde emporgehoben. Wir haben Uns daher entschlossen, zur Begründung der Unabhängigkeit der Uns von der Vorsehung anvertrauten Nation, den dem vormaligen Beherrscher derselben angestammten Titel eines KÖNIGS VON BAIERN anzunehmen, und diesen Entschluß durch eine feyerliche Proklamation heute öffentlich in Unserer Residenzstadt bekannt machen zu lassen. Unsere feyerliche Krönung und Salbung haben wir auf eine günstigere Jahreszeit vorbehalten, welche Wir in Zeiten öffentlich bekannt machen werden. München, den 1. Jänner 1806. Max Joseph.*“ (abgedruckt bei: Königlich-Bayerisches Regierungsblatt, München 1806, S. 3).

[222] Unter den Zensurmandaten, die während der Regentschaft Maximilian IV. Joseph erlassen wurden (noch bevor dieser 1806 den Titel König von Bayern zu führen begann) finden sich folgende: *1. Mandat vom 2. April 1799*, mit dem eine Bücherzensurspezialkommission unter dem geistlichen Ministerialdepartemant statt der bisherigen kollegialischen Verfassung des Bücherzensurwesens angeordnet wurde (Mayr'sche Generaliensammlung vom Jahr 1800, Bd. I, S. 252).
2. Mandat vom 12. Juni 1799, mittels dem die unmittelbare Kommunikation der Bücherzensurspezialkommision mit der Generallandesdirektion aufgehoben wurde (Mayr'sche Generaliensammlung vom Jahr 1800, Bd. I, S. 66).
3. Mandat vom 4. März 1800 untersagte die Duldung von Schriften und Broschüren über innere und auswärtige Staatsverhältnisse ohne eine entsprechende Spezialbewilligung (Mayr'sche Generaliensammlung vom Jahr 1802, Bd. II, S. 167).
4. Mandat vom 4. März 1800 enthielt die Weisung, dass die Polizeidirektion der Bücherzensurspezialkommission auf Verlangen zur Exekution und Erhaltung einer vernünftigen Pressefreiheit zur Hilfe kommen soll (Mayr'sche Generaliensammlung des Jahres 1802, Bd. II, S. 167).
5. Mandat vom 14. März 1800 stellte die Notwendigkeit des Imprimatur bei allen Druckschriften, Zensurfreiheit der Verordnungen, Polizeiaviso und bloßer Anzeigen heraus (Mayr'sche Generaliensammlung vom Jahr 1802, Bd. II, S. 168).
6. Mandat vom 29. April 1800 stellte die Zensurfreiheit der Universität und ihrer Mitglieder fest, sowie die Befugnis der Universität selbst Zensur auszuüben (Mayr'sche Generaliensammlung vom Jahr 1802, Bd. II. S. 179).

schaften aufzuhalten schien[223]. An Stelle des Zensurkollegiums setzte Maximilian IV. Joseph noch im selben Jahr eine Zensurkommission: „*Darnach haben Wir damals das Censurcollegium, weil es den liberalen Gang der Wissenschaften aufzuhalten schien, aufgehoben und dafür eine Censurcommission mit der Anweisung zu einem bescheidenen und liberalen Verfahren bei ihren künftigen Censuren angeordnet.*“[224]

Der Bücherzensurspezialkommission, die dem Ministerium der geistlichen Angelegenheiten unterstand, war jedoch kein langes Leben beschieden. Bereits am 13. Juni 1803 wurde dieses Zensurinstitut per Verordnung wieder aufgehoben[225]. Der Beginn dieser Verordnung ließ zunächst vermuten, dass Maximilian IV. Joseph die Abschaffung der Zensur in Bayern plante:

„*Da Wir durch die bisherige Erfahrung überzeugt worden sind, dass die gewöhnliche Massregel, zu welcher man gegen den Missbrauch der Pressfreiheit seine Zuflucht zeither genommen hat, nämlich die Censur, in ihrer Anwendung auf die einzelnen Fälle weder gerecht noch zweckdienlich, noch hinreichend ist, so haben Wir beschlossen, die in Unsern sowohl alten als neuen Bayerischen Landen noch bestehenden Censurcommissionen aufzuheben.*“[226]

---

[223] „*Verordnung vom 13. Juni 1803, I. § 2 (Die Press- und Buchhandelfreiheit betr.): Wir haben kurz nach dem Antritte Unserer Regierung in einer Verordnung vom 2. April 1799 erklärt, dass die wahre Besserung des Herzens von der zweckmässigen Bildung des Verstandes grösstentheils abhänge, und beide von einander nicht getrennt werden sollen; dass Wir danach erachten, eine Unserer wichtigsten Regentenpflichten zu seyn, die Nation, welche zu regieren die Vorsicht Uns anvertraut habe, durch die geeinetsten Anstalten zu diesem doppelten Zwecke hinzuführen.- So wesentlich die beiden Grundpfeiler des öffentlichen Wohls, Religion und Sittlichkeit seyen, eben so nothwendig sey die Erforschung jeder nützlichen Wahrheit, welche keineswegs erschwert, sondern vielmehr befördert werden müsse. Darnach haben Wir damals das Censurcollegium, weil es den liberalen Gang der Wissenschaften aufzuhalten schien, aufgehoben, und dafür eine Censurcommission mit der Anweisung zu einem bescheidenen und liberalen Verfahren bei ihren künftigen Censuren angeordnet (...).*“ (abgedruckt bei: Georg Döllinger, Sammlung im Gebiete der inneren Staats-Verwaltung des Königreichs Bayern bestehende Verordnungen, Dritter Band, München 1836, S. 302 f.).

[224] Georg Döllinger, Sammlung im Gebiete der inneren Staats-Verwaltung des Königreichs Bayern bestehende Verordnungen, Dritter Band, München 1836, S. 302 f.

[225] Vgl. Josef Bayrle, Die rechtliche Situation der bayerischen Presse von 1818-1848, München 1948, S. 14; Ferdinand Lorenz, Zur Geschichte der Zensur und des Schriftwesens in Bayern, S. 319; abgedruckt bei: Georg Döllinger, Sammlung im Gebiete der inneren Staats-Verwaltung des Königreichs Bayern bestehende Verordnungen, Dritter Band, München 1836, S. 302 f.; vgl. auch Oswald Krempel, Das Zensurrecht in Deutschland zu Ausgang des 18. und Beginn des 19. Jahrhunderts, Würzburg 1921, S. XXX ff. Beilage IV.

[226] Verordnung vom 13. Juni 1803, abgedruckt bei: Georg Döllinger, Sammlung im Gebiete der inneren Staats-Verwaltung des Königreichs Bayern bestehende Verordnungen, Dritter Band, München 1836, S. 302 f.

Nach dieser Einleitung wurde ein desolates Bild der durch den Missbrauch der Pressefreiheit entstandenen bayerischen Verhältnisse gezeichnet[227], das dem auch selbst schon arg in Mitleidenschaft gezogenen Kurfürsten (*„Wir übersahen desshalb grossmüthig strafbare Angriffe Unserer eigenen höchsten Person.*"[228]) offensichtlich nur eine Möglichkeit ließ, die Situation Bayerns wieder ins Lot zu bringen: *„Indessen sind Wir Unserer Regentenpflicht schuldig, in Unseren Staaten Ordnung und Sittlichkeit kräftigst zu handhaben, und einen jeden Unserer Unterthanen seinen guten Namen und Ruf unter dem Schutze des Gesetzes zu sichern.*"[229]
Es folgten Vorschriften, die verhindern sollten, dass *„die Freiheit der Presse und des Buchhandels nicht in eine ungestrafte schädliche Frechheit ausarte*"[230], also mit anderen Worten neue Zensurgesetze.

Wichtigste Neuerung der Verordnung vom 13. Juni 1803[231] war die Übertragung der Zuständigkeit in Zensurangelegenheiten von der nun aufgelösten Zensurkommission auf die allgemeine Polizeibehörde. Die Verordnung gab der Polzei keine ausdrückliche Ermächtigung zur Ausübung der Zensur (in Gliederungspunkt 9 hieß es: *„Der Polizei kommt weder eine Censur noch eine Bestrafung zu, wenn nicht ein blosses Polizeiverbrechen begangen worden ist; sie soll eigentlich nur wachen, damit die Gesetzte beobachtet, und Uebel, die entstehen*

---

[227] *„Wir sind seitdem [nach Einsetzung der Zensurkommission, Anm.d.V.] auf die Fortschritte der Geistesausbildung der verschiedenen Classen der Bewohner Unserer Erbstaaten unausgesetzt aufmerksam geblieben. Wir haben bei dem freien Emporstreben mit Wehmuth die Ausartungen der gestatteten Pressfreiheit, eine Inurbanität und Zügellosigkeit mancher unreifer Schriftsteller wahrgenommen, allein wir wollen nicht die ungerechte Maxime befolgen, den Missbrauch der natürlichen Kräfte durch Untersagung und allgemeine Beschränkung des Gebrauchs selbst verhüten zu wollen (...).*" (abgedruckt bei: Georg Döllinger, Sammlung im Gebiete der inneren Staats-Verwaltung des Königreichs Bayern bestehende Verordnungen, Dritter Band, München 1836, S. 302 f.).

[228] *„Wir übersahen desshalb grossmüthig strafbare Angriffe Unserer eigenen höchsten Person, um keinen guten und aufgeklärten Mann abzuhalten, mit Freimüthigkeit und Redlichkeit seine Meinung öffentlich darüber zu äussern, was nach seiner besten Absicht und seinem Dafür-halten beitragen könnte, das allgemeine Beste zu befördern (...).*" (abgedruckt bei: Georg Döllinger, Sammlung im Gebiete der inneren Staats-Verwaltung des Königreichs Bayern bestehende Verordnungen, Dritter Band, München 1836, S. 302 f.).

[229] Verordnung vom 13. Juni 1803, abgedruckt bei: Georg Döllinger, Sammlung im Gebiete der inneren Staats-Verwaltung des Königreichs Bayern bestehende Verordnungen, Dritter Band, München 1836, S. 302 f.

[230] Verordnung vom 13. Juni 1803, abgedruckt bei: Georg Döllinger, Sammlung im Gebiete der inneren Staats-Verwaltung des Königreichs Bayern bestehende Verordnungen, Dritter Band, München 1836, S. 302 f.

[231] Die Verordnung vom 13. Juni 1803 (Edikt über die Preß- und Buchhandelsfreiheit) enthält 10 Gliederungspunkte, die ihrerseits Zensurregelungen enthalten (Regierungsblatt des Königreichs Bayern 1803, München 1803, S. 377).

könnten, noch in Zeiten verhütet werden"[232]). Aus der Gesamtheit der einzelnen Regelungen geht aber hervor, dass ihr sehr ähnliche Kompetenzen und Aufgaben, wie sie bisher der Zensurkommission zugestanden hatten, übertragen worden waren. Die Buchhändler, Leseinstitute und Buchdruckereien mussten nun ihre Werkkataloge an die örtliche Polizeiobrigkeit abliefern, Gewerbekonzessionen für den Buchvertrieb wurden bei der Polizei ausgegeben und die Polizei verfolgte auch durch die Presse begangene Gesetzesübertretungen[233].

Betrachtet man die wichtigsten Neuerungen des bayerischen Zensurwesens im 18. Jahrhundert, so fällt auf, dass insgesamt nur sehr wenig liberales Gedankengut in den Zensurvorschriften Niederschlag gefunden hat. Interessant ist die Einrichtung eines eigenen Zensurinstitutes (Bücherzensurkollegium, Bücherzensurspezialkommission). Die Einführung eines speziellen Gremiums, das sich nur mit Zensurfragen beschäftigen sollte, zeigt, wie brisant und wichtig dieser Bereich für den bayerischen Kurfürsten war. Zwei wichtige Änderungen prägten das Zensurwesen Bayerns ab dieser Zeit. Die Einführung eines speziellen Zensurkollegiums hatte zur Folge, dass der Staat nun auch in der Praxis die alleinige Zuständigkeit in Zensurangelegenheiten (unter Ausschluss jedweder kirchlicher Einflüsse) inne hatte. Daneben bewirkte die detaillierte Festlegung der Handlungsabläufe im Kollegium, dass das Procedere in Zensurfällen nun gesetzlich fixiert war. Fortschrittliche Gedanken fanden in den Zensurgesetzen in der Regelung einer Abstimmung nach Mehrheitsprinzip über ein fragliches Druckwerk innerhalb des Zensurkollegiums (im Gegensatz zu früheren Willkürentscheidungen einzelner Zensoren) sowie in der Differenzierung zwischen dem gemeinen Volk, das durch die Zensur geschützt werden musste und ausgewählten Personen, die auch verbotene Bücher ohne Gefahr für ihr Seelenheil lesen konnten, ihre Ausprägung. Die tatsächliche Umsetzung der Gesetze zeigte aber auch die Probleme dieser Zensurinstitute (unter anderem ein unrealistisches Arbeitspensum bei normaler Berufsausübung in anderen Tätigkeitsfeldern neben der Zensorentätigkeit[234]), so dass ihre Aufhebung 1803 nicht weiter verwundert. Die Verlagerung des Zensurwesens auf die Polizei leitete in der Geschichte der Zensur Bayerns eine neue Ära ein, die Gegenstand des folgenden Kapitels sein soll.

---

[232] Text des 9. Gliederungspunktes abgedruckt bei: Georg Döllinger, Sammlung im Gebiete der inneren Staats-Verwaltung des Königreichs Bayern bestehende Verordnungen, Dritter Band, München 1836, S. 304.

[233] Ferdinand Lorenz, Zur Geschichte der Zensur und des Schriftwesens in Bayern, S. 319.

[234] Vgl. dazu auch Hermann-Joseph Busley, Liselotte Klemmer, Maximilian Joseph Graf von Montgelas. Dokumente zu Leben und Wirken des bayerischen Staatsmannes (Katalog zur Ausstellung im Bayerischen Hauptstaatsarchiv 1988), München 1988, S. 51.

II. Zensurgeschichte Bayerns im 19. Jahrhunderts (bis 1874)

Die Zensurgeschichte Bayerns hat im 19. Jahrhundert aufgrund territorialer und machtpolitischer Umbrüche sowie damit einhergehender gesellschaftlicher Umstrukturierungen und sich wandelnder Sittlichkeitsvorstellungen einen bis dahin und auch in späteren Zeiten nicht mehr erreichten Höhepunkt erlebt[1]. Zensurprozesse prominenter Künstler wie etwa Max Klinger[2], Frank Wedekind[3], Oskar Panizza[4], fallen in das letzte Drittel dieses Jahrhunderts[5]. Aus heutiger Sicht wirken die Sittlichkeits- und Moralvorstellungen teilweise erheiternd bis grotesk. Andererseits kann man sich auch einer gewisser Beklemmung nicht entziehen, die einen befällt, wenn Gefängnisstrafen oder Emigration aus Furcht vor der Zensurpolizei in Künstlerviten des 19. Jahrhunderts keine Seltenheit sind[6]. Untersuchungen der bekannteren Künstler, die mit der Zensur in Berührung gekommen sind, wurden bisher vor allem unter literaturge-

---

[1] Vgl. zu den territorialen und machtpolitischen Umbrüchen z.B.: Eberhard Weis, Das neue Bayern – Max I. Joseph, Montgelas und die Entstehung und Ausgestaltung des Königreichs 1799 bis 1825, in: Hermann-Joseph Busley, Liselotte Klemmer, Maximilian Joseph Graf von Montgelas. Dokumente zu Leben und Wirken des bayerischen Staatsmannes (Katalog anlässlich der Ausstellung im Bayerischen Hauptstaatsarchiv 1988), München 1988, S. 7 ff.

[2] Vgl. zu der teilweisen Verhängung des Gemäldes *Kreuzigung*: Ludwig Leiss, Kunst im Konflikt. Künstler im Widerstreit mit der „Obrigkeit“, Berlin/New York 1971, S. 101.

[3] Vgl. Michael Meyer, Theaterzensur in München. Geschichte und Entwicklung der polizeilichen Zensur und des Theaterzensurbeirates unter besonderer Berücksichtigung Frank Wedekinds, München 1982, S. 155 ff.

[4] Vgl. die Dokumentation der Akten im Fall Panizza: Knut Boeser (Hrsg.), Der Fall Oskar Panizza. Ein deutscher Dichter im Gefängnis, Berlin 1989, S. 39 ff.

[5] Vgl. zur Strafbarkeit der Gotteslästerung in der bildenden Kunst: Dieter Schwab, Kunst und Blasphemie. Anmerkungen zu einer aktuellen Debatte, in: Karl Möseneder/Gosbert Schüssler (Hrsg.), „Bedeutung in den Bildern“, Festschrift für Jörg Traeger, Regensburg 2002, S. 329 ff. (335 f.).

[6] Davon gibt z.B. die Autobiographie Oskar Panizzas Zeugnis: *„(...)1894 erschien außerdem die Himmelstragödie des Liebeskonzil (Zürich/Schabeliz), in dem (...), das Erscheinen der Sifilis in Italien zu Ende des XV. Jahrhunderts, als in Folge des lasterhaften Treibens am päpstlichen Hofe unter Alexander VI. erfolgt, in Form eines mittelalterlichen Misterjums unter moderner Beleuchtung durchgeführt ward. Dieses Buchdrama brachte den Pazienten im Frühjahr 1895 vor die (!) Münchner Afisen, wo er nach § 166 R.-Str.-G.-B. zu 1 Jahr Gefängnis verurteilt wurde, ein Urteil, das bald darauf das Reichsgericht in Leipzig bestätigte. Patient verbüßte seine Strafe im Gefängnis zu Amberg, woselbst auf nachtragliche Geltendmachung des Einwurfs des Verteidigers auf Geisteskrankeit (ohne Befragen des Gefangenen) eine summarische Untersuchung desselben quoad psychen intactam erfolgte – <Sind Sie geisteskrank?> - <Nein.>-, die zu einem negativen Resultat führte.“* (abgedruckt bei: Knut Boeser (Hrsg.), Der Fall Oskar Panizza. Ein deutscher Dichter im Gefängnis, Berlin 1989, S. 8 ff.).

schichtlichen Aspekten vorgenommen. Hier geht es dagegen um die juristischen Hintergründe dieser Zensurprozesse, oder, allgemeiner gesprochen, der Entwicklung des Zensurwesens in Bayern im 19. Jahrhundert. In der Zensurgeschichte Bayerns gab es kein Jahrhundert, in dem so viele verschiedene Zensurvorschriften in und außer Anwendung traten. Die Rechtsgrundlagen der Zensur waren nicht nur in speziellen Zensuredikten oder Mandaten, sondern auch im Verfassungsrecht, dem Strafrecht und der Gewerbeordnung zu finden.

1. Zensurvorschriften in der bayerische Verfassung

a. Konstitution von 1808

Der Krieg Bayerns an der Seite Österreichs gegen Frankreich im Jahr 1799 endete für Bayern mit dem im Frieden von Lunéville 1801[7] festgelegten Verlust der linksrheinischen Gebiete[8]. Diese erlittenen territorialen Einbußen waren gemäß Art 7 des Vertrages durch rechtsrheinische Gebietszuweisungen zu entschädigen. Mit der territorialen Umstrukturierung wurde eine Reichsdeputation beauftragt, deren Arbeit mit dem Reichsdeputationshauptschluss vom 25. Februar 1803 ihren Abschluss fand[9]. Mittels Säkularisation und Mediatisierung wurde den Entschädigungsforderungen nachgekommen[10]. Durch den Vollzug des Reichsdeputationshauptschlusses wurde auch ein neues Staatsgebiet geschaffen, mit dessen verwaltungsmäßiger Neuordnung Maximilian Joseph Graf

---

[7] Vertragsurkunde und Verträge zum Vollzug des Lunéviller Friedensvertrages bei Georg Döllinger, Sammlung der im Gebiete der inneren Staats-Verwaltung des Königreichs Bayern bestehenden Verordnungen, Erster Band, München 1835, S. 116 ff.

[8] Vgl. u.a. Ernst Rudolf Huber, Dokumente zur deutschen Verfassungsgeschichte, Band 1, 3. Auflage, Stuttgart 1978, S. 1; Eberhard Weis, Das neue Bayern – Max I. Joseph, Montgelas und die Entstehung und Ausgestaltung des Königreichs 1799 bis 1825, in: Hermann-Joseph Busley, Liselotte Klemmer, Maximilian Joseph Graf von Montgelas. Dokumente zu Leben und Wirken des bayerischen Staatsmannes (Katalog der Ausstellung im Bayerischen Hauptstaatsarchiv 1988), München 1988, S. 7 ff. (S. 13).

[9] Abgedruckt bei: Ernst Rudolf Huber, Dokumente zur deutschen Verfassungsgeschichte, Band 1, 3. Auflage, Stuttgart 1978, S. 1 ff.

[10] In § 2 wurde Bayern an reichsunmittelbaren Territorien zugewiesen: die Hochstifte Bamberg, Freising und Augsburg, Teile der Hochstifte Würzburg, Passau und Eichstätt, 13 Reichsabteien, 15 Reichsstädte in Franken und Schwaben; die §§ 34, 35 ermächtigten die Landesherren zur Säkularisierung der Domkapitel und der Klöster (vgl. Hermann-Joseph Busley, Liselotte Klemmer, Maximilian Joseph Graf von Montgelas. Dokumente zu Leben und Wirken des bayerischen Staatsmannes (Katalog der Ausstellung im Bayerischen Hauptstaatsarchiv 1988), München 1988, S. 88).

von Montgelas betraut wurde[11]. Der Wechsel an die Seite Frankreichs brachte Bayern neben dem im Frieden von Pressburg am 26. Dezember 1805 festgesetzten Landgewinn[12] die Erhebung Bayerns zum Königreich 1806[13]. Kurfürst Maximilian IV. Joseph konnte als Maximilian I. Joseph den Titel „*König von Baiern*“ annehmen[14]. In seiner Proklamation an das bayerische Volk erklärte er dies mit der „*unerschütterlichen Treue Unserer Unterthanen, und die vorzüglich bewiesene Anhänglichkeit der Baiern an Fürst und Vaterland*“, sowie der „*Begründung der Unabhängigkeit der Uns von der Vorsehung anvertrauten Nation, den dem vormaligen Beherrscher derselben angestammten Titel KÖNIG VON BAIERN.*“[15]

---

[11] Vgl. Hermann-Joseph Busley, Liselotte Klemmer, Maximilian Joseph Graf von Montgelas. Dokumente zu Leben und Wirken des bayerischen Staatsmannes (Katalog der Ausstellung im Bayerischen Hauptstaatsarchiv 1988), München 1988, S. 13 f.

[12] „*Königliche allerhöchste Verordnung.(Den Pressburger Frieden und die Staatsverfassung in Baiern betreffend.) Wir Maximilian Joseph,von Gottes Gnaden König von Baiern, des heiligen römischen Reichs Erzpfalzgraf, Erztruchseß und Kurfürst.Da in dem zwischen Seiner römisch- auch österreichisch-kaiserlichen und königlichen Majestät, dann zwischen Seiner französisch-kaiserlichen und königlichen Majestät am 26.Dezember 1805 zu Pressburg abgeschossenen Frieden mehrere Bestimmungen enthalten sind, durch welche Unsere Staaten nicht nur einen neuen Zuwachs, sondern auch sowohl ihre bisherigen äußeren und innern staatsrechtlichen Verhältnisse eine Abänderung erhalten haben, wohin vorzüglich die Artikel 7, 8, 13, 14 und 15 gehören, so verordnen Wir, daß dieser Friedenstraktat in allen Punkten, welche Unsere Staaten und die Uns garantierten Souveränitäts-Rechte betreffen, als ein pragmatisches Gesetz angesehen werden solle; und Wir weisen hierdurch Unsere Ministerien, Landeskollegien, Landschaften und sämmtliche Unterthanden, wessen Standes sie sind, ernstlich an, sich genau darnach zu achten, und sich aller Verbindungen und Rekurse zu enthalten, die Unsern Souveränitäts-Rechten entgegen sind. München, den 31. Jänner 1806. Max Joseph.*“
Zum Friedens-Traktat zwischen seiner Majestät dem Kaiser der Franzosen und König von Italien und seiner Majestät dem Kaiser von Oesterreich, unterzeichnet zu Pressburg den 26. Dezember 1805, sowie der sich darauf beziehende königliche allerhöchste Verordnung, den Pressburger Frieden und die Staatsverfassung in Bayern betreffend vgl. Königlich-Bayerische Regierungsblatt, München 1806, S. 49-64, 78-79; sowie Georg Döllinger, Sammlung der im Gebiete der inneren Staats-Verwaltung des Königreichs Bayern bestehenden Verordnungen, Erster Band, München 1835, S. 195 ff.; Zu den Auswirkungen des Pressburger Friedens auf Bayern vgl. Josef Gmeinwiser, Die bayerische Politik im Jahre 1805, München 1928, S. 179.

[13] Vgl. zu Bayerns territorialen Veränderungen und der Erhebung zum Königreich in Folge des Pressburger Friedens auch: Michael Doeberl, Entwicklungsgeschichte Bayerns, zweiter Band, 3. Auflage, München 1928, S. 405.

[14] Königlich-Bayerisches Regierungsblatt, München 1806, S. 3; vgl. Josef Gmeinwiser, Die bayerische Politik im Jahre 1805, München 1928, S. 182, 183.

[15] Vgl. Königlich-Bayerisches Regierungsblatt München 1806, S.3.

Nach der Unterzeichnung der Rheinbundakte[16] im selben Jahr und dem damit verbundenen Ende des Heiligen Römischen Reichs Deutscher Nation blieb Bayern bis zu seinem Austritt aus dem Rheinbund im Jahre 1813 an Frankreichs Seite[17]. Im November 1807 hatten Napoleon und König Maximilian I. Joseph sich, begleitet von ihren Außenministern, in Mailand getroffen, wo Napoleon Vorschläge für eine Rheinbundverfassung von bayerischer Seite einforderte[18]. Zurück in München veranlasste der König die Ausarbeitung einer Verfassung, um einer die bayerische Souveränität einschränkenden Rheinbundverfassung zuvorzukommen[19]. Anstatt einer Rheinbundverfassung ließ er eine bayerische Verfassung ausarbeiten, die bereits am 25. Mai 1808 im bayerischen Regierungsblatt veröffentlicht wurde[20]. Die neue Verfassung trat am 1. Oktober 1808

---

[16] Rheinbund-Akte vom 12. Juli 1806 ist abgedruckt bei: Ernst Rudolf Huber, Dokumente zur deutschen Verfassungsgeschichte, Band 1, 3. Auflage, Stuttgart 1978, S. 28 ff.; Rheinbund-Akte vom 12. Juli 1806, sowie die Vorschriften zum Vollzug der rheinischen Bundesakte bezüglich der Besitznahme der dem Königreiche Bayern zugeteilten Gebiete bei: Georg Döllinger, Sammlung der im Gebiete der inneren Staats-Verwaltung des Königreichs Bayern bestehenden Verordnungen, Erster Band, München 1835, S. 212 ff.

[17] Vgl. Art I der Rheinbund-Akte, in dem die verbündeten Fürsten ihre dauernde Trennung vom Reich erklärten in Verbindung mit der am 1. August 1806 erfolgten Austrittserklärung der Rheinbundstaaten: Ernst Rudolf Huber, Dokumente zur deutschen Verfassungsgeschichte, Band 1, 3. Auflage, Stuttgart 1978, S. 29, 35 f.

[18] Vgl. Ludwig Graf von Montgelas (Hrsg.), Denkwürdigkeiten des bayerischen Staatsministers Maximilian Grafen von Montgelas. Im Auszug aus dem französischen Original übersetzt von Max Freiherrn von Freyberg-Eisenberg, Stuttgart 1887, S. 159; vgl. Max Spindler (Hrsg.), Handbuch der bayerischen Geschichte. Vierter Band (1800-1970), Erster Teilband, München 1979, S. 25; Alfons Goppel, Bayerns Entwicklung zum modernen Verfassungsstaat 1799 bis 1818, in: Alfons Goppel, Benno Hubensteiner, Bernhard Zittel, 150 Jahre bayerische Verfassung, München 1968, S. 9; Wolfgang von Rimscha, Die Grundrechte im süddeutschen Konstitutionalismus. Zur Entstehung und Bedeutung der Grundrechtsartikel in den ersten Verfassungsurkunden von Bayern, Baden und Württemberg, Berlin 1973, S. 11.

[19] Michael Doeberl, Rheinbundverfassung und bayerische Konstitution, München 1924, S. 43 f.; Michael Doeberl, Ein Jahrhundert bayerischen Verfassungslebens, München 1918, S. 6 f; Fritz Zimmermann, Bayerische Verfassungsgeschichte vom Ausgang der Landschaft bis zur Verfassungsurkunde von 1818. München 1940, Neudruck Aalen 1973, S. 133 f.; Wolfgang von Rimscha, Die Grundrechte im süddeutschen Konstitutionalismus. Zur Entstehung und Bedeutung der Grundrechtsartikel in den ersten Verfassungsurkunden von Bayern, Baden und Württemberg, Berlin 1973, S. 12.

[20] *„Von der Überzeugung geleitet, daß der Staat, so lange er ein bloßes Aggregat verschiedenartiger Bestandtheile bleibt, weder zur Erreichung der vollen Gesammtkraft, die in seinen Mitteln liegt, gelangen, noch den einzelnen Gliedern desselben alle Vortheile der bürgerlichen Vereinigung, in dem Maaße, wie es diese bezwecket, gewähren kann, haben Wir bereits durch mehrere Verordnungen die Verschiedenheit der Verwaltungsformen in Unserem Reiche, so weit es vor der Hand möglich war, zu heben, für die direkten Auflagen sowohl, als für die indirekten, ein gleichförmigeres System zu gründen und die wichtigsten öffentlichen*

in Kraft[21]. Ergänzend wurden organische Edikte zur Erläuterung beziehungsweise zum Vollzug der Verfassung ausgearbeitet[22]. Diese im nachhinein

---

Anstalten dem Gemeinsamen ihrer Bestimmung durch Einrichtungen, die zugleich ihre besondern sichern, entsprechender zu machen gesucht. Ferner haben wir, um Unsern gesammten Staaten den Vortheil angemessener gleicher bürgerlicher und peinlicher Gesetze zu verschaffen, auch die hiezu nöthigen Vorarbeiten angeordnet, die zum Theil schon wirklich vollendet sind. Da aber diese einzelnen Ausbildungen besonderer Theile der Staats-Einrichtung nur unvollkommen zum Zwecke führen und Lücken zurücklassen, deren Ausfüllung ein wesentliches Bedürfniß der nothwendigen Einheit des Ganzen ist; so haben Wir beschlossen sämmtlichen Bestandtheilen der Gesetzgebung und Verwaltung Unsers Reichs, mit Rücksicht auf die äußern und innern Verhältnisse desselben, durch organische Gesetze einen vollständigen Zusammenhang zu geben und hiezu den Grund durch gegenwärtige ***Konstitutions Urkunde*** *zu legen, die zur Absicht hat, durch entsprechende Anordnungen und Bestimmungen den gerechten, im allgemeinen Staatszwecke gegründeten Forderungen des Staats an seine einzelnen Glieder sowie der einzelnen Glieder an den Staat, die Gewährleistung ihrer Erfüllung, dem Ganzen stete Haltung und Verbindung und jedem Theile der Staatsgewalt die ihm angewiesene Wirkungskraft nach den Bedürfnissen des Gesammt-Wohls zu verschaffen.*" (abgedruckt bei: Königlich-Bayerisches Regierungsblatt, München 1808, S.985 ff.); vgl. zur Verfassung von 1808 weiter: Karl Möckl, Der moderne bayerische Staat. Eine Verfassungsgeschichte vom aufgeklärten Absolutismus bis zum Ende der Reformepoche, München 1979, S. 95; vgl. Alfons Goppel, Bayerns Entwicklung zum modernen Verfassungsstaat 1799 bis 1818, in: Alfons Goppel, Benno Hubensteiner, Bernhard Zittel, 150 Jahre bayerische Verfassung, München 1968, S. 9.

21 „*Dieß sind die Grundlagen der künftigen Verfassung Unsers Reichs. Ihre Einführung wird hiemit festgesezt auf den ersten Oktober dieses Jahres (...).*" (abgedruckt bei: Königlich-Bayerisches Regierungsblatt, München 1808, S. 999 f.). Da die in der Konstitution von 1808 vorgesehene Nationalrepräsentation sowie die Kreisdeputationen nie einberufen wurden, herrscht in der Literatur Uneinigkeit darüber, ob die Verfassung überhaupt in Kraft getreten ist. So berichtet etwa der Ritter von Lang in seinen Memoiren: „ Auch Montgelas konnte sich dieser Bewegung nicht verschließen. Bereits im November 1813 regte er eine Revision der nie zur Ausführung gelangten Konstitution von 1808 an, (...)." (abgedruckt bei: Adalbert von Raumer, Der Ritter von Lang und seine Memoiren. München/Berlin 1923, S. 200). Dagegen: „*Man kann also auf keinen Fall behaupten, Montgelas' Verfassungswerk sei nicht ernst gemeint gewesen und auf dem Papiere geblieben. Aus der einzigen Ausnahme, daß es hinsichtlich eines Landtages ein Torso blieb, darf nicht die allgemeine Rechtswirksamkeit der Verfassung, namentlich ihr Charakter als verwaltungsrechtliches Grundgesetz übersehen werden.*" (Fritz Zimmermann, Bayerische Verfassungsgeschichte vom Ausgang der Landschaft bis zur Verfassungsurkunde von 1818, München 1940, Neudruck Aalen 1973, S. 157); vgl. die Darstellung dieses Streits: Wolfgang von Rimscha, Die Grundrechte im süddeutschen Konstitutionalismus. Zur Entstehung und Bedeutung der Grundrechtsartikel in den ersten Verfassungsurkungen von Bayern, Baden und Württemberg, Berlin 1973, S. 27; sowie Max Freiherr von Lerchenfeld, Die bairische Verfassung und die Karlsbader Beschlüsse, Nördlingen 1883, S. 21.

22 Die organischen Edikte sollten dazu dienen, die in der Konstitution niedergelegten Grundsätze in das praktische Leben einzuführen und weiter auszubauen. Sie waren demnach als

erlassenen Regelungen waren ähnlich wie später bei der Verfassung von 1818 als untrennbare Einheit mit der Konstitution selbst zu verstehen[23]. Der Charakter der Verfassung war dabei eher der eines Rahmengesetzes, dessen Aufgabe die Formulierung inhaltlicher Ziele war, deren konkrete Ausprägung in Form von Rechtsgrundlagen durch weitere Gesetze und Edikte zu erfolgen hatte[24]. Die maßgeblich von Montgelas geprägte Konstitution von 1808 war in sechs Titel gegliedert[25] und konnte inhaltlich als Zusammenfassung der ab 1799 durchgeführten Reformen gelten[26]. Die Verfassung enthielt in Titel I § 7 neben anderen Freiheiten, die den Bürgern vom Staat gewährt wurden, auch die Pressefreiheit:

Ausführungs- und Durchführungsverordnungen zu charakterisieren (Fritz Zimmermann, Bayerische Verfassungsgeschichte vom Ausgang der Landschaft bis zur Verfassungsurkunde von 1818, München 1940, Neudruck Aalen 1973, S. 154).

[23] Eine Auflistung der im einzelnen ergangenen Edikte bis zum 10. Juni 1813 findet sich bei Fritz Zimmermann, Bayerische Verfassungsgeschichte vom Ausgang der Landschaft bis zur Verfassungsurkunde von 1818, München 1940, Neudruck Aalen 1973, S. 155 f.; vgl. auch Wolfgang von Rimscha, Die Grundrechte im süddeutschen Konstitutionalismus. Zur Entstehung und Bedeutung der Grundrechtsartikel in den ersten Verfassungsurkunden von Bayern, Baden und Württemberg, Berlin 1973, S. 16.

[24] Vgl. zu diesem Verständnis der Verfassung schon die Einleitung der Konstitutionsurkunde: *„Da aber diese einzelnen Ausbildungen besonderer Theile der Staatseinrichtung nur unvollkommen zum Zwecke führen und Lücken zuücklassen, deren Ausfüllung ein wesentliches Bedürfnis der nothwendigen Einheit des Ganzen ist, so haben Wir beschlossen, sämtlichen Bestandtheilen der Gesetzgebung und Verwaltung Unseres Reiches mit Rücksicht auf die äußeren und inneren Verhältnisse desselben, durch organische Gesetze einen vollständigen Zusammenhang zu geben und hiezu den Grund durch gegenwärtige Konstitutions-Urkunde zu legen.*“ (abgedruckt bei: Peter Wegelin, Die Bayerische Konstitution von 1808, in: Schweizer Beiträge zur Allgemeinen Geschichte, herausgegeben von Werner Näf, Ernst Walder, Bern 1958, S. 192; vgl. weiter Fritz Zimmermann, Bayerische Verfassungsgeschichte vom Ausgang der Landschaft bis zur Verfassungsurkunde von 1818. Erster Teil (Vorgeschichte und Entstehung der Konstitution von 1808), in: Schriftenreihe zur bayerischen Landesgeschichte Band 35, München 1940, S. 139 f.; Wolfgang von Rimscha, Die Grundrechte im süddeutschen Konstitutionalismus. Zur Entstehung und Bedeutung der Grundrechtsartikel in den ersten Verfassungsurkunden von Bayern, Baden und Württemberg, Berlin 1973, S. 16 f.; Michael Doeberl, Rheinbundverfassung und bayerische Konstitution, München 1924, S. 47).

[25] *Erster Titel (Hauptbestimmungen- §§ 1-8); Zweiter Titel (Von dem königlichen Hause- §§ 1-11); Dritter Titel (Von der Verwaltung des Reichs- §§ 1-7); Vierter Titel (Von der National-Repräsentation §§ 1-7); Fünfter Titel (Von der Justiz §§ 1-7); Sechster Titel (Von dem Militär-Stande §§ 1-5).* Vgl. Königlich-Bayerisches Regierungsblatt, München 1808, S. 985 ff.

[26] Hervorzuheben sind insbesondere die Abschaffung von Privilegien einzelner, Gleichheit vor dem Gesetz, Zutritt aller zu öffentlichen Ämtern, Abschaffung der Leibeigenschaft, Gleichmäßigkeit der Besteuerung, Sicherheit von Person und Eigentum, Gewissens- und Religionsfreiheit, eingeschränkte Pressefreiheit, Unabhändikeit der Richter, allgemeine Wehrpflicht. Vorgesehen, aber nicht verwirklicht wurde eine Mitwirkung der bayerischen Bürger

„Der Staat gewährt allen Staats-Bürgern Sicherheit der Personen und des Eigenthums- vollkommene Gewissensfreiheit- Preßfreiheit nach dem Zensur-Edikt vom 13. Junius 1803[27]*, und den wegen den politischen Zeitschriften am 6. September 1799*[28] *und 17. Februar 1806*[29] *erlassenen Voen.*"[30]

---

an der Regierung mittels einer Volksvertretung („Nationalrepräsentation"), die durch die vom König auf Lebenszeit zu ernennenden Mitglieder einer, bei jedem Kreis zu bildenden Kreisversammlung indirekt gewählt werden sollten (vgl. Hermann-Joseph Busley, Liselotte Klemmer, Maximilian Joseph Graf von Montgelas. Dokumente zu Leben und Wirken des bayerischen Staatsmannes (Katalog der Ausstellung im Bayerischen Hauptstaatsarchiv), München 1988, S. 78).

[27] Verordnung vom 13. Juni 1803 abgedruckt bei Georg Döllinger, Sammlung im Gebiete der inneren Staats-Verwaltung des Königreichs Bayern bestehende Verordnungen, Dritter Band, München 1836, S. 302 f.

[28] *„Die Censur der in den Churfürstlichen Landen gedruckt werdenden politischen Zeitschriften betreffend. Da Wir in Rücksicht der politisch-periodischen Blätter, welche in Unsern Erbstaaten wirklich erscheinen sollten, eine solche Einrichtung zu treffen für nöthig gefunden haben, wodurch ohne der vernünftigen Freiheit zu enge Grenzen zu setzen, jedoch jede Ausschwiefung vermieden werde, so verordnen Wir: 1. Daß keine neue Zeitung oder sonstiges periodisches Blatt politischen Inhalts in Zukunft in Unseren Erbstaaten mehr gedruckt werden solle, ohne unsere gnädigste Special-Erlaubniß.*
2. Ist selbe bei Unserem geheimen Ministerial-Departement der auswärtigen Angelegenheiten unmittelbar nachzusuchen, welches die beteiligte oberste Polizeibehörde darüber mit ihrem Gutachten zu vernehmen, sodann einen Vortrag an Uns zu erstatten hat.
3. Wird allhier jederzeit ein Censor unmittelbar von Unserm Departement der auswärtigen Angelegenheiten ernannt werden, welchem der erste Abdruck jedes Mal vor der Austheilung in das Publikum vorgelegt werden muß, und ohne dessen Genehmigung nichts hineingesetzt, oder weiter eingeschaltet werden darf.
4. In den übrigen Provinzen hat der Chef der politischen Landesstellen aus dem Gremio einen einsichtsvollen, bescheidenen und sprachkundigen Mann zu ernennen, welcher auf eben die Art dieses Geschäft über sich nehmen soll.
5. haben sich die Zeitungsschreiber A. alles unanständigen Schimpfens, und harter Ausdrücke gegen die Allerhöchsten Höfe, und alle bestehenden Regierungen auf das sorgfältigste zu enthalten. B. Die Thatsachen, soviel möglich einfach, und ohne alle Bemerkungen und Raisonemen, in soweit sie nicht aus der Natur der Sache fließen, oder zu ihrer besseren Aufklärung dienen, zu erzählen. C. Auch alle auffallende, und nicht genug verbürgte Nachrichten können zwar, wegen dem Werth der Neuheit, welchen das Publikum gewöhnlich auf alle Nachrichten leget, angezeigt, jedoch muß jedes Mal die Quelle, woraus dieselben geschöpfet worden sind, genau angegeben werden. D. Alle offiziellen Stücke, ohne Unterschied, können ganz eingerückt werden, und sind ohne Anstand von der Censur passieren zu lassen.
6. Beschränkt sich gegenwärtige Verordnung blos auf Zeitungen und politische Blätter; wegen der Censur der Literarischen und übrigen Periodischen bleibt es bey dem, was Wir hierüber an Unser geheimes Ministerial-Departement der geistlichen Angelegenheiten erlassen haben, in den übrigen Provinzen aber bei dem bisher beobachteten Herkommen. München, den 6. September 1799." (abgedruckt bei Georg Döllinger, Sammlung der im Ge-

Die Pressfreiheit der Verfassung war mit gesetzlichen Schranken versehen, nach denen zwischen periodisch-politischen Schriften und solchen anderen Inhalts differenziert wurde. Druckwerke periodisch-politischen Charakters waren gemäß der Verordnung vom 6. September 1799 einer strengen Zensur unterworfen, die auch nicht durch spätere Zensuredikte[31] abgemildert worden war[32].

---

biete der inneren Staats-Verwaltung des Königreiches Bayern bestehenden Verordnungen, Dritter Band, München 1836, S. 312 f.).

[29] „*Die politischen und statistischen Zeitschriften betreffend. Da Wir aus neuerlichen Erfahrungen die missfällige Ueberzeugung geschöpft haben, daß Unsere im Jahre 1799 gegebene, und im XLI. Stücke des Münchener Intelligenzblattes S. 665 enthaltene Verordnung über die in Unseren Staaten erscheinenden politischen Zeitschriften nicht allgemein beobachtet werde, so erneuern Wir dieselbe andurch, und befehlen demnach: 1. Daß in Zukunft nicht nur keine politische Zeitung, sondern überhaupt keine periodische Schrift politischen oder statistischen Inhaltes in Unserm Reiche mehr heraus gegeben werden solle, ohne daß vorher durch die betreffende Provinzialbehörde der Plan derselben Unserem geheimen Ministerial-Departement der auswärtigen Verhältnisse vorgelegt, und durch letzters Unsere Genehmigung dazu erholt und erheilt worden seyn wird.*

2. Daß jedes Blatt oder Heft solcher Schriften vor der Publication der in jener Verordung vorgeschriebenen Censur unterworfen werden solle, welche für die in Unserer Haupt- und Residenzstadt zu verlegenden Zeitschriften der bemerkten Gattung dem geheimen Ministerial-Departement der auswärtigen Verhältnisse, für die in den Provinzen erscheinenden aber den Provinzial-Chefs oder den von diesen dazu subdelegierten Individuen zustehet. Sämmtlich Unsere Unterthanen werden sich nach dieser Vorschrift gehorsamst achten, die General-Commissäre der verschiedenen Provinzen aber dieselbe pflichtmäßig zu handhaben,und über deren pünctliche Vollziehung zu wachen wissen.München, den 17. Februar 1806." (abgedruckt bei: Georg Döllinger, Sammlungen der im Gebiete der inneren Staats-Verwaltung des Königreichs Bayern bestehenden Verordnungen, Dritter Band, München 1836, S. 314).

[30] Königlich-Bayerisches Regierungsblatt München 1808, S. 988.

[31] In der Zeit zwischen der Verordnung vom 6. September 1799 und der Konstitution von 1808 ergingen folgende Verordnungen zur Zensur Bayerns: *1) 14. Juni 1802*: Entschließung der Churfürstlichen General-Landesdirektion, die Stemplung der Kalender betreffend (abgedruckt bei: Georg Döllinger, Sammlung der im Gebiete der inneren Staats-Verwaltung des Königreiches Bayern bestehenden Verordnungen, Dritter Band, München 1836, S. 347).

2.) 1. Februar 1803: Entschließung der Churfürstlichen General-Landesdirektion, die bischöflichen Vicariatskalender betreffend (abgedruckt bei: Georg Döllinger, Sammlung der im Gebiete der inneren Staats-Verwaltung des Königreiches Bayern bestehenden Verordnungen, Dritter Band, München 1836, S. 339).

3.) 12. Februar 1803: Churfürstliche Entschließung, die in der N. Zeitung abgedruckte Verordnung betreffend (abgedruckt bei: Georg Döllinger, Sammlung der im Gebiete der inneren Staats-Verwaltung des Königreiches Bayern bestehenden Verordnungen, Dritter Band, München 1836, S. 349).

4.) 4. März 1803: Entschließung der General Landes-Direction, die bisher aus Mißverständniß unter den übrigen Wandkalender hinweggenommenen Directorien zum Gebrauche der Messe lesenden Priester betreffend (abgedruckt bei: Georg Döllinger, Sammlung der im Gebiete der

inneren Staats-Verwaltung des Königreiches Bayern bestehenden Verordnungen, Dritter Band, München 1836, S. 339).
5.) 13. Juni 1803: Churfürstliche Entschließung, die Preß- und Buchhandelsfreiheit betreffend (abgedruckt bei: Georg Döllinger, Sammlung der im Gebiete der inneren Staats-Verwaltung des Königreiches Bayern bestehenden Verordnungen, Dritter Band, München 1836, S. 302).
6.) 18. Juni 1803: Churfürstliche Entschließung, die Preß- und Buchhandelsfreiheit betreffend (abgedruckt bei: Georg Döllinger, Sammlung der im Gebiete der inneren Staats-Verwaltung des Königreiches Bayern bestehenden Verordnungen, Dritter Band, München 1836, S. 305).
7.) 20. Juli 1803: Ministerial-Entschließung, die Aufnahme politischer Articel über die Verhältnisse Bayerns zu auswärtigen Höfen betreffend (abgedruckt bei: Georg Döllinger, Sammlung der im Gebiete der inneren Staats-Verwaltung des Königreiches Bayern bestehenden Verordnungen, Dritter Band, München 1836, S. 313).
8.) 18. Oktober 1803: Entschließung der Landesdirection, die Befolgung der Verordnungen wegen den verbotenen Kalendern betreffend (abgedruckt bei: Georg Döllinger, Sammlung der im Gebiete der inneren Staats-Verwaltung des Königreiches Bayern bestehenden Verordnungen, Dritter Band, München 1836, S. 348).
9.) 14. März 1804: Entschließung der Churfürstlichen General-Landesdirection, die Büchertrödler auf dem Lande betreffend (abgedruckt bei: Georg Döllinger, Sammlung der im Gebiete der inneren Staats-Verwaltung des Königreiches Bayern bestehenden Verordnungen, Dritter Band, München 1836, S. 359).
10.) 6. April 1804: Entschließung der Churfürstlichen Landesdirection, das Verbot der Kalender mit astrologischen Zeichen im Bambergischen betreffend (abgedruckt bei: Georg Döllinger, Sammlung der im Gebiete der inneren Staats-Verwaltung des Königreiches Bayern bestehenden Verordnungen, Dritter Band, München 1836, S. 342).
11.) 6. November 1804: Entschließung der Churfürstlichen Landesdirection Neuburg, die Zeitungen und übrigen politischen Blätter betreffend (abgedruckt bei: Georg Döllinger, Sammlung der im Gebiete der inneren Staats-Verwaltung des Königreiches Bayern bestehenden Verordnungen, Dritter Band, München 1836, S. 314).
12.) 1. März 1805: Königliche Entschließung, die neue Stempelordnung betreffend (abgedruckt bei: Georg Döllinger, Sammlung der im Gebiete der inneren Staats-Verwaltung des Königreiches Bayern bestehenden Verordnungen, Dritter Band, München 1836, S. 344).
13.) 1. Januar 1806: Königliche Entschließung, das Regierungsblatt betreffend (abgedruckt bei: Georg Döllinger, Sammlung der im Gebiete der inneren Staats-Verwaltung des Königreiches Bayern bestehenden Verordnungen, Dritter Band, München 1836, S. 352).
14.) 17. Februar 1806: Königliche Verordnung, die politischen und statistischen Zeitschriften betreffend (abgedruckt bei: Georg Döllinger, Sammlung der im Gebiete der inneren Staats-Verwaltung des Königreiches Bayern bestehenden Verordnungen, Dritter Band, München 1836, S. 314).
15.) 9. August 1806: Königliche Entschließung, die in der N. Zeitung eingerückten Articel aus München betreffend (abgedruckt bei: Georg Döllinger, Sammlung der im Gebiete der inneren Staats-Verwaltung des Königreiches Bayern bestehenden Verordnungen, Dritter Band, München 1836, S. 315).
16.) 21. Dezember: Entschließung der Königlichen Landesdirection, die von dem Buchdrucker N. in N. ausgegebenen Kalender betreffend (abgedruckt bei: Georg Döllinger,

Insgesamt blieb somit die Zensur politischer Zeitungen in Bayern erhalten[33]. Betrachtet man also Zensurbestimmungen, auf die in Titel I § 7 der Konstitution von 1808 verwiesen wird, so ergibt sich keine Änderung im Vergleich zur bisherigen Lage. Die Bezeichnung „Pressefreiheit" war eher Schein als Wirklichkeit[34].

Neben der als Rahmengesetz zu verstehenden Verfassung ergingen hinsichtlich der Zensur weitere königliche Entschießungen und Ministerialentschließungen, die entweder für den Einzelfall oder allgemein dazu dienten, das Zensurwesen weiter auszuformen. Beispielhaft seien aus den über zwanzig im Zeitraum zwischen der ersten bayerischen Verfassung von 1808 und der Konstitution von 1818 ergangenen Entschließungen einige benannt[35]. So erging z.B. am 1. November 1808 eine königliche Entschließung, die den politischen Zeitungen vorschrieb, nur offizielle Nachrichten aus offziellen Quellen, die immer am Ende des jeweiligen Artikels anzuführen seien, zu drucken[36]. In einer königlichen Ent-

---

Sammlung der im Gebiete der inneren Staats-Verwaltung des Königreiches Bayern bestehenden Verordnungen, Dritter Band, München 1836, S. 340).

17.) 19. Januar 1808: Ministerial-Entschließung, (des Inneren), die Streitsache zwischen den N.N. und den N.N. betreffend (abgedruckt bei: Georg Döllinger, Sammlung der im Gebiete der inneren Staats-Verwaltung des Königreiches Bayern bestehenden Verordnungen, Dritter Band, München 1836, S. 374).

18.) 16. März 1808: Königliche Entschließung, die Aufnahme der Articel in die Zeitungen betreffend (abgedruckt bei: Georg Döllinger, Sammlung der im Gebiete der inneren Staats-Verwaltung des Königreiches Bayern bestehenden Verordnungen, Dritter Band, München 1836, S. 315).

19.) 13. Juni 1808: Churfürstliche Verordnung, die Preß- und Buchhandelfreiheit betreffend (abgedruckt bei: Georg Döllinger, Sammlung der im Gebiete der inneren Staats-Verwaltung des Königreiches Bayern bestehenden Verordnungen, Dritter Band, München 1836, S. 302).

[32] Wolfgang von Rimscha, Die Grundrechte im süddeutschen Konstitutionalismus. Zur Entstehung und Bedeutung der Grundrechtsartikel in den ersten Verfassungsurkunden von Bayern, Baden und Württemberg, Berlin 1973, S. 27.

[33] Vgl. Fritz Zimmermann, Bayerische Verfassungsgeschichte vom Ausgang der Landschaft bis zur Verfassungsurkunde von 1818, München 1940, Neudruck Aalen 1973, S. 150.

[34] Vgl. Max Seydel, Bayerisches Staatsrecht. Erster Band. München 1884, S. 203; Es wurde auch davon gesprochen, dass der Verweis auf das Zensuredikt vom 13. Juni 1803 die Pressefreiheit der bayerischen Konstitution von 1808 praktisch aufhebe (u.a. Fritz Zimmermann, Bayerische Verfassungsgeschichte vom Ausgang der Landschaft bis zur Verfassungsurkunde von 1818, München 1940, Neudruck Aalen 1973, S. 150).

[35] Chronologische Übersicht bei Georg Döllinger, Sammlung der im Gebiete der inneren Staats-Verwaltung des Königreichs Bayern bestehenden Verordnungen, Dritter Band, München 1836, S. 287 f.

[36] *„Censur der Zeitungen betreffend. Wir finden Uns bewogen, Unseren General-Kreis-Commissärs die Censur der in den Hauptstädten der Kreise herauskommenden politischen*

schließung vom 7. Januar 1815 wurden aufgrund festgestellter Missstände bei Zeitungen und Zensoren neue Zensurverordnungen erlassen:

„Wir haben nicht nur mit Allerhöchstem missfallen, die seit kurzer Zeit beobachtete ungeeignete Auswahl politischer Articel in den in Unserm Reiche erscheinenden Zeitungen, und die dabei eingetretene Sorglosigkeit oder Nachsicht der Censoren wahrgenommen, sondern auch von mehreren Seiten Beschwerden dagegen erhalten. Wir finden Uns daher bewogen zu verordnen, wie folgt:
I. Die unterm 6. September 1799, (...) gegebenen und resp. erneuerten Vorschriften werden hiedurch zur genauesten Nachachtung im Allgemeinen wiederholt.
II. Wir befehlen insbesondere ernstlich, daß in den Zeitungsblättern Unsers Reichs jeder unanständige Ton und beleidigende Bemerkung gegen was immer für auswärtige Regierungen und Souveraine durchaus beseitigt werden.
[III.-V]
VII. So wie diese Verpflichtung dem Censor übertragen ist, wird derselbe, wenn durch seine Schuld ein, den ausgesprochenen Grundsätzen entgegenlaufender, oder von irgend einer Seite mit Grund gerügter Articel eingerückt wird, im ersten Falle mit 25 fl., im zweiten mit 50 fl., welche für den Local-Armenfond bestimmt sind, und bei wiederholt vorkommender Schuldhaftigkeit noch schärfter bestraft.“[37]
Hier wurden nun auch die Zensoren für zu mild ausgeübtes Zensoramt mit einer Geldstrafe belegt. Insgesamt ist der Charakter dieser Entschließungen in etwa vergleichbar mit Gerichtsentscheidungen, durch die ein abstrakter Gesetzestext hinsichtlich der praktischen Anwendbarkeit seine Ausformung erhält.

Für das Zensurwesen Bayerns kann bezüglich der Verfassung von 1808 zunächst festgehalten werden, dass hier zumindest dem Gedanken, die Pressefreiheit zu einem Bestandteil der bayerischen Verfassung werden zu lassen, Ausdruck verliehen wurde. Weiterhin verlieh die Formulierung der Pressfreiheit,

---

Zeitungen aufzutragen, und sie an Unsere in diesem Betreffe am 16. März erlassene Verordnung hinzuweisen, nach welcher keine gewagten Nachrichten und Gerüchte, sondern nur officielle Nachrichten aus officiellen Quellen, die immer am Ende des Articels anzuführen sind, eingerückt werden dürfen. Wir versehen Uns, daß Unsere General-Commissärs diesen Auftrag auf das Pünktlichste erfüllen werden, und machen sie über jeden in den Zeitungen eingerückten verordnungswidrigen Articel persönlich verantwortlich. München, den 1. November 1808.“ (abgedruckt bei: Georg Döllinger, Sammlung der im Gebiete der inneren Staats-Verwaltung des Königreichs Bayern bestehenden Verordnungen, Dritter Band, München 1836, S. 316).

[37] Georg Döllinger, Sammlung der im Gebiete der inneren Staats-Verwaltung des Königreichs Bayern bestehenden Verordnungen, Dritter Band, München 1836, S. 317 f.

auch wenn diese strengen Beschränkungen unterworfen war, dem Verständnis Ausdruck, dass die Freiheit der Presse und damit die Freiheit von der Zensur, zum Grundsatz erhoben worden war und eine Beschränkung dieser Freiheit nur noch die Ausnahme sein konnte. Die praktische Ausformung der Verfassungsregelung erfolgte dann in zahlreichen Königlichen- und Ministerialentschließungen. Die Richtung dieser Entschließungen war durch die als Rahmengesetz zu betrachtende Verfassung vorgegeben. Nicht zuletzt sollte diesbezüglich im Auge behalten werden, dass die Verfassung von 1808 grundlegend auf die Person Montgelas` zurückzuführen ist, der bereits im Jahre 1786 im *Ansbacher Mémoire* die von ihm favorisierte Richtung in der Entwicklung des bayerischen Zensurwesens zum Ausdruck gebracht hatte[38]:

„Eines der großen Mittel, diese glückliche Revolution der Toleranz in den Geistern zu beschleunigen, sie aus der Lethargie herauszureißen, in der sie dahindämmern, und das Licht zu verbreiten, wird die Befreiung des Buchhandels von diesen geradezu kindischen Fesseln sein, denen man sie unter dieser Regierung [Karl Theodors, Anm.d.V.] unterworfen hat.“[39]

---

[38] Das in neun Abschnitte (1. Allgemeine Grundsätze der Ministerialorganisation und Verwaltung, Rechtsstellung und Auswahl der Beamten; 2.-6. Zuständigkeit der zu schaffenden Departements beziehungsweise Ministerien für das Äußere, Finanzen, Justiz, Geistliche Angelegenheiten, Militär; 7. Gesamtministerium; 8. Personalvorschläge für die höchsten Staatsstellen; 9. Gehälter der höheren Beamten) gegliederte sogenannte *Ansbacher Mémoire* stellt einen Reformplan für die Zeit der Übernahme der Regierung in München durch die Zweibrückener Herzöge dar (vgl. Hermann-Joseph Busley, Liselotte Klemmer, Maximilian Joseph Graf von Montgelas. Dokumente zu Leben und Wirken des bayerischen Staatsmannes (Katalog zur Ausstellung im Bayerischen Hauptstaatsarchiv 1988), München 1988, S. 62); vgl. Franz Herre, Ein Grundgesetz des modernen Bayern. Das Ansbacher Mémoire des Grafen Montgelas, Manuskript des Bayerischen Rundfunks, München 1996, S. 9 f.; vgl. Renate Weber, Bayern entsteht. Montgelas und sein Ansbacher Mémoire (Heft zur Ausstellung, München, Staatskanzlei 1996/96), S. 7.

[39] Montgelas` innenpolitisches Reformprogramm: Das Ansbacher Mémoire für den Herzog vom 30.9.1796, in: Eberhard Weis, Montgelas. Zwischen Revolution und Reform, München 1971, S. 266 ff.; vgl. Karl Möckl, Der moderne bayerische Staat. Eine Verfassungsgeschichte vom aufgeklärten Absolutismus bis zum Ende der Reformepoche, München 1979, S. 181 f.

b. Konstitution von 1818 und die Karlsbader Beschlüsse

Durch den Vertrag zwischen Bayern und Frankreich vom 28. Februar 1810 erfolgte ein gegenseitiger Gebietsaustausch[40]. Neben der Markgrafschaft Bayreuth[41], dem Inn- und Hausruckviertels[42], Salzburg und Berchtesgaden[43] fiel das Fürstentum Regensburg an Bayern[44], während im Gegenzug Abtretungen im Bereich Tirols an Frankreich vorgenommen wurden[45]. Neben dieser Umstrukturierung des Staatsgebietes sollten auch in der Verfassungslandschaft Bayerns und den darin vorgesehenen Zensurvorschriften bald Veränderungen vorgenommen werden. Montgelas war es, der den Anstoß für die Revision der Konstitution von 1808[46] durch einen am 14. September 1814 verfaßten Bericht gab, der

---

[40] Vertragsurkunde bei: Georg Döllinger, Sammlung der im Gebiete der inneren Staats-Verwaltung des Königreichs Bayern bestehenden Verordnungen, Erster Band, München 1835, S. 232 f.

[41] *„Besitzergreifung der Markgrafschaft Baireuth. Da durch einen mit des Kaisers von Frankreich und des Königs von Italien Majestät und Uns geschlossenen Vertrag, es dahin gediehen ist, daß die Markgrafschaft Baireuth und das Dorf Kaulsdorf an Unser Königliches Haus überwiesen worden und demselben auf ewige Zeiten angehören und verbleiben solle, so haben Wir in Gemäsheit dieses Vertrages beschlossen, nunmehr von genannter Markgrafschaft, allen dessen Orten, und Zugehörungen und Zuständigkeiten und von gedachtem Dorfe Besitz nehmen zu lassen und die Regierung in diesen neuen Besitztungen anzutreten (...).“* (abgedruckt bei: Georg Döllinger, Sammlung der im Gebiete der inneren Staats-Verwaltung des Köngireichs Bayern bestehenden Verordnungen, Erster Band, München 1835, S. 235).

[42] Georg Döllinger, Sammlungen der im Gebiete der inneren Staats-Verwaltung des Königreichs Bayern bestehenden Verordnungen, Erster Band, München 1835, S. 236.

[43] Georg Döllinger, Sammlungen der im Gebiete der inneren Staats-Verwaltung des Königreichs Bayern bestehenden Verordnungen, Erster Band, München 1835, S. 238.

[44] *„Die Besitzergreifung des Fürstenthums Regensburg betreffend.Da durch einen mit des Kaisers von Frankreich und Königs von Italien Majestät und Uns geschlossenen Vertrag es dahin gediehen ist, daß das Fürstenthum Regensburg, so wie solches bisher von des nunmehrigen Großherzogs von Frankfurt seiner Hoheit besessen worden ist, an Unser Königliches Haus überwiesen worden und demselben auf ewige Zeiten angehören und verbleiben solle, so haben Wir in Gemäsheit dieses Vertrags beschlossen, nunmehr von genanntem Fürstenthume, allen dessen Orten, Zugehörungen und Zuständig-keiten Besitz nehmen zu lassen und die Regierung darin anzutreten (...).“* (abgedruckt bei: Georg Döllinger, Sammlungen der im Gebiete der inneren Staats-Verwaltung des Königreichs Bayern bestehenden Verordnungen, Erster Band, München 1835, S. 237).

[45] Georg Döllinger, Sammlungen der im Gebiete der inneren Staats-Verwaltung des Königreichs Bayern bestehenden Verordnungen, Erster Band, München 1835, S. 239 f.

[46] An der Konstitution von 1808 war schon von Zeitgenossen Kritik geübt worden: sowohl monarchischen, als auch demokratischen Anforderungen würde sie nicht gerecht und überhaupt sei sie als wirkliche Verfassung von ihren eigenen Schöpfern nicht ernst gemeint gewesen (vgl. zur Darstellung des Streits: Fritz Zimmermann, Bayerische Verfassungsge-

den König am 17. September 1814 dazu veranlasste, eine Entschließung zur Verfassungsrevision zu erlassen:

„Die unterm 1. Mai 1808 Unserm Reiche gegebene Konstitution soll mit gehöriger Beachtung der seit ihrer Erscheinung erfolgten organischen Edikte und der seit dem geschöpften mannigfaltigen Erfahrungen alsbald einer Revision unterworfen werden (...)
Die Hauptbestimmungen der Konstitution, als Erhaltung der wohlbegründeten Rechte aller Untertanen, die Sicherheit der Personen und des Eigentums, die völlige Religions- und Gewissensfreiheit, die Freiheit der Presse (mit Rücksicht auf die Verhütung des davon gemacht werdenden Missbrauchs), (...) alle diese Hauptbestimmungen sollen auch jene der künftigen Konstitution sein. Nur sind überall jene Abänderungen zu treffen, welche, wie im Eingange der gegenwärtigen Verfügung erwähnt, nach den bisher eingetretenen Umständen und Erfahrungen notwendig geworden sind, oder durch die weiter unten folgenden Bestimmungen herbeigeführt werden.“[47]

Für die Revsion der Konstitution von 1808 waren ein besonderer Ausschuss von Beamten gebildet worden, dessen Arbeit sich an den im Reskript angesprochenen Weisungen zu orientieren hatte[48]:
a.) *„Alles dasjenige, was in den Entwurf der (...) revidierten Konsititution aufgenommen wird, muß duch die Mehrheit der Stimmen des Ausschusses entschieden worden sein.“*[49] Die Entscheidungen des Ausschusses über die Regelungen der revidierten Verfassung von 1808 waren also per Mehrheitsentschluss zu treffen.
b.) *„Um hiebei den einfachsten Gang einzuhalten, ist die Constitutionsurkunde vom 1. Mai 1808 nach ihren verschiedenen Titeln und den einschlägigen organischen Edicten aufmerksam vorzunehmen und der Revision zu unter-*

---

schichte vom Ausgang der Landschaft bis zur Verfassungsurkunde von 1818, München 1940, Neudruck Aalen 1973, S. 140 f.).

[47] Reskript von König Maximilian Joseph vom 17. September 1814 abgedruckt in: Wolfgang von Rimscha, Die Grundrechte im süddeutschen Konstitutionalismus. Zur Entstehung und Bedeutung der Grundrechtsartikel in den ersten Verfassungsurkunden von Bayern, Baden und Württemberg, Berlin 1973, S. 8 f.

[48] Ernennung folgender Mitglieder des Revisionsausschusses durch königliche Entschließung vom 17. September 1814: Graf von Reigersberg (Vorsitzender), Graf Preysing, Graf Törring, von Zentner, von Krenner, Graf Arco, von Effner, Graf Thürheim, Freiherr von Cetto, Freiherr von Aretin, Freiherr von Lerchenfeld, von Widder, von Schilcher, von Suttner und ab dem 21. Oktober noch Ritter von Lang (vgl. Max Seydel, Bayerisches Staatsrecht, Erster Band, München 1884, S. 208).

[49] Zitiert nach Max Seydel, Bayerisches Staatsrecht, Erster Band, München 1884, S. 208.

geben.“[50] Dadurch konnte die Verfassung von 1808 auch hinsichtlich des Vorhabens, der Pressefreiheit Verfassungsrang zu verleihen, als Grundlage der Konstitution von 1818 angesehen werden[51]. Diese Auffassung wurde noch einmal im nächsten Weisungspunkt verdeutlicht, so es hieß, die Hauptbestimmungen der Konstitution von 1808 „*sollen auch jene der künftigen Constitution sein.*“[52]

---

[50] Zitiert nach Max Seydel, Bayerisches Staatsrecht, Erster Band, München 1884, S. 208.

[51] Vgl. dazu ein Reskript vom 17. September 1814 von Maximilian Joseph: „*Die unterm 1. Mai 1808 Unserm Reiche gegebene Konstitution soll mit gehöriger Beachtung der seit ihrer Erscheinung erfolgten organischen Edikte und der seit dem geschöpften mannigfaltigen Erfahrungen alsbald einer Revision unterworfen werden (...). Die Hauptbestimmungen der Konstitution, als die Erhaltung der wohlbegründeten Rechte aller Untertanen, die Sicherheit der Personen und des Eigentums, die völlige Religions- und Gewissensfreiheit, die Freiheit der Presse (mit Rücksicht auf die Verhütung des davon gemacht werdenden Mißbrauchs), die Bestimmungen über das Staatsbürgerrecht, die Unabhängikeit der Justizpflege, die Verordnungen vom 1. Jänner 1805 und 28. November 1813 über die Verhältnisse der Staatsdiener, die Erhaltung der Rechte des Adels, nach den hierauf Bezug habenden Edikten (wobei das in das allgemeine Gesetzbuch einzuschaltende Adelsrecht nicht umgangen werden soll), die Verfügungen in Hinsicht der gutsherrlichen Rechte, und der Ausübung der Gerichtsbarkeit, die gleiche Pflichtigkeit der Staatsbürger ohne Unterschied des Standes zur Tragung der Staatslasten, die gleiche Pflichtigkeit zu dem Militärdienst und zu der Nationalgarde, der gleiche Anspruch aller Staatsbürger auf alle Staatsämter, die Aufhebung aller besondern Privilegien, die Aufhebung der Leibeigenschaft, die Umwandlung der ungemessenen Scharwerke in gemessene, und die Ablösbarkeit derselben, die Aufhebung der Vermögenskonfiskation in allen Fällen, den der Desertion ausgenommen, die Verfügungen in Betreff der Gendamerie (...), alle diese Hauptbestimmungen sollen auch jene der künftigen Konstitution sein. Nur sind überall jene Abänderungen zu treffen, welche wie im Eingange der gegenwärtigen Verfügung erwähnt, nach den bisher eingetretenen Umständen und Erfahrungen notwendig geworden sind, oder durch die weiter unten folgenden Bestimmungen herbeigeführt werden.*“ (abgedruckt bei: Wolfgang von Rimscha, Die Grundrechte im süddeutschen Konstitutionalismus. Zur Entstehung und Bedeutung der Grundrechtsartikel in den ersten Verfassungsurkunden von Bayern, Baden und Württemberg, Berlin 1973, S. 8 f.); vgl. Michael Doeberl, Ein Jahrhundert bayerischen Verfassungslebens, München 1918, S. 1 ff. (16).

[52] Die folgenden Weisungen bezogen sich auf konkrete Abschnitte der Konstitution von 1808, wobei der Artikel über die Pressefreiheit nicht zu den gesondert Erwähnten zählte: „*Der dritte Titel über die Form der Verwaltung kann, als eine Bestimmung über einen seiner Natur nach nicht unabänderlichen Gegenstand, ohne weiteres umgangern werden.*“ Schließlich wurden für das Sujet der Zusammensetzung und des Wirkungskreises der Versammlung der Stände des Reichs genauere Direktiven in Aussicht gestellt (vgl. Max Seydel, Bayerisches Staatsrecht, Erster Band, München 1884, S. 208).

Bereits am 20. Oktober begannen die Sitzungen zur Revision der Konstitution, die bis März 1815 dauern sollte[53]. Der sich in Wien aufhaltende König erließ am 10. Dezember eine königliche Entschließung, mittels derer er den Ausschuss ermahnte, sich auf die Erörterung der von ihm genannten Gegenstände zu beschränken[54]. Weitere königliche Entschließungen sowie Berichte des Grafen Reigersberg über die Ergebnisse der Arbeit des Ausschusses folgten. König Maximilian I. Joseph war aber, obwohl er dem Revisionsausschuss in Erwiderung dessen Berichts vom 16. Februar 1815 seine königliche Zufriedenheit ausgedrückt hatte, nicht bereit, die überarbeitete Version der Verfassung in Kraft treten zu lassen:

„(...) mit der Meinung meiner Minister in den Berichten vom 14. und 15 Februar einverstanden, daß eine für die Dauer bestimmte und in einer für Deutschland ebenso wichtigen als bedenklichen Krisis entworfene Verfassung der sorgfältigsten Prüfung noch zu unterwerfen ist. Nach reifer Ueberlegung und nachdem Ich den Kronprinzen vernommen habe[55], remittiere Ich Ihnen daher den Entwurf mit der Entschließung, diesen Gegenstand unter Berücksichtigung der hier beifolgenden Bemerkungen meines Sohnes einer nochmaligen genauen Revision und Discussion zu unterlegen.“[56]

---

[53] Zu den Verfassungsberatungen 1814/15 vgl. Michael Doeberl, Ein Jahrhundert bayerischen Verfassungslebens, München 1918, S. 18 ff.; sowie Max Seydel, Bayerisches Staatsrecht, Erster Band, München 1884, S. 207 ff.

[54] Vgl. Max Seydel, Bayerisches Staatsrecht, Erster Band, München 1884, S. 209. Vgl. zum österreichischen Zensurwesen dieser Zeit: Heinrich Hubert Houben, Hier Zensur-wer dort ? Der gefesselte Biedermeier, Leipzig 1990, S. 274 ff.

[55] Kronprinz Ludwig hatte den Verfassungsentwurf wie folgt kommentiert: *„Bemerkungen über den Entwurf der Verfassungsurkunde: Zu Titel V § 14 des Entwurfs: Möchte die Pressfreiheit auf ähnliche Weise wie in Großbritannien bestehen. Der hieraus entstehende Nachtheil würde durch den Nutzen weit übertroffen.“* (nach Max Seydel, Bayerisches Staatsrecht, Erster Band. München 1884, S. 211 FN. 1). In seinem Tagebuch hatte Kronprinz Ludwig am 1. Januar 1815 festgehalten: *„Jedem das schöne Recht, zu sagen und zu schreiben, was er denkt, fari quae sentiat, so lange der Anstand gewahrt; da, wenn die Meinungen frei sind, nicht ausbleiben kann, daß die Wahrheit mit der Zeit die Oberhand bekömmt, welches Endergebnis nicht zu fürchten, da, wenn es gute Regierung ist, sie nicht zu fürchten hat, was die gesunde Vernunft sagt.“* (nach Karl Theodor Heigel, Der Anteil des Kronprinzen Ludwig am bayerischen Verfassungswerk 1815-1818, in: Quellen und Abhandlungen zur neueren Geschichte Bayerns, München 1884, 9. Abhandlung, S. 387).

[56] Aus: *„Die Bemerkungen Seiner Königlichen Hoheit des Kronprinzen Ludwig über den Entwurf der Verfassung für Bayern betreffend aus dem Bay. HStA AStA Staatrat Nr. 1654 I.“* (in Auszügen abgedruckt bei: Wolfgang von Rimscha, Die Grundrechte im süddeutschen Konstitutionalismus. Zur Entstehung und Bedeutung der Grundrechtsartikel in den ersten Verfassungsurkunden von Bayern, Baden und Württemberg, Berlin 1973, S. 215 f.); zum

Die Abschlussberatungen über die neue Verfassung kamen zu keinem für alle Seiten befriedigenden Ergebnis. Nicht unbeachtet sollte dabei bleiben, dass bei dieser unergiebigen Situation auch persönliche Präferenzen und Abneigungen hineinspielten. Dies geht aus den Umständen Montgelas' Entlassung am 2. Februar 1817 hervor, der nicht nur vom Kronprinzen als Hindernis auf dem Weg zur Erneuerung der Konstitution gesehen wurde[57]. Die offizielle Begründung für Montgelas' Entlassung lautete, dass dieser selbst aus gesundheitlichen Gründen um diesen Schritt gebeten habe[58]. Tatsächlich war am 22. Januar 1817 ein Brief des Kronprinzen Ludwig an seinen Vater eingegangen, in dem er diesen um die Entlassung Montgelas' anflehte[59]. Montgelas sei für den desolaten Zustand der Finanzen verantwortlich und es sei für das Ministerium wichtig, dass ein neuer Geist helfe, das Vertrauen des In- und Auslandes wiederzugewinnen[60]. Welche Interessen hinter dieser Entlassung standen, kann hier nicht weiter erörtert werden. Für die Entwicklung des Zensurwesens und damit verbunden der Verankerung der Pressefreiheit in der im Entstehen begriffenen neuen Verfassung bleibt festzuhalten, dass die Arbeit an der Revision der Verfassung am 3. Mai 1817 mit der Betrauung des Staatsrats wieder aufgenommen wurde[61]. Die tatsächliche Schlussarbeit an der Verfassung begann erst durch eine am 16. Februar 1818 ergangene königliche Entschließung:

Anteil des Kronprinzen Ludwig an der bayerischen Verfassung: Karl Theodor Heigel, Quellen und Abhandlungen zur neueren Geschichte Bayerns, München 1884, S. 375 ff.

[57] Doeberl vertritt die Ansicht, dass mit dem Sturze des Grafen von Montgelas das Haupthindernis der Verfassung beseitigt war (Michael Doeberl, Ein Jahrhundert bayerischen Verfassungslebens, München 1918, S. 37); vgl. Ritter von Langs Schilderung der Entlassung Montgelas' , in: Hermann-Joseph Busley, Liselotte Klemmer, Maximilian Joseph Graf von Montgelas. Dokumente zu Leben und Wirken des bayerischen Staatsmannes (Katalog der Ausstellung im Bayerischen Hauptstaatsarchiv 1988), München 1988, S. 94 f.

[58] Karl Theodor Heigel, Der Anteil des Kronprinzen Ludwig am bayerischen Verfassungswerk, in: Quellen und Abhandlungen zur neueren Geschichte Bayerns, München 1884, S. 375 ff. (388); Hermann-Joseph Busley, Liselotte Klemmer, Maximilian Joseph Graf von Montgelas. Dokumente zu Leben und Wirken des bayerischen Staatsmannes (Katalog der Ausstellung im Bayerischen Hauptstaatsarchiv 1988), München 1988, S. 94.

[59] Dieser Brief war König Maximilian Joseph zusammen mit einigen Aktenstücken, die die Unfähigkeit Montgelas' weiterhin drei Ministerien vorzustehen beweisen sollten, von Feldmarschall Fürst Wrede am 2. Februar überbracht worden (vgl. Hermann-Joseph Busley, Liselotte Klemmer, Maximilian Joseph Graf von Montgelas. Dokumente zu Leben und Wirken des bayerischen Staatsmannes (Katalog der Ausstellung im Bayerischen Hauptstaatsarchiv 1988), München 1988, S. 94).

[60] Hermann-Joseph Busley, Liselotte Klemmer, Maximilian Joseph Graf von Montgelas. Dokumente zu Leben und Wirken des bayerischen Staatsmannes (Katalog der Ausstellung im Bayerischen Hauptstaatsarchiv 1988), München 1988, S. 94; vgl. Heinz Gollwitzer, Ludwig I. von Bayern. Königtum im Vormärz, München 1997, S. 203.

[61] Vgl. Max Seydel, Bayerisches Staatsrecht, Erster Band, München 1884, S. 213.

„Es soll dabei die im Jahre 1814 entworfene Constitutuions-Urkunde mit den darnach verfassten einschlägigen organischen Edicten zum Grund gelegt (...), gehörig berücksichtigt werden."[62]

Nach weiteren Sitzungen, an denen die Staatsminister, der Feldmarschall und der Staatsratspräsident teilnahmen, wurden in der dreißigsten Sitzung am 22. Mai 1818 unter Vorsitz des Königs und in Anwesenheit des Kronprinzen Ludwig die zehn Titel der Verfassung von Staatsrat von Zentner vorgetragen und der König erteilte denselben durch Unterzeichnung des Protokolls seine Sanktion[63]. Am 26. Mai 1818 wurde die Verfassungsurkunde ausgefertigt und am 6. Juni 1818 im Gesetzblatt für das Königreich Bayern verkündet[64]. Die Pressefreiheit erhielt in der dritten Beilage zu Titel IV § 11 ihren Platz:

„Die Freyheit der Presse und des Buchhandels ist nach den Bestimmungen des hierüber erlassenen besonderen Edictes gesichert (Beylage III..)"[65]

Die Veröffentlichung des Edikts über die Freiheit der Presse und des Buchhandels, also die dritte Beilage zur Verfassungsurkunde erfolgte am 24. Juni 1818 im Gesetzblatt[66]. Zur besseren Übersicht kann das Edikt zunächst in seine Grundsätzliche Bestimmung (§ 1) und die sonstigen Bestimmungen (§§ 2-12) eingeteilt werden.

In § 1 der dritten Beilage der Verfassungsurkunde wurde als Grundsatz die Befreiung der Presse von der Zensur aufgestellt[67]. Den Buchhandlungen, Verfassern, Verlegern und Buchdruckern wurde hinsichtlich der bereits gedruckten oder zu druckenden Schriften *„freier Verkehr*" beziehungsweise *„volle Press-*

---

[62] Zitiert nach Max Seydel, Bayerisches Staatsrecht, Erster Band, München 1884, S. 213.

[63] Vgl. Max Seydel, Bayerisches Staatsrecht, Erster Band, München 1884, S. 214.

[64] Gesetzblatt für das Königreich Bayern, München 1818, S. 101 ff.; zur Einführung der Staats-Verfassung vgl. Georg Döllinger, Sammlungen der im Gebiete der inneren Staats-Verwaltung des Königreichs Bayern bestehenden Verordnungen, Erster Band, München 1835, S. 380 f.

[65] Gesetzblatt für das Königreich Bayern, München 1818, S. 118 f.

[66] Gesetzblatt für das Königreich Bayern, München 1818, S. 181 ff.

[67] *„§ 1. Den offenen Buchhandlungen, und denjenigen, welche zu diesem Gewerbe obrigkeitlich berechtiget sind, ist in Ansehung der bereits gedruckten Schriften freyer Verkehr, so wie den Verfassern, Verlegern und berechtigen Buchdruckern im Königreiche in Ansehung der Bücher und Schriften, welche sie in Druck geben wollen, vollkommene Preßfreiheit gestattet. Sie sind hiernach nicht verbunden, solche Schriften einer Censur oder besondern obrigkeitlichen Genehmigung zu unterwerfen, wenn sie nicht allenfalls bey kostbaren Werken, zur Sicherung ihrer bedeutenden Auslagen, selbst darum nachsuchen sollten.*" (abgedruckt bei: Gesetzblatt für das Königreich Bayern, München 1818, S. 181 f.).

freiheit“ gewährt und diese Schriften von der Zensur ausgenommen. Einzige Voraussetzung war, dass die Vertreiber von Druckschriften eine obrigkeitliche Genehmigung für dieses Gewerbe hatten. Diese Genehmigung wurde gemäß der §§ 21 und 32 der Verordnung vom 27. März 1817 durch die Kreisregierungen und in größeren Städten durch die Stadtkommissariate[68] erteilt[69]. Die Konzession konnte nur erlangen, wer die bayerische Staatsangehörigkeit besaß, sesshaft war, über ausreichendes Vermögen verfügte, die fachliche Eignung und den Nachweis der Rentabilität des Gewerbes erbringen konnte sowie einen guten Leumund hatte. Mangels Gesetze, die diese zum Teil wenig konkreten Anforderungen hätten präzisieren können, kam den Beamten ein großer Ermessensspielraum zu. Erst durch eine am 11. Dezember 1825 ergangene Verordnung wurde die Erteilung der Konzession weniger willkürlich gehandhabt[70]. War die Konzession erteilt, die Zensur gemäß § 1 der dritten Beilage der Verfassungsurkunde demnach nicht mehr erforderlich, blieb noch die Möglichkeit, sich freiwillig der Zensur zu unterwerfen[71]. Diese Möglichkeit, sich freiwillig der Zensur zu unterstellen, wirft die Frage auf, aus welchen Gründen der Verfasser oder Vertreiber einer Druckschrift zu einem solchen Schritt veranlasst worden wäre. Die freiwillige Kontrolle durch die Zensur wurde durch die finanziellen Risiken motiviert, die hinter dem Erscheinen eines unzensierten Druckwerks standen. Wurde eine Druckschrift nämlich, ohne vorher zensiert zu sein, veröffentlicht und dann beschlagnahmt, wie es außerhalb des Strafgesetzbuches nun auch gemäß § 7 der dritten Beilage der Verfassungsurkunde möglich war, so konnte das empfindliche finanzielle Einbußen für den Hersteller oder Vertreiber bedeuten, da die Produktionskosten angefallen waren, ein Verkauf wegen der Beschlagnahme aber unterbleiben mußte. Daneben war natürlich auch das Risiko einer strafrechtlichen Verfolgung gegeben, worauf in dem Abschnitt über die Rechtsgrundlagen der Zensur im Strafrecht noch ausführlich eingegangen wird.

War in § 1 der dritten Verfassungsbeilage der Eindruck entstanden, dass die Zensur durch die nun herrschende *„vollkommene Pressfreiheit“*[72] ausgedient hätte, folgte eine gravierende Einschränkung in § 2, wonach alle politischen Zeitungen und periodischen Schriften politischen und statistischen Inhaltes der hier-

---

[68] Organe der inneren Verwaltung Bayern: Max von Seydel, Bayerisches Staatsrecht, Erster Band, München 1884, S. 284 f.; vgl. Josef Bayrle, Die rechtliche Situation der bayerischen Presse von 1818-1848, München 1948, S. 13.

[69] Regierungsblatt für das Königreich Bayern, München 1817, S. 255.

[70] Gesetzblatt für das Königreich Bayern, München 1815, S. 529; vgl. Josef Bayrle, Die rechtliche Situation der bayerischen Presse von 1818-1848, München 1948, S. 17.

[71] Max von Seydel, Bayerisches Staatsrecht, zweiter Band, S. 259.

[72] Gesetzblatt für das Königreich Bayern, München 1818, S. 181 f.

für aufgestellten Zensur unterlagen[73]. Es sollte sich herausstellen, dass § 2 der dritten Verfassungsbeilage im Zeitraum bis 1848 zur zentralen Vorschrift aller bayerischen Zensurregelungen avancierte. Streitpunkt dabei war vor allem die sich immer wieder ändernde Auffassung, ob unter *„politischen Zeitungen"* nur Blätter zu verstehen waren, die sich mit der äußeren Politik befassten, oder ob auch Artikel über die innere Politik unter die in § 2 vorgesehene Zensur fallen sollten. Auch unklar war, was mit *„der dafür angeordneten Censur"* gemeint war[74].

Der § 4 unterstellte das Pressegewerbe einer allgemeinen Aufsicht durch die Polizeibehörden, zu deren Erleichterung Buchhändler, Leihbüchereien und Antiquariate der Polizei Einsicht in ihre Kataloge gestatten mussten[75]. Im Falle einer Gesetzesübertretung waren die Polizeibehörden ermächtigt, entweder dem Untersuchungsgericht Anzeige zu machen oder aber selbst zu bestrafen[76]. Gesetzliches Einschreiten und Verfügungen wegen Missbrauchs der Pressefreiheit und entdeckter sogenannter Winkelpressen oblagen den Landgerichten[77].

---

[73] *„§ 2. Ausgenommen von dieser Freyheit sind alle politischen Zeitungen und periodischen Schriften politischen oder statistischen Inhalts. Dieselben unterliegern der dafür angeordneten Censur."* (abgedruckt bei: Gesetzblatt für das Königreich Bayern, München 1818, S. 182).

[74] Das Fehlen einer detaillierten und für alle Fälle anwendbaren Anweisung, wie genau die Zensur auszuüben war, musste zu einer gewissen Willkür der Zensoren führen (vgl. Theodor Bitterauf, Die Zensur der politischen Zeitungen in Bayern 1799-1825, in: Riezler-Festschrift, Beiträge zur Bayerischen Geschichte, (Hrsg.) Karl Alexander von Müller, Gotha 1913, S. 328 f.).

[75] *„§ 4. Damit die Freyheit der Presse und des Buchhandels nicht mißbraucht werde, wird den Polizey-Obrigkeiten jeden Orts über die allda befindlichen Buchhandlungen, Antiquarien, Leihbibliotheken, Lese-Institute, Buchdruckereyen und lithographischen Anstalten eine allgemeine Aufsicht übertragen, so wie die gesetzliche Bestrafung der durch Schriften begangenen Verbrechen und Vergehen den ordentlichen Gerichten vorbehalten bleibt."* (abgedruckt bei: Gesetzblatt für das Königreich Bayern, München 1818, S. 183).

[76] Die Befugnisse der Münchener Polizei wurden durch eine Verordnung vom 19. September noch einmal konkretisiert: *„§ 84. Keine öffentlichen Bekanntmachungen von Privaten finden statt, und keine Anschlag-Zettel sind zulässig, ohne Vorwissen und Erlaubniß der Polizey-Direction. Nebstdem liegt derselben auch die Revision der einer Censur gesetzlich unterworfenen periodischen Blätter ob, soferne dieses Geschäft Niemand Anderm überwiesen wird." „Art 85. Die Vollziehung des Edicts über die Pressfreiheit ist, nach den darin gegebenen näheren Bestimmungen ausschließend der Polizey-Direction übertragen: Der Magistrat ist schuldig, dieselbe über alle Gesuche um Verleihung des Rechts zum Buchhandel und zur Errichtung von Leihbibliotheken mit ihrer Erinnerung zu hören."* (abgedruckt bei: Gesetzblatt für das Königreich Bayern, München 1818, S. 604).

[77] Gesetzblatt für das Königreich Bayern, München 1818, S. 254.

In den §§ 5-9 des Edikts wurde geregelt, wann eine Beschlagnahme vorzunehmen und wie gegebenenfalls dagegen vorgegangen werden konnte. Ausgangspunkt waren die gemäß § 5 bei der Polizei vorzulegenden Kataloge[78]. Jeder Vertreiber von Drucksachen, seien es Texte oder Kupferstiche, musste einen Katalog bei der Polizei abliefern, in dem alle von ihm angebotenen Werke verzeichnet waren. Bei Unterlassung war eine Geldstrafe zu erheben.
Wurde die Polizei bei der Durchsicht dieser Kataloge auf Werke aufmerksam, die gegen ein Strafgesetz verstießen (§ 6[79]), oder sogar der Sittlichkeit durch Reiz und Verführung zur Wollust und Laster gefährlich werden konnten (§ 7[80]), war das entsprechende Druckwerk zu beschlagnahmen und ein Exemplar an die vorgesetzte Polizeibehörde zu senden. Die vorgesetze Polizeibehörde hatte dann innerhalb der nächsten acht Tage eine Entscheidung zu treffen, ob die Beschlagnahme aufrechtzuerhalten oder wieder aufzuheben sei. Wurde die Beschlagnahme von der vorgesetzten Polizeibehörde bestätigt, so war das Druckwerk gemäß § 8 an das Staatsministerium des Inneren weiterzuleiten, das dann erneut und ohne weitere Frist darüber zu befinden hatte, ob die Beschlagnahme Bestand haben sollte[81]. War dies der Fall, galt das Druckwerk als öffentlich verboten.

---

[78] „*§ 5. Dem zufolge sind alle Buchhandlungen, Antiquarien, Leihbibliothek-Inhaber, die Vorsteher der Lese-Insitute und lithographischen Anstalten, die Kupferstich- Bilder- und Karten- Händler verpflichtet, unter einer Strafe von hundert Thalern, ihre Cataloge der Polizey-Obrigkeit zu übergeben.*“ (abgedruckt in: Gesetzblatt für das Königreich Bayern, München 1818, S. 183 f.).

[79] „*§ 6. Wenn die Polizey in den ihr übergebenen Catalogen Schriften, Gemälde, oder andere sinnliche Darstellungen wahrnimmt, oder wenn die Verbreitung von Schriften oder sinnlichen Darstellungen bey ihr angezeigt wird, wodurch ein im Königreiche bestehendes Strafgesetz übertreten wurde, sey es als Verbrechen, Vergehen, oder Polizey-Uebertretung, so hat sie alsbald dem einschlagenden Untersuchungsgerichte davon die amtliche Anzeige zu machen, und nach Unterschied selbst der Bestrafung wegen geeignet zu verfahren.*“ (abgedruckt in: Gesetzblatt für das Königreich Bayern, München 1818, S. 184).

[80] „*§ 7. Betreffen jene Gesetz-Uebertretungen den Monarchen, den Staat und dessen Verfassung, oder die im Königreich bestehenden Kirchen- und religiösen Gesellschaften, oder sind Schriften oder sinnliche Darstellungen der öffentlichen Ruhe und Ordnung durch Aufmunterung zum Aufruhr oder der Sittlichkeit durch Reiz und Verführung zu Wollust und Laster gefährlich, so soll die Polizey die Verbreitung einer solchen Schrift oder sinnlichen Darstellung hemmen, und ein Exemplar derselben an die ihr vorgesetzte obere Polizey-Behörde ohne Verzug einsenden, welche längstens in acht Tagen in einer collegialen Berathung die Charaktere der Gesetzwidrigkeit oder Gefählichkeit sorgfältig zu untersuchen, und nach Befinden den Beschlag aufzuheben oder fortzusetzen hat.*“ (abgedruckt bei: Gesetzblatt für das Königreich Bayern, München 1818, S. 184 f.).

[81] „*§ 8. Im letzen Falle, wenn nämlich die obere Polizey-Behörde den Beschlag fortzusetzen beschließt, soll sie die Schrift oder bildliche Darstellung mit dem Collegial-Beschluß an das Staats-Ministerium des Innern auf der Stelle einschicken, und dieses erkennt ohne Aufenthalt über die Aufhebung oder Bestätigung des Beschlags. Mit der Bestätigung wird die Schrift*

Gegen diese Entscheidung konnte gemäß § 9 Berufung beim königlichen Staatsrat eingelegt werden. Die Entscheidung über die Berufung durfte nur in einer Plenarversammlung getroffen werden, was zur Steigerung der Transparenz der Entscheidungsfindung beitragen sollte[82].
Ein subsidiäres Haftungssystem für die Personen, die bei der Entstehung eines Presseerzeugnisses involviert waren, enthielten die §§ 10 bis 12 des Edikts[83]. Danach konnte in dem Fall, dass die Zensurbehörde ein Presseerzeugnis beanstandete und dafür eine Strafe verhängte, zuerst der Verfasser und, falls dieser nicht belangt werden konnte, der Verleger, anschließend der Drucker und schließlich der Verbreiter haftbar gemacht werden.

Die Erhebung der Pressefreiheit zu einem Bestandteil der bayerischen Verfassung verlieh dem Zensurwesen Bayerns hinsichtlich der Rechtsgrundlagen einen gänzlich anderen Charakter. Bis dahin hatte der Grundsatz gegolten, dass jedes Schriftstück, das in Bayern verbreitet werden sollte, auf eine möglicherweise vorzunehmende Zensur hin zu überprüfen war. Nur ausnahmsweise konnten Bücher unzensiert (entweder durch Umgehung der Gesetze, oder durch Ausnahmeregelungen), beziehungsweise trotz Zensur einen ausgewählten Teil der Bevölkerung erreichen. Nun hatte sich die Situation gewandelt, die Pressefreiheit war zumindest dem Gesetzeswortlaut nach zum Grundsatz erhoben

---

öffentlich verboten, und nach den Umständen confiscirt." (abgedruckt bei: Gesetzblatt für das Königreich Bayern, München 1818, S. 185).

82 „*§ 9. Wer sich durch die Verfügung des Staats-Ministeriums des Inneren beschwert findet, dem ist dagegen die Berufung an den königlichen Staats-Rath gestattet, welcher darüber, und zwar immer in einer Plenar-Versammlung zu erkennen hat.*" (abgedruckt bei: Gesetzblatt für das Königreich Bayern, München 1818, S. 184 - 186).

83 „*§ 10. Privat-Personen, gegen welche in Schriften oder sinnlichen Darstellungen ein rechtswidriger Angriff gemacht worden, bleibt es überlassen, den Verfasser, und wenn dieser nicht genannt oder falsch angegeben ist, den Verleger, und aushülfsweise den Drucker oder jeden Verbreiter, wegen der ihnen geschehenen Unbilde vor der zuständigen Gerichts-Behörde zu verfolgen. Dieselben können aber zu ihrer Sicherheit von der Polizey verlangen, daß sie die Schrift, wegen welcher sie klagen wollen, in Beschlag nehme; jedoch sind sie verbunden, in acht Tagen die Bescheinigung beyzubringen, daß die Klage wirklich beym Richter angebracht worden, widrigen Falls der Beschlag nach Ablauf dieser Zeit wieder aufgehoben werden soll.*"

„*§ 11. Staatsdiener, welche sich im Falle des § 10. befinden, und im Dienste außer dem Königreiche abwesend sind, sollen durch die Polizey von dem Daseyn einer solchen Schrift etc. benachrichtiget werden; auch ist die provisorische Beschlagnahme der Schrift bis zur einlangenden Erklärung von Amtswegen zu verfügen.*"

„*§ 12. Für eine Schrift oder sinnliche Darstellung haftet jederzeit zunächst der Verfasser, und wenn dieser nicht bekannt ist, der Verleger , und subsidiarisch der Drucker und jeder Verbreiter.*" (abgedruckt bei: Gesetzblatt für das Königreich Bayern, München 1818, S. 186 f.).

worden. In formeller Hinsicht gliederte sich die Konstitution von 1818 in die Bestimmungen der Verfassung selbst und die an diese angehängten Edikte. Die Pressefreiheit wurde durch eine Bestimmung der Verfassung gewährt, konnte aber mit Hilfe des dazugehörenden Ediktes wieder eingeschränkt werden[84].
In Bayern als „*Hoffnungsträger für die Beseitigung aller Lasten*“ [85] freudig begrüßt, rief die Verfassung auch im übrigen Deutschland bei vielen Zustimmung hervor. Wie über die bayerische Verfassung in Deutschland diskutiert wurde, soll hier exemplarisch anhand zweier Briefe gezeigt werden. Am 1. Juni 1818 schrieb Freiherr vom Stein[86] in einem Brief an Solms-Laubach über die bayerische Verfassung:

„*Die neue bairische Konstitution ist eine wichtige Erscheinung. Es wird nun darauf ankommen, wie sie ausgeübt wird. Unterdessen für den Moment, sei es wie es wolle, der ausgestreute Samen wird aufgehen und reifen, und die Nachkommen werden die Namen derer, die ihn ausgestreut haben, mit Achtung und Dankbarkeit nennen, worauf die keinen Anspruch haben, deren Machwerke an die epistolas obscurorum virorum erinnern (...).*“[87]

Etwa zwei Wochen später, am 19. Juni, folgte ein Brief an Schlosser, in dem vom Stein die Vorzüge und Nachteile der bayerischen Verfassung erörterte und sich auch zur Unterwerfung politischer Schriften unter die Zensur äußerte[88]:

„*Die Erscheinung der bayrischen Konstitution halte ich für einen entscheidenden Fortschritt des Repräsentativsystems, der Preußen noch fester an seine gegebene Zusage bindet und zur Erfüllung der von ihm erregten Hoffnungen nötigt. Die Konstitution hat in der Zusammensetzung der Kammern die verschiedenen Abteilungen der Stände berücksichtigt. Es erscheint und handelt ein Bauernstand, ein Bürgerstand, ein Adel, eine Geistlichkeit. Die Stellung, welche*

---

84 Manfred Treml, Bayerns Pressepolitik zwischen Verfassungstreue und Bundespflicht. Ein Beitrag zum bayerischen Souveränitätsverständnis und Konstitutionalismus im Vormärz, Berlin 1977, S. 46.

85 Max Freiherr von Lerchenfeld, Die bairische Verfassung und die Karlsbader Beschlüsse, Nördlingen 1883, S. 23.

86 Vgl. zu den politischen Reformideen und ihren philosophischen Grundlagen beim Freiherrn vom Stein: Dieter Schwab, Die „Selbstverwaltungsidee“ des Freiherrn vom Stein und ihren geistigen Grundlagen, Frankfurt am Main 1971.

87 Karl Freiherr vom und zum Stein. Briefe und Amtliche Schriften, 5. Band , bearbeitet von Erich Botzenhart, neu herausgegeben von Walter Hubatsch, Stuttgart 1964, S. 786.

88 Gemäß § 2 der dritten Beilage zur Verfassungsurkunde waren politische Schriften weiterhin der Zensur unterworfen.

die Konstitution dem Adel in der Kammer der Reichsräte und in der der Abgeordneten anweist, halte ich für vorzüglich zweckmäßig (...)
Die bayrische Konstitution schreibt ein sehr verwickeltes Verfahren bei den Wahlen vor. Die Gemeinden ernennen Bevollmächtigte, die Bevollmächtigten ernennen Wähler, die Wähler wählen Abgeordnete zu dem Reichstag. Wozu diese Verwicklung? (...)
Die Ausnahme politischer Schriften von der Pressfreiheit widerspricht den Erfordernissen einer freien Verfassung. Ist eine solche vorhanden, nimmt das Volk teil an der Leitung seiner eigenen Angelegenheiten, so werden die Missbräuche der Presse unschädlich sein oder ihnen auf gerichtlichem Weg Einhalt geschehen können.[89]"

Falls die bayerische Pressfreiheit nicht besonders umfassend erscheint, so muss daran erinnert werden, dass „*das, was die Verfassung gewährte, immerhin noch erheblich mehr war, als was der Deutsche Bund gewährt wissen wollte.*"[90] Während in Bayern noch an der Revision der Konstitution von 1808 gearbeitet wurde, tagten die deutschen Regierungen in Wien. Als Ergebnis des Wiener Kongresses (1. November 1814 bis 9. Juni 1815) wurde die Deutsche Bundesakte erlassen[91]. In Art 18 d) der Bundesakte war zur Vereinheitlichung des Zensurwesens in allen deutschen Landen bestimmt, dass sich die Bundesversammlung bei ihrer ersten Zusammenkunft mit der Abfassung gleichförmiger Verfügungen[92] über die Pressefreiheit und die Sicherstellung der Rechte der

---

[89] Karl Freiherr vom und zum Stein. Briefe und Amtliche Schriften, 5. Band, bearbeitet von Erich Botzenhart, neu herausgegeben von Walter Hubatsch, Stuttgart 1964, S. 800.

[90] Für die damaligen Zeitverhältnisse muss dieses Edikt als freisinnig betrachtet werden, zumal man bedenken muss, dass sich die in Verbindung mit den bevorstehenden Karlsbader Beschlüssen vorherrschende Stimmung eher reaktionär denn liberal nennen lässt. War zunächst noch die Möglichkeit gegeben, dass die in § 18 d) der Deutschen Bundesakte beabsichtigten „*gleichförmigen Verfügungen*" im ganzen Bundesgebiet den Grundsatz der Pressefreiheit verwirklichen würden, so starb diese Hoffnung angesichts der weiteren Entwicklungen. Die gegen den Deutschen Bund gerichteten oppositionellene Bewegungen, das Wartburgfest und schließlich die Ermordnung des Schriftstellers Kotzebues waren den Gedanken an eine bundesweite Pressefreiheit nicht förderlich (Vgl. Friedrich Wiebeking, Die bayerische Pressgesetzgebung, Bamberg 1865, S. 4; Josef Bayrle, Die rechtliche Situation der bayerischen Presse von 1818 –1848. München 1948, S. 27 f.; Ernst Rudolf Huber, Dokumente zur deutschen Verfassungsgeschichte, Band 1, 3. Auflage, Stuttgart 1978, S. 100).

[91] Deutsche Bundesakte abgedruckt bei Ernst Rudolf Huber, Dokumente zur deutschen Verfassungsgeschichte. Band 1, 3. Auflage, Stuttgart 1978, S. 84 f.

[92] Die Gleichförmigkeit der Verfügungen in Art 18 d) der Deutschen Bundesakte war deshalb angestrebt worden, da bis 1819 eine Vielzahl verschiedener einzelstaatlicher Zensurgesetzgebungen nebeneinander existiert hatte (vgl. Wolfram Siemann, Von der offenen zur

Schriftsteller und Verleger beschäftigen würde[93]. Die Rechtsnatur der Deutschen Bundesakte war, wie schon bei der bayerischen Konstitution von 1808, die eines Rahmenvertrages[94]. Die Konkretisierung und weitere Ausgestaltung desselben oblag der Vereinigung deutscher Regierungen, die sich zwischen dem 25. November 1819 und dem 24. Mai 1820 zu den Wiener Ministerial-Konferenzen zusammenfanden. In der daraus hervorgehenden Wiener Schlussakte vom 15. Mai 1820[95] wurden Aussagen zum Selbstverständnis des Deutschen Bundes sowie seinem Verhältnis zu den Mitgliedstaaten getroffen[96].

Interessant für das bayerische Zensurwesen war dabei das Verhältnis der in Bayern erlassenen Zensurbestimmungen zu den Zensurvorschriften auf Ebene des Deutschen Bundes. In Art 18 d) der Deutschen Bundesakte war die Abfas-

---

mittelbaren Kontrolle, in: Herbert G. Göpfert, Erdamnn Weyrauch (Hrsg.), „Unmoralisch an sich...", Wiesbaden, 1988, S. 293 ff.).

[93] *„Art 18. Die verbündeten Fürsten und freyen Städte kommen überein, den Unterthanen der deutschen Bundesstaaten folgende Rechte zuzusichern: [a) bis c)]*
d) Die Bundesversammlung wird sich bey ihrer ersten Zusammenkunft mit der Abfassung gleichförmiger Verfügungen über die Preßfreyheit und die Sicherstellung der Rechte der Schriftsteller und Verleger gegen den Nachdruck beschäftigen." (Deutsche Bundesakte abgedruckt bei: Ernst Rudolf Huber, Dokumente zur deutschen Verfassungsgeschichte, Band 1, 3. Auflage, Stuttgart 1978, S. 84 ff. (90). Vgl. dazu außerdem: Quellen zur Neuern Geschichte. Hrsg: Historisches Seminar der Universität Bern, Heft 26. Die deutsche Bundesakte und der schweizerische Bundesvertrag von 1815, bearbeitet von Werner Näf, Bern 1959, S. 42; G. Klette, Die Staatsverträge des Königreichs Bayern. Von 1806 bis einschließlich 1858. Systematisch und chronologisch zusammengestellt und herausgegeben, Regensburg 1860, S. 458.).

[94] So heißt es in Art 3 der Schlussakte der Wiener Konferenzen: *„Art. 3. Der Umfang und die Schranken, welche der Bund seiner Wirksamkeit vorgezeichnet hat, sind in der Bundes-Acte bestimmt, die der Grundvertrag und das erste Grundgesetz dieses Vereins ist (...).*" (abgedruckt bei: Ernst Rudolf Huber, Dokumente zur deutschen Verfassungsgeschichte, Band 1, 3. Auflage, Stuttgart 1978, S. 91).

[95] Schlussakte der Wiener Ministerkonferenzen vom 15. Mai 1820 in: Ernst Rudolf Huber, Dokumente zur deutschen Verfassungsgeschichte. Band 1, 3. Auflage, Stuttgart 1978, S. 91 ff.

[96] Schlussakte der Wiener Ministerkonferenzen vom 15. Mai 1820: *„Art 1. Der Deutsche Bund ist ein völkerrechtlicher Verein der deutschen souverainen Fürsten und freien Städte, zur Bewahrung der Unabhängigkeit und Unverletzbarkeit ihrer im Bunde begriffenen Staaten und zur Erhaltung der inneren und äußeren Sicherheit Deutschlands.*
Art 2. Dieser Verein besteht in seinem Inneren als eine Gemeinschaft selbständiger unter sich unabhängiger Staaten, mit wechselseitigen gleichen Vertrags-Rechten und Vertrags-Obliegenheiten, in seinen äußeren Verhältnissen aber als eine in politischer Einheit verbundene Gesamt-Macht." (abgedruckt bei: Ernst Rudolf Huber, Dokumente zur deutschen Verfassungsgeschichte, Band 1, 3. Auflage, Stuttgart 1978, S. 91).

sung von Verfügungen über die Pressefreiheit in Aussicht gestellt worden[97]. Der Entwurf für ein Bundespressegesetz folgte angesichts mehrerer kritischer Artikel, die sich gegen die Bundesversammlung wandten, schon im Sommer 1819[98]. Alle zehn deutschen Regierungen hatten sich vom 6. bis zum 31. August 1819 in Karlsbad zu einer Ministerkonferenz versammelt[99]. Die Konferenz endete mit den Entwürfen zu vier Bundesgesetzen, den sogenannten Karlsbader Beschlüssen[100]. Neben einem Universitätsgesetz[101], Untersuchungsgesetz[102] und einer vorläufigen Exekutionsordnung[103] wurde auch der Entwurf eines Pressegesetzes vorgelegt[104]:

---

[97] Art. 18 der Deutschen Bundesakte: „*Die verbündeten Fürsten und freyen Städte kommen überein, den Unterthanen der deutschen Bundesstaaten folgende Rechte zuzusichern: [a) bis c)]*
d) Die Bundesversammlung wird sich bey ihrer ersten Zusammenkunft mit Abfassung gleichförmiger Verfügungen über die Preßfreyheit und die Sicherstellung der Rechte der Schriftsteller und Verleger gegen den Nachdruck beschäftigen." (abgedruckt bei: Ernst Rudolf Huber, Dokumente zur deutschen Verfassungsgeschichte, Band 1, 3. Auflage, Stuttgart 1978, S. 90).

[98] Nach einer Mitteilung des Bundestagsgesandten Freiherrn von Aretin über die Häufung der Angriffe gegen die Bundesversammlung in den öffentlichen Blättern wurden am 4. Januar 1818 Zensoren und Redakteure in Bayern angewiesen, solche Artikel nicht aufzunehmen (vgl. Theodor Bitterauf, Die Zensur der politischen Zeitungen in Bayern 1799-1825, in: Riezler-Festschrift. Beiträge zur bayerischen Geschichte, (Hrsg.) Karl Alexander von Müller, Gotha 1913, S. 303 ff. (337 f.)).

[99] Ernst Rudolf Huber, Dokumente zur deutschen Verfassungsgeschichte, Band 1, 3. Auflage, Stuttgart 1978, S. 100.

[100] Vgl. u.a. Wolfgang von Rimscha, Die Grundrechte im süddeutschen Konstitutionalismus. Zur Entstehung und Bedeutung der Grundrechtsartikel in den ersten Verfassungsurkunden von Bayern, Baden und Württemberg, Berlin 1973, S. 155 f.

[101] Bundes-Universitätsgesetz („*Provisorischer Bundesbeschluß über die in Ansehung der Universitäten zu ergreifenden Maßregeln*"), in: Ernst Rudolf Huber, Dokumente zur deutschen Verfassungsgeschichte, Band 1, 3. Auflage, Stuttgart 1978, S. 101.

[102] Bundes-Untersuchungsgesetz („*Beschluß betreffend die Bestellung einer Centralbehörde zur näheren Untersuchung der in mehreren Bundesstaaten entdeckten revolutionären Umtriebe*"), in: Ernst Rudolf Huber, Dokumente zur deutschen Verfassungsgeschichte, Band 1, 3. Auflage, Stuttgart 1978, S. 104.

[103] (Endgültige) Exekutions-Ordnung vom 3. August 1820, in: Ernst Rudolf Huber, Dokumente zur deutschen Verfassungsgeschichte, Band 1, 3. Auflage, Stuttgart 1978, S. 116.

[104] Bundes-Preßgesetz („*Provisorische Bestimmungen hinsichtlich der Freiheit der Presse*"): „*§ 1. So lange als der gegenwärtige Beschluß in Kraft bleiben wird, dürfen Schriften, die in der Form täglicher Blätter oder heftweise erscheinen, daß gleichen solche, die nicht über 20 Bogen im Druck stark sind, in keinem deutschen Bundesstaate ohne Vorwissen und vorgängige Genehmhaltung der Landesbehörde zum Druck befördert werden. Schriften, die nicht in eine der hier namhaft gemachten Classen gehören, werden fernerhin nach den in den einzelnen Bundesstaaten erlassenen oder noch zu erlassenen Gesetzen behandelt. Wenn der-*

gleichen Schriften aber irgend einem Bundesstaate Anlaß zur Klage geben, so soll diese Klage im Namen der Regierung, an welche sie gerichtet ist, nach den in den einzelnen Bundesstaaten bestehenden Formen, gegen die Verfasser oder Verleger der dadurch betroffenen Schrift erledigt werden.

§ 2. Die zur Aufrechthaltung dieses Beschlusses erforderlichen Mittel und Vorkehrungen bleiben der näheren Bestimmung der Regierungen anheimgestellt; sie müssen jedoch von der Art seyn, daß dadurch dem Sinn und Zweck der Hauptbestimmung des § 1 vollständig Genüge geleistet werde.

§ 3. Da der gegenwärtige Beschluß durch die unter den obwaltenden Umständen von den Bundes-Regierungen anerkannte Nothwendigkeit vorbeugende Maßregeln gegen den Missbrauch der Presse veranlaßt worden sind, so können die auf gerichtliche Verfolgung und Bestrafung der im Wege des Drucks bereits verwirklichten Missbräuche und Vergehungen abzweckenden Gesetze, insoweit sie auf die im 1. § bezeichneten Classen von Druckschriften anwendbar seyn sollen, so lange dieser Beschuß in Kraft bleibt, in keinem Bundesstaate als zureichend betrachtet werden.

§ 4. Jeder Bundesstaat ist für die unter seiner Oberaufsicht erscheinenden mithin für sämmtliche unter der Hauptbestimmung des § 1 begriffenen Druckschriften, in so fern dadurch die Würde oder Sicherheit anderer Bundesstaaten verletzt, die Verfassung oder Verwaltung derselben angegriffen wird, nicht nur den unmittelbaren Beleidigten, sondern auch der Gesammtheit des Bundes verantwortlich.

§ 5. Damit aber diese, in dem Wesen des deutschen Bundes-Vereins gegründete, von dessen Fortdauer unzertrennliche, wechselseitige Verantwortlichkeit nicht zu unnützen Störungen des zwischen den Bundesstaaten obwaltenden freundschaftlichen Verhältnisses Anlaß geben möge, so übernehmen sämmtliche Mitglieder des deutschen Bundes die feierliche Verpflichtung gegen einander bei der Aufsicht über die in ihren Ländern erscheindenden Zeitungen, Zeit- und Flugschriften mit wachsamem Ernste zu verfahren, und diese Aufsicht dergestalt handhaben zu lassen, daß dadurch gegenseitigen Klagen und unangenehmen Erörterungen auf jede Weise möglichst vorgebeugt werde.

§ 6. Damit jedoch auch die durch gegenwärtigen Beschluß beabsichtigte allgemeine und welchselseitige Gewährleistung der moralischen und politischen Unverletzlichkeit der Gesammtheit und aller Mitglieder des Bundes nicht auf einzelnen Puncten gefährdet werden könne, so soll in dem Falle, wo die Regierung eines Bundesstaates sich durch die in einem andern Bundesstaate erscheinenden Druckschriften verletzt glaubte, und durch freundschaftliche Rücksprache oder diplomatische Correspondenz zu einer vollständigen Befriedigung und Abhülfe nicht gelangen könnte, derselben ausdrücklich vorbehalten bleiben, über dergleichen Schriften Beschwerde bei der Bundesversammlung zu führen, letztere aber sodann gehalten seyn, die angebrachte Beschwerde commissarisch untersuchen zu lassen und, wenn dieselbe gegründet befunden wird, die unmittelbare Unterdrückung der in Rede stehenden Schrift, auch wenn sie zur Classe der periodischen gehört, aller fernern Fortsetzung derselben durch einen entscheidenden Ausspruch zu verfügen. Die Bundesversammlung soll außerdem befugt seyn, die zu ihrer Kenntniß gelangenden, unter der Hauptbestimmung des
§ 1 begriffenen Schriften, in welchem deutschen Staate sie auch erscheinen mögen, wenn solche, nach dem Gutachten einer von ihr ernannten Commission, der Würde des Bundes, der Sicherheit einzelner Bundesstaaten oder der Erhaltung des Friedens und der Ruhe in Deutschland zuwiderlaufen, ohne vorhergegeangene Aufforderung, aus eigener Autorität,

Gemäß § 1 wurden alle täglich oder heftweise erscheinenden Blätter sowie Bücher mit einem Umfang unter zwanzig Druckbogen der Vorzensur unterworfen. Nach §§ 2 und 4 war jeder Staat des Deutschen Bundes verpflichtet und der Gesamtheit des Bundes verantwortlich, zur Aufrechterhaltung dieses Beschlusses die erforderlichen Mittel und Vorkehrungen zu treffen[105]. Die Karls-

---

durch einen Ausspruch, von wechem keine Appellation stattfindet, zu unterdrücken, und die betreffenden Regierungen sind verpflichtet, diesen Anspruch zu vollziehen.
§ 7. Wenn eine Zeitung oder Zeitschrift durch einen Ausspruch der Bundesversammlung unterdrückt worden ist, so darf der Redacteur derselben binnen fünf Jahren in keinem Bundesstaate bei der Redaction einer ähnlichen Schrift zugelassen werden. Die Verfasser, Herausgeber, und Verleger der unter der Hauptbestimmung des § 1 begriffenen Schriften bleiben übrigens, wenn sie den Vorschriften dieses Beschlusses gemäß gehandelt haben, von aller weiteren Verantwortung frei, und die im § 6 erwähnten Aussprüche der Bundesversammlung werden ausschließend gegen die Schriften, nie gegen die Personen, gerichtet.
§ 8. Sämmtliche Bundesglieder verpflichten sich, in einem Zeitraum von zwei Monaten die Bundesversammlung von den Verfügungen und Vorschriften, durch welche sie dem § 1 dieses Beschlusses Genüge zu leisten gedenken, in Kenntniß zu sezten.
§ 9. Alle in Deutschland erscheinenden Druckschriften, sie mögen unter den Bestimmungen dieses Beschlusses begriffen seyn oder nicht, müssen mit dem Namen des Verlegers und, in so fern sie zur Classe der Zeitungen oder Zeitschriften gehören, auch mit dem Namen des Redacteurs versehen seyn. Druckschriften, bei welchen diese Vorschrift nicht beobachtet ist, dürfen in keinem Bundesstaate in Umlauf gesetzt und müssen, wenn solches heimlicher Weise geschieht, gleich bei ihrer Erscheinung in Beschlag genommen, auch die Verbreiter derselben, nach Beschaffenheit der Umstände, zu angemessener Geld- oder Gefängnißstrafe verurtheilt werden.
§ 10. Der gegenwärtige einstweilige Beschluß soll, vom heutigen Tage an, fünf Jahr lang in Wirksamkeit bleiben [Verlängert auf unbestimmte Zeit das heißt bis zum Erlaß des in Art 18 der Bundesacte vorgesehenen definitiven Pressgesetzes, das nie erlassen wurde, durch Beschluß der Bundesversammlung vom 16. August 1824 (vgl. Ernst Rudolf Huber, Dokumente zur deutschen Verfassungsgeschichte, Band 1, 3. Auflage, Stuttgart 1978, S. 103)]. Vor Ablauf dieser Zeit soll am Bundestage gründlich untersucht werden, auf welche Weise die im 18. Artikel der Bundes-Acte in Anregung gebrachten gleichförmigen Verfügungen über die Pressfreiheit in Erfüllung zu setzen seyn möchten, und demnächst ein Definitiv-Beschluß über die rechtmäßigen Grenzen der Preßfreiheit in Deutschland erfolgen." (abgedruckt bei: Ernst Rudolf Huber, Dokumente zur deutschen Verfassungsgeschichte, Band 1, 3. Auflage, Stuttgart 1978, S. 102 f.).

[105] Karl Theodor Welcker hatte in Baden im Jahre 1832 die Einführung eines relativ liberalen Pressegesetzes bewirkt. Bereits vier Monate nach seinem Inkrafttreten (1.3.1832) stellte die Bundesversammlung die Unvereinbarkeit mit den Bundesgesetzen fest. Baden wurde zur Änderung des Gesetzes gezwungen (vgl. Karl Theodor Welcker, Die vollkommene und ganze Pressfreiheit- Petition an die Hohe deutsche Bundesversammlung, Freiburg 1830).

bader Beschlüsse wurden durch einen Bundesbeschluss vom 20. September 1819 als Bundesgesetze sanktioniert[106].

Um in den einzelnen Ländern Gültigkeit zu erlangen, mussten die Bundesgesetze in den Gliedstaaten verkündet werden[107]. Die landesrechtliche Verkündigungsformel durfte die Geltungskraft eines Bundesgesetzes nicht mit einem einschränkenden Vorbehalt versehen[108]. Das Bundespressegesetz hätte in Bayern einen Verstoß gegen Titel IV § 11 der bayerischen Verfassung i.V.m. dem Edikt über die Freiheit der Presse und des Buchhandels (Beilage III) dargestellt, weil danach nur Zeitungen und periodische Schriften politischen oder statistischen Inhalts der Zensur unterworfen waren, während das Bundespressegesetz alle Schriften unter zwanzig Bogen der Zensur unterstellte[109]. König Maximilian I. Joseph war durch die Zustimmung seines Außenministers Graf Rechberg zu den Bundesbeschlüssen in die unangenehme Situation gekommen, dass er einerseits dem Deutschen Bund gegenüber zur Durchführung des Pressegesetzes in Bayern, andererseits aber durch die bayerische Verfassung seinem Volk zur Gewährung der darin vorgesehenen Pressefreiheit verpflichtet war[110]. Während Graf Rechberg für die vorbehaltslose Verkündigung der in Karlsbad entworfenen Bundesbeschlüsse war[111], also auch für die Einführung des Bundes-

---

[106] Ernst Rudolf Huber, Dokumente zur deutschen Verfassungsgeschichte, Band 1, 3.Auflage, Stuttgart 1978, S. 100.

[107] Zur Verkündung der Bundesgesetze vgl. Ernst Rudolf Huber, Deutsche Verfassungsgeschichte. Band 1, Stuttgart 1957, S. 600 f.; Am 3. August 1820 erging eine Exekutionsordnung (eine provisorische Exekutions-ordnung war bereits in Karlsbad beschlossen worden), mittels derer der Bund die Möglichkeit erlangte, mit der Bundesexekution gegen Mitgliedsstaaten, die die Erfüllung ihrer Bundespflichten versäumten vorzugehen (abgedruckt bei: Ernst Rudolf Huber, Dokumente zur deutschen Verfassungsgeschichte, Band 1, 3. Auflage, Stuttgart 1978, S. 116). Bayern publizierte die Exekutionsordnung entgegen seinen Bundespflichten nicht (vgl. dazu Huber, Deutsche Verfassungsgeschichte, Band 1, Stuttgart 1957, S. 749).

[108] Ernst Rudolf Huber, Deutsche Verfassungsgeschichte. Band 1, Stuttgart 1957, S. 601.

[109] Vgl. Max Freiherr von Lerchenfeld, Die bairische Verfassung und die Karlsbader Beschlüsse, Nördlingen 1883, S. 41 ff.; Ernst Rudolf Huber, Deutsche Verfassungsgeschichte. Band 1, Stuttgart 1957, S. 738, Theodor Bitterauf, Die Zensur der politischen Zeitungen in Bayern 1799-1825, in: Riezler-Festschrift, Beiträge zur Bayerischen Geschichte, (Hrsg.) Karl Alexander von Müller, Gotha 1913, S. 340.

[110] Josef Bayrle, Die rechtliche Situation der bayerischen Presse von 1818 bis 1848, München 1948, S. 30.

[111] Als bayerischer Vertreter bei der Karlsbader Ministerialkonferenz hatte Graf Rechberg zu dem Bundespressegesetz seine Zustimmung gegeben (Josef Bayrle, Die rechtliche Situation der bayerischen Presse von 1818-1848, München 1948, S. 29). Lerchenfeld berichtete: *„Rechberg erkannte gar wohl, dass die Bundesbeschlüsse über das bayerische Presseedikt hinausgingen, da er sich aber dafür eingesetzt hatte, versuchte er ihre Bedeutung zu baga-*

pressegesetzes in Bayern, widersetzte sich eine von Kronprinz Ludwig unterstützte Gruppe (Lerchenfeld, Wrede und Zentner) dieser Verletzung der bayerischen Verfassung[112]. In einem Brief vom 1. Oktober 1819 schrieb Kronprinz Ludwig an seinen Vater:

„Sie haben aus edlem, freien Antriebe Bayern das wohltätige Geschenk einer Verfassung für alle Zeit gegeben, und wir haben sie beschworen, wovon uns Niemand entbinden kann. Sie können nicht wollen, daß eine Verletzung derselben, also ein Eidbruch geschehe. (...) Seine Verfassung halten ist nicht herabwürdigend, wohl aber sich von anderen Mächten Gesetze vorschreiben zu lassen.“[113]

In der am 16. Oktober 1819 ergangenen Verkündigungsformel hatten sich die Verfassungsschützer durchgesetzt:

„Nachdem in der 35. Sitzung der deutschen Bundesversammlung, in Ansehung der bei den Universitäten zu ergreifenden Maßregeln, der Bestimmungen über die Pressfreiheit und der Untersuchungen der in mehreren Bundesstaaten entdeckten Umtriebe, gemeinsame Verfügungen aller Bundesglieder beschlossen worden sind, so machen Wir diesselben hiemit bekannt und verordnen, daß unsere sämtlichen Behörden und Untertanen mit Rücksicht auf die Uns nach den bestehenden Staatsverträgen und der Bundesakte zustehende Souveränität, nach der von Uns unserem treuen Volke erteilten Verfassung und nach den Gesetzen unseres Königreichs sich hiernach geeignet zu achten.
München, den 16. Oktober 1819.“[114]

---

tellisieren.“ (Max Freiherr von Lerchenfeld, Die bairische Verfassung und die Karlsbader Beschlüsse, Nördlingen 1883, S. 43).

[112] Vgl. dazu den Brief von Kronprinz Ludwig an König Maximilian I. Joseph vom 1.10.1819, abgedruckt bei: Heinz Gollwitzer, Ludwig I. von Bayern. Königtum im Vormärz, München 1997, S. 225.
Ernst Rudolf Huber, Deutsche Verfassungsgeschichte. Band 1, Stuttgart 1957, S. 738.

[113] Kronprinz Ludwig an König Maximilian I. Joseph vom 1. Oktober 1819 abgedruckt bei: Michael Doeberl, Ein Jahrhundert bayerischen Verfassungslebens, München 1918, S. 73; Karl Theodor Heigel, Der Anteil des Kronprinzen Ludwig am bayerischen Verfassungswerk, in: Quellen und Abhandlungen der neueren Geschichte Bayerns, München 1884, S. 375 ff. (398).

[114] Georg Döllinger, Sammlung der im Gebiete der inneren Staats-Verwaltung des Königreichs Bayern bestehenden Verordnungen, Dritter Band, München 1836, S. 306; vgl. dazu auch Max Freiherr von Lerchenfeld, Die baierische Verfassung und die Karlsbader Beschlüsse, Nördlingen 1883; W. Vogel, Staatsrecht des Königreichs Bayern I, S. 21 Anmerkung 4; Ernst Rudolf Huber, Deutsche Verfassungsgeschichte, Band 1, Stuttgart 1957, S. 738.

Die Verkündigungsformel verwendete anstatt der Bezeichnung Bundesbeschlüsse die Formulierung „*gemeinsame Verfügungen aller Bundesglieder*“, leugnete also den Charakter der Beschlüsse als Bundesgesetze. Darüberhinaus wurde bezüglich der Umsetzung der Beschlüsse auf die Souveränität Bayerns, seiner Verfassung und die Gesetze des Königreichs verwiesen. Dieser Verweis bedeutete nichts anderes als den Rahmen, innerhalb dessen die Bundesbeschlüsse umzusetzen waren. Das Bundespressegesetz war somit in Bayern nur bindend, soweit es mit der bayerischen Verfassung übereinstimmte[115]. Dieser Verstoß gegen die Bundesverfassung sicherte Bayern seine gerade erworbenen und im Vergleich mit dem Bundespressegesetz liberalen Zensurvorschriften[116].

Schon kurze Zeit nach der Verkündigung der Verfassung kristallisierte sich die Frage heraus, was konkret unter der in den §§ 1 und 2 des Ediktes über die Freiheit der Presse und des Buchhandels verwendeten Formulierung „*der dafür angeordneten Censur*“ [117] zu verstehen sei. Diese Unsicherheit bezüglich des Wortlauts des Ediktes führte zu der äußerst wichtigen Frage, wie die Zensur in der Praxis zu handhaben wäre. Es hätte entweder einer Konkretisierung des Ediktes oder einer einheitlichen Auslegung des Wortlautes bedurft, um diese Rechtsunsicherheit zu beheben. In den Jahren 1818 und 1819 erging keine entsprechende Entschließung beziehungsweise kein Edikt, das diese Unklarheit beseitigt hätte[118]. Mangels detaillierter Anweisungen war es weitgehend dem

---

[115] Josef Bayrle, Die rechtliche Situation der bayerischen Presse von 1818-1848, München 1948, S. 31; Ernst Rudolf Huber, Deutsche Verfassungsgeschichte. Band 1, Stuttgart 1957, S. 739.

[116] Vgl. Wolfgang von Rimscha, Die Grundrechte im süddeutschen Konstitutionalismus. Zur Entstehung und Bedeutung der Grundrechtsartikel in den ersten Verfassungsurkunden von Bayern, Baden und Württemberg, Berlin 1973, S. 156.

[117] „*§ 1. Den offenen Buchhandlungen, und denjenigen, welche zu diesem Gewerbe obrigkeitlich berechtiget sind, ist in Ansehung der bereits gedruckten Schriften freyer Verkehr, so wie den Verfassern, Verlegern und berechtigten Buchdruckern im Königreiche in Ansehung der Bücher und Schriften, welche sie in Druck geben wollen, vollkommene Pressfreiheit gestattet. Sie sind hiernach nicht verbunden, solche Schriften einer Censur oder besondern obrigkeitlichen Genehmigung zu unterwerfen, wenn sie nicht allenfalls bey kostbaren Werken, zur Sicherung ihrer bedeutenden Auslagen, selbst darum nachsuchen wollen.*

§ 2. Ausgenommen von dieser Freyheit sind alle politischen Zeitungen und periodischen Schriften politischen oder statistischen Inhalts. Dieselben unterliegen der dafür angeordneten Censur.“ (abgedruckt bei: Gesetzblatt für das Königreich Bayern, München 1818, S. 181-188).

[118] Neben dem Edikt über die Freiheit der Presse und des Buchhandels wurde im Jahr 1818 hinsichtlich der Zensur nur noch eine Ministerialentschließung zum Kalenderwesen (23. Septemer 1818) erlassen (abgedruckt bei: Georg Döllinger, Sammlung der im Gebiete der inneren

freien Ermessen der Zensoren überlassen, wie sie die Zensur der Zeitungen oder politisch periodischer Schriften handhabte[119].
Daneben bestand weiterhin das Spannungsfeld zwischen der in der Verfassung gewährten Pressefreiheit Bayerns und den restriktiveren Vorschriften des Bundespressegesetzes[120]. Der drohenden Konflikt zwischen Deutschem Bund, der seine Gesetze von den Mitgliedsstaaten umgesetzt sehen wollte und Königreich Bayern, das mit der Verkündigung des Bundes-Preßgesetzes unter Vorbehalt gegen seine Bundespflichten verstoßen hatte, sollte durch eine angepaßte Zensurpolitik vermieden werden. Deshalb wurde mittels Auslegung des Wortlauts, Ministerialerlässen und Verordnungen in den letzten Regierungsjahren König Maximilians I. Joseph eine Annäherung des bayerischen Zensurwesens an die Anforderungen des Bundes-Preßgesetzes vorgenommen[121]. Zum Prinzip wurde

---

Staats-Verwaltung des Königreichs Bayern bestehenden Verordnungen, Dritter Band, München 1836, S. 337).
Eine Königliche Entschließung vom 29. April 1819 befaßte sich nur mit der Konfiskation von Presseerzeugnissen (Georg Döllinger, Sammlung der im Gebiete der inneren Staats-Verwaltung des Königreichs Bayern bestehenden Verordnungen, Dritter Band, München 1836, S. 378). Weder die Ministerialentschließung vom 4. Mai 1819 (Georg Döllinger, Sammlung der im Gebiete der inneren Staats-Verwaltung des Königreichs Bayern bestehenden Verordnungen, Dritter Band, München 1836, S. 379), noch die Königliche Entschließung vom 16. Oktober 1819 (Georg Döllinger, Sammlung der im Gebiete der inneren Staats-Verwaltung des Königreichs Bayern bestehenden Verordnungen, Dritter Band, München 1836, S. 306), die Ministerialentschließung vom 27. Oktober 1819 (Georg Döllinger, Sammlung der im Gebiete der inneren Staats-Verwaltung des Königreichs Bayern bestehenden Verordnungen, Dritter Band, München 1836, S. 311), die Ministerialentschließung vom 11. November 1819 (Georg Döllinger, Sammlung der im Gebiete der inneren Staats-Verwaltung des Königreichs Bayern bestehenden Verordnungen, Dritter Band, München 1836, S. 336) und auch nicht die Königliche Entschließung vom 25. November 1819 (Georg Döllinger, Sammlung der im Gebiete der inneren Staats-Verwaltung des Königreichs Bayern bestehenden Verordnungen, Dritter Band, München 1836, S. 362) enthielten eine Konretisierung zu § 2 des Presseedikts von 1818.

[119] Vgl. Theodor Bitterauf, Die Zensur der politischen Zeitungen in Bayern 1799-1825, in: Riezler-Festschrift, Beiträge zur bayerischen Geschichte, (Hrsg.) Karl Alexander von Müller, Gotha 1913, S. 328 f.

[120] Um ein Einschreiten des Deutschen Bundes gegen Bayern in Angelegenheiten der Presse zu verhindern, zog die bayerische Regierung es zur Wahrung ihrer Souveränität vor, im Punkte der Pressfreiheit dem Deutschen Bund auf Kosten ihrer Untertanen Zugeständnisse zu machen (vgl. Josef Bayrle, Die rechtliche Situation der bayerischen Presse 1818-1848, München 1048, S. 41 f.).

[121] Unter der Regentschaft König Maximilians I. Joseph ergingen außer den beiden Verfassungen in Bayern hinsichtlich der Zensur über 70 Erlasse, Verordnungen und Entschließungen (siehe die chronologische Übersicht bei Georg Döllinger, Sammlung der im Gebiete der inneren Staats-Verwaltung des Königreichs Bayern bestehenden Verordnungen, Dritter Band, München 1836, S. 287 f.).

eine von Freiherrn von Zentner gefundene Formel erhoben: „*keine Verletzung des Buchstabens der Verfassung, aber möglichst beschränkende Auslegung im Sinne der Wünsche Metternichs.*“[122]

Zusammenfassend stellt sich der Beginn des 19. Jahrhunderts in der Zensurgeschichte Bayerns wie folgt dar. Trotz des Verweises auf das Edikt von 1803 bedeutete die im Jahre 1808 erlassene Konstitution mit der darin enthaltenen Pressefreiheit ein Zeichen auf dem Weg Bayerns zur größtmöglichen Freiheit der Presse bei gleichzeitiger Verhütung von Missbrauch dieser Freiheit. Der Gedanke, die Freiheit der Presse als Grundsatz in die Verfassung aufzunehmen, war langfristig nichts anderes als eine Abkehr von der Zensur und kann als Programm für die Verfassung von 1818 verstanden werden. Obwohl die bayerischen Zensurverhältnisse seit der Verfassung von 1818 im Vergleich zu dem vom Deutschen Bund erlassenen Bundespressegesetz liberaler erschienen, darf nicht unbeachtet bleiben, dass die grundsätzlich in der Verfassungsurkunde gewährte Pressefreiheit mittels des zusätzlich ergangenen Ediktes stark eingeschränkt wurde. Für politische Zeitungen blieb somit die Zensur trotz verfassungsrechtlich garantierter Pressefreiheit bestehen. Trotz dieser Zensur der politischen Zeitungen hätte das Bundespressegesetz von 1819 in Bayern, wäre es vorbehaltslos eingeführt worden, zu einer Verschärfung der Zensurverhältnisse geführt. Die raffinierte Verkündigungsformel des Gesetzes modifizierte seine Schärfe dahingegend, dass das Bundespressegesetz nur nach Maßgabe der bayerischen Verfassung und der bayerischen Gesetze anzuwenden war. Für das Zensurwesen Bayerns bedeutete dies, dass mit Ausnahme der Zeitungen oder periodischen Schriften mit politischem oder statistischem Inhalt weiterhin alle Druckerzeugnisse von der Zensur befreit waren. Die Umsetzung der in der Verfassung gewährten Pressefreiheit krankte aber am unbestimmten Gesetzeswortlaut sowie an dem Bestreben Bayerns, Schwierigkeiten mit dem Deutschen Bund in Pressefragen zu vermeiden. Das in formeller Hinsicht innerhalb der Grenzen der bayerischen Konsitution anwendbare Bundespressegesetz bestimmte bald die Gesichtspunkte, nach denen die Pressefreiheit der bayerischen Konstitution auszurichten war. Am Ende der Regierungszeit von König Maximilian I. Joseph war Bayern wieder weit entfernt von einer Befreiung von der Zensur. Im Ergebnis hatte sich die Zensurpolitik des Deutschen Bundes damit doch durchgesetzt, ohne dass die Raffinesse, mit der die Karlsbader Beschlüsse in Bayern verkündet worden waren, etwas geholfen hätte.

---

[122] Michael Doeberl, Entwicklungsgeschichte Bayerns, zweiter Band, 3. Auflage, München 1928, S. 600.

2. Entwicklungen des Zensurwesens unter König Ludwig I.

Am 19. Oktober 1825 leistete Ludwig I. den Eid auf die Verfassung und übernahm im Alter von 39 Jahren die Regierung Bayerns[123]. Ludwig galt zu Beginn seiner Regierungszeit als liberal eingestellter Monarch[124]. Diesen Ruf hatte ihm vor allem sein Engagement für die bayerische Verfassung, sowohl bei deren Revision in den Jahren 1814/15, als auch bei ihrer Verteidigung gegenüber den Karlsbader Beschlüssen eingebracht. Hinsichtlich des Zensurwesens weckte der Regierungsantritt Ludwigs die Hoffnung, dass die Herstellung der in der Verfassung enthaltenen Rechte der Presse, also die Herstellung des verfassungsmäßigen Zustandes, erfolgen würde. In der Eröffnungsrede der Ständeversammlung am 1. März 1831 stellte König Ludwig I. ein neues Pressegesetz in Aussicht:

„Meine Lieben und Getreuen, die Stände des Reiches!
Mit Vertrauen eröffene Ich diesen Landtag, und Vertrauen hoffe Ich auf demselben zu finden (...)
Nebst dem Rechenschaftsberichte über die zweyte Finanzperiode, in so weit die Rechnungen geschlossen sind, und dem Budget für die dritte, werde Ich durch Meine Minister Meinen Lieben und Getreuen, den Ständen des Reichs, zum Beyrath und zur Zustimmung eine, von Mir schon längst geschünschte, auf mündlichem und öffentlichem Verfahren beruhende Gerichtsordnung, ein Strafgesetzbuch, ein Pressgesetz und ein Forststrafgesetz vorlegen lassen."[125]

Tatsächlich wurden bereits in der Anfangsphase von Ludwigs Regierung einige Änderungen im bayerischen Zensurwesen vorgenommen. Am 22. November 1825 befahl Ludwig die Aufhebung der Zensur für nicht politische Unterhaltungsblätter, die von seinem Vater am 15. Juni 1823 entgegen der bayerischen Verfassung eingeführt worden war:

„Seine Königliche Majestät haben durch heute erlassene Allerhöchste Entschließung in der Zuversicht, daß die Herausgeber der dahier erscheinenden nichtpolitischen Blätter sich einer anständigen Bescheidenheit bei deren

---

[123] Heinz Gollwitzer, Ludwig I. von Bayern. Königtum im Vormärz, München 1997, S. 265.
[124] Anmerkungen zu Ludwig I.: Karl Bosl, Bayerische Biographie, Regensburg 1983, S. 494; Heinz Gollwitzer, Ludwig I. von Bayern. Königtum im Vormärz, München 1997, S. 84 ff.; Michael Doeberl, Ein Jahrhundert bayerischen Verfassungslebens, München 1819, S. 72 f.
[125] Verhandlungen der zweiten Kammer der Ständeversammlung des Königreichs Bayern im Jahre 1831, München 1831, Protokoll der Eröffnungsrede der Stände-Versammlung am 1. März 1831, S. 23.

Reaktion befleissen und insbesondere jedes beleidigenden Ausfalles auf öffentliche Autoritäten, Stände oder Individuen enthalten werden, die unterm 15. Juni 1823 angeordnete vorläufige Einsicht der Oberpolizeibehörde[126] *aufzuheben und die obrigkeitliche Einwirkung auf die Bestimmungen der III. Beilage zur Verfassungsurkunde zurückzuführen geruht. Das Königliche Regierungs-Präsidium hat sich hiernach zu achten und das Geeignete zu verfügen.*
München, den 22. November 1825."[127]

Auf eine Missfallensbekundung Metternichs zu dieser frühen Regierungshandlung König Ludwigs I. soll Ludwig erwidert haben, dass er nur Gott und der beschworenen Konstitution verantwortlich sei; da aber Kaiser Franz nicht der liebe Gott und Metternich ganz gewiß nicht die Konstitution sei, so möge der Herr Minister die Schlussfolgerung selbst ziehen[128]. Allgemein setzte sich die Anschauung durch, dass der König mittels dieser Entschließung zum Ausdruck gebracht hätte, dass er die Zensur für alle Blätter, die Artikel über die innere Politik druckten, aufgehoben habe, da meist in den sogenannten nicht politischen Unterhaltungsblättern auch Artikel über die innere Politik erschienen[129].

---

[126] Diese Entschließung lautete: „*Auf Befehl Seiner Majestät des Königs.Seine Königliche Majestät haben schon mehrmals missfällig wahrgenommen, daß in dem Unterhaltungsblatte N.N. Articel aufgenommen worden sind, welche zum Theil Beleidigungen und Kränkungen gegen öffentliche Anstalten, Behörden und Personen enthalten, zum Theil über die Tagesereignise auf die ungeeigneteste Weise sich verbreiten, wie dieses in der neuesten Zeit einige Male der Fall gewesen ist. Seine Majestät haben daher höchstunmittelbar befohlen, zur Abstellung dieses Unfuges für die Zukunft zu veranstalten, daß der obern Polizeibehörde, von dem Redacteur jedes einzelne Blatt vor der Erscheinung zur vorgängigen Einsicht vorgelegt werden, welche sodann sorgen soll, daß alle unziemlichen Ausfälle beseitigt bleiben. Zugleich ist es die Allerhöchste Willens-meinung, daß die Herausgeber der hier erscheinenden ähnlichen Blätter das Nämliche zu befolgen haben sollen.Das Königliche Regierungspräsidium hat hiernach an die betreffenden Redactionen eine dem Befehl Seiner Königlichen Majestät entsprechende Weisung sogleich zu erlassen, mit der Bestimmung, daß sie jedes ihrer Blätter vor dem Erscheinen desselben dem Präsidenten N.N., welcher mit der angeordneten Einsicht hiemit besonders beauftragt wird, vorzulegen, und dessen Verfügungen über wegzulassende oder abzuändernde Stellen genau zu befolgen gehalten seyen. München, den 15. Juni 1823.*" (abgedruckt bei Georg Döllinger, Sammlung der im Königreich Bayern im Gebiet der inneren Staatsverwaltung bestehenden Verordnungen, München 1836, Dritter Band, S. 321 f.).

[127] Georg Döllinger, Sammlung der im Königreich Bayern im Gebiet der inneren Staatsverwaltung bestehenden Verordnungen, München 1836, Dritter Band, S. 321 f.

[128] So zitiert bei: Lothar Sachs, Die Entwicklungsgeschichte des bayerischen Landtags von 1818-1848, Würzburg 1914, S. 81.

[129] So z.B. Werner Funk, Die Verfassungsfrage im Spiegel der Augsburger „Allgemeinen Zeitung" von 1818-1848, Berlin 1977, S. 34; Josef Bayrle, Die rechtliche Situation der bayerischen Presse von 1818-1848, München 1948, S. 48.

Dass diese Auffassung aber ein Missverständnis war und König Ludwig I. tatsächlich lediglich den verfassungsmäßigen Zustand wieder herstellen wollte, ergibt sich aus einer Rede des Innenministers von Schenk auf der Ständeversammlung des Jahres 1831:

„*Diese Entschließung* [gemeint ist die Entschließung vom 22.11.1825] *ist es, meine Herren! Welche zuerst, obgleich nur an die hiesige Kreisregierung ergangen, von mehreren Seiten dahin missverstanden worden, als ob nunmehr die Censur über die sich mit innerer Politik beschäftigenden Tagesblätter aufgehoben sey.*
Indessen lag dieses durchaus nicht in der Absicht der Staatsregierung; es sollte durch jene Entschließung die dem § 2 des Ediktes widerstrebende Auslegung der Censur auf Literatur- und Unterhaltungsblätter, keineswegs aber die Censur über Zeitschriften für äußere oder innere Politik beseitiget werden (...).“[130]

Nachdem an der Auffassung, die Zensur sei für Artikel über die innere Politik aufgehoben, zunächst noch in einem Erlass vom 22. Juli 1830 festgehalten wurde[131], wollte König Ludwig I. diese Auslegung des Edikts über die Freiheit der Presse und des Buchhandels korrigieren und festlegen, dass unter Schriften politischen Inhalts sowohl Gegenstände der äußeren wie der inneren Politik zu verstehen wären[132]. Anlass zu diesen Überlegungen gaben die als Missbrauch der Pressefreiheit oder auch als „*Preßfrechheit*“[133] empfundenen Artikel in den

---

[130] Verhandlungen der zweiten Kammer der Ständeversammlung des Königreichs Bayern im Jahre 1831, München 1831, Fünfter Band, Protokoll XXIII, S. 34.

[131] „*Die zu N. erscheinenden Blätter betreffend. In dem unter den Ziff. 46 und 47 zu N. ausgegebenen Probeblatt der von N.N. redigirten N. Blätter sind mehrere Articel enthalten, welche theils das Gebiet der auswärtigen Politik berühren, theils auch durch die herabwürdigende und beleidigende Weise, in welcher darin von des Königs von N. Majestät und andern hohen Souveräns gesprochen wird, die gegründe-testen Beschwerden hervorzurufen ganz geeignet sind.Die Aufhebung der Censur über die mit der innern Politik sich befassenden Tagblätter giebt denselben keineswegs das Recht, durch Abschweifungen in das Gebiet der äußern Politik die dafür fortbestehende Censur zu um-gehen; vielmehr ist es Pflicht der mit der Aufsicht auf die Presse beauftragten Polizeibe-hörden, solchen gesetzwidrigen Unternehmungen durch schnelle und nachdrückliche Ein-schreitung zu begegnen. Die Zurückweisung der in den Tagblättern gegen fremde Souveräns gerichteten Ehrenangriffe aber ist in dem allgemeinen Gebiete des Völkerrechts begründet. München, den 22. Juli 1830.*“ (Georg Döllinger, Sammlung der im Gebiete der inneren Staats-Verwaltung des Königreichs Bayern bestehenden Verordnungen, Dritter Band, München 1836, S. 323).

[132] Joseph Bayrle, Die rechtliche Situation der bayerischen Presse von 1818-1848, München 1948, S. 56.

[133] So z.B. der Abgeordnete Freiherr von Closen in der Ständeversammlung von 1828: „*Nicht um mit Zeitungsschreibern hier, wo sie nicht die Ebenbürtigen eines Abgeordneten sind, zu*

Zeitungen[134]. Hier stellt sich die Frage, was an der Pressefreiheit genau zu missbrauchen war. Besonders zwei Mängel an den bis zu diesem Zeitpunkt bestehenden Zensurvorschriften geben Hinweise, warum von einem Missbrauch der Pressefreiheit gesprochen wurde. Zum einen bestand für Falschmeldungen kein Berichtigungszwang, so dass Gerüchte und Behauptungen, soweit sie außerhalb der strafrechtlichen Verfolgbarkeit blieben, schnell Verbreitung finden konnten, weiterhin fehlte das Recht des in der Presse Angegriffenen auf Abdruck einer Gegendarstellung[135]. Der Gedanke, die Pressezensur wieder auf das Gebiet der inneren Politik auszudehnen, war bei König Ludwig I. durch zwei Anträge des Ministeriums des Inneren angeregt[136] und durch die Ereignisse der Julirevolution in Frankreich[137] und der Verherrlichung des Umsturzes in der französischen

---

kämpfen, berühre ich diesen Gegenstand, sondern um das Ministerium- einen Minister hatten wir seit mehreren Wochen zu sehen nicht mehr die Ehre- aufmerksam zu machen, daß während keiner der drey vorigen Ständeversammlungen in vaterländischen, unter der Censur stehenden Zeitschriften die Kammer oder einzelne Mitglieder so verun-glimpft wurden, wie in der gegenwärtigen, darin für das Ministerium Preßfrechheit, gegen dasselbe nicht einmal Preßfreyheit bestehe, (...)." (Verhandlungen der zweiten Kammer der Ständeversammlung des Königreichs Bayern im Jahre 1827/28, zehnter Band, München 1828, S. 136 f.).

134 Die Notwendigkeit eines Schutzes gegen den Missbrauch wurde sogar von den meisten Korrespondenten der Augsburger Allegmeinen Zeitung eingeräumt: Rudhart in der Allgemeinen Zeitung Nr. 154 vom 3.6.1831; Lindner in der Allgemeinen Zeitung Nr. 360 vom 25.12.1831; von Volz in der Allgemeinen Zeitung Nr. 111/112 vom 21./22.4.1831; dagegen Mittermaier in der Allgemeinen Zeitung Nr. 194 vom 12.7.1832 (zitiert nach Werner Funk, Die Verfassungsfrage im Spiegel der Augsburger „Allgemeinen Zeitung" von 1818-1848, Berlin 1977, S. 77). König Ludwig soll sich über das frivole Treiben der Presse beschwert haben: *„In keinem Lande wird so gegen das, was von der Regierung kommt, gesprochen als in Bayern.*" (nach Michael Doeberl, Entwicklungsgeschichte Bayerns, dritter Band, herausgegeben von Max Spindler, München 1931, S. 99).

135 Vgl. Josef Bayrle, Die rechtliche Situation der bayerischen Presse von 1818-1848, München 1848, S. 54.

136 Der erste Antrag vom November 1828 wurde mit dem Hinweis auf eine Verletzung der Verfassung, der zweite vom Februar 1830 mit dem Verweis auf die, angesichts der Ereignisse der Julirevolution in Frankreich möglichen, ungünstigen Auswirkungen vom König abgelehnt (vgl. Ministerialakt 45176, S. 183, 206. Zitiert nach Josef Bayrle, Die rechtliche Situation der bayerischen Presse von 1818-1848, München 1948, S. 51, 53).

137 In Frankreich regierte seit Napoleons Sturz der aus dem Geschlecht der Bourbonen stammende Karl X. Im Juli 1830 wollte Karl X. auf absolutistische Weise die Verschärfung des Zensuswahlrechts durchsetzen. Dagegen demonstrierten neben Studenten und Arbeitern auch Bürger, die nach blutigen Straßenschlachten den Rücktritt des Königs erzwangen. Neuer Regent wurde der liberale, als „Bürgerkönig" bezeichnete Louis Philippe (vgl. Ernst Rudolf Huber, Deutsche Verfassungsgeschichte, Band II, Stuttgart 1960, S. 31 f.; Heinz Gollwitzer, Ludwig I. von Bayern. Königtum im Vormärz, München 1997, S. 443 f.).

Presse verstärkt worden[138]. Ein Brief des Königs an den Bundestaggesandten Graf von Lerchenfeld vom 24. September 1830 verlieh Ludwigs Überlegungen bezüglich einer neuen Interpretation des Verfassungswortlautes Ausdruck:

„Der Verfassung nicht entgegen, sondern sogar von ihr vorgeschrieben ist die Zensur aller periodischer Schriften politischen Inhalts, demnach auch der inneren Politik, die Ich seither aus Irrtum frei gab und nur die äußere unter Zensur hielt.“[139]

a. Zensurverordnung des Eduard von Schenk

In diesem Bestreben zeichnete sich eine Wende in der liberal eingestellten Zensurpolitik Bayerns unter König Ludwig I. ab[140]. Erklärtes Ziel des Königs war bald eine gesetzliche Neuregelung der Zensur, mittels derer die Wiedereinführung der Zensur für periodische Druckschriften, die sich mit dem Gebiet der inneren Politik befassten, ermöglicht werden sollte[141]. Wie dringend es dem König mit der Einführung der Zensur für Berichte auf dem Gebiet der inneren Politik war[142], geht aus seinem Schriftverkehr mit Eduard von Schenk, dem Leiter des mit dem Entwurf der entsprechenden Zensurverordnung beauftragten

---

[138] Auch Berichte der Augsburger Allgemeinen Zeitung über die Revolution heben besonders die Mäßigung und die konsitutionelle Zielsetzung der Aufständischen hervor: *„Während des ganzen Aufstands, in der Hitze des Gefechts und im Taumell des Sieges selbst, wurde kein anderer Feldruf gehört als: Hoch lebe die Charte.“* (Augsburger Allgemeine Zeitung Nr. 210 vom 29.7.1830, Paris 22. Juli. Zitiert nach: Werner Funk, Die Verfassungs-frage im Spiegel der Augsburger „Allgemeinen Zeitung“ von 1818-1848, Berlin 1977, S. 51); vgl. auch Michael Doeberl, Entwicklungsgeschichte Bayerns, dritter Band, herausgegeben von Max Spindler, München 1931, S. 99.

[139] Zitiert nach Michael Doeberl, Ein Jahrhundert bayerischen Verfassungslebens, München 1918, S. 77.

[140] Die *Deutsche Tribüne* schrieb dazu: *„Bayern hat aufgehört liberal zu sein, seitdem in Frankreich Regierung und Volk sich zum entschiedenen Liberalismus bekennen.“* Zitiert nach Michael Doeberl, Ein Jahrhundert bayer-ischen Verfassungslebens, München 1818, S. 77; vgl. auch Werner Funk, Die Verfassungs-frage im Spiegel der Augsburger „Allgemeinen Zeitung“ von 1818-1848, Berlin 1977, S. 52

[141] Heinz Gollwitzer, Ludwig I. von Bayern. Königtum im Vormärz, München 1997, S. 443 f.; Ernst Rudolf Huber, Deutsche Verfassungsgeschichte, Band 2, Stuttgart 1960, S. 32 f.; Michael Doeberl, Ein Jahrhundert bayerischen Verfassungslebens, München 1918, S. 77.

[142] Hinter dieser Eile stand die Befürchtung, die Ideen der französischen Julirevolution könnten sich in Bayern verbreiten (vgl. Michael Doeberl, Ein Jahrhundert bayerischen Verfassungslebens, München 1918, S. 76 f.).

Innenministeriums hervor[143]. In einem Brief vom 13. Dezember 1830 an König Ludwig I. schrieb von Schenk:
„Gegen die Wiedereinführung der Zensur vor beendigten Ständewahlen haben Eure Majestät sich bereits in Allerhöchst Ihrer Weisheit auszusprechen geruht; es ist auch keinem Zweifel unterworfen, dass diese Maßregel den Geist vieler Wähler - der meisten in Franken - feindlich gegen die Staatsregierung stimmen würde, obgleich die Mehrzahl der Altbayern sie wünscht (...).“[144] Bereits am 10. Januar 1831 vermeldete von Schenk dem bereits ungeduldig auf einen Entwurf von Zensurgesetzen wartenden König[145]:
„Eurer Königlichen Majestät allergnädigstem Auftrage entsprechend, übergebe ich in der Anlage alleruntertänigst den Entwurf einer Instruktion für die Kreisregierungen in Beziehung auf die Zensur der politischen Blätter. Ich habe diesen Entwurf selbst bearbeitet und außer dem sehr verlässigen Kanzleiindividuum, welches ihn abgeschrieben, hat denselben niemand gesehen, noch auch irgend eine Kenntnis von der Sache. Ich habe die einzelnen Vorschriften jenes Entwurfes größtenteils aus dem Edikt über die Freiheit der Presse selbst (...) geschöpft.“[146]

Der Entwurf von Schenks fand die Zustimmung des Königs, so dass am 28.1.1831 eine neue Zensurverordnung erlassen wurde[147]. Einige Anmerkungen dazu, warum Innenminister von Schenk eine Zensurverordnung erarbeiten konnte, seien hier zum besseren Verständnis der Kompetenzenverteilung in der konstitutionellen Monarchie Bayerns eingefügt. Das Innenministerium war im Zuge der umfassenden Verwaltungsreformen entstanden, die unter Maximilian IV. Josef beziehungsweise seinem Minister Maximilian Graf von Montgelas ab

---

143 Im Rahmen dieser Arbeit werden nur die für das bayerische Zensurwesen besonders wichtigen Innenminister unter Ludwig I. zur Sprache gebracht. Eine umfassende Übersicht zu Ludwigs Ministern und Ministerverwesern des Innenministeriums findet sich bei Dirk Götschmann, Das bayerische Innenministerium 1825-1864. Organisation und Funktion, Beamtenschaft und politischer Einfluß einer Zentralbehörde in der konstitutionellen Monarchie, Göttingen 1993, S. 196 ff.

144 Max Spindler (Hrsg.), Briefwechsel zwischen Ludwig I. von Bayern und Eduard von Schenk 1823-1841, München 1930, S. 163.

145 Schreiben von Ludwig I. vom 8. Januar 1831 an Schenk: *„Am Endes des verwichenen Jahres der Entwurf einer Instruction zur verfassungsmässigen Censur der inneren Politik behandelnden Zeitungsblätter war mir zu bekommen verheissen und heute ist der 8te Jänner und noch habe ich sie nicht. An welchem Tage werde ich solche bekommen?“* (Max Spindler (Hrsg.), Briefwechsel zwischen Ludwig I. von Bayern und Eduard von Schenk 1823-1841, München 1930, S. 164).

146 Max Spindler (Hrsg.), Briefwechsel zwischen Ludwig I. von Bayern und Eduard von Schenk 1823-1841, München 1930, S. 165.

147 Regierungsblatt für das Königreich Bayern 1831, München 1831, S. 33 ff.

der Regierungsübernahme 1799 in Angriff genommen worden waren[148]. Nach mehreren Umorganisationen, die vor allem die Umstrukturierung der Kompetenzen im Bereich der inneren Staatsverwaltung zum Gegenstand hatten, wurde durch Verordnung vom 29.10.1806 dem Ministerium des Inneren unter anderem die Oberaufsicht über den Buchhandel nebst Entwurf der darauf Bezug habenden Verordnungen eingeräumt[149]. Im April 1817 wurde eine genauere Beschreibung der Zuständigkeitsbereiche und Komptenzen mittels einer Formationsverordnung vorgenommen, wodurch dem Innenministerium in § 49 c. Formationsverordnung als Wirkungsbereich *„die Gegenstände in Ansehung der Geisteskultur, sittlichen Bildung, Nationalerziehung und Anstalten für Wissenschaft und Künste; namentlich der Buchhandel, die Pressfreiheit, die nicht unter den Hofstäben stehenden Theater sowie die öffentliche Volksfeste*" zugewiesen wurden[150].

Diese Verfügung bestimmte das Tätigkeitsprofil des Innenministeriums bis zur nächsten Formationsverordnung vom 9. Dezember 1825, in der sich aber hinsichtlich des Zensurwesens nichts änderte[151]. Erst im Jahre 1847 veränderte sich im Bereich der Zuständigkeit für die Zensur insofern etwas, als dem am 15. Dezember 1846 aus dem Innenministerium hervorgegangenen Ministerium des Innern für Kirchen- und Schul-Angelegenheiten[152] durch Verordnung vom 30.

---

[148] Dirk Götschmann, Das bayerische Innenministerium 1825-1864. Organisation und Funktion, Beamtenschaft und politischer Einfluss einer Zentralbehörde in der konsitutionellen Monarchie, Göttingen 1993, S. 26.

[149] Dirk Götschmann, Das bayerische Innenministerium 1825-1864. Organisation und Funktion, Beamtenschaft und politischer Einfluss einer Zentralbehörde in der konsitutionellen Monarchie, Göttingen 1993, S. 27 f.

[150] Dirk Götschmann, Das bayerische Innenministerium 1825-1864. Organisation und Funktion, Beamtenschaft und politischer Einfluss einer Zentralbehörde in der konsitutionellen Monarchie, Göttingen 1993, S. 33.

[151] Unter B. Besondere Bestimmungen, III. Wirkungskreis des Ministeriums des Inneren hieß es unter dem dort aufgeführten § 74: *„Zum Wirkungskreis dieses Ministeriums gehören folgende Geschäftszweige und Gegenstände: (...) § 74. Die gesammte Staats- und Landes-Polizei, dann alle dahin gehörigen Anstalten, welche die Erhaltung der öffentlichen Ruhe und Ordnung im Inneren zum Zwecke haben, insbesondere:[a) –e)]*
f) die Aufsicht auf den Buchhandel, die Obsorge gegen den Mißbrauch der Freiheit der Presse." (Formationsverordnung für die Ministerien vom 9. Dezember 1825, in: Hermann Rehm, Quellensammlung zum Staats- und Verwaltungsrecht des Königreichs Bayern, Leipzig 1903, S. 189 f.).

[152] § 1 der Formationsverordnung für das Kultusministerium. Allerhöchste Verordnung vom 27. Februar 1847, die oberste Leitung der Kirchen- und Schulangelegenheiten betreffend: *„Das unterm 15. Dezember 1846 gebildete Ministerium hat von nun an die Benennung: Ministerium des Innern für Kirchen- und Schulangelegenheiten zu führen.*" (Hermann Rehm, Quellensammlung zum Staats- und Verwaltungsrecht des Königreichs Bayern, Leipzig 1903, S. 194).

November 1847 das Zensurwesen unterstellt wurde[153]. Die Zuständigkeit für eine Verordnung hinsichtlich der Zensur, wie sie von Eduard von Schenk ausgearbeitet worden war, konnte demnach aus der Verordnung vom 29. Oktober 1806 abgeleitet werden.

In § 1 der Zensurverordnung war festgelegt, dass für Zeitungen oder sonstige periodische Schriften keine Pflicht zur Einholung einer Druckerlaubnis bestand, aber ein Exemplar vor Erscheinen der Zeitung abzuliefern sei[154]. Gemäß § 2 erstreckte sich die Zensur wieder auf Zeitungen innenpolitischen Inhalts[155].
Die folgenden Normen enthielten detailliertere Angaben, unter welchen Voraussetzungen Zeitungsartikel von der Zensurbehörde zu untersagen wären[156]. Die

---

[153] Dirk Götschmann, Das bayerische Innenministerium 1825-1864. Organisation und Funktion, Beamtenschaft und politischer Einfluss einer Zentralbehörde in der konsitutionellen Monarchie, Göttingen 1993, S. 41.

[154] *„§. 1. Zu der Herausgabe von Zeitungen oder sonstigen periodischen Schriften ist die vorausgehende Einholung einer obrigkeitlichen Bewilligung nicht erforderlich. Der Herausgeber hat jedoch vor dem ·Ausgeben des ersten Stückes oder Heftes der Regierung des Kreises, in welchem die Zeitung oder periodische Schrift erscheinen soll, eine Anzeige mit Beyfügung des Prospectus zu übergeben, damit entweder hinsichtlich der Censur, soweit dieselbe verfassungsmäßig einzutreten hat, oder aber in Beziehung auf die in dem §. 4. des Edikts über die Freyheit der Presse angeordnete allgemeine Auffsicht das Erforderliche rechtzeitig verfügt werden könne.“* (Regierungsblatt für das Königreich Bayern 1831, München 1831, S. 34, 35).

[155] *„§. 2. Alle Zeitungen und periodischen Schriften, welche sich mir der inneren oder äußeren Politik oder mit der Statistik befassen, unterliegen ohne Unterschied und Ausnahme der nach §. 2. des Ediktes über die Freyheit der Presse dafür angeordneten Censur. Es ist daher jedes Blatt und jedes Heft solcher Zeitschriften vor dem Ausgeben und Versenden der Censurbehörde im Manuscripte oder im Probedruck zur Durchsicht vorzulegen.“* (Regierungsblatt für das Königreich Bayern 1831, München 1831, S. 35).

[156] *„§. 3. Die Censur der erwähnten Zeitungen und Zeitschriften hat sich auf die Artikel politischen und statistischen Inhalts zu beschränken. Dieselbe wird hinsichtlich derjenigen Artikel und Aufsätze, welche sich auf äußere Staatsverhältnisse und auf das Wirken der Staatsgewalt und ihrer Organe hinsichtlich der Ausübung der äußeren Regierungsrechte beziehen, nach den hierfür ertheilten oder zu ertheilenden besonderen Instruktionen ausgeübt. Bey jenen Artikeln und Auffsätzen aber, welche von inneren Staatsverhältnissen und dem Wirken der öffentlichen Behörden in Bezug auf innere Regierungs- Angelegenheiten handeln, ist nach folgenden Bestimmungen zu verfahren.*
§. 4. Die Censur der von innerer Politik und Statistik handelnden Artikel und Aufsätze soll dem rechtswidrigen Missbrauche der verfassungsmäßig gewährten Freyheit der Presse begegnen, nicht aber den rechts- und gesetzmäßigen Gebrauch derselben willkürlich hemmen und beschränken. Es ist daher der Druck der erwähnten Auffsätze nur unter folgenden Voraussetzungen von der Censurbehörde zu untersagen:
1. Wenn darin Nachrichten über persönliche und Familien-Verhältnisse des Monarchen oder der Mitglieder des Königlichen Hauses gegeben werden, die weder durch unmittelbare amt-

Pflichten dieser Zensurbehörde waren in § 10 geregelt, wonach die Zensur ohne Verzug vorzunehmen und im Falle ihrer Ausübung stets die entsprechende Rechtsgrundlage, aufgrund derer die Zensur vorgenommen worden war, beizufügen wäre[157]. Trotz dieser Regelung war der Vorgang der Zensur zeitraubend. In einer Broschüre, die eine Erörterung der neuen Zensurverordnung enthielt, hieß es dazu: „*auch angesichts der Regelung des § 10, der bestimmt, die Zeitschriften ohne Verzug zu zensurieren, hält die Zensur auf, da man die Schleunigkeit des Geschäftsganges, zumal bei den Kreisregierungen und Ministerien kennt.*“[158]

Schließlich enthielt § 11 Angaben dazu, wer die Zensur auszuüben hätte[159]. Dabei wurde nach Kreishauptstädten, Städten und übrigen Orten unterschieden

---

liche Mittheilung noch durch die vorausgegangene Bekanntmachung in einem als offiziell anerkannten Blatte verbürgt erscheinen.

2. Wenn in denselben notorische Unwahrheiten oder erdichtete Nachrichten von zu erwartenden Regierungsmaßregeln enthalten sind, welche Täuschung oder Aufregung zu Folge haben können.

3. Wenn durch die Bekanntmachung irgend ein im Königreiche bestehendes Strafgesetz übertreten, und eine im Verbrechens-, Vergehens-, oder Polizey-Uebertretungsgrade strafbare Handlung begangen werden würde. Insbesondere ist hiernach zu verfahren.

a. wenn solche Gesetzübertretungen den Monarchen, den Staat und dessen Verfassung oder die im Königreiche bestehenden Kirchen- und religiösen Gesellschaften betreffen;

b. wenn der vorgelegte Aufsatz die öffentliche Ruhe und Ordnung durch Aufmunterung zum Aufruhr oder auch indirekt durch Verbreitung unverbürgter Gerüchte gefährdet;

c. wenn derselbe der Sittlichkeit durch Reiz und Verführung zu Wollust und Laster gefährlich ist.

4. Wenn Staatsdiener Vorträge oder sonstige Arbeiten über Gegenstände, die denselben in ihrem Geschäftskreise übertragen sind, ferner statistische Notizen, Verhandlungen, Urkunden und sonstige Nachrichten, zu deren Kenntniß sie nur durch ihre Dienstverhältnisse kommen konnten, ohne Beybringung der nach §. 3. des Edikts über die Freyheit der Presse erforderlichen besonderen Erlaubniß dem Drucke übergeben.“ [Es folgten §§ 5-9 mit weiteren detaillierten Bestimmungen zur Art der Berichte, die der Zensur unterfallen, Anm.d.V.] abgedruckt bei: Regierungsblatt für das Königreich Bayern 1831, München 1831, S. 35-39).

[157] „*§. 10. Die Censurbehörden sind verbunden: a. jede zur Durchsicht vorgelegte Zeitschrift ohne Verzug zu censieren,*

b. jedem Abstriche die Motive, das Gesetz und den Paragraphen der gegenwärtigen Instruktion, auf welche die Versagung des Druckes sich gründet, deutlich beizufügen. Dieselben haben sich dabey jeder Veränderung der gestrichenen Stellen zu enthalten.“ (abgedruckt bei: Regierungsblatt für das Königreich Bayern, München 1831, S. 39).

[158] Vgl. Eugen Franz, Bayerische Verfassungskämpfe, München 1926, S. 197.

[159] „*§ 11 Die Censur ist a. in den Kreishauptstädten von Unserem General-Commissär, oder von einem durch diesen unter eigener Verantwortlichkeit damit zu beauftragenden Regierungsmitgliede,*

b. in jenen Städten, in welcher ein Stadt-Commissär aufgestellt ist, von diesem, und entsprechend der General-Commissär, der Stadt-Commissär oder der Land- oder Herrschaftsrichter mit der Zensurausübung betraut. Für München selbst behielt sich das Staatsministerium des Inneren vor, die Zensur in Einzelfällen dem Ministerialrat zu übertragen.

Die Zensurverordnung des später auch als Dichter bekannten Eduard von Schenks[160], verursachte einen wahren Aufruhr in der am 27. Februar 1831[161] zusammengetretenen Ständeversammlung. In der zweiten öffentlichen Sitzung am 10. März 1831 hatte von Schenk Weisungen in Bezug auf die Anwendung des § 5 der am 28. Januar 1831 ergangenen Zensurverordnung in Aussicht gestellt, die weiteren Missverständnissen dieser Bestimmung vorbeugen sollten[162]. Im

---

c. an den übrigen Orten von dem Land- oder Herrschaftsrichter zu führen. Unserem Staatsministerium des Inneren bleibt vorbehalten, die Censur der in Unserer Haupt- und Residenzstadt erscheinenden Zeitungen oder sonstigen periodischen Schriften politischen oder statistischen Inhalts in einzelnen Fällen einem Ministerialrathe zu übertragen." (abgedruckt bei: Regierungsblatt für das Königreich Bayern 1831, München 1831, S. 40).

[160] Anmerkungen zu Eduard von Schenk: Karl Bosl, Bayerische Biographie, Regensburg 1983, S. 672; Dirk Götschmann, Das bayerische Innenministerium 1825-1864. Organisation und Funktion, Beamtenschaft und politischer Einfluss einer Zentralbehörde in der konstitutionellen Monarchie, Göttingen 1993, S. 202 ff.

[161] Die ersten geheimen sechs Sitzungen fanden am 27. Februar, dem 2.-5. März, sowie am 7. März statt. Die erste öffentliche Sitzung fiel dann auf den 8. März 1831 (Verhandlungen der zweiten Kammer der Ständeversammlung des Königreichs Bayern im Jahre 1831, Erster Band, München 1831, S. 3 f.).

[162] Vgl. dazu Eduard von Schenk: „*Es ist in Anregung gebracht worden, daß die Bestimmung des § 5 der Verordnung vom 28. Januar dieses Jahres den Vollzug des § 2 der III. Beylage zur Verfassungsurkunde betreffend, wegen des darin enthaltenen Beysatzes, der die Censurbehörden zu der Beseitigung der in den erzählenden Berichten über die Verhandlungen der Kammer der Abgeordneten enthaltenen offenbaren Unwahrheiten und Entstellungen anweiset, zu Missverständnissen Anlaß geben, und als Motiv für die Untersagung der Aufnahme aller Berichte, deren Aechtheit nicht auf irgend eine Weise verbürgt ist, geltend gemacht werden könnte. Der k. Regierung des R. Kreises k.d.J. wird nicht entgehen, daß die vollste Oeffentlichkeit der ständischen Verhandlungen in dem Geiste und den Worten der Verfassungs-Urkunde die unzweifelhafteste Gewährleistung finde, und daß daher der oben erwähnte Beysatz nur von notorischen Unwahrheiten und Entstellungen verstanden, keineswegs aber in einem Sinne angewendet werden dürfe, der die Bekanntmachung erzählender Berichte über die bemerkten Verhandlungen von der vorausgehenden Beybringung irgend einer Bürgschaft für die Aechtheit abhängig machen würde.*" (Verhandlungen der zweiten Kammer der Ständeversammlung des Königreichs Bayern im Jahre 1831, München 1831, Band 1, Protokoll Nr.II, S. 3 f.). Die Frage, ob die Zensurverordnung vom 28.1.1831 gegen die bayerische Verfassungs verstoße, wurde in der Kammer der Abgeordneten in den Sitzungen vom 5., 6., 7. und 11. Mai beraten (Verhandlungen der zweiten Kammer der Ständeversammlung des Königreichs Bayern im Jahre 1831, München 1831, Band 6, Protokoll XXX, S. 5).

weiteren Verlauf der Versammlung kristallisierte sich heraus, dass die Zensurverordnung von Schenks als Verletzung der bayerischen Verfassung interpretiert wurde[163]. Mit Blick auf die Junirevolution Frankreichs wurden die Regelungen der Zensurverordnung als *„Juniordonnanzen“* betitelt[164]. Stein des Anstosses war vor allem der umstrittene § 2 der Verordnung, durch den die Zensur auf Artikel, die sich mit Gegenständen der inneren Politik befassten, erstreckt wurde. In dieser Erweiterung der Zensur wurde ein Verstoß gegen die bayerische Verfassung in formeller wie in materieller Hinsicht gesehen[165]. Der Abgeordnete Baron von Closen formulierte diesen Vorwurf besonders prägnant:

„Ich gehe zur Beschwerde selbst über.
Die Verordnung vom 28tn Januar 1831 finde ich verfassungswidrig:
erstens als Versuch einer authentischen Interpretation; zweitens als erlassen ohne Beziehung des Staatsrathes und des Ministerrathes; drittens als die verfassungsmäßigen Grenzen der Censur unterliegenden Zeitschriften erweiternd; viertens als gegen die Gleichheit der Rechte; fünftens außer Acht lassend den Schutz, *worauf die Staatsbürger Anspruch haben; und sechstens als Missbrauch der Gewalt.“*[166]

Als Begründung für einen formellen Verfassungsverstoß wurde also angeführt, dass die Zensurverordnung vom Ministerium des Inneren erlassen worden sei und es unterblieben wäre, den Staatsrat und den Ministerrat zuzuziehen. Der

---

[163] Vgl. dazu Eduard von Schenk: *„Meine Herren! Das Ministerium des Inneren ist beschuldigt, die Verfassung verletzt, eines der edelsten, durch sie gewährten Rechte, die Freyheit der Meynungen, dem Volke entzogen oder verkümmert, durch die Verordnung vom 28. Jannuar dieses Jahres die Presse in gesetzwidrige Fesseln geschlagen zu haben. Dieser Verfassungsverletzung bin ich beschuldiget in mehreren Beschwerden, die bey Ihnen eingelaufen, in Beschwerden der Magistrate und Gemeindebevollmächtigten der Städte Nürnberg und Fürth, mehrerer Bürger von Kempten, der Buchhändler und Buchdrucker in Würzburg und Bamberg (...).“* (Verhandlungen der zweiten Kammer der Ständeversammlung des Königreichs Bayern im Jahre 1831, München 1831, Fünfter Band, Protokoll XXIII, S. 12 f.).

[164] Michael Doeberl, Ein Jahrhundert bayerischen Verfassungslebens, München 1918, S. 79; Max von Seydel, Bayerisches Staatsrecht, zweiter Band, S. 111.

[165] Vgl. dazu Eduard von Schenk: *„Ich bin beschuldigt worden, die Verfassung verletzt zu haben: 1) durch Ausdehnung der Censur auf die sich nur mit innerer Politik befassenden periodischen Blätter und*
2) durch die Form, in welcher diese Ausdehnung verfügt wurde.Die Beschwerde ist also eine doppelte, eine materielle und eine formelle.“ (Verhandlungen der zweiten Kammer der Ständeversammlung des Königreichs Bayern im Jahre 1831, Fünfter Band, München 1831, Protokoll XXIII, S. 15).

[166] Verhandlungen der zweiten Kammer der Ständeversammlung des Königreichs Bayern im Jahre 1831, Fünfter Band, München 1831, Protokoll XXIII, S. 95.

Charakter der Verordnung sei aber der eines Gesetzes zur Verfassungsurkunde von 1818, das ohne eine vorherige Anhörung der Stände nicht hätte erlassen werden dürfen. Diese Begründung bezog sich auf § 2 unter Titel VII. der Verfassung: „*Ohne den Beyrath und die Zustimmung der Stände des Königreichs kann kein allgemeines neues Gesetz, welches die Freyheit der Personen oder das Eigenthum der Staats-Angehörigen betrifft, erlassen, noch ein schon bestehendes abgeändert, authentisch erläutert oder aufgehoben werden*“[167]. Aus formeller Hinsicht hätte die Zensurverordnung demnach nicht ohne vorherige Zustimmung der Stände vom Ministerium des Inneren erlassen werden dürfen.
Der Verstoß in materieller Hinsicht wurde in einer Überschreitung der zulässigen Auslegung des Begriffs „*politisch*“ in § 2 des Ediktes über die Freiheit der Presse und des Buchhandels gesehen. „*Politisch*“ umfasse nur die außen-, nicht aber die innenpolitischen Verhältnisse, so dass die Zensurmöglichkeit der Verfassung sich auf die Gegenstände der äußeren Politik beschränken müsste[168].

Nach der mit Leidenschaft geführten Debatte über die Zensurverordnung konnte in der Abstimmung der Ständeversammlung am 18. Mai 1831 keine Mehrheit für die Vereinbarkeit der Zensurverordnung mit der Verfassung erziehlt werden[169]. Auswirkung dieser Unvereinbarkeitserklärung der Zensurverordnung mit der bayerischen Verfassung war eine beantragte Erhebung der Ministeranklage gegen den Urheber der Zensurverordnung Eduard von Schenk wegen vorsätzlicher Verletzung der Verfassung[170]. Dieser Antrag konnte sich zwar nicht

---

[167] Robert Piloty, Die Verfassungsurkunde des Königreichs Bayern nebst den auf die Verfassung bezüglichen sonstigen Gesetzen mit Anmerkungen, 1. Auflage, München 1907, S. 45 f.

[168] Verhandlungen der zweiten Kammer der Ständeversammlung des Königreichs Bayern im Jahre 1831, München 1831, Band 5, Protokoll XXIII S. 80 ff. und XX IV S. 16 ff.).

[169] „*Protokoll, abgehalten über die Resultate der Abstimmung in der geheimen Sitzung vom 16. Mai 1831, die Beschwerden der Stadt Kempten, des Magistrats und der Gemeindebevollmächtigten der Stadt Nürnberg und der Stadt Fürth etc. wegen Verletzung der Staatsverfassung durch die Censurverordnung vom 28. Jänner 1831 betreffend (...).*“ Für eine Verfassungsverletzung erklärten sich 96 zu 29 Stimmen (Verhandlungen der zweiten Kammer der Ständeversammlung des Königreichs Bayern im Jahre 1831, München 1831, Band 6, Protokoll XXX, S. 3).

[170] „*Protokoll, abgehalten über die Resultate der Abstimmung in der geheimen Sitzung vom 16. Mai 1831 (..). Findet sich die Kammer der Abgeordnete, aus Veranlassung der ihrer Prüfung unterstellten Beschwerde, durch ihre Pflicht aufgefordert, nach dem ihr durch die Verfassungs-Urkunde Titel X § 6 eingeräumten Rechte, wegen vorsätzlicher Verletzung der Staatsverfassung gegen den dermaligen Staatsminister des Inneren eine förmliche Anklage zu stellen?*“ Verneint mit 73 gegen 50 Stimmen (Verhandlungen der zweiten Kammer der Ständeversammlung des Königreichs Bayern im Jahre 1831, München 1835, Band 6, Protokoll XXX, S. 3 f.).

durchsetzen, bewegte von Schenk aber dazu, dem König von sich aus seinen Rücktritt anzubieten.[171]
Im Ergebnis wurde durch Verordnung vom 12. Juni 1831 der frühere Zustand wieder hergestellt[172]. Die Rücknahme der Zensurverordnung, erst nach vielen Besprechungen beschlossen, stellte sich für den König als äußerst unangenehm dar:

„Fürst Wrede soll noch heute im Beysein des Ministers von Kobell mit 8 der stärksten Oppositionsmänner zugleich, unter welchen Seuffert, Culmann, Hainzelmann und Lösch seyn sollen, sprechen, dass ich zu dem großen Opfer der Zurücknahme der Censurverordnung bereit bin (groß ist es, weil ich eine erlassene Verordnung zurücknehme).“[173]

---

[171] Seinen Rücktritt reichte Schenk mit Schreiben vom 22. Mai 1831 bei König Ludwig I. ein: *„Bei dieser Lage der Dinge kann mein Entschluß keinen Augenblick zweifelhaft bleiben; ich müsste ein Verräter an den höchsten Interessen, an der Person meines heißgeliebten und ewig verehrten Königs, Verräter an der Sache des Vaterlandes selbst sein, wenn ich nicht an Euer Majestät die alleruntertänigste Bitte stellte, mich der mir huldvollst anvertrauten Funktion als Staatsminister des Inneren zu entheben und mir eine andere, meinem Rang als wirklicher Staatsrat angemessene Stelle allergnädigst zu verleihen (...).*“ (abgedruckt bei: Max Spindler (Hrsg.), Briefwechsel zwischen Ludwig I. von Bayern und Eduard von Schenk 1823-1841, München 1930, S. 191 f.).
„Dienstes-Nachrichten. Seine Majestät der König haben Sich unterm 26. Mai d.J. allergnädigst bewogen gefunden, die von dem Staats-Minister des Inneren, von Schenk, erbetene Entlaßung von dieser Stelle (die Allerhöchstsie den edlen Beweggrund, welcher ihn zu diesem Schritte bestimmte, erkennen und zu schätzen wissen,) unter Bezeugung der vollen Zufriedenheit mit seiner Geschäftsführung und der gegen Allerhöchstdieselben bewiesenen Treue und Ergebenheit, anzunehmen, und denselben zum Staatsrathe im außerordentlichen Dienste und zum General-Commisär und Regierung-Präsidenten des Regenkreises vom 1. Juni d.J. an, zu ernennen.“ (Regierungsblatt für das Königreich Bayern 1831, München 1831, S. 329 f.).
[172] *„Königliche Allerhöchste Entschließung. (Die Verordnung über den Vollzug des §. 2. der III. Beylage zur Verfassungs-Urkunde betreffend.) Ludwig, von Gottes Gnaden König von Bayern etc. Wir finden Uns bewogen, die Verordnung vom 28. Jänner dieses Jahres, den Vollzug der Bestimmungen des §. 2. der II. Beylage zur Verfassungs-Urkunde betreffend, hiemit ausser Wirkung zu setzten, und befehlen, daß diese Unsere Entschließung durch das Regierungsblatt bekannt gemacht werde. München den 12. Juny 1831.*“ (Regierungsblatt für das Königreich Bayern 1831, München 1831, S. 337 f.).
[173] Resultate der mit einigen Abgeordneten gepflogenen Unterredung und die hierauf erfolgte Zurücknahme der Zensurverordnung vom 10. Juni 1831 aus: BayHStA Staatsprotokolle Nr. 118. Abgedruckt in: Max Spindler, Signate König Ludwig I., Hrsg: Andreas Kraus, Band 1, München 1987, S. 546 f.

Wenige Tage zuvor, am 3. Juni 1831, waren der bayerischen Ständeversammlung sechs Gesetzesentwürfe vorgelegt worden[174], welche die Rechte der Presse zum Gegenstand hatten[175]:

„1.) den Entwurf eines Ediktes über die Freyheit der Presse und des Buchhandels[176],

2.) den Entwurf eines Gesetzes über die Censur[177],

---

[174] Die zwei Kammern der allgemeinen Versammlung der Stände des Reichs waren gemäß Titel VI. § 1 der bayerischen Verfassung die Kammer der Reichsräte und die Kammer der Abgeordneten. Die Bezeichnung „Ständeversammlung" wurde durch das Landtagwahlgesetz vom 4. Juni 1848 durch die Bezeichnung „Landtag" ersetzt. Die Ständeversammlung war ihrem Charakter nach die Vertretung von Berufsklassen, deren Zusammensetzung und Aufgaben sich nach den, unter Titel VI. der Verfassung vorgesehenen Vorschriften bestimmte (vgl. Robert Piloty, Die Verfassungsurkunde des Königreichs Bayern nebst den auf die Verfassung bezüglichen sonstigen Gesetzen mit Anmerkungen, 1. Auflage, München 1907, S. 37 f.).

[175] Der König hatte die Entwürfe bereits vorher gesehen, da er am 2. Mai 1831 darüber schrieb: *„Ich bin im ganzen mit diesen Entwürfen einverstanden. Nur nicht bloß jene, welche den deutschen Bund und die dazugehörigen Staaten betreffen, sondern die gesamte äußere Politik, sollen der Censur unterliegen. Statt der Kataloge sollen die Buchhandlungen ihre Novitätenverzeichnisse immer sogleich der Polizey übergeben und das jetzt verfassungsmäßig bestehende Recht der provisorischen Beschlagnahme durch die Polizey soll aufrecht erhalten werden, die Polizey aber das in Beschlag Genommene sogleich dem Staatsanwalt übergeben, welcher binnen 24 Stunden seinen Antrag bei Gericht zu stellen hat. Für die Herausgabe von Zeitungen und periodischer Schriften muß eine angemessene im Verhältnis zu den Strafen und Kosten im Verhältnis stehende Caution gestellt werden. Von den Zeitungen soll so wie von periodischen Schriften und Flugblättern sogleich, wie der erste Bogen dem Korrektor übergeben wird, auch der Polizey ein solcher Bogen übergeben werden, damit dieselbe, noch ehe ein Schaden geschieht, solchen durch das oben bezeichnete Einschreiten verhindern kann. Mit den Freiheitsstrafen sollen ergiebigere Geldstrafen verbunden werden, welche, da meistens Gewinnsucht die Pressvergehen erzeugt, hier wirksamer sind. Überhaupt finde Ich die Strafen zu gelind (...).*" (BayHStA MA 90096, fol.7. Abgedruckt bei: Max Spindler, Signate König Ludwigs I., Hrsg: Andreas Kraus, Band 1, München 1987, S. 533 f.).

[176] Das zehn Paragraphen umfassende Edikt über die Freyheit der Presse und des Buchhandels sollte als revidierte Fassung des Ediktes vom 26. Mai 1818 an dessen Stelle treten: *„Ludwig von Gottes Gnaden König von Bayern etc. Wir haben das Edikt über die Freyheit der Presse und des Buchhandels vom 26. Mai 1818 einer Revision unterwerfen lassen, und nach Vernehmung Unseres Staatsrathes, mit Beyrath und Zustimmung unserer Lieben und Getreuen, der Stände des Reiches, nach Beobachtung der in der Verfassungs-Urkunde Titel X § 7 vorgezeichneten Formen, beschließen Wir und verordnen: (...).*" (abgedruckt bei: Verhandlungen der zweiten Kammer der Ständeversammlung des Königreichs Bayern vom Jahre 1831, vierter Beilagenband, München 1831, Beylage XXIV, S. 48 ff.).

[177] Zur Regelung der Zensur der Zeitungen und periodischen Schriften waren sechs Artikel vorgesehen, die z.B. Nachrichten und Aufsätze, die sich mit den Verhältnissen des deutschen Bundes befassten unter eine Vorzensur stellten (abgedruckt bei: Verhandlungen der zweiten

3.) den Entwurf eines Gesetzes über die Polizey der Presse und ihrer Erzeugnisse[178]*,*
4.) den Entwurf eines Gesetzes über die Vergehen und Verbrechen durch den Missbrauch der Presse und ihrer Erzeugnisse[179]*,*
5.) den Entwurf eines Gesetzes über das Verfahren gegen Uebertretungen, Vergehen und Verbrechen durch den Missbrauch der Presse und ihrer Erzeugnisse."[180]

In einem Vortrag am 3. Juni 1831 vor der Kammer der Abgeordneten erörterte der königliche Staatsrat von Stürmer die Entwürfe, die in ihrer Gesamtheit das von König Ludwig I. in seiner Thronrede zugesicherte Pressegesetz darstellen sollten[181]. Um die Gesetzesentwürfe durchzubringen, hätte es eines Konsenses zwischen der Kammer der Abgeordneten und der Kammer der Reichsräte bedurft. Nach fast sechsmonatiger Beratungszeit erging am 20. Dezember 1831 zunächst ein Schreiben der Kammer der Abgeordneten an die Kammer der Reichsräte mit der Mitteilung, dass kein Konsens zwischen den Kammern bezüglich des Pressegesetzes erzielt werden könne[182]. Darauf hin wandten sich beide Kammern an König Ludwig I.:

Kammer der Ständeversammlung des Königreichs Bayern vom Jahre 1831, vierter Beilagenband, München 1831, Beylage XXIV, S. 53 f.).

[178] Das Gesetz über die Polizei der Presse und ihrer Erzeugnisse umfasste 18 Artikel, regelte zum Teil Gegenstände, die in den gewerberechtlichen Bereich hineinreichten (z.B. Art 1, 2), sah für die Polizei Verzeichnisse von Bücher-oder Bilderhändlern vor und regelte das Impressum (abgedruckt bei: Verhandlungen der zweiten Kammer der Ständeversammlung des Königreichs Bayern vom Jahre 1831, vierter Beilagenband, München 1831, Beilage XXIV, S. 57 f.).

[179] In 38 Artikeln waren vor allem die strafrechtlich relevanten Übergriffe von Seiten der Presse geregelt, wie z.B. die Majestätsbeleidigung, oder der Aufruf zu Straftaten mittels Druckschriften (abgedruckt bei: Verhandlungen der zweiten Kammer der Ständeversammlung des Königreichs Bayern vom Jahre 1831, vierter Beilagenband, München 1831, Beilage XXIV, S. 67 f.).

[180] Mit 220 Artikeln war das Gesetz über das Verfahren bei den Übertretungen, Vergehen und Verbrechen durch den Missbrauch der Presse und ihrer Erzeugnisse der umfangreichste Teil der Gesetzentwürfe. Gerichtsverfahren gegen die Presse sollten demnach vor ordentlichen Gerichten erfolgen. Die Verhandlungen sollten öffentlich und mündlich vor Geschworenengerichten stattfinden (Verhandlungen der zweiten Kammer der Ständeversammlung des Königreichs Bayern vom Jahre 1831, vierter Beilagenband, München 1831, Beilage XXIV, S. 82 ff.); vgl. weiterhin Verhandlungen der zweiten Kammer der Ständeversammlung des Königreichs Bayern vom Jahre 1831, 7. Band, München 1831, Protokoll XXXVII, S. 3 f.

[181] Verhandlungen der zweiten Kammer der Ständeversammlung des Königreichs Bayern vom Jahre 1831, vierter Beilagenband, München 1831, Beilage XXIV, S. 1 - 47.

[182] *„Die Kammer der Abgeordneten an die Kammer der Reichsräthe: Die Kammer der Abgeordneten zeigt der Kammer der Reichsräthle an, daß sie gleichfalls auf ihren früheren*

„Allerdurchlauchtigster, Großmächtigster König!
Allergnädigster König und Herr!
Die alleruntertähnist treugehorsamsten Stände haben sich über die gemeinschaftliche Zustimmung zu den an sie gebrachten Entwürfen des Edikts über die Freyheit der Presse und des Buchhandels, und der Gesetze über die Censur der Zeitungen und der periodischen Presse, über die Polizey der Presse und ihrer Erzeugnisse, über die Verbrechen und Vergehen durch den Missbrauch der Presse und ihrer Erzeugnisse, nicht vereinen können.
In allertiefster Ehrfurcht verharren
München den 20. December 1831

Alleruntertähnigst treugehorsamste	*Alleruntertähnigst treugehorsamste*
Kammer der Reichsrähte	*Kammer der Abgeordneten.* “[183]

Da kein Konsens erreicht worden war, erwuchs den Entwürfen zum Preßgesetz keine Gesetzeskraft[184]. Anstatt dessen erging durch Staatsrat von Stürmer, der seit dem Rücktritt von Schenks als Verweser an der Spitze des Innenministeriums stand[185], eine königlich genehmigte Anweisung, das bayerische Zensurwesen betreffend. Mittels dieser Zensurinstruktion vom 30. September 1831[186] sollten die bis dahin ergangenen Einzelbestimmungen für die Durchführung der Zensur zusammengefasst und durch Präzisierung der Auslegung des Presseedikts dessen einheitliche Anwendung in ganz Bayern gesichert werden[187]. Die nur für den Dienstgebrauch bestimmte Instruktion enthielt viele Konkre-

---

unter dem 29. November d. J. gefassten Beschlüssen über das Pressgesetz verharre, wonach, da eine Uebereinstimmung beyder Kammer nicht zu erzielen ist, der gemeinschaftlich zu fassende Beschluß in der § 53 lit. C. der Beylage X. Tit. II. zur Ver-fassungsurkunde vorgeschriebene Form an die Staatsregierung zu bringen seyn wird. Hochachtungsvoll, München den 20. December 1831.“ (Verhandlungen der zweiten Kammer der Ständeversammlung des Königreichs Bayern im Jahre 1831, 27. Band, Protokoll CLIV, S. 124).

[183] Verhandlungen der zweiten Kammer der Ständeversammlung des Königreichs Bayern im Jahre 1831, 27. Band, München 1831, Protokoll CLIV, S. 125.

[184] Ernst Richter, Entwicklung Bayerischen Presserechts 1848-1874, München 1952, S. 4.

[185] Michael Doeberl, Ein Jahrhundert bayerischen Verfassungslebens, München 1918, S. 81; Michael Doeberl, Entwicklungsgeschichte Bayerns, dritter Band, herausgegeben von Max Spindler, München 1931, S. 104.

[186] Zensurinstruktion in Ministerialakt 45176 (zitiert nach Josef Bayrle, Die rechtliche Situation der bayerischen Presse von 1818-1848, München 1948, S. 69).

[187] Vgl. mit gleicher Intention die schon 1826 erschienene Denkschrift des Regierungsdirektors Ignaz von Rudhard, Über die Zensur der Zeitungen im allgemeinen und besonders nach dem bayerischen Staatsrechte, Erlangen 1826; vgl. Josef Bayrle, Die rechtliche Situation der bayerischen Presse von 1818-1848, München 1948, S. 69.

tisierungen des Presseedikts von 1818, konnte aber aufgrund der nicht erfolgten Bekanntmachung keine größere Bedeutung entfalten[188].

Zusammenfassend lässt sich feststellen, dass in den ersten sechs Regierungsjahren König Ludwigs I. für die Entwicklung des bayerischen Zensurwesens zunächst mit der Aufhebung der Zensur für Schriften über die innere Politik eine liberale Richtung eingeschlagen wurde. Die Eindrücke der Julirevolution des Jahres 1830 in Frankreich wirkten sich ungünstig auf die Beziehung des Königs zur Verfassung aus[189]. Zunehmende Kritik in der Presse und die Befürchtung, in Bayern bald ähnliche Zustände wie in Paris zu haben, lösten bei Ludwig I. eine Kehrtwende in seiner Einstellung zur Zensur aus. Wenige Jahre zuvor abgeschafft, wollte er jetzt die Zensur wieder auf die Berichte, die sich mit der inneren Politik Bayerns befassten, ausdehnen. Die zu diesem Zwecke von seinem Innenminister Eduard von Schenk ausgearbeitete und am 28.1.1831 erlassene Zensurverordnung wurde in der im März 1831 zusammengetretenen Ständeverfassung als Verstoß gegen die Verfassung verurteilt und musste zurückgenommen werden. Der Rücktritt von Schenks sowie die sich anschließende erfolglose Beratung über den Entwurf eines neuen Pressegesetzes trugen insgesamt zu einer Verschlechterung des Verhältnisses zwischen dem König und der Ständeversammlung bei[190]. Das bayerische Zensurwesen, gegen den Willen des Königs nun wieder mit Zensurfreiheit für den Bereich der inneren Politik ausgestattet, litt weiterhin unter der unsicheren Rechtslage, da trotz vieler Debatten keine Einigung für eine Konkretisierung des Presseedikts erfolgt war.

b. Politik der Mitte: Ludwig Fürst zu Oettingen-Wallerstein

Nach dem Rücktritt von Schenks wurde der als konservativ-liberal geltende Fürst zu Oettingen-Wallerstein am 30.12.1831 zum Leiter des bayerischen

---

[188] Zum Inhalt der Zensurinstruktion ausführlich Josef Bayrle, Die rechtliche Situation der bayerischen Presse von 1818-1848, München 1948, S. 68 f., 72.

[189] *„Die Pariser Julirevolution vom Jahre 1830 und ihre Folgeerscheinungen, die revolutionären Erhebungen in Belgien, in Polen, in Italien sowie in Braunschweig, Kurhessen und Sachsen, nahmen dem Könige seine Freude am Verfassungsleben: seine romantische Auffassung von Königswürde und Volkstreue sträubte sich gegen die Revolution.“* (Michael Doeberl, Ein Jahrhundert bayerischen Verfassungslebens, München 1918, S. 76.

[190] Vgl. dazu das Urteil des Freiherrn Hermann von Rotenhan zu dieser Entwicklung: *„Der Landtag hat zwischen Volk und Fürst eine Kluft eröffnet; stiegen Engel herab und ergriffen die Portefeuilles, sie würden den Anforderungen nicht entsprechen können.“* (zitiert nach: Michael Doeberl, Ein Jahrhundert bayerischen Verfassungslebens, München 1918, S. 86).

Innenministeriums[191]. Ludwig Fürst zu Oettingen-Wallerstein war nach seinem Jurastudium in Landshut als Leiter des Landesverteidigungswesens in Schwaben und im westlichen Bayern, als erblicher Reichsrat der Krone Bayerns und als Kronoberhofmeister des Königreichs Bayern tätig gewesen[192]. Aufgrund einer unstandesgemäßen Heirat und dem damit einhergehenden Verlust der Standesherrschaft und des Kronamtes in Armut geraten, stieg er unter Ludwig I. zum Leiter des bayerischen Innenministeriums auf. Kurz vor seinem Amtsantritt war von Seiten des Deutschen Bundes am 10. November 1831 die Aufforderung ergangen, alle Vorkehrungen zur Gewährleistung des Zwecks des Bundespressegesetzes zu treffen[193]. Am Anfang des Jahres 1832 hatten zwei außerhalb Bayerns erscheinende Zeitungen (*Der Westbote*, *Die Deutsche Tribüne*) alle Herausgeber politischer Zeitungen Bayerns aufgefordert, ihnen die von der Zensur unterdrückten Artikel zur Veröffentlichung zuzusenden. Am 1. März 1832 erging daraufhin die Weisung, die Herausgabe und Verbreitung dieser Zeitungen in Bayern zu untersagen[194]:

„Die Zeitblätter die deutsche Tribüne und den Westboten betreffend. Die Redaction der deutschen Tribüne und des Westboten lassen ihre Zeitblätter auf

---

[191] Michael Doeberl, Ein Jahrhundert bayerischen Verfassungslebens, München 1918, S. 87.

[192] Anmerkungen zu Ludwig Fürst zu Oettingen-Wallerstein: Karl Bosl, Bayerische Biographie, Regensburg 1983, S. 560 f.; Dirk Götschmann, Das bayerische Innenministerium 1825-1864. Organisation und Funktion, Beamtenschaft und politischer Einfluss einer Zentralbehörde in der konstitutionellen Monarchie, Göttingen 1993, S. 215 ff.

[193] Beschluss der Bundesversammlung über die Öffentlichkeit der Schriften und Presse vom 10. November 1831: *„Da sämmtliche Mitglieder des deutschen Bundes die feierliche Verpflichtung gegen einander übernommen haben, bei der Aufsicht über die in ihren Ländern erscheinenden Zeitungen, Zeit- und Flugschriften mit wachsamem Ernste zu verfahren und diese Aufsicht dergestalt handhaben zu lassen, daß dadurch gegenseitige Klagen und unangenehmen Erörterungen auf jede Weise möglichst vorgebeugt werden, in neuerer Zeit aber der Missbrauch der periodischen politischen Presse in einer höchstbedauerlichen Weise zugenommen hat; so bringt die Bundesversammlung sämmtlichen Bundesregierungen diese bis zur Vereinbarung über ein definitves Pressgesetz in voller Kraft verbleibende gegenseitige Verpflichtung mit dem Ersuchen in Erinnerung, die geeigneten Mittel und Vorkehrungen zu treffen, damit die Aufsicht über die in ihren Staaten erscheinenden Zeitblätter nach dem Sinne und Zwecke der bestehenden Bundesbeschlüsse gehandhabt werden.“* (abgedruckt bei: Georg Döllinger, Sammlung der im Gebiete der inneren Staats-Verwaltung des Königreichs Bayern bestehenden Verordnungen, Dritter Band, München 1836, S. 308 f.).

[194] Von Seiten des Deutschen Bundes wurden die beiden Zeitungen am 2. März 1832 gemäß §§ 1,6 und 7 des Bundes-Preßgesetzes verboten (vgl. Josef Bayrle, Die rechtliche Situation der bayerischen Presse von 1818-1848, München 1948, S. 74); Georg Döllinger, Sammlung der im Königreich Bayern im Gebiet der inneren Staatsverwaltung bestehenden Verordnungen, München 1835, dritter Band, S. 308; Vgl. Katharina Schoen, Zensur- und Pressepolitik im Deutschen Vormärz (1819-1848), Nürnberg 1991, S. 54.

Pressen abdrucken, die der gesetzmäßigen Conzession anerkanntermaßen entbehren, und haben überdies die Absicht ausdrücklich erklärt, und durch die fortgesetzte That bewährt, sich der verfassungsmäßig gebotenen Censur durch das Abdrucken der von dem Censor gestrichenen Stellen, und sogar dadurch zu entziehen, daß sie ihre Blätter erst nach deren Versendung an denselben gelangen ließen.
Auf dem Wege dieses gesetzwidrigen Verfahrens ist denn auch eine Reihe der beleidigendsten Angriffe auf die Häupter auswärtiger Staaten und der kühnsten Aufrufe zur Umwälzung deren Verfassung zur Störung der in denselben bestehenden Ruhe und Ordnung erschienen.
Zur Aufrechterhaltung der von Fürst und Volk feyerlich beschworenen Verfassung verpflichtet, und hiernach entschlossen, keinen beleidigenden Angriff auf auswärtige Souveräne und keine Versuche zur Beunruhigung ihrer Staaten zu gestatten, erwarten Wir von unserer Regierung des Rheinkreises, daß selbe die erwähnten gesetzwidrigen Pressen alsbald, und zwar mit aller gesetzlichen Kraft des polizeilichen Wirkungskreises außer Thätigkeit setzen werden.- Wir erwarten ferner allen Ernstes, daß die Kreisregierung unmittelbar nach Empfang gegenwärtiger Weisung das Erscheinen der besagten Blätter so lange förmlich untersagen, und mit allen Mitteln ihrer gesetzlichen Competenz verhindern werde, als die Redactionen sich nicht den Bestimmungen des III. constitutionellen Edictes pflichtmäßig unterwerfen.
München, am 1. März 1832."[195]

König Ludwig I. befahl sogar, die Pressen, auf denen die Zeitschriften gedruckt waren, zu vernichten[196]. Aufgrund dieser Entwicklungen erging am 15. März 1832 ein Ministerialerlass, in dem die Zensoren angewiesen wurden, nichts mehr zum Druck freizugeben, was der Würde des Bundes, der Würde und Sicherheit der übrigen Bundesfürsten sowie deren Verfassungen und Verwaltung oder dem inneren Frieden Deutschlands gefährlich werden könne[197]. Zu den Nachwirkungen der Pariser Julirevolution in Deutschland[198] und unter dem

[195] Georg Döllinger, Sammlung der im Gebiete der inneren Staats-Verwaltung des Königreichs Bayern bestehenden Verordnung, Dritter Band, München 1836, S. 333.
[196] Michael Doeberl, Entwicklungsgeschichte Bayerns, dritter Band herausgegeben von Max Spindler, München 1931, S. 119.
[197] Ministerialakt Nr. 45176. (zitiert nach Josef Bayrle, Die rechtliche Situation der bayerischen Presse von 1818-1848, München 1948, S. 74).
[198] In Braunschweig, Hannover, Kurhessen und Sachsen war es 1830/31 zu Unruhen gekommen (dazu Ernst Rudolf Huber, Deutsche Verfassungsgeschichte, Band 2, Stuttgart 1960, S. 46 ff.); vgl. auch Katharina Schoen, Zensur- und Pressepolitik im deutschen Vormärz, Nürnberg 1991, S. 45 ff.

Eindruck des Hambacher Festes[199] ergingen am 28. Juni, 5. Juli und 29. November 1832 Bundesbeschlüsse über „*Maßregeln zur Aufrechterhaltung der gesetzlichen Ordnung und Ruhe in Deutschland*“[200]. Art. 1 des Bundesbeschlusses vom 5. Juli 1832 enthielt hinsichtlich des Zensurwesens folgende Regelung: „*keine in einem nicht zum Deutschen Bunde gehörigen Staate in Deutscher Sprache im Druck erscheinende Zeit- oder nicht über zwanzig Bogen betragende sonstige Druckschrift politischen Inhalts darf in einem Bundesstaate, ohne vorgängige Genehmhaltung der Regierung desselben, zugelassen und ausgegeben werden; gegen die Uebertreter dieses Verbots ist eben so, wie gegen die Verbreiter verbotener Druckschriften, zu verfahren*“[201]. Auch bei diesen Bundesbeschlüssen behielt sich Bayern wieder vor, die Bundesbeschlüsse nur innerhalb der Grenzen der bayerischen Verfassung anzuwenden[202]. Die Richtung der bayerischen Zensurpolitik war aber von den Bundesbeschlüssen durchaus beeinflusst, was zahlreiche Untersuchungen, Verhaftungen und Zensurprozesse[203] sowie die Zensur ausweitende Ministerialakte dieser Zeit zeigten[204]. Der Abge-

---

199 Vgl. m.w.N. Ernst Rudolf Huber, Deutsche Verfassungsgeschichte, Band II, Stuttgart 1960, S. 133 ff.

200 Diesem Beschluss waren im Rahmen von Abwehrmaßnahmen des Bundes vor dem Hambacher Fest am 21. Oktober 1830 ein „Bundesbeschluß über Maßregeln zur Herstellung und Erhaltung der Ruhe in Deutschland“ ergangen (abgedruckt bei Ernst Rudolf Huber, Dokumente zur deutschen Verfassungsgeschichte, Band 1, 3. Auflage, Stuttgart 1961, S. 130). Die Bundesbeschlüsse vom 28. Juni, 5. Juli 1832 ebenfalls bei Huber, S. 132 ff.

201 Ernst Rudolf Huber, Dokumente zur deutschen Verfassungsgeschichte, Band 1, 3. Auflage, Stuttgart 1961, S. 134.

202 Josef Bayrle, Die rechtliche Situation der bayerischen Presse von 1818-1848, München 1948, S. 75.

203 So wurden im Rahmen von Zensurprozessen, die zumeist mit einer Bestrafung wegen Hochverrats, oder Majestätsbeleidigung endeten u.a. der Bürgermeister Dr. Behr, der Arzt Dr. Eisenmann, sowie die Publizisten Dr. Siebenpfeiffer und Dr. Coremanns verurteilt (vgl. Michael Doeberl, Entwicklungsgeschichte Bayerns, dritter Band, herausgegeben von Max Spindler, München 1931, S. 117 f.).

204 Am 19. Juli 1832 wurde per Ministerialerlass befohlen, dass auch solche Artikel von den Zensurstellen zu überprüfen seien, die aus bereits in Bayern schon einmal zensierten Zeitungen übernommen worden waren. Darüberhinaus wurden die Beilagenblätter politischer Zeitungen unabhängig ihres Inhalts der Zensur unterstellt. Am 10. August 1832 folgte ein erneuter Hinweis, dass jede Umgehung der Zensur, sowie jeder Abdruck der von der Zensur gestrichenen Stellen verboten sei. Am 27. Februar 1833 stellte ein Ministerialerlass fest, dass die Freiheit der Presse, die in der bayerischen Verfassung gewährt wurde, sich auch nur auf die in Bayern erscheinenden Druckschriften beziehe, so dass auswärtige Zeitungen der Zensur zu unterstellen seien. Alle Ministerialerlasse enthalten in Ministerialakt 45176 (zitiert nach Josef Bayrle, Die rechtliche Situation der bayerischen Presse von 1818-1848, München 1948, S. 76 f.).

ordnete Heinzelmann sagte zu dieser Entwicklung in der Sitzung der Kammer der Abgeordneten vom 23. Juni 1834:

„In dieser Beziehung nun erlaube ich mir, unter Hinweisung auf den jetzigen traurigen Zustand der Presse in unserm Lande, den Wunsch oder vielmehr die gerechte Bitte auszusprechen, daß die jetzt so harte Censur, welche wir leider durch eine unglückliche Abstimmung im Jahre 1831 behalten haben, mit mehr Milde, mit größerer Schonung gehandgabt werden möge, was gewiß auch zum Vortheil der Regierung seyn wird, (...).“[205]

Trotz dieser Ausweitung der Anwendungsbereiche bayerischer Zensur im Kleinen blieb die Zensurfreiheit für Zeitungsartikel, die sich mit der innern Politik befassten, erhalten, worauf auch Fürst zu Oettingen-Wallerstein mit Bezugnahme auf die gerade erwähnte Feststellung Heinzelmanns verwies:

„Allein die Censur wird nicht in dem Sinne geübt, wie das verehrliche Mitglied glaubt; geübt wird sie mit möglichster Schonung, nicht nur im Sinne der Verfassung, sondern selbst der ständischen Wünsche vom Jahre 1831. Meine Herren! Ohne mich in die Principien einzulassen, mache ich Sie darauf aufmerksam, daß die innere Politik der Censur nicht unterliegt. Die Tagesblätter enthalten Artikel, die keineswegs von einer überstrengen Censur zeugen (...).“[206]

Die Abwendung der Regierung von der liberalen Zensurpolitik konnte aber auch für das Schicksal von Artikeln über die innere Politik Auswirkungen zeigen. Oft enthielten Zeitungsblätter Beiträge, die sich sowohl mit der äußeren, als auch mit der inneren Politik befassten. Es lag im Ermessen des Zensors, ob er einen Artikel gemischten Inhalts insgesamt unterdrücken wollte oder nicht.

Unter dem Innenminister zu Oettingen-Wallerstein, der eine Politik der Mitte anstrebte, wurde für das bayerische Zensurwesens wertvolle Konkretisierungs- und Auslegungsarbeit am Presseedikt geleistet[207]. Alle Entschließungen und Spezialentscheidungen, die auf dem Gebiet der Pressezensur seit dem 1. Januar 1832 ergangenen waren, ließ Fürst zu Oettingen-Wallerstein am 8. März 1836 in

---

[205] Verhandlungen der Kammer der Abgeordneten des Königreichs Bayern im Jahre 1834, elfter Band, München 1834, Protokoll der L. öffentlichen Sitzung vom 23. Juni 1834, S. 255.

[206] Verhandlungen der Kammer der Abgeordneten des Königreichs Bayern im Jahre 1834, elfter Band, München 1834, Protokoll der L. öffentlichen Sitzung vom 23. Juni 1834, S. 270.

[207] Vgl. Michael Doeberl, Ein Jahrhundert bayerischen Verfassungslebens, München 1918, S. 87.

einem Ministerialakt zusammenfassen[208]. Diese nur für den Dienstgebrauch bei den Kreisregierungen vorgesehene Zusammenfassung veranschaulichte die Einstellung der bayerischen Regierung zur Zensur. Die Worte *„periodisch“* und *„Politik“* in § 2 des Pressedikts hatten eine weite Auslegung erfahren, wodurch auch der Anwendungsbereich der Zensur ausgedehnt werden konnte. Daneben muss aber auch festgestellt werden, dass es den Zensoren zum Schutz der Pressefreiheit verboten war, Artikel, die sie ganz oder teilweise zensierten, dem Text nach zu verändern. Auch war den Zensoren ein willkürliches Festlegen der

---

[208] Zu einzelnen Teilen dieser Zusammenstellung: Georg Döllinger, Sammlung der im Gebiete der inneren Staats-Verwaltung des Königreichs Bayern bestehenden Verordnungen, Dritter Band, München 1836, S. 311 f; 323 f.; 334; 358; 372 f.; 379. *„Zusammenstellung der seit 1832 ergangenen Spezialentscheidungen. 1. Zur Herausgabe eines Blattes, d.h. zur Ausübung der rein persönlichen Befugniß eines Redacteurs, bedarf es keiner speciellen Bewilligung, es wäre denn, daß damit die Erwerbung einer speciellen Verlags-Befugniß beabsichtigt würde, in welchem Falle die näheren Bestimmungen der Gewerbsgesetzgebung Anwendung zu finden hätten.*
2. Da die Verantwortlichkeit des Redacteurs oder Verlegers eines der Censur unterliegenden periodischen Blattes an und für sich eine individuelle ist, so erscheint auch die Herausgabe von solchen Blättern nur unter der Verantwortlichkeit eines benannten Redacteurs oder Verlegers gestattet, und es darf daher eine solche Zeitschrift weder a) ohne Beidruckung des Namens ihres Redacteurs oder Verlegers, noch b) unter erdichtetem Namen erscheinen.“
3. Die dritte Verfassungsbeilage besagte in ihrem § 1:
„Da sonach die, den inländischen Verfassern, Verlegern, berechtigten Buchdruckern und Buchhandlungen verfassungsmäßig zustehenden Rechte in keiner Weise auch auf Ausländer sich erstrecken, und diese eben deßhalb sich auf die Verfassungs-Urkunde nicht berufen können, so kann allerdings ein, von der Bayerischen Regierung nicht obrigkeitlich berechtigter Ausländer, das Recht nicht ansprechen, a) eine von seinem Staate verbotene Zeitschrift in Bayern fortzusetzen, oder b) von ihm unterschriebene censierbare Articel in Bayerische Blätter zu übertragen, so lange ihm von Seite seines Gouvernements die obrigkeitliche Berechtigung zur Herausgabe oder Fortsetzung von Zeitschriften versagt bleibt.
4. Bei Verhinderung eines Redacteurs zur persönlichen Ausübung der Redaction kann die Fortsetzung des Blattes nur unter der Voraussetzung statt finden, daß ein anderer der Verantwortlichkeit fähiger inländischer Redacteur oder Verleger sich darstellt.
5. Enthält eine Schrift Mittheilungen und Nachrichten, welche nur mit Verletzung besonderer Pflichten, z.B. der staatsdienerlichen, durch Ueberschreitung der Amtsverschwiegenheit, Platz zu greifen vermöge, so kann die Redaction sich des Zeugnisses über die Quelle, aus welcher diese Mittheilungen erfolgt sind, nicht entschlagen.
6. Die Veränderung der Person des Redacteurs kann die Verfolgung der, von dem vorigen Redacteur begangenen Gesetzes-Verletzung nicht aufheben, noch derselben entgegenstehen. Ministerialentschließung vom 8. März 1836 den Vollzug der dritten Beilage zur Verfassungs-Urkunde betreffend.“ (abgedruckt bei Georg Döllinger, Sammlung der im Gebiete der inneren Staats-Verwaltung des Königreichs Bayern bestehenden Verordnungen, Dritter Band, München 1836, S 311 f.)

Zensurstunden verboten, um eine rechtzeitige Versendung von Druckschriften durch die Post zu ermöglichen.

Insgesamt betrachtet stellt sich die Zeit von 1831-1836 in der Zensurgeschichte Bayerns als relativ ruhige Phase dar, in der vor allem Konkretisierungen der bestehenden Rechtsgrundlagen vorgenommen wurden. König Ludwig I. hatte unter dem Eindruck der Pariser Julirevolution und deren Auswirkungen auf Deutschland seine liberale Haltung aufgegeben. Die Zensurpolitik Bayerns schlug dadurch in den späteren Regierungsjahren Ludwigs wieder eine etwas restriktivere Richtung ein: Auf den Vorwurf allzu vieler Beschlagnahmen während der Zeit seiner Leitung des Innenministeriums sagte Fürst zu Oettingen-Wallerstein vor der Kammer der Reichsräte:

„Auch ob 200 Beschlagnahmen oder wie viele in einer gegebenen Zeit [1832-1836, Anm.d.V.] stattgefunden, kann ich heute nicht wissen; doch haben deren viele stattgefunden, so vergegenwärtige man sich die Presse jener Zeit.“[209]

Trotz dieser Beschlagnahmen, deren Zweck in der Wahrung der Rechte und des Ansehens der Monarchie gesehen wurde, darf nicht vergessen werden, dass sich Fürst zu Oettingen-Wallersein bemühte, die Zensur nur innerhalb der Grenzen der bayerischen Verfassung auszuüben. Dieser Kompromiss, bei dem die Rechte der Monarchie unter Beachtung der Verfassung geschützt wurden, trug dazu bei, dass für Artikel über die innere Politik Bayerns weiterhin die Zensurfreiheit aufrechterhalten blieb, weshalb die Zeit bis zur Entlassung des Innenministers zu Oettingen-Wallerstein 1837 in der Geschichte des bayerischen Zensurwesens als verhältnismäßig liberal gelten kann.

c. Zensurwesen Bayerns unter Karl von Abel

König Ludwig I., der mit der Kompromisspolitik seines Innenministers zunehmend unzufriedener wurde, hatte sich im Herbst 1837 zu einem Personalwechsel entschlossen[210]. Der einst als liberal geltende König, der die Betonung des monarchischen Systems für Bayern immer mehr hervorhob, prägte nun den Satz: *„Von den Rechten der Krone trete Ich keinen Zoll ab.“*[211] Für eine Ver-

---

[209] Verhandlungen der Kammer der Reichsräte des Königreichs Bayern vom Jahre 1847, Erster Band, München 1847, S. 397.
[210] Ernst Rudolf Huber, Deutsche Verfassungsgeschichte, Band 2, Stuttgart 1960, S. 436 f.
[211] So zitiert u.a. bei Michael Doeberl, Ein Jahrhundert bayerischen Verfassungslebens, München 1918, S. 89.

schiebung des Interessenschwerpunktes von der durch die Verfassung geschützten Pressefreiheit in Richtung des Schutzes der Monarchie wurde am 1. November 1837 der als konservativ und kirchentreu geltende Karl von Abel zum neuen bayerischen Innenminister berufen[212]. Karl August von Abel, 1788 geboren, war im Jahre 1810 in den bayerischen Staatsdienst eingetreten. Nachdem er zunächst als Stadt- und Polizeikommissar in Bamberg tätig gewesen war, wurde er Regierungsrat und schließlich Ministerialrat in München[213]. Im Streit um die Zensurverordnung von Schenks im Jahre 1831 hatte von Abel als Redner vor der Kammer der Abgeordneten die Zensur folgendermaßen charakterisiert:

„Die Pressfreiheit ist von nun an ein Dogma in unserer politischen Glaubenslehre geworden. Und wer, meine Herren! Könnte und möchte wohl jetzt noch der Censur das Wort reden, der Censur, - dieser morschen Krücke einer schwachen, dieser lähmenden Fessel einer starken in sich einigen Regierung?“[214]

War er 1831 noch für einen Entwurf eines liberalen Pressegesetzes eingetreten, sollte er als Nachfolger von Fürst Oettingen-Wallerstein 1837 als Minister des Inneren streng monarchische Grundsätze vertreten und bald das Zensurwesen Bayerns verschärfen.

Am 1. November 1837 erging bereits per Ministerialentschließung eine Weisung an die Zensoren, in der diese beauftragt wurden, eine Gegenüberstellung der Begriffe „*Monarch*“ und „*Regierung*“ in Druckschriften zu unterbinden, da so der Eindruck entstehen könnte, der König und die Regierung seien unterschiedliche Personen, was im Widerspruch zu Bayerns monarchischem System stehen würde (in der Person König Ludwig I. konzentriere sich die Regierung Bayerns)[215] und daher nicht zu dulden sei[216]. Die nächste Weisung an die bayerisch-

---

212 Michael Doeberl, Entwicklungsgeschichte Bayerns, dritter Band, herausgegeben von Max Spindler, München 1931, S. 125.

213 Anmerkungen zu Karl August von Abel: Karl Bosl, Bayerische Biographie, Regensburg 1983, S. 1; Dirk Götschmann, Das bayerische Innenministerium 1825-1864. Organisation und Funktion, Beamtenschaft und politischer Einfluss einer Zentralbehörde in der konstitutionellen Monarchie, Göttingen 1993, S. 224 ff.

214 Verhandlungen der zweiten Kammer der Ständeversammlung des Königreichs Bayern im Jahre 1831, Fünfter Band, München 1831, Protokoll XXVII, S. 244.

215 In einem Brief vom 10. Februar 1847 an den Minister des Äußeren Graf Otto von Bray-Steinburg erläuterte König Ludwig I., was er unter dem monarchischen Prinzip verstünde: *„In Bayern besteht das monarchische Prinzip. Der König befiehlt, die Minister gehorchen. Glaubt einer, es sei gegen sein Gewissen, so gibt er das Portefeuille zurück und hört auf Minister zu sein. Der König lässt sich nicht durch Minister vorschreiben, was er tun oder lassen soll.“*

en Zensoren erging schon am 30. November 1837. Darin wurde angeordnet, dass jeder direkte oder indirekte Tadel allerhöchster Verordnungen von der Zensur zu unterbinden sei[217]. Das Verbot direkten oder indirekten Tadels an allerhöchsten Verordnungen bedeutete nichts anderes als ein Verbot jeglichen kritischen Kommentars zu den neuesten Regierungsmaßnahmen. Noch im ersten Monat seiner Amtszeit hatte Innenminister von Abel zugelassen, dass der bis dahin unangetastet gebliebene Bereich der Pressefreiheit für Angelegenheiten der inneren Politik teilweise der Zensur unterstellt wurde. Weitere Ministerialakte trugen dazu bei, dass innerhalb weniger Monate die Zensur auf alle Artikel über die innere Politik Bayerns erstreckt wurde, deren freie Berichterstattung jahrelang gehütet worden war[218]. In einer geheimen Weisung, die an alle Regierungspräsidenten Bayerns erging, sprach Innenminister von Abel eine deutliche Sprache:

„Die Zensur erstreckt sich über alle politischen Zeitungen und periodischen Schriften politischen und statistischen Inhalts nach ihrem ganzen Inhalte ohne Unterschied zwischen äusserer und innerer Politik."[219]

Durch die Geheimhaltung dieser Weisung erlitt diese Verordnung nicht das gleiche Schicksal wie die 1831 erlassene und bald darauf hin wieder aufgehobene Zensurverordnung des damaligen Innenministers Eduard von Schenk. Die Auswirkung in der Praxis war eine Zensurpflicht aller periodischen, politischen Zeitungen. Ein Zustand, den es in der Geschichte der bayerischen Zensur zuletzt unter König Maximilian I. Joseph gegeben hatte.
Von Abel fand noch ein weiteres Mittel, die Zensur auszudehnen, ohne direkt gegen die Verfassung zu verstoßen. Dabei zielte er nicht auf eine Verschärfung

---

(zitiert nach Michael Doeberl, Ein Jahrhundert bayerischen Verfassungslebens, München 1918, S. 98).

[216] Ministerialakt 45176 (nach Josef Bayrle, Die rechtliche Situation der bayerischen Presse von 1818-1848, München 1948, S. 87).

[217] Ministerialakt 45176 (zitiert nach Josef Bayrle, Die rechtliche Situation der bayerischen Presse von 1818-1848, München 1948, S. 87).

[218] So z.B. Ministerialerlass vom 16. Dezember 1837, in dem eine Genehmigung für die Veröffentlichung aller Artikel, in denen eigene Worte des Königs in direkter oder indirekter Rede wiedergegeben werden sollten, eingeführt wurde.
Durch Ministerialentschließung vom 28. Januar 1838 wurden den Zensoren aufgetragen, alle Artikel, die über die Beschlagnahme auswärtiger Zeitungsblätter berichteten, zu unterdrückten (beide Ministerialerlasse in Ministerialakt 45176; nach Josef Bayrle, Die rechtliche Sitution der bayerischen Presse von 1818-1848, München 1948, S. 88).

[219] Ministerialakt 45176 (nach Josef Bayrle, Die rechtliche Situation der bayerischen Presse von 1818-1848, München 1948, S. 88).

der Zensur durch eine entsprechende Auslegung des Verfassungswortlautes, sondern auf eine Einflussnahme über die Hauptverteilerstelle von Zeitungen, die Post. Für die Zulassung einer Zeitung zum Vertrieb per Post war seit dem 1. Juni 1810 die Generalpostadministration zuständig[220]. Rechtliche Grundlage eines derartigen Transportes war ein Vertrag zwischen der Zeitungsredaktion und der Post. Ab 1819 war die Post verpflichtet, Ankündigungen von auswärtigen, in deutscher Sprache erscheinenden periodischen Blättern politischen oder statistischen Inhalts nur noch zu befördern, falls das Ministerium des Äußeren eine Spezialbewilligung dafür erteilt hatte:

„Auf Befehl seiner Majestät des Königs.
(...) wird der General-Administration der Königlichen Posten hiemit aufgetragen, den sämmtlichen Zeitungs-Expeditionen anzubefehlen, selbst keine Ankündigungen künftig herauskommender in deutscher Sprache geschriebener auswärtiger Zeitungen oder periodischer Blätter, welche politischen oder statistischen Inhaltes sind, zu verbreiten, ehevor nicht hiezu die Bewilligung, welche jederzeit hierorts zu erholen ist, ertheilt worden ist.
München, den 11. November 1819.“[221]

Mangels strenger Umsetzung in der Praxis wurde die gesondert zu erteilende Zulassung periodischer Zeitungsblätter zur Beförderung durch die Post, genannt Postdebit, erst unter von Abel ein wichtiges Mittel zur Ausweitung der Zensur, ohne dazu einer Verfassungsänderung zu bedürfen[222]. Der königlichen Postadministration wurde am 23. April 1838 mitgeteilt, dass eine neu erscheinende Zeitung von der Post nur noch dann vertrieben werden dürfe, wenn das Ministerium des Inneren oder der König selbst seine Genehmigung erteilt hätte. Die erteilte Genehmigung könne jederzeit aus gegebenen Anlass wieder entzogen werden[223].

Das Ministerium des Inneren beziehungsweise der König selbst hatten dadurch, ohne eine Verfassungsänderung vorgenommen zu haben, bei der es der Zustimmung der beiden Kammern der Ständeversammlung bedurft hätte, eine enorme Ausweitung des Anwendungsbereichs der Zensur erreicht. Jede größere Zeitung bedurfte zur Verbreitung ihrer Ausgaben der Post. Der Vertrag

---

[220] Vgl. Josef Bayrle, Die rechtliche Situation der bayerischen Presse von 1818-1848, München 1948, S. 89.

[221] Georg Döllinger, Sammlung der im Königreich Bayern im Gebiet der inneren Staatsverwaltung bestehenden Verordnungen, Dritter Band, München 1836, S. 336.

[222] Josef Bayrle, Die rechtliche Situation der bayerischen Presse von 1818-1848, München 1948, S. 90.

[223] Josef Bayrle, Die rechtliche Situation der bayerischen Presse von 1818-1848, München 1948, S. 90.

zwischen einer Zeitungsredaktion und der Post verpflichtete letztere zur Entgegennahme der Bestellungen einer Druckschrift sowie zur Einziehung des Bezugspreises und zur Beförderung der Druckschrift an den einzelnen Bezieher[224]. Auf diesen Vertrieb waren die Zeitungen aus wirtschaftlichen Gründen angewiesen, so dass der Kontrolle dieses Knotenpunktes eine besondere Bedeutung zukam. Zunächst nur für alle neu herauskommenden Zeitungsblätter erforderlich, wurde die Genehmigungspflicht bald durch die Forderung eines neuen Postdebits bei Wechsel des Redakteurs ausgeweitet. Um die Möglichkeit der Umgehung dieser neuen Zensurmaßnahme zu verhindern, wurde am 14. Dezember 1840 ein Verbot erlassen, das alle Zeitungsredaktionen zwang, ihre Blätter nicht anders als durch die Post befördern zu lassen[225].

Zusammenfassend lässt sich für die Amtszeit von Abels als Minister des Inneren festhalten, dass die Zensur zunächst nach Ausschöpfung der Möglichkeit der Wortlautauslegung der Verfassung, später durch deren Umgehung auf weitere Druckschriften ausgedehnt wurde. Diese Maßnahmen führten dazu, dass es nach der Amtsübernahme von Abels nur wenige Monate dauerte, bis jede Kritik an Regierungsmaßnahmen untersagt wurde. Unter von Abel fand schließlich das statt, wogegen man sich noch wenige Jahre zuvor gewehrt hatte, um jeden Anschein einer Einschränkung der Souveränität des Königreichs Bayerns durch Bundesbeschlüsse zu vermeiden: Bei den Beratungen der Kammer der Abgeordneten über den Gesetzentwurf über den Schutz des Eigentums an Werken der Literatur und Kunst hatte der Abgeordnete Thon-Dittmer am 9. 3. 1840 einen Antrag eingebracht, in dem er den Ständen vorschlug, den König zu bitten, die Zensur der periodisch erscheinenden Blätter und Zeitungen in Ansehung der inneren Angelegenheiten aufzuheben und eine den Bedürfnissen der Zeit angemessene Pressegesetzgebung auf verfassungsmäßigem Wege ins Leben zu rufen[226]. Dieser Vorschlag rief bei Innenminister von Abel ein solche Entrüstung hervor, dass er seine Haltung zum Verhältnis von Pressefreiheit und Monarchie beziehungsweise zur Bedeutung der Zensur offen kund tat. Von Abel bezeichnete die *„Journalistik“* als *„Buhldirne“* und *„feile Stiefschwester echter Wissenschaft“*, die der Auswurf einer Nation gebrauche, um all seine Schlechtig-

---

[224] Josef Bayrle, Die rechtliche Situation der bayerischen Presse von 1818-1848, München 1948, S. 91.

[225] Ministerialakt 45176 (nach Josef Bayrle, Die rechtliche Situation der bayerischen Presse von 1818-1848, München 1948, S. 91).

[226] Vorschlag Thon-Dittmers in Verhandlungen der Kammer der Abgeordneten von 1840, dritter Band, Protokoll XVIII, S. 176 (zitiert nach Josef Bayrle, Die rechtliche Situation der bayerischen Presse von 1818-1848, München 1949, S. 98).

keit an das Publikum zu bringen[227]. Weiterhin stellte er fest, dass die bayerische Regierung hinsichtlich der Zensur auch dem Deutschen Bund gegenüber verpflichtet sei: *„da diese bezüglich der Bundesbestimmungen eingegangenen Verpflichtungen mit unsern Verfassungsgesetzen nicht in Widerspruch stehen, dieselben treu und gewissenhaft erfüllen, denn auch dieses sei für sie eine heilige Pflicht.*"[228] Damit hatte von Abel ausgesprochen, wogegen sich Maximilian I. Joseph und allen voran Kronprinz Ludwig jahrelang gewehrt hatten: das Bundespressegesetz für Bayern ohne Vorbehalt der Verfassung als voll wirksam anzuerkennen. Für die Geschichte des bayerischen Zensurwesens ist die Zeit unter Innenminister von Abel als gewaltiger Rückschritt für die schwer erkämpften Freiheiten der Presse zu bewerten. Diese Entwicklungen dürfen jedoch nicht allein mit der Person von Abels verbunden werden, sondern sind vor allem auf den König selbst zurückzuführen: *„In Bayern regiert nicht der Minister, sondern es regiert der König und Ich nehme, wie wohl jedem Meiner Unterthanen bekannt sein wird, von dem, was geschehen, genau Kenntniß.*"[229] Die antiliberale Entwicklung in der bayerischen Zensurpolitik kann also nicht allein auf von Abel zurückgeführt werden, sein Anteil daran ist aber, wie der Vergleich mit den anderen Leitern des Innenministeriums unter der Regierung König Ludwig I. zeigt, dennoch beachtlich. Eine Änderung dieser Zensurpolitik konnte erst nach der Entlassung von Abels beginnen. Die Verweigerung des Indigenats an Lola Montez zog am 16. Februar 1847 Abels Entlassung nach sich[230] und beendete damit *„die zehnjährige ägyptische Finsternis, die den Tri-*

---

[227] *„Aechte Wissenschaftlichkeit, meine Herren, sie soll befördert werden, - sie ist heilige Aufgabe des Staates, und fürwahr! Ich glaube, meine Herren, die Regierungen welche die wahre Pressfreiheit, - den Gebrauch der Presse zur Förderung ächter Wissenschaftlichkeit gegen ihre feile Stiefschwester, - gegen die Buhldirne, genannt Journalistik, in Schutz nehmen, und ihr den gebührenden Platz vor dieser bewahren, (...).*" (Verhandlung der Kammer der Abgeordneten von 1840, zweiter Band, Protokoll XV, S. 350 f.).

[228] Verhandlungen der Kammer der Abgeordneten 1840, zweiter Band, Protokoll XV, S. 345 f.

[229] Aussage König Ludwig I. zur Bezeichnung „System Abel" zitiert bei: Michael Doeberl, Ein Jahrhundet bayerischen Verfassungslebens, München 1918, S. 93.

[230] Die Tänzerin Elisabeth James, geborene Rosanna Gilbert, genannt Lola Montez (1818-1861) war im Oktober 1846 in München aufgetaucht, um am Hoftheater zu tanzen. Da dem König alle Angelegenheiten der Hoftheatergeschäfte vorgelegt werden mussten, kamen Lola und der König in Kontakt miteinander. Infolge des zunehmenden Einflusses, den Lola Montez auf Ludwig auszuüben begann und der auch vor politischen Themen nicht halt machte, begann sich das Verhältnis von König Ludwig I. und von Abel bald abzukühlen. Gerüchte um Konktakte Lolas zur Freimaurerei tauchten auf. Schließlich forderte Lola von Ludwig I. als Beweis der königlichen Freundschaft den Grafentitel. Als Voraussetzung für eine Nobilitierung Lolas, hätte ihr die bayerische Staatsbürgerschaft verliehen werden müssen, die der Zustimmung des Staatsrats bedurfte. Am 10. Februar 1847 wurde das Ingenat zwar erteilt,

umph der Staatsweisheit in der allgemeinen Verdumpfung und Verkümmerung unserer [bayerischer Bürger, Anm.d.V.] Rechte gesucht“[231] hatte.

d. Entwicklung bis zur Revolution 1848

Nach von Abel waren noch weitere mit dem sogenannten „Memorandum“ in Verbindung stehende Minister von Ludwig entlassen worden[232]. Die neue Regierung, gebildet aus dem Freiherrn von Zu-Rhein (Innenministerium), dem als Finanzminister eingesetzten Staatsrat Zenetti, Generalmajor von Hohenhausen (Kriegsminister), sowie dem neuen Justiz- und Außenminister von Maurer[233], wurde als das *Ministerium der Morgenröte* begrüßt[234]. Maurer unterzeichnete das Dekret, mittels dessen Lola Montez zur bayerischen Staatsbürgerin wurde, was den Weg ihrer Erhebung zur Gräfin von Landsfeld ebnete[235].
Für das Zensurwesen Bayerns von Bedeutung waren die Ereignisse der außerordentlich tagenden Ständeversammlung von 1847. Außerordentlich war diese

---

von Abel verfasste aber ein Schriftstück, das sogenannte Memorandum, in dem er den König vor die Wahl stellte, entweder mit Lola zu brechen, oder den kollektiven Rücktritt seiner Minister zu genehmigen. Konsequenz war die Entlassung Abels (vgl. zur Entlassung von Abels: Ernst Rudolf Huber, Deutsche Verfassungsgeschichte, Band 2, Stuttgart 1960, S. 438; Lothar Sachs, Die Entwicklungsgeschichte des Bayerischen Landtags in den ersten drei Jahrzehnten nach der Verfassungsgebung 1818-1848, Würzburg , 1914, S. 153 f.; zur Einflussnahme Lola Montez` auf König Ludwig vgl. u.a. Heinz Gollwitzer, Ludwig I. von Bayern. Königtum im Vormärz, München 1997, S. 668 ff.).

231 So der Abgeordnete Bauer vor der Kammer der Abgeordneten, zitiert in Augsburger Allgemeinen Zeitung Nr. 291 vom 18.10.1847 (zitiert nach Werner Funk, Die Verfassungsfrage im Spiegel der Augsburger „Allgemeinen Zeitung“ von 1818-1848, Berlin, 1977, S. 119).

232 Vgl. Lothar Sachs, Die Entwicklungsgeschichte des Bayerischen Landtags in den ersten drei Jahrzehnten nach der Verfassungsgebung 1818-1848, Würzburg 1914, S. 153 f.

233 Lothar Sachs, Die Entwicklungsgeschichte des Bayerischen Landtags in den ersten drei Jahrzehnten nach der Verfassungsgebung 1818-1848, Würzburg 1914, S. 154 f.

234 So z.B. in der Augsburger Allgemeinen Zeitung vom 14.10.1847 (zitiert nach Werner Funk, Die Verfassungsfrage im Spiegel der Augsburger „Allgemeinen Zeitung“ von 1818-1848, Berlin 1977, S. 119); vgl. Lothar Sachs, Die Entwicklungsgeschichte des Bayerischen Landtags in den ersten drei Jahrzehnten nach der Verfassungsgebung 1818-1848, Würzburg 1914, S. 155; Heinz Gollwitzer, Ludwig I. von Bayern. Königtum im Vormärz, München 1997, S. 695; Michael Doeberl, Entwicklungsgeschichte Bayerns, dritter Band, herausgegeben von Max Spindler, München 1931, S. 139.

235 Ernst Rudolf Huber, Deutsche Verfassungsgeschichte, Band II, Stuttgart 1960, S. 439. Gegen eine Erhebung zur Freifrau soll sich die *Spanierin* mit den Worten gewehrt haben, dass sie nur *Gräfin* akzeptieren wolle (Heinz Gollwitzer, Ludwig I. von Bayern. Königtum im Vormärz, München 1997, S. 682).

Ständeversammlung, da sie nicht erst nach drei Jahren, wie es in Titel VII § 22 I der bayerischen Verfassung vorgesehen war[236], sondern bereits nach etwas über einem Jahr zusammentrat[237]. Durch einige Beschwerden über die strengen Zensurverhältnisse ausgelöst, entspann sich darin eine längere Debatte über das bayerische Zensurwesen. Ein besonders leidenschaftliches Plädoyer für die Beschränkung der Zensur hielt der Abgeordnete Schnetzer:

„Der deutschen Nation sind Fesseln angelegt, ihr Sprachorgan, die Presse, ist geknebelt. Bei uns ist alle Öffentlichkeit und damit das Vertrauten zu den Regierungsorganen zerstört. Ein Teil der öffentlichen Blätter ist bis zur entwürdigendsten Speichelleckerei herabgesunken; kein Gedanke durfte sich frei äußern; das Bevormundungssystem ging bis ins kleinste Detail. Wie der Beamte nach oben ein willenloses Werkzeug war, so war er, der seine Stellung und sein Einkommen dem Rosenkranz verdankte, nach unten ein Tyrann (...).“[238]

Die Beschränkungen der Presse, namentlich eine Auslegung des § 2 des Pressediktes avancierten zum Hauptgegenstand der Diskussion[239]. Der Abgeordnete Professor von Scheurl, der zunächst an die Bedeutung der Pressefreiheit und ihre Verankerung in der bayerischen Verfassung erinnert hatte, stellte mehrere Anträge, in denen er die Aufhebung der Zensur hinsichtlich aller Gegenstände der inneren Politik sowie die Aufhebung von jeglicher Nachzensur und der Postdebitentziehung forderte[240]. Noch vor dem Landtagsabschied am 30. November 1847 wurde das Ministerium von Mauerer – von Zu-Rhein entlassen. Der wahre Grund dafür lag wohl in der Weigerung Maurers und Zu-Rheins, mit der zur Gräfin von Landsberg avancierten Lola Montez auf gesellschaftlicher Ebene zu

---

[236] Titel VII § 22 der bayerischen Verfassung: *„Der König wird wenigsten alle drey Jahre die Stände zusammenberufen. Der König eröffnet und schließt die Versammlung entweder in eigener Person, oder durch einen besonders hiezu Bevollmächtigten. Die Sitzungen einer solchen Versammlung dürfen in der Regel nicht länger als zwey Monate dauern, und die Stände sind verbunden, in ihren Sitzungen die von dem Könige an sie gebrachten Gegenstände vor allen übrigen in Berathung zu nehmen.“* (Robert Piloty, Die Verfassungsurkunde des Königreichs Bayern nebst den auf die Verfassung bezüglichen sonstigen Gesetzen mit Anmerkungen, 1. Auflage, München 1907, S. 57).

[237] Die letzte Ständeversammlung war am 24. Mai 1846 zu Ende gegangen (vgl. Lothar Sachs, Die Entwicklungsgeschichte des Bayerischen Landtags in den ersten drei Jahrzehnten nach der Verfassungsgebung 1818-1848, Würzburg 1914, S. 144 ff. (152).

[238] Diese Diskussion ist wiedergegeben bei: Lothar Sachs, Die Entwicklungsgeschichte des Bayerischen Landtags in den ersten drei Jahrzehnten nach der Verfassungsgebung 1818-1848, Würzburg 1914, S. 156.

[239] Friedrich Wiebeking, Die bayerische Pressgesetzgebung, Bamberg 1865, S. 5.

[240] Lothar Sachs, Die Entwicklungsgeschichte des Bayerischen Landtags in den ersten drei Jahrzehnten nach der Verfassungsgebung 1818-1848, Würzburg 1914, S. 156.

verkehren[241]. Innerhalb eines Jahres hatte Lola Montez damit zwei Ministerwechsel verursacht. Ihr provokatives Verhalten war wohl nicht bewusst darauf angelegt, Ludwig I. beziehungsweise dem Königreich Bayern zu schaden, sondern erinnert vielmehr an Personen aus dem heutigen Showgeschäft, die versuchen, sich durch eine Reihe inszenierter Skandale die Aufmerksamkeit des Publikums zu sichern.

Nach der Entlassung des *Ministeriums der Morgenröte* wurde am 1. Dezember 1847, wie bereits 1832, Fürst zu Oettingen-Wallerstein mit der Zusammenstellung der neuen Regierung beauftragt[242]. Oettingen-Wallerstein übernahm die Leitung des Ministerium des Äußeren sowie das aus dem Innenministerium herausgelöste neue Ministerium für Kirchen- und Schulangelegenheiten. Für das Zensurwesen Bayerns war dieses neu gebildete Ministerium von großem Interesse, da die Aufsicht über die Presse seit dem 30. November 1847 diesem neuen Ministerium unterstellt war[243]. Fürst zu Oettingen-Wallerstein war inzwischen in Paris gewesen. Als Mitglied der Kammer der Abgeordneten auf der äußersten Linken tätig, hatte sich zu Oettingen-Wallerstein als Gegner der Zensurverordnung Schenks für eine Zensurfreiheit auf dem Gebiete der inneren Politik und die Beschränkung der Zensurmaßnahmen auf die nachträgliche Verfolgung von Pressevergehen auf der Grundlage von Verfassung und Strafgesetzbuch stark gemacht[244]. Auf seinen Einfluß an der Spitze des neuen Ministeriums, das die Aufsicht über die Presse führte, ist es zurückzuführen, dass König Ludwig I. auf die brodelnde Stimmung im Volk mit einer Lockerung der Zensur reagierte. Wie aufgebracht die Stimmung in der bayerischen Bevölkerung gegen König Ludwigs I. antiliberale Regierungspolitik und sein Festhalten am monarchischen Prinzip zu Beginn des Jahres 1848 war, zeigt eine Denkschrift aus dieser Zeit: *„Das deutsche Volk duldet in der Mitte des 19. Jahrhunderts nicht mehr, daß man ihm unter dem monarchischen Prinzip jenen patriachalischen, wenn auch*

---

[241] So Ernst Rudolf Huber, Deutsche Verfassungsgeschichte, Band 2, Stuttgart 1960, S. 439; ebenfalls dieser Ansicht ist Lothar Sachs, Die Entwicklungsgeschichte des Bayerischen Landtags in den ersten drei Jahrzehnten nach der Verfassungsgebung 1818-1848, Würzburg 1914, S. 159; Gollwitzer schreibt dazu: *„Der Verblendete [König Ludwig I., Anm.d.V.] machte Entgegenkommen gegenüber Lola zum Maßstab für die von ihm in Anspruch zu nehmende Loyalität, er förderte die Kreaturen seiner Geliebten, er maßregelte ihre Gegner.“* (Heinz Gollwitzer, Ludwig I. von Bayern, München 1997, S. 684).

[242] Michael Doeberl, Entwicklungsgeschichte Bayerns, dritter Band, herausgegeben von Max Spindler, München 1931, S. 140.

[243] Regierungsblatt des Königreichs Bayern 1847, München 1847, S. 1013; vgl. Josef Bayrle, Die rechtliche Situation der bayerischen Presse von 1818-1848, München 1948, S. 103.

[244] Karl-Heinz Zuber, Der „Fürst Proletarier“ Ludwig von Oettingen-Wallerstein. Adeliges Leben und konservative Reformpolitik im konstitutionellen Bayern, München 1978, S. 113 f.

gut gemeinten Despotismus der Vorzeit, jenen bureaukratisch alles bevormundenden Staat aufdrängen will (...)."[245]

Zu Oettingen-Wallerstein erreichte, dass bereits am 16. Dezember 1847 eine königliche Verordnung, „*die Vollziehung der dritten Verfassungsbeilage betreffend*" erging[246]. Diese enthielt die „*Erwägung, dass nach Wortlaute und Geiste der Verfassungsurkunde die in § 2 der dritten Verfassungsbeilage vorbehaltene Censur nicht eine Kron-Verbindlichkeit, sondern eine Kron-Befugniß bildet, und lediglich die Schranke bezeichnet, innerhalb deren die Anwendung von Präventivmaßregeln dem jederzeitigen Ermessen des Königs anheimgegeben ist.*"[247] Nach dieser Feststellung hatte König Ludwig I. sich dazu durchgerungen, die Zensur von Artikeln, die sich mit den inneren Landesangelegenheiten befassten, wieder aufzuheben:

„*Vom ersten Jänner 1848 angefangen, ist von Anwendung der Zensur auf Artikel über innere Landesangelegenheiten wieder Umgang zu nehmen, und es treten bezüglich dieses Theils der periodischen Presse die in dem Zeitraume von 1832/37 gehandhabte Normen in erneute Wirksamkeit.*"[248]

Weiterhin gestand er zu, die vorläufige Zensur nur für Gegenstände der äußeren Politik, für Artikel, die ein Verbrechen oder Vergehen enthielten, und für Angriffe auf die Ehre von Privatpersonen aufrecht zu erhalten:

„*Von genanntem Tage an, bleiben einer vorläufigen Censur nur unterworfen:*
erstens, die Gegenstände der äusseren Politik;
zweitens, Artikel, wodurch ein bestehendes Strafgesetz im Verbrechens- oder Vergehens-Grade übertreten wird;
drittens, Angriffe auf die Ehre von Privatpersonen, und zwar letztere deßhalb, weil Wir wohl, in dem Bewußstseyn der wohlwollenden und streng verfassungsmäßigen Grundsätze, welche alle Unsere Regentenhandlungen leiten, die Besprechung der Regierungs-Acte und der öffentlichen Landes-Interessen freigeben, und in solcher Weise der allgemeinen Stimme den Weg zu Unserem Throne anbahnen, bei gänzlichem Nichtbestehen von Repressiv-Gesetzen in Ab-

---

[245] Denkschrift Fürst Karl von Leiningen (zitiert nach: Michael Doeberl, Ein Jahrhundert bayerischen Verfassungslebens, München 1918, S. 98).
[246] Regierungsblatt für das Königreich Bayern, München 1847, S. 1029 f.
[247] Regierungsblatt für das Königreich Bayern, München 1847, S. 1029 f.
[248] Art I der Verordnung vom 16. Dezember 1847 (abgedruckt in: Regierungsblatt des Königreichs Bayern, München 1847, S. 1031); vgl. dazu Friedrich Wiebeking, Die bayerische Pressgesetzgebung, Bamberg 1865, S. 5.

sicht auf den Missbrauch der Presse, dann bei notorischer Mangelhaftigkeit der civilgesetzlichen Bestimmungen über Injurien und Verläumdungen aber, die Ehre Unserer einzelnen Unterthanen und den Frieden der Familien keineswegs wehrlos anonymen Angriffen anheim stellen können."[249]

Trotz dieser Verordnung konnte die wachsende Erregung der bayerischen Bevölkerung nicht mehr besänftigt werden[250]. Die von Münchener Studenten angeführten Unruhen gegen die Gräfin von Landsfeld zwangen den König schließlich dazu, Lola Montez zu bitten, München bis auf weiteres zu verlassen, was diese am 11. Februar 1848 tat[251]. Dies brachte König Ludwig I. zwar mehr Sympathien als die angeordnete Lockerung der Zensur, konnte aber die von Frankreich ausgehende revolutionäre Welle nicht mehr aufhalten. Bevor die in der Verordnung angeordnete Lockerung der Zensur in der Praxis große Wirkung entfalten konnte, begann Anfang März in München die Revolution[252]. Eine der als *Märzforderungen* bezeichneten Ziele der Revolution war eine umfassende Pressefreiheit und damit die Abschaffung der Zensur[253]. Bereits am 3. März 1848 erging ein Bundesbeschluss über die Einführung der Pressefreiheit:

„*1.) Jedem deutschen Bundesstaate wird freigestellt, die Censur aufzuheben und Pressfreiheit einzuführen.*
2.) Dieß darf jedoch nur unter Garantien geschehen, welche die anderen deutschen Bundesstaaten und den ganzen Bund gegen den Missbrauch der Pressfreiheit möglichst sicherstellen.
3.) Vorstehende Bestimmungen sind sofort öffentlich zu verkündigen."[254]

---

[249] Art II der Verordnung vom 16. Dezember 1847 (abgedruckt in: Regierungsblatt für das Königreich Bayern, München 1847, S. 1031 f.); vgl. Max von Seydel, Bayerisches Staatsrecht, S. 113.
[250] Vgl. Heinz Gollwitzer, Ludwig I. von Bayern. Königtum im Vormärz, München 1997, S. 671.
[251] Ernst Ludwig Huber, Deutsche Verfassungsgeschichte, Band 2, Stuttgart 1960, S. 439.
[252] Vgl. dazu: Hermann Reiter, Die Revolution von 1848/49 in Altbayern. Ihre sozialen und mentalen Voraussetzungen und ihr Verlauf, München 1983, S. 84 f.; Karl Bosl, Bayerische Biographie, Regensburg 1983, S. 494, 531; vgl. Reinhold Rauh / Bruce Seymour, Ludwig I. und Lola Montez. Der Briefwechsel, München/New York 1995, S. 136 f.
[253] Darüberhinaus umfassten die Forderungen die Vereins- und Versammlungsfreiheit, die Bildung von Schwurgerichten, eine allgemeine Volksbewaffnung, den Verfassungseid des Heeres auf Wahl der Nationalvertretung (vgl. Ernst Rudolf Huber, Dokumente zur deutschen Verfassungsgeschichte, Band 1, 3. Auflage, Stuttgart 1961, S. 328).
[254] Ernst Rudolf Huber, Dokumente zur deutschen Verfassungsgeschichte, Band 1, 3. Auflage, Stuttgart 1961, S. 329.

Durch diesen Bundesbeschluss war das Bundespressegesetz vom 20. September 1819, welches alle nicht über zwanzig Bogen umfassende Druckwerke der Zensur unterstellt hatte, aufgehoben[255]. Von der im ersten Punkt des Bundesbeschlusses über die Einführung der Pressefreiheit vorgesehenen Möglichkeit, die Zensur aufzuheben, machte Bayern als eines der ersten Länder Gebrauch. Bereits am 6. März 1848 erließ König Ludwig I von Bayern eine Proklamation zur Erfüllung der Märzforderungen an das bayerische Volk[256], in der er die Vorlage eines Gesetzes *„über vollständige Preßfreiheit"* versprach und außerdem verkündete[257], dass er *„von heute an die Censur über äußere wie innere Angelegenheiten außer Anwendung treten"* lasse[258]. Fürst zu Oettingen-Wallerstein, den König Ludwig I. mitverantwortlich für die Februarunruhen machte, wurde entlassen und kurz darauf folgte ihm Thon-Dittmer als Minister des Inneren

[255] Ernst Rudolf Huber, Dokumente zur deutschen Verfassungsgeschichte, Band 1, 3. Auflage, Stuttgart 1961, S. 329.

[256] *„Königliche Proklamation.Ich habe Mich entschlossen, die Stände Meines Reiches um Mich zu versammeln; dieselben sind auf den 16. d. Mts. in die Hauptstadt berufen. Die Wünsche Meines Volkes haben in Meinem Herzen jederzeit vollen Wiederhall gefunden. An die Stände des Reiches werden ungesäumt Gesetzes-Vorlagen gelangen, unter anderen: über die verfassungsmäßige Verantwortlichkeit der Minister;über vollständige Pressfreiheit; über Verbesserung der Stände-Wahl-Ordnung;über Einführung der Oeffentlichkeit und Mündlichkeit in die Rechtspflege mit Schwurgerichten; über die in der IX. Verfassungs-Beilage angedeutete umfassendere Fürsorge für die Staatsdiener und deren Relikten; dann deren Ausdehnung auf die übrigen Angestellten des Staates;über Verbesserung der Ver-hältnisse der Israeliten.Ferner ordne Ich in diesem Augenblicke die schleunige Abfassung eines Polizei-Gesetz-Buches an; ebenso befehle Ich die unverzügliche Beeidigung Meines Heeres auf die Verfassung, und lasse Ich von heute an die Censur über äußere wie innere Angelegenheiten außer Anwendung treten.Bayern ! - Erkennt in diesem Entschlusse die angestammte Gesinnung der Wittelsbacher! Ein großer Augenblick ist in der Entwicklung der Staaten eingetreten. Ernst ist die Lage Teutschlands. Wie Ich für die teutsche Sache denke und fühle, davon zeugt Mein ganzes Leben. Teutschlands Einheit durch wirksame Maaß-nahmen zu stärken, dem Mittelpunkte des vereinten Vaterlandes neue Kraft und nationale Bedeutsamkeit mit einer Vertretung der teutschen Nation am Bunde zu sichern, und zu dem Ende die schleunige Revision der Bundes-Verfassung in Gemäßheit der gerechten Erwartungen Teutschlands herbeizuführen, wird Mir ein theurer Gedanke, wird Ziel Meines Strebens bleiben. Bayerns König ist stolz darauf, ein teutscher Mann zu seyn. Bayern ! Euer Vertrauen wird erwiedert, es wird gerechtfertigt werden! Schaaret Euch um den Thron. Mit Euerem Herrscher vereint, vertreten durch Euere verfassungsmäßigen Organe, lasst Uns erwägen, was Uns, was dem gemeinsamen Vaterlande Noth thut. Alles für Mein Volk! Alles für Teutschland! München, den 6. März 1848. Ludwig."* (Regierungsblatt des Königreichs Bayern, München 1848, S. 105 f.).

[257] Die Aufhebung der Zensur wurde also vorläufig auf dem Verordnungsweg mit dem Versprechen, der baldigen Vorlage eines neuen Pressgesetzes, vollzogen (Friedrich Wiebeking, Die bayerische Pressgesetzgebung, Bamberg 1865, S. 5).

[258] Regierungsblatt des Königreichs Bayern, München 1848, S. 105.

nach[259]. Doch bereits am 16. März kippte die Stimmung in der Bevölkerung aufgrund eines Gerüchtes, Lola Montez sei nach München zurückgekehrt, wieder um. Angesichts der sich nicht mehr beruhigenden Lage erklärte König Ludwig I. am 20. März seinen Thronverzicht:

„Bayern!
Eine neue Richtung hat begonnen, eine andere als die in der Verfassungsurkunde enthaltene, in welcher Ich nun im dreiundzwanzigsten Jahre geherrscht. Ich lege die Krone nieder zu Gunsten Meines geliebten Sohnes, des Kronprinzen Maximilian. Treu der Verfassung regierte Ich; dem Wohle des Volkes war Mein Leben geweiht; als wenn Ich eines Freistaats Beamter gewesen, so gewissenhaft ging ich mit dem Staatsgute, mit den Staatsgeldern um. Ich kann jedem offen in die Augen sehen. Und nun Meinen tiefgefühlten Dank allen, die Mir anhingen.
Auch vom Throne herabgestiegen, schlägt glühend Mein Herz für Bayern, Für Deutschland.
München, den 20. März 1848. *Ludwig.*“ [260]

Zusammenfassend lässt sich feststellen, dass die Entwicklung des Zensurwesens in Bayern unter der Regentschaft König Ludwigs I. einer Wellenbewegung gleicht. Nach der Regierungsübernahme 1825 war aufgrund seiner Begeisterung für die Verfassung und die Etablierung liberaler Ideen die Zensur maßgeblich eingeschränkt worden. Im Gegensatz zu der Zensurpolitik des Deutschen Bundes, gegen die sich Ludwig schon als Kronprinz zum Schutze der bayerischen Verfassung behauptet hatte, wurde die Zensur in Bayern liberal gehandhabt. In seiner Thronantrittsrede hatte König Ludwig I. den Erlass eines neuen, noch freiheitlicheren Pressegesetzes in Aussicht gestellt. Eine seiner ersten Amtshandlungen war die Aufhebung der Zensur für Artikel über die innere Politik. Der eigentlich nur als Einzelfallentscheidung gedachte Entschluss war schnell als allgemeingültig praktiziert worden. Den Wendepunkt in der Zensurpolitik Ludwigs bildete das Jahr 1830, als von Frankreich ausgehendes revolutionäres Gedankengut durch die Zeitungsblätter in Bayern verbreitet wurden. Der bis da-

[259] Lothar Sachs, Die Entwicklungsgeschichte des bayerischen Landtags in den ersten drei Jahrzehnten nach der Verfassungsgebung 1818-1848, Würzburg 1914, S. 163.

[260] Thronverzichtserklärung abgedruckt bei: Lothar Sachs, Die Entwicklungsgeschichte des Bayerischen Landtags in den ersten drei Jahrzehnten nach der Verfassungsgebung 1818-1848, Würzburg 1914, S. 164; mit ähnlichem Wortlaut abgedruckt im Regierungsblatt 1848: *„Königliches Patent. Ludwig, von Gottes Gnaden, (König von Bayern, etc.). Wir haben Uns Allerhöchst bewogen gefunden, zu Unseres geliebten Sohnes, des Kronprinzen Maximilian, Königlichen Hoheit, Gunsten auf Unsere Krone zu verzichten (...).*“ (Regierungsblatt für das Königreich Bayern, München 1848, S. 149 f.).

hin liberal gesinnte König versuchte nun eine Umwälzung der Machtstrukturen in Bayern mit repressiven Mitteln zu verhindern. Ludwig wollte am monarchischen System festhalten. Um 1830 begann sich diese Richtungsänderung Ludwigs auch im bayerischen Zensurwesen niederzuschlagen. Zunächst mittels des Auslegungsspielraums praktiziert, der den Zensoren durch den Gesetzeswortlaut zustand, sollte ab 1831 eine neue Zensurverordnung helfen, missliebige Zeitungsbeiträge über die innere Politik zu unterdrücken. Die durch Innenminister von Schenk ausgearbeitete Zensurverordnung wurde in der Ständeversammlung vom 1831 als Verstoß gegen die Verfassung gewertet und musste daraufhin vom König wieder aufgehoben werden. In den darauffolgenden Jahren schaffte es Ludwig unter Mithilfe seiner Innenminister (hier ist besonders von Abel zu nennen) die Zensur per unveröffentlichter Ministerialerlasse auf Gegenstände der inneren Politik auszudehnen und damit maßgeblich zu verschärfen. Erst die revolutionären Entwicklungen des Jahres 1848, der erneute Einfluß Fürst Oettingen-Wallersteins und nicht zuletzt die Kritik wegen der Lola Montez Affäre zwangen den König, zu einem liberaleren Kurs in der Zensurpolitik überzugehen. Bevor die Lockerung der Zensur, unter anderem war die Zensur der Artikel über die innere Politik wieder aufgehoben worden, sich voll entfalten konnte, erklärte Ludwig am 20. März 1848 seinen Thronverzicht. Als rechtliche Grundlage des Zensurwesens während Ludwigs gesamter Regierungszeit kann die Verfassung von 1818 mit der darin verankerten Freiheit der Presse und des Buchhandels sowie das dazu als Beilage III erlassene Edikt angeführt werden. Darüberhinaus konnte auf Ministerial- beziehungsweise Königliche Erlasse zur weiteren Konkretisierung, Auslegung oder Einzelfallentscheidung zurückgegriffen werden. Auch wenn die Zensurpolitik während der Zeit zwischen 1825 und 1848 sehr unterschiedlich gehandhabt wurde, so ist trotz allem zu beachten, dass König Ludwig I. an der Verfassung und der darin zumindest als Grundsatz verankerten Zensurfreiheit während seiner gesamten Regentschaft festgehalten hat.

3. Aufbruch zur Zensurfreiheit unter Maximilian II.

Als Nachfolger Ludwigs bestieg am 20. März 1848 sein Sohn Maximilian II. den bayerischen Königsthron[261]. Unter dem Eindruck der Revolution erklärte sich Maximilian II. zu vielen liberalen Maßnahmen wie der

---

[261] *„Regierungs-Antritts-Patent Seiner Majestät des Königs Maximilian II. von Bayern."* (Regierungsblatt des Königreichs Bayern, München 1848, S. 153 f.). Anmerkungen zu Maximilian II.: Nikolaus Orlop, Von Garibald bis Ludwig III. Herzöge, Kurfürsten und Könige in Bayern, München 1979, S. 233.

Ministerverantwortlichkeit[262], freien Wahlen[263], Errichtung von Schwurgerichten[264], der Trennung von Verwaltung und Justiz[265] sowie zur Aufhebung der gutsherrlichen Gerichtsbarkeit[266] bereit, um nur einige zu nennen[267]. Darüber hinaus versprach er die Aufhebung der Zensur, um den Forderungen nach Pressefreiheit nachzukommen. Vierzig Jahre zuvor war die erste bayerische Verfassung in Kraft getreten, in der das Wort Pressefreiheit zumindest dem Wortlaut nach enthalten gewesen war. Fraglich war, wie die Aufhebung der Zensur rechtlich durchzuführen war. Durch einen Ministerialakt waren zwar alle Ministerial- beziehungsweise Königlichen Erlasse und Verordnungen, welche über das *„Edikt über die Freiheit der Presse und des Buchhandels“* als III. Verfassungsbeilage 1818 hinaus zur Regelung der Zensur ergangen waren, für gegenstandslos erklärt geworden[268]. Daneben existierten aber zu diesem Zeitpunkt in Bayern noch einige andere zensurrelevante Vorschriften.

Zunächst gab es das Edikt über die Freiheit der Presse vom 24. Juni 1818, welches vor allem aufgrund der darin in § 2 (*„Ausgenommen von dieser Freyheit sind alle politischen Zeitungen und periodischen Schriften politischen oder statistischen Inhalts. Dieselben unterliegen der dafür angeordneten Censur“*[269]) vorgesehenen Zensur nicht mehr angemessen erschien. Eine Streichung des § 2 des Ediktes konnte, da es sich um ein Verfassungsgesetz handelte, nur nach Titel X § 7 der Verfassung vorgenommen werden[270]. Gemäß Titel X § 7 II der Ver-

---

262 *„Gesetz, die Verantwortlichkeit der Minister betreffend. Vom 4. Juni 1848.“* (Gesetzblatt für das Königreich Bayern, München 1848, S. 69 f.).

263 *„Gesetz über die Wahl der Landtags-Abgeordneten. Vom 4. Juni 1848.“* (Gesetzblatt für das Königreich Bayern, München 1848, S. 77 f.).

264 *„Gesetz über die Einführung der Schwurgerichte vom 8. August 1848.“* (Gesetzblatt für das Königreich Bayern, München 1848, S. 193 f.).

265 *„Allerhöchst Entschließung vom 25. März 1848, Bildung des Gesamt-Staatsministeriums betreffend.“* (abgedruckt bei: Hermann Rehm, Quellensammlung zum Staats- und Verwaltungsrecht des Königreichs Bayern, Leipzig 1903, S. 288).

266 *„Gesetz über die Aufhebung der standes- und gutsherrlichen Gerichtsbarkeit, dann die Aufhebung, Fixierung und Ablösung von Grundlasten. Vom 4. Juni 1848.“* (Gesetzblatt für das Königreich Bayern, München 1848, S. 97 f.).

267 Vgl. weitere bei: Michael Doeberl, Ein Jahrhundert bayerischen Verfassungslebens, München 1918, S. 102 ff.

268 Erlass des Ministeriums für Kirchen- und Schulangelegenheiten vom 6. März 1848, Akte der Regierung von Oberbayern, 2272/911/I (zitiert nach Ernst Richter, Entwicklung bayerischen Pressrechts 1848-1874, München 1952, S. 18).

269 Gesetzblatt für das Königreich Bayern, München 1818, S. 182 f.

270 Titel X § 7 der Verfassung: *„Abänderungen in den Bestimmungen der Verfassungs-Urkunde, oder Zusätze zu derselben können ohne Zustimmung der Stände nicht geschehen. Die Vorschläge hiezu gehen allein vom Könige aus, und nur wenn Derselbe sie an*

fassung konnten Vorschläge zur Abänderung des Wortlautes der Verfassung allein vom König ausgehen. Somit wäre es allein dem König möglich gewesen, die durch § 2 des Ediktes von 1818 in der Verfassung verankerte Zensur von politischen und periodischen Zeitungen aufzuheben, was jedoch von diesem bis dahin nicht zu erwarten gewesen war. Gleichzeitig mit der Aufhebung des gesamten Edikts von 1818 am 4. Juni 1848 wurde deshalb die Verfassung dahingehend geändert, dass auch den Kammern der Ständeversammlung und nicht nur dem König das sogenannte „Recht auf Initiative" zugestanden wurde[271].

Weiterhin war es möglich, auf Vorschriften aus dem bayerischen Strafgesetzbuch von 1813 zurückzugreifen[272]. Daneben bot die Gewerbeordnung vom 26.9.1825 Möglichkeiten, Druckschriften zu kontrollieren[273] und schließlich war am 4.4.1848 eine Verordnung ergangen[274], durch welche die Postanstalten angewiesen wurden, die Annahme von Bestellungen der inländischen und der ausländischen Zeitungen zu besorgen: „*Unsere sämtlichen Postanstalten haben die Annahme der Pränumeration auf die im Inlande sowohl, als die im Auslande erscheinenden Zeitungen und Journale, sowie deren Versendung und Bestellung an die Pränumeranten zu besorgen...*"[275]. Die Verweigerung des Postdebits bot somit eine Möglichkeit, betroffene Zeitungen zu zensieren[276].

---

geschehen.Die Vorschläge hiezu gehen allein vom Könige aus, und nur wenn Derselbe sie an die Stände gebracht hat, dürfen diese darüber beratschlagen. Zu einem gültigen Beschluße in dieser höchst wichtigen Angelegenheit wird wenigstens die Gegenwart von drey Viertheilen der bey der Versammlung anwesenden Mitglieder in jeder Kammer, und eine Mehrheit von zwey Drittheilen der Stimmen erfordert." (Robert Piloty, Die Verfassungsurkunde des Königreichs Bayern nebst den auf die Verfassung bezüglichen sonstigen Gesetzen, in zweiter Auflage bearbeitet von Carl August von Sutner, München 1907, S. 78 f.).

[271] Verfassungsänderung durch das „*Verfassungsgesetz vom 4. Juni 1848, die ständische Initiative betreffend.*" Danach war den Kammern das Recht eingeräumt, in Ansehung der in den Titeln IV, VII, VIII und X §§ 1-6 der Verfassungsurkunde behandelten Bestimmungen und der darauf Bezug nehmenden Verfassungsbeilagen und Gesetze Abänderungen oder Zusätze in Vorschlag zu bringen. Hinsichtlich der in Titel VI der Verfassungsurkunde enthaltenen Vorschriften steht nach Art 4 des genannten Gesetzes, soweit sie die Kammer der Reichsräte betrifft dieser, soweit sie die Kammer der Abgeordneten betrifft, der letzteren das Vorschlagrecht („*Recht der Initiative*") zu (vgl. Robert Piloty, Die Verfassungsurkunde des Königreichs Bayern nebst auf die Verfassung bezüglichen sonstigen Gesetzen, 2. Auflage bearbeitet von Carl August von Sutner, München 1907, S. 79).

[272] Vgl. zu den Zensurvorschriften im Strafrecht das unten folgende Kapitel.

[273] „*Gesetz, die Grund-Bestimmungen für das Gewerbswesen betreffend.*" (Gesetzblatt für das Königreich Bayern, München 1825, S. 128 ff.).

[274] Regierungsblatt des Königreichs Bayern, München 1848, S. 201 f.

[275] Art. I der Verordnung vom 4.4.1848 (Regierungsblatt des Königreichs Bayern, München 1848, S. 202 f.).

[276] Ernst Richter, Entwicklung Bayerischen Presserechts 1848-1874, München 1952, S. 18.

Um es nicht erneut, wie bereits unter von Abel zum Teil geschehen, zu einer Wiedereinführung oder Verschärfung der Zensur durch eine entsprechende Auslegung der genannten Vorschriften kommen zu lassen, bedurfte es schnellstmöglich eines neuen Gesetzes, das den Charakter und das Ausmaß der Zensurfreiheit festlegen sollte und damit die unsichere Lage beendete.

a. Edikt über die Freiheit der Presse und des Buchhandels vom 4. Juni 1848

Noch vor der ersten öffentlichen Sitzung am 27. März 1848 hatte Maximilian II. vor den versammelten Ständen die unverzügliche Vorlage eines Gesetzentwurfes über die Pressefreiheit in Aussicht gestellt[277]. Selbiger wurde am 14. April der Kammer der Abgeordneten zur Beratung vorgelegt[278]. Der Entwurf

---

[277] Aus dem Protokoll der geheimen Sitzung vom 22. März 1848: *„Meine Lieben und Getreuen, die Stände des Reiches! Nach dem Willen Meines vielgeliebten Vaters Majestät, eines Fürsten von hohen Regenten-Tugenden, besteige Ich den Thron. Großes hat Derselbe in Seiner dreiundzwanzigjährigen Regierung vollbracht, - nicht bloß in Stein und Erz, auch in unseren Herzen wird dankbar Dessen Gedächtnis fortleben. Die Grundsätze Meiner Regierung habe ich in Meiner Proklamation von gestern und in der am 6. März ausgesprochen. – Treu und gewissenhaft werde Ich ihre Verheißungen erfüllen, und Ich bin stolz, Mich einen constitutionellen König zu* nennen *(...). Ich habe Veranstaltung getroffen, daß den Ständen des Reiches ohne Verzug Gesetzes-Vorlagen gemacht werden: Über Verantwortlichkeit der Minister, über Preßfreiheit (...).“* (Verhandlungen der Kammer der Abgeordneten des Königreichs Bayern im Jahre 1848, erster Band, München 1848, S. 31).

[278] Aus dem Protokoll der IX. öffentlichen Sitzung vom 14. April 1848: *„Hierauf wurde von dem Herrn Staatsminister des Kultus im Auftrage Seiner Majestät des Königs der Gesetz-Entwurf über die Freiheit der Presse vorgelesen (...).“* (Verhandlungen der Kammer der Abgeordneten des Königreichs Bayern im Jahre 1848, zweiter Band, S. 49 ff.) *„Entwurf eines Edikts über die Freiheit der Presse und des Buchhandels: Seine Majestät der König haben das vom 26. Mai 1818 einer Revision unterwerfen lassen, und nach Vernehmung Allerhöchst Ihres Staatsraths und mit Beirath und Zustimmung Ihrer Lieben und Getreuen, der Stände des Reichs, unter Beobachtung der in der Verfassungs-Urkunde Titel X § 7 vorgeschriebenen Formen, beschlossen, und verordnen, was folgt: § 1. Die in der Verfassungs-Urkunde Titel IV § 11 ausgesprochene Freiheit der Presse und des Buchhandels gewährt jedem Verfasser, oder wer dessen Rechte erworben hat, für seine Schriften den freien Gebrauch der Presse, die freie Herausgabe und den freien Verlag; jedem gewerbsberechtigten Inhaber einer Schriftdruckerei oder lithographischen oder wie sonst zur Vervielfältigung von Schriften dienlichen Anstalt den freien Druck der zur Presse übergebenen Schriften, jedem gewerbeberechtigten Buchhändler den freien Verkehr mit den aus dem Drucke hervorgegangenen Schriften.*

§ 2. Bei keiner Art von Schriften ist das Erscheinen derselben von obrigkeitlicher Prüfung und Genehmigung des Inhalts oder überhaupt von irgend einer obrigkeitlichen Erlaubnis abhängig. Dies gilt auch von politischen Zeitungen, sowie von periodischen Schriften politischen und statistischen Inhalts.

stützte sich auf die legislativen Vorarbeiten des Jahres 1831 und umfasste 11 Paragraphen[279]. Während § 1 die Rechtsverhältnisse der Verfasser, Verleger und Drucker bestimmen sollte, wurde in § 2 „*das Institut der Censur für immer zu Grabe gebracht*“[280]. In § 3 wurde der Nachdruck eines Werkes geregelt, mit § 4

---

§ 3. Die in Ansehung der Schriften erworbenen Eigenthums- und Nutzungsrechte sollen unter dem Vorwande der Freiheit der Presse und des Buchhandels nicht gestört, vielmehr sollen die gesetzlichen Verfügungen zum Schutze solcher Rechte gehandhabt werden.
§ 4. Staatsdiener sind rücksichtlich der Bekanntmachung amtlicher Arbeiten, sowie jeder Tatsache oder Urkunde, deren Wissenschaft nur durch das Dienstverhältnis erlangt werden konnte, an die Dienstes-Vorschriften und an die Gesetze über die Amtverschwiegenheit gebunden.
§ 5. Andere Beschränkungen, als in den Gesetzen enthalten sind, finden bei Ausübung der Freiheit der Presse und des Buchhandels nicht statt. Keine Schrift darf verfolgt, Niemand darf einer Schrift wegen zur Verantwortung gezogen werden, außer in den Fällen, welche als Polizei-Uebertretungen, Vergehen oder Verbrechen gesetzlich mit Strafe bedroht sind.
§ 6. Ueber Anklagen wegen Verbrechen oder Vergehen, begangen durch die Presse, haben nach öffentlichem und mündlichem Verfahren Schwurgerichte zu erkennen. Wiefern Ausnahmen von der Oeffentlichkeit des Verfahrens zuläßig sind, bestimmen die Gesetze über das Straf-Verfahren.
§ 7. Bei Polizei-Uebertretungen, welche durch die Presse begangen werden, sowie bei Uebertretungen von Vorschriften über die Polizei der Presse und des Buchhandels steht die Strafgerichtsbarkeit nicht den Polizei-Behörden, sondern den Gerichten zu.
§ 8. Die polizeiliche Beschlagnahme von Erzeugnissen der Presse kann nur wegen Uebertretung eines in der Verfügung anzuführenden Strafgesetzes geschehen, und muß die Einleitung des in den Gesetzen bestimmten strafgerichtlichen Verfahrens längstens binnen 8 Tagen nach sich ziehen.
§ 9. Was von Schriften verordnet ist, gilt auch von Gemälden, Bildern, Zeichnungen, Kupferstichen, Erzeugnissen der Lithographie, Holzschnitten, und überhaupt von jeder Art und Form sinnlicher Darstellungen und Mittheilungen an das Publikum.
§ 10. Vorstehende Bestimmungen sollen als ein Grundgesetz des Reichs, als ein ergänzender Bestandteil der Verfassungs-Urkunde angesehen, und können nur auf die durch den Titel X § 7 dieser Urkunde vorgeschriebene Weise abgeändert werden; dieselben treten mit dem Tage der Bekanntmachung durch das Gesetzblatt, beziehungsweise durch das Amtsblatt der Pfalz in Wirksamkeit, und von eben diesem Tage an ist das Edikt über die Freiheit der Presse und des Buchhandels vom 26. Mai 1818 aufgehoben.
§ 11. Die §§ 6 und 7 des gegenwärtigen Gesetzes treten erst mit dem Erscheinen des neuen Gesetzes über das Strafverfahren in Wirksamkeit, bis dahin bleiben die bisherigen Gesetzes hierüber in Geltung.“ (abgedruckt bei: Verhandlungen der Kammer der Abgeordneten des Königreichs Bayern im Jahre 1848, erster Beilagen-Band, München 1848, S. 186 f.).

[279] Motive zum „*Entwurf eines Ediktes über die Freiheit der Presse und des Buchhandels*“, in: Verhandlungen der Kammer der Abgeordneten des Königreichs Bayern im Jahre 1848, erster Beilagen-Band, München 1848, S. 189 f.

[280] Zur Bedeutung der Paragraphen des Entwurfs im Folgenden vgl. die Motive zum „*Entwurf eines Ediktes über die Freiheit der Presse und des Buchhandels.*“ (Verhandlungen der

sollten Hindernisse für den freien Gebrauch der Presse für öffentliche Beamten beseitigt werden. In § 5 wurde ausdrücklich festgelegt, dass der freie geistige Verkehr nicht in der Willkür, sondern lediglich in der Vorschrift des Gesetzes seine Begrenzung zu erkennen habe. Gemäß § 6 sollten für Presseverbrechen und Pressevergehen die Schwurgerichte zuständig seien. Für das Verfahren leisteten die §§ 7 und 8 weitere Konkretisierungsarbeit, indem sie das Strafverfahren in Pressepolizeiübertretungen vom Wirkungskreis der Polizeibehörden trennten und es den ordentlichen Gerichten zuwiesen. § 9 erklärte die in diesem Gesetz explizit nur für Schriften getroffenen Anordnungen für jede Art und Form sinnlicher Darstellungen und Mitteilungen an ein Publikum anwendbar. In § 10 wurde festgestellt, dass das *„Edikt über die Freiheit der Presse und des Buchhandels"* Bestandteil der Verfassungsurkunde sei, § 11 schließlich sollte verhindern, dass während der Übergangszeit bis zum Erscheinen eines neuen Gesetzes ein völlig rechts- und gesetzloser Zustand auf dem Gebiet der Presse herrschte.

Das Vorhaben, ein Gesetz über die Polizei der Presse zu erlassen, wurde schon im Vorfeld abgelehnt. Die Regelung dieser Materie wurde von der Nationalversammlung in Frankfurt in Form des Erlasses eines Reichspressgesetzes erwartet, was aus dem Beitrag des Staatsministers des Kultus von Beisler anlässlich der Verlesung des Gesetzesentwurfes vor der Kammer der Abgeordneten am 14. April 1848 hervorgeht:

„Einige Worte in Bezug auf die Polizei der Presse. Das Ministerium hat wohl daran gedacht, und es hätte auch ein Gesetz-Entwurf darüber vorgelegt werden können; allein wir haben in Erwägung gezogen, daß das deutsche Parlament diesen Gegenstand in kurzer Zeit in Beratung nehmen wird, um so mehr, als es schon längst Aufgabe des Bundestages gewesen wäre, sich mit dieser Angelegenheit zu beschäftigen, und gerade diese Angelegenheit am dringendsten die allgemeine Vereinbarung von Deutschland erfordert. Wir haben geglaubt, daß der Nachtheil, der darin liegen mag, daß unsere Preßpolizeibestimmungen unvollständig sind, nicht so groß sei, in Anbetracht des Vorteils, den wir von der allgemeinen deutschen Gesetzgebung zu erwarten haben, und haben deshalb diesen Gesetz-Entwurf ajounirt."[281]

Kammer der Abgeordneten des Königreichs Bayern im Jahre 1848, erster Beilagen-Band, München 1848, S. 189 f.).

[281] Verhandlungen der Kammer der Abgeordneten des Königreichs Bayern im Jahre 1848, zweiter Band, München 1848, S. 50.

Nur fünf Tage später wurde in der Sitzung vom 19. April 1848 das „*Edikt über die Freiheit der Presse und des Buchhandels*" in der Kammer der Abgeordneten angenommen[282]. Nach der Zustimmung der Kammer der Reichsräte[283], konnte am 4. Juni 1848 im Rahmen des Abschieds der Ständeversammlung das „*Edikt über die Freiheit der Presse und des Buchhandels*" verlesen werden[284]. Die Verkündung im bayerischen Gesetzblatt erfolgte am 13. Juni 1848[285]. Folgende elf Paragraphen waren im „*Edikt über die Freiheit der Presse und des Buchhandels*" vom 1848 enthalten:

§ 1 gewährte jedem Verfasser, oder wer dessen Rechte erworben hatte, den freien Gebrauch der Presse, die freie Herausgabe und den freien Verlag seiner Schriften[286]. Weiterhin sollte jeder gewerbsmäßige Inhaber einer Schriftdruckerei oder sonstigen Vervielfältigungsanstalt den freien Druck sowie jeder Buchhändler den freien Verkehr mit in- und ausländischen Schriften ausüben dürfen.

§ 2 verbot für jegliche Art von Presserzeugnissen eine obrigkeitliche Prüfung, Inhaltsgenehmigung oder sonstige obrigkeitliche Erlaubnis[287]. Im Unterschied

[282] Beschluss der Kammer der Abgeordneten über den „*Entwurf eines Ediktes über die Freiheit der Presse und des Buchhandels.*" (Verhandlungen der Kammer der Abgeordneten des Königreichs Bayern im Jahre 1848, zweiter Band, München 1848, S. 215 f.).

[283] Vgl. den Vortrag des Abgeordneten von Scheurls über die Rückäußerung der Kammer der Reichsräte über den „*Entwurf eines Ediktes über die Freiheit der Presse und des Buchhandels.*" (Verhandlungen der Kammer der Abgeordneten des Königreichs Bayern im Jahre 1848, dritter Band, München 1848, S. 89 f.).

[284] „*Edikt über die Freiheit der Presse und des Buchhandels*", in: Verhandlungen der Kammer der Abgeordneten der Stände-Versammlung des Königreichs Bayern im Jahre 1848, achter Band, München 1848, S. 32 f.

[285] „*Edikt über die Freiheit der Presse und des Buchhandels*" (Gesetzblatt für das Königreich Bayern, München 1848, S. 89 f.).

[286] „*§ 1. Die in der Verfassungs-Urkunde Titel IV § 11 ausgesprochene Freiheit der Presse und des Buchhandels gewährt jedem Verfasser, oder wer dessen Rechte erworben hat, für seine Schriften den freien Gebrauch der Presse, die freie Herausgabe und den freien Verlag, jedem gewerbsberechtigten Inhaber einer Schriftdruckerei oder lithographischen oder wie sonst zur Vervielfältigung von Schriften dienlichen Anstalt den freien Druck der zur Presse übergebenden Schriften, jedem gewerbsberechtigten Buchhändler den freien Verkehr mit den aus den Pressen des In- oder Auslandes hervorgegangenen Schriften.*" (Gesetzblatt für das Königreich Bayern, München 1848, S. 90).

[287] „*§ 2. Bei keiner Art von Erzeugnissen der Presse ist das Erscheinen derselben von obrigkeitlicher Prüfung und Genehmigung des Inhalts oder überhaupt von irgend einer obrigkeitlichen Erlaubnis abhängig. Dies gilt auch von politischen Zeitungen, sowie von allen andern periodischen Schriften.*" (Gesetzblatt für das Königreich Bayern, München 1848, S. 91).

zur Vorschrift der Verfassungsurkunde von 1818 (*§ 2. Ausgenommen von dieser Freyheit sind alle politischen Zeitungen und periodischen Schriften politischen oder statistischen Inhalts. Dieselben unterliegen der dafür angeordneten Censur*[288]*)* erstreckte sich dieses Verbot auch auf politische Zeitungen sowie auf alle periodischen Schriften.

§ 3 bestimmte, dass die Eigentums- und Nutzungsrechte durch die Freiheit der Presse nicht beeinträchtigt, sondern mit den zum Schutze dieser Rechte erlassenen Gesetzen gewahrt werden sollten[289]. Hintergrund dafür waren die gesetzlichen Bestimmungen über den Nachdruck, die in den Artikeln I – XIII des „*Gesetzes vom 15. April 1840 über den Schutz des Eigenthums an Erzeugnissen der Literatur und der Kunst*" enthalten waren[290].

§ 4 band alle Staatsdiener bezüglich solcher Tatsachen oder Urkunden, von welchen sie nur durch ihr Dienstverhältnis Kenntnis erlangt hatten, an die Dienstvorschriften und an die Gesetze über die Amtverschwiegenheit[291]. Dabei entfiel im Gegensatz zu § 3 des Edikts vom 26. Mai 1818 die Pflicht zur Einholung einer obrigkeitlicher Erlaubnis[292].

---

[288] Gesetzblatt für das Königreich Bayern 1818, München 1818, S. 1818 f.

[289] „*§ 3. Die in Ansehung der Schriften erworbenen Eigentums- und Nutzungsrechte sollen unter dem Vorwande der Freiheit der Presse und des Buchhandels nicht gestört, vielmehr sollen die gesetzlichen Verfügungen zum Schutze solcher Rechte gehandhabt werden.*" (Gesetzblatt für das Königreich Bayern, München 1848, S. 91 f.).

[290] Artikel I-XIII Gesetz über den Schutz des Eigentums an Erzeugnissen der Literatur und Kunst, abgedruckt bei: Friedrich Wiebeking, Die bayerische Pressgesetzgebung, Bamberg 1865, S. 13 - 18.

[291] „*§ 4. Staatsdiener sind rücksichtlich der Bekanntmachung amtlicher Arbeiten, sowie jeder Tatsache oder Urkunde, deren Wissenschaft nur durch das Dienstverhältnis erlangt werden konnte, an die Dienstesvorschriften und an die Gesetze über die Amtverschwiegenheit gebunden.*" (Gesetzblatt für das Königreich Bayern, München 1848, S. 92).

[292] „*§ 3. der dritten Beilage zur Verfassungs-Urkunde von 1818: Auch dürfen Staatsdiener ihre Vorträge und sonstigen Arbeiten über Gegenstände, die ihnen in ihrem Geschäftskreise über-tragen sind; ferner statistische Notizen, Verhandlungen, Urkunden und andere Nachrichten, zu deren Kenntnis sie nur durch ihre Dienstverhältnisse kommen konnten, ohne besondere königliche Erlaubnis nie dem Drucke übergeben. Eben so bleibt ihnen untersagt, Nachrichten politischen oder statistischen Inhalts über die Königlichen Staaten, in ausländische Zeit-schriften einzurücken, oder an dergleichen Aufsätzen Teil zu nehmen, wenn sie nicht zuvor dem einschlägigen Staatsministerium vorgelegt waren.*" (abgedruckt bei: Georg Döllinger, Sammlung der im Gebiete der inneren Staats-Verwaltung des Königreichs Bayern bestehenden Verordnungen, dritter Band, München 1836, S. 299 ff.).

§ 5 besagte, dass andere Beschränkungen als die in den Gesetzen enthaltenen bei der Ausübung der Freiheit der Presse und des Buchhandels nicht stattfinden sollten[293]. Weiterhin sollten derartige Beschränkungen auch nicht im Verwaltungswege eingeführt werden. Die Verfolgung einer Schrift oder verantwortlicher Personen war damit nur in Fällen, die als Polizeiübertretungen, Vergehen oder Verbrechen gesetzlich mit Strafe bedroht waren, möglich. Maßregelungen der Presse durch Verwarnungen, Verweise, Konzessionsentziehungen sowie Kautionen für periodische Zeitschriften wurden auf diese Weise ausgeschlossen[294].

§ 6 erklärte für Verbrechen oder Vergehen, welche durch die Presse begangen worden waren, die Schwurgerichte für zuständig[295]. Die Zuständigkeit der Schwurgerichte wurde somit allein aufgrund der Tatsache eröffnet, dass ein Verbrechen oder Vergehen durch die Presse verübt wurde. Dagegen war nicht ausschlaggebend, ob das Verbrechen oder Vergehen den Tatbestand eines allgemeinen Strafgesetzes oder eines speziellen Pressegesetzes erfüllte[296].

§ 7 erklärte, dass bei Polizeiübertretungen oder Übertretungen gesetzlicher Vorschriften über die Presse und des Buchhandels von Seiten der Presse, welche bisher durch die Polizeibehörden abgeurteilt worden waren, die Strafrichter zuständig seien[297]. Der Verfahrensablauf bestimmte sich nach § 11 des Edikts, welches auf die Bestimmungen zur Behandlung von Polizeistrafsachen verwies[298].

---

[293] *„§ 5. Andere Beschränkungen, als in den Gesetzen enthalten sind, finden bei Ausübung der Freiheit der Presse und des Buchhandels nicht statt, und können im Verwaltungswege nicht eingeführt werden. Keine Schrift darf verfolgt, Niemand darf einer Schrift wegen zur Verantwortung gezogen werden, außer in den Fällen, welche als Polizei-Uebertretungen, Vergehen oder Verbrechen gesetzlich mit Strafe bedroht sind.“* (Gesetzblatt für das Königreich Bayern, München 1848, S. 92).

[294] Friedrich Wiebeking, Die bayerische Pressgesetzgebung, Bamberg 1865, S. 18.

[295] *„§ 6. Ueber Anklagen wegen Verbrechen oder Vergehen, begangen durch die Presse, haben nach öffentlichem und mündlichem Verfahren Schwurgerichte zu erkennen. Wiefern Ausnahmen von der Oeffentlichkeit des Verfahrens zulässig sind, bestimmen die Gesetze über das Strafverfahren.“* (Gesetzblatt für das Königreich Bayern, München 1848, S. 92 f.).

[296] Friedrich Wiebeking, Die bayerische Pressgesetzgebung, Bamberg 1868, S. 18 f.

[297] *„§ 7. Bei Polizei-Uebertretungen, welche durch die Presse begangen werden, sowie bei Uebertretungen gesetzlicher Vorschriften über Presse und Buchhandel steht die Strafgerichtsbarkeit nicht den Polizeibehörden, sondern den Gerichten zu.“* (Gesetzblatt für das Königreich Bayern, München 1848, S. 93).

[298] *„§ 11. Der § 6. des gegenwärtigen Gesetzes tritt erst mit dem Erscheinen des neuen Gesetzes über das Strafverfahren in Wirksamkeit; bis dahin bleiben die bisherigen Gesetze hierüber in Geltung. So lange in dem zu erlassenden allgemeinen Polizei-Strafgesetzbuche nichts anderes hierüber bestimmt ist, erfolgt die Untersuchung und Aburteilung der im § 7.*

§ 8 sah die Möglichkeit einer polizeilichen Beschlagnahme von Presseerzeugnissen wegen Übertretung des Strafgesetzes vor[299]. In der Beschlagnahmeverfügung musste in einem derartigen Fall das betroffene Strafgesetz zitiert und innerhalb der darauffolgenden acht Tage das strafrechtliche Verfahren eingeleitet werden. Das Recht der polizeilichen Beschlagnahme von Presseerzeugnissen hatte freilich große Ähnlichkeit mit der gerade aufgehobenen Zensur, wobei aber zu beachten ist, dass eine polizeiliche Beschlagnahme nur möglich war, solange sich ein Presseerzeugnis im öffentlichen Verkehr befand. Einmal in Privatbesitz übergegangen, hatte die Polizei kein Beschlagnahmerecht mehr[300].

§ 9 erstreckte die Vorschriften, welche über die Presseerzeugnisse getroffen worden waren, auf Gemälde, Bilder, Zeichnungen, Kupferstiche, Erzeugnisse der Lithographie, Holzschnitte und jede Art und Form sinnlicher Darstellung und Mitteilung an das Publikum[301].

§ 10 traf Aussagen zum Charakter des Edikts[302]. Danach erging es als Verfassungsgesetz und trat an die Stelle der *„Beylage III. Zu Titel IV. §.11 der Verfassungsurkunde des Reichs vom 26. Mai 1818.“* Der Rang eines Verfassungsgesetzes bedeutete für das Pressedikt vom 4. Juni 1848 vor allem, dass es nur nach Maßgabe des Titel X § 7 der Verfassungsurkunde von 1818 abge-

---

erwähnten Uebertretungen in den Kreisen diesseits des Rheins nach den für die Behandlung von Polizei-Strafsachen bestehenden Bestimmungen durch die unmittelbar königlichen oder standesherrlichen Gerichte, in deren Bezirk die Uebertretung verübt wurde, mit Zulassung der Berufung innerhalb 14 Tagen an das einschlägige Appellations-Gericht.“ (Gesetzblatt für das Königreich Bayern, München 1848, S. 94 f.).

299 *„§ 8. Die polizeiliche Beschlagnahme von Erzeugnissen der Presse kann nur wegen Uebertretung eines in der Verfügung anzuführenden Strafgesetzes geschehen, und muß die Einleitung des in den Gesetzen bestimmten strafgerichtlichen Verfahrens längstens binnen 8 Tagen nach sich ziehen.“* (Gesetzblatt für das Königreich Bayern, München 1848, S. 93).

300 Vgl. Friedrich Wiebeking, Die bayerische Pressgesetzgebung, Bamberg 1965, S. 19.

301 *„§ 9. Was von Erzeugnissen der Presse verordnet ist, gilt auch von Gemälden, Bildern, Zeichnungen, Kupferstichen, Erzeugnissen der Lithographie, Holzschnitten und überhaupt von jeder Art und Form sinnlicher Darstellungen und Mitteilungen an das Publikum.”* (Gesetzblatt für das Königreich Bayern, München 1848, S. 93 f.).

302 *„§ 10. Vorstehende Bestimmungen sollen als ein Grundgesetz des Reichs, als ein ergänzen-der Bestandteil der Verfassungs-Urkunde, angesehen, und können nur auf die durch den Ti-tel X § 7. dieser Urkunde vorgeschriebene Weise abgeändert werden; dieselben treten mit dem Tage der Bekanntmachung durch das Gesetzblatt, beziehungsweise durch das Amtsblatt der Pfalz, in Wirksamkeit, und von eben diesem Tage an ist das Edikt über die Freiheit der Presse und des Buchhandels vom 26. Mai 1818 aufgehoben.“* (Gesetzblatt für das Königreich Bayern, München 1848, S. 94).

ändert werden konnte[303]. Die im *„Edikt über die Freiheit der Presse und des Buchhandels“* von 1848 enthaltenen Vorschriften durften folglich nur durch einen Beschluss in der Ständeversammlung geändert werden, wobei dazu mindestens drei Viertel der bei der Versammlung anwesenden Mitglieder jeder Kammer vor Ort sein mussten und diese eine Zweidrittelmehrheit zu erreichen hatten. Durch das ebenfalls am 4. Juni 1848 eingeführte *„Gesetz, die ständische Initiative betreffend“*, wurde als Neuerung eingeführt, dass das Presseedikt nicht nur ausschließlich auf Vorschlag des Königs geändert werden konnte (Titel X § 7 II der Verfassung), sondern diese Möglichkeit auch den Ständen eröffnet wurde (*Recht der Initiative*)[304].

§ 11 schließlich schob das Inkrafttreten des § 6 bis zur Einführung des Gesetzes über das Strafverfahren auf, da die darin vorausgesetzten Schwurgerichte in Bayern weder existierten, noch Vorschriften über ihr Verfahren bestanden[305]. Schwurgerichte wurden in Bayern erst am 8. August 1848[306], Vorschriften für das Strafverfahren am 10. November 1848 eingeführt[307].

Insgesamt lässt sich für das *„Edikt über die Freiheit der Presse und des Buchhandels“* vom 4. Juni 1848 festhalten, dass es an die Stelle des gleichnamigen

---

[303] *„Titel X § 7 der Verfassungsurkunde: Abänderungen in den Bestimmungen der Verfassungs-Urkunde, oder Zusätze zu derselben können ohne Zustimmung der Stände nicht geschehen. Die Vorschläge hiezu gehen allein vom Könige aus, und nur wenn Derselbe sie an die Stände gebracht hat, dürfen diese darüber beratschlagen.Zu einem gültigen Beschluße in dieser höchst wichtigen Angelegenheit wird wenigstens die Gegenwart von drey Vierteilen der bey der Versammlung anwesenden Mitglieder in jeder Kammer, und eine Mehrheit von zwey Drittheilen der Stimmen erfordert.“* (Robert Piloty, Die Verfassungsurkunde des Königreichs Bayern nebst den auf die Verfassung bezüglichen sonstigen Gesetzen, 2. Auflage bearbeitet von Carl August von Sutner, München 1907, S. 78 f.).

[304] *„Gesetz, die ständische Initiative betreffend. Vom 4. Juni 1848.“* (Gesetzblatt des Königreichs Bayern, München 1848, S. 61 f.).

[305] *„§ 11. Der § 6. des gegenwärtigen Gesetzes tritt erst mit dem Erscheinen des neuen Gesetzes über das Strafverfahren in Wirksamkeit; bis dahin bleiben die bisherigen Gesetze hierüber in Geltung. So lange in dem zu erlassenden allgemeinen Polizei-Strafgesetzbuche nichts anderes hierüber bestimmt ist, erfolgt die Untersuchung und Aburteilung der im § 7. erwähnten Uebertretungen in den Kreisen diesseits des Rheins nach den für die Behandlung von Polizei-Strafsachen bestehenden Bestimmungen durch die unmittelbar königlichen oder standesherrlichen Gerichte, in deren Bezirk die Uebertretung verübt wurde, mit Zulassung der Berufung innerhalb 14 Tagen an das einschlägige Appellations-Gericht.“* (Gesetzblatt für das Königreich Bayern, München 1848, S. 94 f.).

[306] *„Gesetz über die Einführung der Schwurgerichte.“* (Gesetzblatt für das Königreich Bayern, München 1848, S. 193 f.).

[307] *„Gesetz, die Abänderungen des zweiten Teiles des Strafgesetzbuches vom Jahre 1813 betreffend.“* (Gesetzblatt des Königreichs Bayern, München 1848, S. 233 ff.).

Ediktes aus dem Jahre 1818 trat und damit Verfassungsrang hatte. Die wichtigste inhaltliche Errungenschaft des Edikts war die Abschaffung der Zensur für politische Zeitungen und periodische Schriften, also die Ausdehnung der Pressefreiheit Bayerns in einem noch nie dagewesenen Umfang. Diese lang ersehnte, nun plötzlich Wirklichkeit gewordene Situation eröffnete die Möglichkeit, dass in Bayern eine unzensierte Diskussion der politischen Ereignisse (innere und äußere Politik) in der Presse geführt werden konnte. Dem Staunen und der Freude über dieses lang ersehnte Ergebnis wurde besonders eindrucksvoll vom Abgeordneten von Scheurl in einer Rede vor der Kammer der Abgeordneten am Tag der Abstimmung über das neue Presseedikt Ausdruck verliehen:

„Meine Herren!
Volle, durch keine Censur eingeschränkte Freiheit der Presse, die unzertrennliche Gefährtin wahrer Volksfreiheit, das innerste Bedürfniß einer in Bildung fortgeschrittenen Nation, so oft auch in diesem Saale begehrt, aber bisher immer verweigert, ist durch Ereignisse, welche einen Wendepunkt der Weltgeschichte bedeuten, plötzlich ein Gemeingut Deutschlands geworden. Mitten in der Freude über diese große Errungenschaft kann man sich doch kaum der schmerzlichen Frage erwehren: was könnte Deutschland jetzt seyn, wenn es nicht diesen langwierigen Krieg gegen die Censur hätte führen müssen, wenn seit einem Menschenalter auch bei uns die Presse frei die großen Fragen der Zeit verarbeiten, Regierung und Regierte gegenseitig aufklären, auf Förderung der politischen Bildung des Volkes hätte einwirken können? Allein Klagen über Vergangenes sind vergeblich; es gilt jetzt, den jungen Besitz voller Preßfreiheit uns gesetzlich zu sichern und tätig zu benützen.“[308]

Neben der Freude über die Abschaffung der Zensur und dem damit verbundenen Wunsch, dass es in der Folgezeit zu einer gegenseitigen Aufklärung von Regierung und Regierten kommen möge, schwang in dieser Rede auch etwas Mißtrauen mit. Die lange Zeit, in der Zensur trotz verfassungsrechtlich garantierter Pressefreiheit praktiziert worden war, hatte eine gewisse Ungläubigkeit gegenüber dieser gesetzlich manifestierten Freiheit hervorgerufen. Neben dem Erlass dieses Presseediktes sollte weiterhin ein Gesetz über die Polizei der Presse ergehen, worauf jedoch mit Blick auf die Entwicklungen auf Reichsebene verzichtet worden war[309]. Neben den Neuerungen im bayerischen Zensurwesen hatte die Revolution auch auf Reichsebene zensurrelevante Änderungen bewirkt.

---

308 Verhandlungen der Kammer der Abgeordneten des Königreichs Bayern im Jahre 1848, zweiter Band, München 1848, S. 161 f.

309 Verhandlungen der Kammer der Abgeordneten des Königreichs Bayern im Jahre 1848, zweiter Band, München 1848, S. 50.

b. Zensurverbot in der Reichsverfassung und seine Auswirkungen auf Bayern

Am 18. Mai 1848 war in Frankfurt die Nationalversammlung zusammengetreten[310] und hatte die alleinige Entscheidungskompetenz bei der Reichsgesetzgebung beansprucht[311]. Die Reichsgesetze sollten mit der Ausfertigung durch den Reichsverweser und der Verkündigung im Reichsgesetzblatt ohne weiteres Zutun der einzelnen Länder in Kraft treten[312]. Hinsichtlich der Zensur war die maßgebliche Vorschrift unter der Überschrift *Grundrechte des deutschen Volkes* unter Artikel IV in § 143 der am 28. März 1849 verkündeten Reichsverfassung enthalten[313]:

„Jeder Deutsche hat das Recht, durch Wort, Schrift, Druck und bildliche Darstellung seine Meinung frei zu äußern. Die Pressfreiheit darf unter keinen Umständen und in keiner Weise durch vorbeugende Maßregeln, namentlich Censur, Conzessionen, Sicherheitsbestellungen, Staatsauflagen, Beschränkungen der

---

[310] Ernst Rudolf Huber, Dokumente zur deutschen Verfassungsgeschichte, Band 1, 3. Auflage, Stuttgart 1978, S. 339.

[311] Vgl. Ernst Rudolf Huber, Dokumente zur deutschen Verfassungsgeschichte, Band 1, 3. Auflage, Stuttgart 1978, S. 348.

[312] *„Reichsgesetz betreffend die Verkündung der Reichsgesetze und der Verfügungen der provisorischen Zentralgewalt vom 27. September 1848:Der Reichsverweser, in Ausführung des Beschlusses der Reichsversammlung vom 23. September 1848, verkündet als Gesetz: Art 1. Die Verkündigung der Reichsgesetze geschieht durch den Reichsverweser. Er vollzieht dieselbe durch die Reichsminister.*
Art 2. Der betreffende Minister macht das Gesetz durch Abdruck in dem Reichsgesetzblatte bekannt, und teilt es zugleich den Einzel-Regierungen zum Zwecke der örtlichen Veröffentlichung mit.
Art 3. Die verbindende Kraft eines Gesetzes beginnt – falls es nicht selbst einen anderen Zeitpunct feststellt – für ganz Deutschland mit dem zwanzigsten Tage nach dem Ablaufe desjenigen Tages, an welchem das betreffende Stück des Reichsgesetzblattes in Frankfurt ausgegeben wird. Der Tag der Herausgabe in Frankfurt wird auf dem Blatte angegeben (...).“ (abgedruckt bei: Ernst Rudolf Huber, Dokumente zur deutschen Verfassungsgeschichte, Band 1, 3. Auflage, Stuttgart 1978, S. 349).

[313] Die Reichsverfassung war am 28. März 1849 vom Präsidenten der Nationalversammlung ausgefertigt und im Reichsgesetzblatt verkündet worden. Die Grundrechte waren auf Reichsebene bereits durch ein *„Reichsgesetz betreffend die Grundrechte des deutschen Volkes. Vom 27. Dezember 1848*“ erlassen worden und schon zu diesem Zeitpunkt im ganzen Umfang des deutschen Reichs in Kraft gesetzt worden. Das *„Reichsgesetz betreffend die Grundrechte des deutschen Volkes*“ wurde am 23. August 1851 durch einen Bundesbeschluss wieder aufgehoben (vgl. dazu: Ernst Rudolf Huber, Dokumente zur deutschen Verfassungsgeschichte, Band 1, 3. Auflage, Stuttgart 1978, S. 375, 389).

Druckereien oder des Buchhandels, Postverbote oder andere Hemmungen des freien Verkehrs beschränkt, suspendiert oder aufgehoben werden.
Ueber Pressvergehen, welche von Amts wegen verfolgt werden, wird durch Schwurgerichte geurteilt.
Ein Preßgesetz wird vom Reiche erlassen werden."[314]

Damit war die Pressefreiheit in Artikel IV § 143 II Reichsverfassung garantiert und zusätzlich ein Verbot von Einschränkungen, darunter explizit ein Zensurverbot, mit in den Verfassungstext aufgenommen, sowie ein Gesetz zur weiteren juristischen Präzisierung der Pressefreiheit auf Reichsebene in Aussicht gestellt worden[315]. Durch die Regelung, dass Reichsgesetze mit ihrer Verkündigung im Reichsgesetzblatt ohne weiteres Zutun der Länder in Kraft treten sollten, stellte sich die Frage, inwiefern sich die im Reichsgrundgesetz aufgestellten Regelungen der Pressefreiheit auf das bayerische Zensurwesen, besonders auf das am 4. Juni 1848 ergangene „*Edikt über die Freiheit der Presse und des Buchhandels*" auswirken würden. Dabei muss beachtet werden, dass das „*Edikt über die Freiheit der Presse und des Buchhandels*" Bestandteil der bayerischen Verfassung war. Es ist folglich zu untersuchen, ob das Reichsgrundgesetz auf Regelungen der Landesverfassungen einwirken konnte. Eine Aussage über das Verhältnis der Reichsgrundrechte zu den Verfassungen der deutschen Einzelstaaten wurde in Abschnitt VII Artikel II § 194 Reichsverfassung getroffen:

„*Keine Bestimmung in der Verfassung oder in den Gesetzen eines Einzelstaates darf mit der Reichsverfassung in Widerspruch stehen.*[316] "

Demnach hätte das „*Edikt über die Freiheit der Presse und des Buchhandels*" sowie auch alle anderen Gesetze, die das Zensur- und Pressewesen Bayerns bestimmten, nicht mit Abschnitt VI Artikel IV § 143 Reichsverfassung in Widerspruch stehen dürfen. Welche Folgen ein solcher Widerspruch hatte, war im Gesetzestext nicht weiter präzisiert. In einer Sitzung der Verhandlung der Kammer der Abgeordneten vom 30. Januar 1849 stellte der damalige bayerische Staatsminister des Inneren von Beisler fest, dass möglicherweise Zweifel darüber bestünden, wie die Regierung das Verhältnis der Reichsgesetzgebung zu Bayern auffasse, weshalb vom Staatsministerium entsprechende Grundsätze ausge-

[314] Ernst Rudolf Huber, Dokumente zur deutschen Verfassungsgeschichte, Band 1, 3. Auflage, Stuttgart 1978, S. 375 ff. (391).
[315] Vgl. dazu auch Jörg-Detlef Kühne, Die Reichsverfassung der Paulskirche. Vorbild und Verwirklichung im späteren deutschen Rechtsleben, 2. Auflage, Neuwied 1998, S. 388 f.
[316] Ernst Rudolf Huber, Dokumente zur deutschen Verfassungsgeschichte, Band 1, 3. Auflage, Stuttgart 1978, S. 395.

arbeitet worden waren. Darin wurde zum Ausdruck gebracht, dass in Bayern die Einführung von Reichsgesetzen grundsätzlich nur nach Maßgabe der bayerischen Verfassung möglich war. Eine Änderung dieses Zustandes wäre erst dann möglich, *„wenn die von der Nationalversammlung zu Frankfurt beschlossene Reichs-Verfassung mit den gesetzgebenden Gewalten Bayerns vereinbart seyn wird (...).“* Erst wenn also die von der Frankfurter Nationalversammlung beschlossene Reichsverfassung mit der bayerischen Gesetzgebung abgestimmt wäre, wollte Bayern der Nationalversammlung zubilligen, *„alle von der Reichs-Gewalt innerhalb ihrer Competenz emanirenden Gesetze ohne den Beirath und die Zustimmung sonderstaatlicher Volksvertretung auch bei uns gesetzlich bindende Kraft erlangen“*[317] und vollziehen zu lassen. Solange dies noch nicht geschehen war, bedurften Reichsgesetze nach bayerischer Ansicht der Zustimmung der bayerischen Landesvertretung, um in Bayern in Anwendung zu treten. Hinsichtlich der Reichsgrundgesetze wurde in der Kammer der Abgeordneten festgestellt: *„In wenigen deutschen Ländern sind auf dem Wege der Gesetzgebung dem Volke so frühzeitig ausgedehnte Rechte verliehen worden, als in Bayern und hier bestehen bereits im Wesentlichen jene Einrichtungen, welche die Grundrechte zu begründen und zu gewährleisten bezwecken. In Bayern ist (...), die Preßfreiheit im größten Umfange gewährt und ist der Weg angebahnt, die übrigen Grundrechte nach Maasgabe der Landesverfasssung zur Geltung zu bringen. Demnach wird eine materielle Differenz mit den von der National-versammlung ausgesprochenen Grundrechten kaum als bestehend anzusehen seyn. Daß aber formelle Aenderungen nur auf verfassungsmäßigem Wege und in Uebereinstimmung zwischen Krone und Ständen herbeigeführt werden können liegt am Tage, ist begründet im Wesen der konstitutionellen Regierungsform und bedingt durch den auf die Verfassung des Königreichs geleisteten Eid.*[318]“

Zusammenfassend lässt sich für das Verhältnis der bayerischen Zensur- beziehungsweise Pressevorschriften zu den Regelungen auf Reichsebene festhalten, dass die bayerischen Gesetze nach Ansicht des Bundes und der Reichsverfassung an die Regelung des unter Abschnitt VI Artikel IV ergangenen § 143 Reichsverfassung hätten angepasst werden müssen. Nach Meinung Bayerns blieben die bayerischen Regelungen vorrangig, solange keine reichsrechtlichen Vorschriften in Bayern eingeführt worden waren. Dies sollte nach Sicht des Bundes einfach durch Verkündigung der Regelungen im Bundesgesetzblatt geschehen, Bayern forderte dafür aber eine Vereinbarung mit den gesetzgebenden

---

[317] Verhandlungen der Kammer der Abgeordneten des bayerischen Landtages im Jahre 1849, Stenographische Berichte, Augsburg 1849, S. 2 ff.

[318] Verhandlungen der Kammer der Abgeordneten des bayerischen Landtages im Jahre 1849, Stenographische Berichte, Augsburg 1849, S. 2 ff.

Gewalten Bayerns. Tatsächlich hatte diese Diskussion für der Frage der Pressevorschriften wenig Bedeutung, da es inhaltlich zwischen den im Reichsgrundgesetz getroffenen Regelungen und den bayerischen Vorschriften keine bedeutenden Differenzen gab. Darüber hinaus löste sich dieses Problem mit dem Scheitern der Reichsverfassung und dem damit verbundenen Ende der Nationalversammlung in Frankfurt[319]. Am 23. August 1851 wurden die Reichsgrundgesetze und damit auch die Reichsregelung bezüglich der Pressefreiheit durch Bundesbeschluss aufgehoben[320]. Für das bayerische Zensurwesen waren damit weiterhin die eigenen Vorschriften über die Presse und dabei vor allem das neue *„Edikt über die Freiheit der Presse und des Buchhandels"* maßgeblich. Inhaltlich gesehen hatte das Jahr 1848 Bayern einen bis zu diesem Zeitpunkt noch nie dagewesenen Zustand der Liberalität in Presseangelegenheiten gebracht. In Folge dessen entstanden eine Vielzahl von Zeitungsblättern, die durch zum Teil mangelhaft recherchierte Berichte Kritik hervorriefen[321]: *„Die zahlreichen handgreiflichen Unwahrheiten, die sich die junge Pressfreiheit erlaubte, schadeten natürlich der Publizistik"*[322]. Um nicht den Eindruck zu erwecken, dass eine Zensur durch die Einführung des neuen *„Edikts über die Freiheit der Presse und des Buchhandels"* nicht mehr durchgeführt werden konnte, sollen hier weitere mögliche Rechtsgrundlagen aus dem bayerischen Strafrecht vorgestellt werden.

c. Rechtsgrundlagen der Zensur im bayerischen Strafrecht

Durch die Abschaffung der Zensur für politische Zeitungen und periodische Schriften konnte das Pressewesen ab 1848 vor allem aufgrund der Vorschriften des Strafrechts reglementiert werden[323]. Im *„Edikt über die Freiheit der Presse und des* Buchhandels" wurde zur Ahndung von Übertritten der Presse, die als

---

[319] Vgl. dazu Ernst Rudolf Huber, Dokumente zur deutschen Verfassungsgeschichte, Band 1, 3. Auflage, Stuttgart 1978, S. 418 ff.

[320] Ernst Rudolf Huber, Dokumente zur deutschen Verfassungsgeschichte, Band 1, 3. Auflage, Stuttgart 1978, S. 389.

[321] Vgl. Stefan Spiegel, Pressepolitik und Pressepolizei in Bayern unter der Regierung von König Maximilian II., herausgegeben von Erwin Riedenauer, München 2001, S. 18 f.; Ernst Richter, Entwicklung Bayerischen Pressrechts 1848-1874, München 1952, S. 31.

[322] Veit Valentin, Geschichte der Revolution 1848/49, Band I, Berlin 1930, S. 560.

[323] Eine statistische Untersuchung der Prozesse in Presseangelegenheiten, die nach dem bayerischen Strafrecht verurteilt wurden findet sich bei: Stefan Spiegel, Pressepolitik und Presspolizei in Bayern unter der Regierung von König Maximilian II., herausgegeben von Erwin Riedenauer, München 2001, S. 128 ff.

Polizei-Uebertretungen, Vergehen oder Verbrechen gesetzlich mit Strafe bedroht waren, auf das bayerische Strafrecht verwiesen:

„§ 5. Andere Beschränkungen als in den Gesetzen enthalten sind, finden bei Ausübung der Freiheit der Presse und des Buchhandels nicht statt, und können im Verwaltungswege nicht eingeführt werden. Keine Schrift darf verfolgt, Niemand darf einer Schrift wegen zur Verantwortung gezogen werden, außer in den Fällen, welche als Polizei-Uebertretungen, Vergehen oder Verbrechen gesetzlich mit Strafe bedroht sind.“[324]

Zur besseren Einordnung der zu dieser Zeit in Bayern geltenden Strafgesetze soll hier zunächst die Entwicklungsgeschichte des bayerischen Strafrechts in dieser Zeit skizziert werden. Im Jahre 1848 galt in Bayern das Strafgesetzbuch vom 1. Oktober 1813[325] mit seinen durch spätere Gesetzgebung hinzugekommenen Änderungen und Ergänzungen[326]. Kritik an diesem Werk Feuerbachs wurde bezüglich der Aufspaltung strafbarer Handlungen in Verbrechen und Vergehen geübt, da die getrennte Darstellung in verschiedenen, sogenannten Büchern des Strafgesetzbuches zur „*unnatürlichen Zerreißung des Zusammengehörigen*“ führe[327]. Eine weitere Differenzierung wurde für solche Fälle vorge-

---

[324] Regierungsblatt für das Königreich Bayern, München 1848, S. 92.

[325] Strafgesetzbuch für das Königreich Bayern, München 1813.

[326] Der Kodifikation des bayerischen Strafrechts durch Kreittmayr im *Codex Juris Bavarici Criminalis* von 1751 war Montgelas, besonders hinsichtlich der Vorschriften über die Folter und die Hexenprozesse, kritisch gegenübergestanden. Montgelas hatte den Juristen Paul Johann Anselm von Feuerbach mit der Reform des Strafrechts beauftragt. Der Entwurf Feuerbachs wurde von mehreren Gremien im Zeitraum zwischen 1808 und 1813 beraten und trat in modifizierter Fassung am 1. Oktober 1813 in Bayern in Kraft. Er wurde als „*die reifste Frucht der strafrechtlichen Einsichten des Zeitalters*“ gerühmt und war in seiner Schärfe und Klarheit der allgemeinen Begriffsbestimmungen und der einzelnen Delikte für seine Zeit als herausragend zu bezeichnen. Das Feuerbachsche Strafgesetzbuch, ein Produkt der Humanisierungstendenzen der Aufklärung, beseitigte fast alle Leibesstrafen, sowie die verschärften Todesstrafen, Hexerei und Ketzerei. (Vgl. Anmerkungen zur bayerischen Strafrechtsgeschichte: Carl Friedrich von Dollmann, Die Gesetzgebung des Königreichs Bayern seit Maximilian II. mit Erläuterungen, fortgesetzt von Pözl, Dritter Teil, Vierter Band, Erlangen 1868, S. 7; Hermann-Joseph Busley, Liselotte Klemmer, Maximilian Joseph Graf von Montgelas. Dokumente zu Leben und Wirken des bayerischen Staatsmannes (Katalog der Ausstellung im Bayerischen Hauptstaatsarchiv 1988), München 1988, S. 84).

[327] Das Strafgesetzbuch war in mehrere Bücher unterteilt, wobei im zweiten Buch Vorschriften zu Verbrechen, im dritten Buch die Regelungen über Vergehen enthalten waren (vgl. Carl Friedrich von Dollmann, Die Gesetzgebung des Königreichs Bayern seit Maximilian II. mit Erläuterungen, fortgesetzt von Pözl, Dritter Teil, Vierter Band, Erlangen 1868, S. 8).

nommen, die zwar bestraft werden sollten, aber aufgrund ihrer Geringfügigkeit nicht unter einen Tatbestand des Strafgesetzbuches zu subsumieren waren. Diese wurden als Polizeiübertretungen bezeichnet und fielen in den Kompetenzbereich der Polizei. Da ein eigenes „*Gesetz betreffend die Polizeiübertretungen*" in Bayern lediglich geplant war, aber bis 1861 nicht verwirklicht werden konnte, bestand in diesem Bereich eine Lücke[328]. Die zensurrelevanten Vorschriften waren alle im zweiten und dritten Buch des Strafgesetzbuches geregelt. Die wichtigsten Artikel sollen hier kurz vorgestellt werden[329].

Große Bedeutung hatte für die Zensur vor allem die durch sechs Artikel abgestufte Bestrafung wegen Majestätsbeleidigung. Neben Art.309 des Strafgesetzbuches, der die allgemeine Beleidigung der Majestät zum Inhalt hatte, war besonders Art.311 des Strafgesetzbuches für die Zensur von Bedeutung:

„*Art.311. Wer erstens an öffentlichen Orten vor einer versammelten Volksmenge, oder zweitens in öffentlich verbreiteten Schriften oder bildlichen Darstellungen die Person des Souverains oder dessen Regierungshandlungen durch Verläumdung, verachtenden Spott oder schimpfliche Schmähungen herabzuwürdigen trachtet; drittens wer solche Pasquille wissentlich aus Auftrag eines Andern verfertiget, oder vorsätzlich weiter verbreitet; endlich viertens wer den Namen des Monarchen zur Ausübung einer gesetzwidrigen Handlung missbraucht, diese sollen zur öffentlichen Abbitte vor dem Bildnisse des Souverains, und zu ein - bis vierjährigen geschärften Arbeitshause verurteilt werden, wenn nicht die Beschaffenheit der Handlungen in ein schwereres Verbrechen übergeht.*"[330].

Strafbar war nach Art.311 Strafgesetzbuch also, wer die Person des Königs oder seine Regierungshandlungen in einer Zeitung verspottete oder in einer Karikatur lächerlich machte. Ein nach heutigen Begriffen eher harmloser Spaß konnte ein-

---

[328] Carl Friedrich von Dollmann, Die Gesetzgebung des Königreichs Bayern seit Maximilian II. mit Erläuterungen, fortgesetzt von Pözl, Dritter Teil, Vierter Band, Erlangen 1868, S. 8.

[329] Darüber hinaus kamen vor allem folgende Artikel in Betracht: „*Art 300. (...) Hochverrat wird begangen, ...wenn ein Untertan zu einem wider das Königreich ausgebrochenen Kriege den feindlichen Staat ausdrücklich aufgefordert, (...) hat.*" „*Art. 309. Wer mit vorsätzlicher Verletzung der schuldigen Ehrfurcht gegen die Würde des Staatsoberhauptes allerhöchstdessen erhabene Person mit herabwürdigender Verachtung durch Worte oder Handlungen beleidigt, ist des Verbrechens der beleidigten Majestät schuldig.*" (Strafgesetzbuch für das Königreich Bayern, München 1813, S. 116 ff.).

[330] *Art. 311* bayerisches Strafgesetzbuch von 1813, abgedruckt in: Strafgesetzbuch für das Königreich Bayern, München 1813, S. 122.

en ein- bis vierjährigen verschärften Arbeitshausaufenthalt nach sich ziehen. Weiterhin lieferte Art.324 Strafgesetzbuch, der im Kapitel der Verbrechen gegen die Obrigkeit stand, eine Rechtsgrundlage für die Zensur:

„Art.324. Wer zu einem Aufstande mündlich oder schriftlich, durch angeheftete oder sonst verbreitete, gedruckte oder ungedruckte Schriften deutlich und bestimmt aufgefordert hat, wird, wenn hieraus ein Tumult wirklich entstanden ist, als dessen Urheber oder Rädelsführer bestraft.“[331]

Dieser Artikel des Strafgesetzbuches kann als Beispiel für die mögliche Härte einer Zensurmaßnahme herangezogen werden. Die Rechtsfolge des Art.324 Strafgesetzbuch konnte die Bestrafung als Rädelsführer sein. Die Bestrafung als Rädelsführer war in Art.322 Strafgesetzbuch geregelt und reichte von einem sechzehnjährigem Zuchthausaufenthalt bis hin zur Todesstrafe[332]. Milder dagegen wurde gemäß Artikel 414 Strafgesetzbuch derjenige bestraft, der zwar zu einem Aufstand aufgerufen hatte, dieser aber dann nicht zustande gekommen war[333].

Insgesamt fällt an diesen Vorschriften das hohe Strafmaß auf, das im Jahre 1848, wie auch die Ausgestaltung der einzelnen Tatbestände, nicht mehr als zeitgemäß empfunden wurde[334]. Eine Milderung des Strafmaßes für ent-

---

[331] *Art. 324* bayerisches Strafgesetzbuch von 1813, abgedruckt in: Strafgesetzbuch für das Königreich Bayern, München 1813, S. 127.

[332] *„Art 322. Anstifter und Rädelsführer bei einem Tumult des höchsten Grades sollen erstens mit dem Tode bestraft werden, wenn Mord, Todschlag, Raub oder Brandlegung vorgefallen ist, sie selbst mögen zu solchen Verbrechen ausdrücklich aufgefordert haben oder nicht; zweitens mit Zuchthaus auf unbestimmte Zeit oder nach Umständen mit Kettenstrafe, wenn in dem Tumulte eines der in dem Art. 321 Nr.II bezeichneten Verbrechen begangen worden ist. Drittens in anderen als den vorbestimmten Fällen haben die Anstifter und Rädelsführer sechzehn- bis zwanzigjährige Zuchthausstrafe verwirkt.“* (Strafgesetzbuch für das Königreich Bayern, München 1813, S. 127).

[333] *„Art. 414. Wer zu einem Aufstande mündlich oder schriftlich, durch angeheftete oder sonst verbreitete, gedruckte oder ungedruckte Schriften aufgefordert hat; wird, wenn nachher kein Tumult entstanden, gleichwohl mit drei- bis sechsmonatlichem Gefängnisse betraft.“* (Strafgesetzbuch für das Königreich Bayern, München 1813, S. 159, 160).

[334] So ist in einer Akte des bayerischen Justizministeriums zu lesen: *„(...)die diesseits des Rheins noch geltenden strafgesetzlichen Bestimmungen, welche offenbar für die gegenwärtigen Zeitverhältnisse nicht ausreichen und vorzüglich in dem Kapitel über politische Verbrechen und Vergehen veraltet erscheinen, wegen ihren zu engen Begriffsbestimmungen die Einleitung einer strafrechtlichen Untersuchung in Fällen der vorliegenden Art nicht zulassen.“* (Ministerialakt 45185, zitiert nach Ernst Richter, Entwicklung Bayerischen Pressrechts 1848-74, München 1952, S. 38 f.).

sprechende Angelegenheiten der Presse erschien auch deshalb ratsam, da die Erfahrung gemacht worden war, dass Geschworene lieber einen offensichtlich Schuldigen freisprachen, als die Verurteilung mit der gesetzlich vorgeschriebenen Mindeststrafe zuzulassen, wenn diese nach den Umständen des Falles zu hoch erschien[335]. Das hohe Strafmaß der Strafrechtsvorschriften sowie die durch die Revolution geänderten Umstände führten schließlich zu einer Debatte darüber, ob hinsichtlich einer Kompensierung und Regulierung der Mängel der Pressefreiheit das Strafrecht überhaupt Anwendung finden[336] oder ob mittels eines Ergänzungsgesetzes zum Strafrecht den speziellen Anforderungen der Bestrafung der Presse Rechnung getragen werden sollte[337].

d. Gesetz zum Schutz gegen den Missbrauch der Presse vom 17. März 1850

Nach Vorarbeiten im bayerischen Innenministerium[338] konnte dem Landtag bereits am 30.5.1849 ein entsprechender Entwurf zur Beratung übergeben werden[339]. Der „*Gesetzentwurf zum Schutz gegen den Mißbrauch der Presse*" ging zum Großteil und vor allem bei den Artikeln über die Majestätsbeleidigung auf Vorschriften eines Pressegesetzentwurfes aus dem Jahre 1831 zurück[340]. Inhaltlich sollte das Gesetz das „*Edikt über die Freiheit der Presse und des Buchhandels*" von 1848 besonders hinsichtlich der Möglichkeit, im Vorfeld gegen

---

[335] Verhandlungen der Kammer der Reichsräte des Jahres 1850, München 1850, S. 290 ff.

[336] Ein Argument für die weitere Anwendung des Strafrechts war, dass für die Verübung strafbarer Handlungen durch irgend ein anderes Werkzeug auch kein spezielles Gesetz existiere. Die Presse bilde aber auch nur ein Werkzeug, durch das die strafbare Handlung begangen würde. (Streit dargestellt bei: Friedrich Wiebeking, Die bayerische Pressgesetzgebung, Bamberg 1865, S. 6).

[337] Danach wären Pressestraftaten von einem besonderen Standpunkt aus zu beurteilen, wofür sich in dem, für gewöhnliche Fälle konzipierten Strafrecht kein geeigneter Maßstab vorfände (Streit dargestellt bei: Friedrich Wiebeking, Die bayerische Pressgesetzgebung, Bamberg 1865, S. 6).

[338] Vgl. drei Entwürfe in: Ministerialakt 45 176 (zitiert nach Ernst Richter, Entwicklung bayerischen Pressrechts 1848-1874, München 1952, S. 38 f.); Stephan Spiegel, Pressepolitik und Presspolizei in Bayern unter der Regierung von König Maximilian II., herausgegeben von Erwin Riedenauer, München 2001, S. 91.

[339] Vgl. Verhandlungen der Kammer der Abgeordneten 1849, Band 2, München 1849, S. 113 (zitiert nach Richter, S. 41 FN 2). Der Landtag war am 16. Januar 1849 zusammengetreten (Michael Doeberl, Entwicklungsgeschichte Bayerns, Dritter Band, herausgegeben von Max Spindler, München 1931, S. 225.

[340] Horst Hesse, Gesetzgeber und Gesetzgebung in Bayern 1848-1870, Weilheim 1984, S. 99.

mögliche Übertritte der Presse tätig zu werden, ergänzen[341]. Eine Einigung über den Gesetzentwurf konnte aber zunächst nicht erzielt werden, so dass der Landtag am 11.6.1849 aufgelöst wurde, ohne dass das „*Gesetz zum Schutz gegen den Mißbrauch der Presse*" verabschiedet worden war[342].

Doch nicht allein die Abgeordneten des Landtages von 1849 debattierten über den Entwurf dieses neuen Gesetzes. In Bayern hatte sich im April 1848 ein „*konstitutionell-monarchischer Verein für Freiheit und Gesetzmäßigkeit zu München*" zusammengeschlossen, der sich aus Angehörigen der konservativen Rechten zusammensetzte[343]. Anlässlich des geplanten „*Gesetzes zum Schutz gegen den Missbrauch der Presse*" wurde innerhalb des Vereins ein Vortrag gehalten, in dem die schlimmen Missstände der gesellschaftlichen Ordnung Bayerns, die auf die 1848 eingeführte Freiheit der Presse zurückzuführen wäre, beklagt wurden:

„Die Presse ist nun seit zwei Jahren unbedingt frei, und wenn sich in dieser Zeit etwas als falsch erwiesen hat, so ist es die tausendfach und apodiktisch proklamierte Behauptung, daß das beste Mittel gegen eine schlechte Presse eine freie Presse sei. Die Freiheit hat gewaltet, und in diesen zwei Jahren hat sie eine Verwüstung in den Gemütern und eine Zerstörung in den Grundlagen der gesellschaftlichen Ordnung angerichtet, welche 30 Jahre des wirksamsten Schutzes und der weisesten Pflege einer moralischen Publicistik nicht tilgen werden."[344]

Des weiteren wurde dem zur Beratung stehenden Gesetzentwurf jegliche Wirkung abgesprochen. Die Erwartungen, die der „*konstitutionell-monarchischen Verein für Freiheit und Gesetzmäßigkeit zu München*" hegte, gingen vielmehr dahin, das bayerische Zensurwesen wieder in den Zustand vor der Revolution zu versetzen:

„In der vormärzlichen Zeit bewegte sich die Presse unter der Herrschaft der Zensur. Diese Herrschaft war streng und oft veratorisch; gleichwohl muß man anerkennen, daß sich unter ihr die Presse veredelt habe, daß sie sich nach der

---

[341] Horst Hesse, Gesetzgeber und Gesetzgebung in Bayern 1848-1870, Weilheim 1984, S. 100.
[342] Ernst Richter, Entwicklung bayerischen Pressrechts 1848-1874, München 1952, S. 42;
[343] Michael Doeberl, Entwicklungsgeschichte Bayerns, Dritter Band, herausgegeben von Max Spindler, München 1931, S. 226.
[344] Das Pressgesetz. Ein in dem konstitutionell-monarchischen Verein für Freiheit und Gesetzmäßigkeit zu München gehaltener Vortrag, ohne Erscheinungsort, 1850, S. 4

aufgedrungenen Angewöhnung in ihren Fesseln mit Anstand bewegt, daß sie dieselben aus eigener innerer Kraft mehr und mehr zu lockern gewußt, (...).“[345]

Am 17. März 1850 tätigten die Mitglieder des Vereins deshalb eine Eingabe an den König und die Staatsministerien des Inneren, des Kultus und der Justiz, in welcher sie darum baten, die Öffentlichkeit vor den Auswüchsen der Presse zu schützen[346].

Daraufhin legte der bayerische Justizminister Karl Joseph von Kleinschrod am 30. Mai 1850 der Abgeordnetenkammer einen Gesetzentwurf zur Einschränkung der Pressefreiheit vor, welcher dort mit geringen Modifikationen angenommen[347] und schließlich auch von der Kammer der Reichsräte am 11. März 1850 mit der Begründung gebilligt wurde, die „*Preßfreiheit*“ sei zur „*Preßfrechheit*“[348] geworden[349]. Nachdem Maximilian II. Joseph den Gesetz-

[345] Weitere interessante Passagen aus dem Vortrag seien hier zur Veranschaulichung dargestellt: „*Durch das Gesetz vom 4. Juni 1848 ist die Presse unbedingt frei geworden, da es damals nicht möglich war, sie zu ihrem eigenen und des Vaterlandes Wohl mit den nötigen vor Mißbrauch schützenden Schranken zu umgeben. Sie hat die ungebundene Freiheit nicht ertragen, und ist, mit wenigen Ausnahmen aller Würde entkleidet, in einen Sumpf von Gemeinheit und Laster gesunken. (...) Irreligiosität, Verhöhnung alles Heiligen und Ehrwürdigen, zynische Immoralität, Ostentation des Lasters, die ehemals die Macht der Sitte und des Anstandes in die geheimsten Winkel der Verborgenheit verbannte, treten jetzt ungescheut mit dem Anspruche auf Berechtigung auf, und errichten auf offenem Markte die Kanzeln ihrer schändlichen Lehren (...).* (abgedruckt bei: Das Pressgesetz. Ein in dem konstitutionell-monarchischen Verein für Freiheit und Gesetzmäßigkeit zu München gehaltener Vortrag, ohne Erscheinungsort, 1850, S. 5 f.).

[346] Bereits im Herbst 1848 waren mehrere Entschließungen des Justiz- und Innenministeriums an die zuständigen Behörden ergangen, die zu einem energischeren Vorgehen gegenüber der Presse aufforderten. Dennoch hatte es kaum Beschlagnahmen oder Gerichtsverfahren gegeben (vgl. Stephan Spiegel, Pressepolitik und Presspolizei in Bayern unter der Regierung von König Maximilian II, herausgegeben von Erwin Riedenauer, München 2001, S. 91; Elmar Roeder, Der konservative Journalist Ernst Zander und die politischen Kämpfe seines „Volksboten“, S. 68).

[347] Verhandlungen der Kammer der Abgeordneten 1850, Stenographische Berichte Band III, S. 411- 428.

[348] Der Ausdruck „*Preßfrechheit*“ war bereits in den Debatten um die Einführung der Karlsbader Beschlüsse in Bayern verwendet worden, z.B. in einem Brief Max Freiherr von Lerchenfelds vom 25. August 1824 an Kronprinz Ludwig: „ *(...) Da jede Beschlüsse nur auf fünf Jahre verbindend sein sollten, so wurde vor der Beendigung dieses Zeitraumes- und bei den allenthalben bestehenden demagogischen Umtrieben und deren Verzweigungen die Einleitung getroffen, auf die einzelnen Beschlüsse übergegangen, und darauf angetragen, dass: 1) die in Ansehung der Studien-Anstalten gefassten Beschlüsse aufrecht erhalten, 2) die Kommission in Mainz noch so lange, bis ihre Untersuchungen beendet sind, beibehalten, und*

entwurf am 17. März 1850 unterschrieben hatte, trat am 20. März 1850 das auf diese Weise noch einmal modifizierte *„Gesetz zum Schutze gegen den Missbrauch der Presse"* in Kraft.[350] Das neue Gesetz wurde in der Presse höchst unterschiedlich bewertet[351] und führte in den Tagen nach seiner Verkündung in München zu einigen Ausschreitungen: *„Gestern Abend waren die Patrouillen in den Straßen wieder verstärkt und anderweitige Vorsichts-Maßregeln vorbereitet. Man fürchtete die Folgen jener in den Wirths- und Bräuhäusern ob des Verbots des Blätterverkaufs herrschenden Aufregung, die jedoch bei bloßen Exspektorationen der seit zwei Jahren durch die Kreuzerliteratur leselustig gewordenen unteren Volksklassen ihr Bewenden hatte."* (Bericht der *Augsburger Abendzeitung* wiedergegeben in der *Neuen Würzburger Zeitung*, Nr. 83 vom 24.3.1850[352]). Das *„Gesetz zum Schutz gegen den Mißbrauch der* Presse" bildete nun gemeinsam mit dem 1848 erlassenen *„Edikt über die Freiheit der Presse und des* Buchhandels" die wichtigste Rechtsgrundlage für das bayerische Zensurwesen[353]. Im Folgenden sollen hier die wichtigsten Punkte des 55 Artikel umfassenden Gesetzes untersucht werden.

Drei Titel gliederten das *„Gesetzes zum Schutz gegen den Mißbrauch der Presse"* in *„I. Allgemeine Bestimmungen über Pressverbrechen und Pressvergehen (Art.1-9)"*, *„II. Von den einzelnen durch Missbrauch der Presse verübten Verbrechen und Vergehen (Art.10-34)* ", *„III. Presspolizeiliche Bestimmungen (Art.35-49) sowie Schlußbestimmungen (Art.50-55)."*[354] In Art.1 wurde zunächst

---

3) gegen die Preßfrechheit, sowie es auch bisher geschehen gemeinsam gewacht werde (...)." (Max Freiherr von Lerchenfeld, Die Bairische Verfassung und die Karlsbader Beschlüsse, Nördlingen 1883, S. 170 ff.).

[349] Verhandlungen der Kammer der Reichsräte 1850, Stenographische Berichte S. 269-434.

[350] Gesetzblatt für das Königreich Bayern 1850, München 1950, S. 85-116.

[351] Vgl. dazu die eine Auswahl bei: Stephan , Pressepolitik und Presspolizei in Bayern unter der Regierung von König Maximilian II., herausgegeben von Erwin Riedenauer, München 2001, S. 88: *„Es gibt kein anderes Heilmittel gegen die schlechte Literatur als die gute; und es gibt keine gute Literatur als die freie."* (Allgemeine Zeitung. Beilage „Der bayerische Preßgesetzentwurf" zu Nr.43 vom 12.2.1850). *„Früher hat man einmal den Satz aufgestellt, unsere Zeit habe keinen Beruf zur Gesetzgebung. Im Jahre 1848 regnete es Gesetze, und im Jahre 49 und 50 werden Gesetze wegen der Gesetze von 48 gemacht. Man pfropft das Reis der conservativen Gesinnung auf den Baum des liberalen Statuts."* (Neue Würzburger Zeitung Nr. 54 vom 23.3.1850).

[352] Nach Stephan Spiegel, Pressepolitik und Presspolizei in Bayern unter der Regierung von König Maximilian II., herausgegeben von Erwin Riedenauer, München 2001, S. 91 f.

[353] Vgl. Ernst Richter, Entwicklung bayerischen Pressrechts 1848-1874, München 1952, S. 44.

[354] Für die Beziehung Bayerns zu den anderen Deutschen Staaten waren vor allem die Art. 22 –24 interessant, in denen es um die Beleidigung auswärtiger Staatoberhäupter ging: *„Art. 22.*

festgestellt, dass die strafrechtliche Verantwortlichkeit für den Inhalt einer Schrift in dem Moment einträte, in dem diese in Umlauf gesetzt sei[355], wobei dafür die allgemeinen Vorschriften des Strafrechts heranzuziehen wären[356]. Diese Vorschrift hatte also lediglich deklaratorischen Charakter.

Art.2 bot eine Rechtsgrundlage für die Vernichtung einer Schrift, die entweder insgesamt oder teilweise für strafbar erklärt worden war (erste Alternative). Dabei wurden jedoch solche Schriften ausgenommen, die sich bereits in Privatbesitz befanden. Eine Vernichtungsverfügung konnte auch in den Fällen verhängt

---

Wer in einer Schrift das Oberhaupt eines auswärtigen Staates auf die in Art 12 bezeichnete Weise beleidigt, wird mit Gefängniß von einem Monat bis zu einem Jahre bestraft. [*Art 12. Wer in einer Schrift den König oder die Königin durch Verläumdung, Schmähung, Beschimpfung, herabwürdigenden Spott oder durch Beimessung verächtlicher Handlungen oder Gesinnungen beleidigt, oder denselben auf irgend eine Art Verachtung bezeugt,(...)*, Anm.d.V.]. *Art 23. Gefängniß von vierzehn Tagen bis zu sechs Monaten und Geldbuße von fünfzehn bis zu zweihundert Gulden trifft denjenigen, welcher auf dieselbe Weise in einer Schrift einen bei dem königlichen Hofe beglaubigten Gesandten oder einen andern mit öffentlichem Charakter bekleideten Bevollmächtigten eines auswärtigen Staates in dieser Eigenschaft beleidigt. Art 24. Wer in einer Schrift die Regierung oder die Behörden eines auswärtigen Staates durch Beschimpfungen oder Schmähungen angreift, oder einen Einwohner eines auswärtigen Staates zum Aufruhr oder zur Widersetzlichkeit auffordert, hat Gefängniß von acht Tagen bis zu drei Monaten und Geldbuße von zehn bis zu einhundert Gulden verwirkt. Art 25. Die Art 22, 23 und 24 finden nur bei jenen Staaten Anwendung, von deren Regierungen der Grundsatz der Gegenseitigkeit angenommen und dies amtlich bekannt gemacht worden ist.*“ Folgende Regierungen hatten sich mit Bayern auf die besagte Gegenseitigkeit verständigt: Hansestadt Hamburg, Königreich Sachsen, Herzogtum Sachsen – Meinigen, Herzogtum Sachsen-Coburg-Gotha, Herzogtum Sachsen-Altenburg, Herzogtum Anhalt-Dessau-Köthen, Fürstentum Schwarzburg-Rudolstadt, Fürstentum Schwarzburg-Sondernshausen. Außerhalb der deutschen Staaten: das Kaiserreich Russland. Mit Modifikationen hatten die Königreiche Württemberg, Hannover und die Herzogtümer Hessen, Braunschweig, Nassau, Anhalt-Bernburg, sowie die Hansestadt Lübeck und außerhalb deutscher Staaten die französische Republik ihre Gegenseitigkeit erklärt. Es folgten weitere Staaten in der Staatsministerialenschließung vom 6. Mai 1852, der Staatsministerialerklärung vom 10. Dezember 1852, der Staatsministerialbekanntmachung vom 6. August 1853, sowie der Staatsministerialbekanntmachung vom 23. Februar 1856 (vgl. G. Klette, Die Staatsverträge des Königreichs Bayern. Von 1806 bis einschließlich 1858, Regensburg 1860, S. 585 ff.); Friedrich Wiebeking, Die bayerische Pressgesetzgebung, Bamberg 1865, S. 7.

355 „*Art.1. Die strafrechtliche Verantwortlichkeit für den Inhalt einer Schrift tritt ein, so bald dieselbe veröffentlicht, ausgestellt, ausgegeben oder sonst in Umlauf gesetzt ist (...).*“ (Regierungsblatt für das Königreich Bayern, München 1850, S. 86 f.).

356 „*Art.1. (...) Die Strafbarkeit derjenigen Personen, welche zur Herstellung eines Preßerzeugnisses oder zu dessen Veröffentlichung in einer oder der anderen obengenannten Weise mitgewirkt haben, wird nach den allgemeinen strafrechtlichen Vorschriften bemessen.*“ (Regierungsblatt für das Königreich Bayern, München 1950, S. 86 f.).

werden, in denen die Schrift einen gesetzeswidrigen Inhalt hatte, dies jedoch nicht in einem gerichtlichen Verfahren festgestellt worden war oder keine Person, gegen die ein solches Verfahren geführt hätte werden können, vorhanden war (zweite Alternative)[357]. Im Fall der ersten Alternative war der Schwurgerichtshof oder das mit der Aburteilung der Polizeiübertretungen beauftragte Strafgericht, im Fall der zweiten Alternative war dasjenige Gericht zuständig, das über die Verweisung zu entscheiden hatte, also das entsprechende Kreis- oder Stadtgericht[358]. Dieser Art.2 des Pressegesetzes vom 17. März 1850 räumt also den Gerichten die Befugnis der Unterdrückung einer Schrift ein, selbst wenn diese nicht in einem gerichtlichen Verfahren als strafbar erklärt worden war. Von dieser Möglichkeit der Unterdrückung von Schriften sollte reger Gebrauch gemacht werden[359].

Die weiteren Artikel dieses ersten Abschnittes des Gesetzes trafen Regelungen über die Wiederauflage verbotener Schriften (Art.3), die Konkurrenz (Art.4), die Verjährung (Art.5) sowie den Zuständigkeitsbereich bayerischer Gerichte im Falle von Angriffen auf den bayerischen Staat und seine Angehörigen in nicht innerhalb Bayerns erscheinenden Schriften (Art.6[360]). Weiterhin waren die Fälle, in denen die Strafverfolgung von einem Antrag abhängig war (Art.7) sowie Ver-

---

357 *„Art.2. In jedem verurteilenden Erkenntnisse kann zugleich die Unterdrückung oder Vernichtung der für strafbar erklärten Schrift oder des für strafbar erklärten Teiles derselben verfügt werden, insoweit diese Schrift oder dieser Teil nicht in Privatbesitz übergegangen ist. Gleiche Verfügung kann wegen des gesetzwidrigen Inhaltes einer Schrift auch in den Fällen eintreten, wenn eine Verurteilung nicht erfolgt, oder eine Person, gegen welche eine Anklage gerichtet werden könnte, nicht gegeben ist (...).“* (Reichsgesetzblatt für das Königreich Bayern, München 1850, S. 87).

358 *„Art.2. (...) Diese Verfügung ist im ersteren Falle durch den Schwurgerichtshof (Assisengericht) beziehungsweise das mit Aburteilung der Polizeiübertretungen beauftragte Strafgericht, im letzteren durch dasjenige Gericht zu erlassen, welches über die Verweisung zu entscheiden hat (...).“* (Regierungsblatt für das Königreich Bayern, München 1850, S. 87).

359 Friedrich Wiebeking, Die bayerische Pressgesetzgebung, Bamberg 1865, S. 8.

360 *„Art.6. Auch wenn in Zeitungen, Zeitschriften und Flugblättern, welche außerhalb des Königreichs erscheinen, sträfliche Angriffe gegen den bayerischen Staat oder seine Angehörigen enthalten sind, können die nach Art.1 strafbaren Personen vor ein inländisches Gericht gezogen werden. Wird in einem solchen Falle der Beschuldigte verurteilt, so kann das Gericht zugleich das Verbot der betreffenden Zeitung oder Zeitschrift aussprechen. Dieses Verbot ist jedoch von demselben Gerichte wieder aufzuheben, so bald das Urteil nach seinem ganzen Inhalte vollzogen ist (...).“* (Regierungsblatt für das Königreich Bayern, München 1850, S. 90 f.).

weise auf die unbeschadet der Strafverfolgung bestehenden zivilrechtlichen Ansprüche enthalten (Art.8, 9[361]).

Beim zweiten Titel handelte es sich um den Kernbestand des neuen Gesetzes[362]. Aus dem 25 Artikel (Art.10-34) umfassenden Strafenkatalog (*Von einzelnen durch Mißbrauch der Presse verübten Verbrechen und Vergehen)* war zu ersehen, dass die Presse immer noch als Gefahr für die gesellschaftliche Ordnung gesehen wurde. Die wichtigsten Regelungen dieses Kataloges sollen hier kurz vorgestellt werden:

Nach dem Aufruf zu einem Verbrechen oder Vergehen in einer Schrift, wobei hier eine Differenzierung nach dem Erfolg dieses Aufrufes getroffen wurde (Art.10[363], Art.11[364]), folgte in den Art.12[365] und Art.13[366] mit einer Höchststrafe von ein bis vier Jahren Gefängnis die Majestätsbeleidigung. Es sei hier daran erinnert, dass die Strafhöhe im Strafgesetzbuch Bayerns von 1813 für Majestäts-

---

[361] „*Art.9. Der Verleger, und wenn ein solcher nicht vorhanden ist, der Drucker einer nicht periodischen Schrift sind, unbeschadet ihrer eigenen strafrechtlichen Verantwortlichkeit, für die dem Verletzten zuerkannt werdende Entschädigung, sowie für die dem Staate und dem Verletzten erwachsenen Kosten dann civilverantwortlich, wenn der Verfasser ein Ausländer ist, oder ein Inländer, der sich im Auslande aufhält.*" (Regierungsblatt für das Königreich Bayern, München 1850, S. 92).

[362] Vgl. Horst Hesse, Gesetzgeber und Gesetzgebung in Bayern 1848-1870, Weilheim 1984, S. 100; Stefan Spiegel, Pressepolitik und Presspolizei in Bayern unter der Regierung von König Maximilian II., herausgegeben von Erwin Riedenauer, München 2001, S. 94.

[363] „*Art.10. Wer in einer Schrift zur Verübung eines Verbrechens oder Vergehens auffordert, soll, wenn die Tat wirklich verübt oder ein strafbarer Versuch zur Verübung gemacht wurde, als Miturheber bestraft werden.*" (Regierungsblatt für das Königreich Bayern, München 1850, S. 93).

[364] „*Art.11. War die Aufforderung ohne Erfolg geblieben, und war dieselbe auf ein mit Zuchthaus, Zwangsarbeit oder höherer Strafe bedrohtes Verbrechen gerichtet, so ist der Täter mit Gefängniß von Einem Monate bis zu Einem Jahre und einer Geldbuße von fünfundzwanzig bis eintausend Gulden zu bestrafen (...).* (Regierungsblatt für das Königreich Bayern, München 1850, S. 93).

[365] „*Art.12. Wer in einer Schrift den König oder die Königin durch Verleumdung, Schmähung, Beschimpfung, herabwürdigenden Spott oder durch Beimessung verächtlicher Handlungen oder Gesinnungen beleidigt, oder denselben auf irgend eine andere Art Verachtung bezeigt, hat Gefängniß von einem bis vier Jahren verwirkt.*" (Regierungsblatt für das Königreich Bayern, München 1850, S. 94).

[366] „*Art.13. Wer in einer Schrift ein Mitglied des königlichen Hauses durch Schmähung, Beschimpfung, herabwürdigenden Spott oder durch Beimessung verächtlicher Handlungen oder Gesinnungen beleidigt, oder denselben auf irgend eine andere Art Verachtung bezeigt, wird mit Gefängniß von Einem Monat bis zu Einem Jahre bestraft.*" (Regierungsblatt für das Königreich Bayern, München 1850, S. 94).

beleidigung vier bis acht Jahre betrug und damit deutlich über der des „*Gesetzes zum Schutz gegen den Missbrauch der Presse*“ lag.

In den Art.14[367] und 15[368] wurden den Erfahrungen der letzten Jahre Rechnung getragen, in denen schriftliche Aufforderungen zu Angriffen auf die Kammern des Landtages beziehungsweise zu Protesten gegen deren Beschlüsse überhand genommen hatten und daher nun mit einer Gefängnis- und Geldstrafe bedroht waren.

In Art.16[369] wurden schriftliche Angriffe auf die Unverletzlichkeit des Königs, seine verfassungsmäßige Gewalt, die Thronfolge, das Rechtsinstitut der Ehe, der Familie und des Eigentums sowie schriftliche Aufrufe zum Ungehorsam gegen Gesetze, Beschlüsse oder Anordnungen mit Gefängnis- und Geldstrafe sanktioniert.

Die Art.17[370] und 18[371] sahen Gefängnis- und Geldstrafen für eine in einer Schrift enthaltene Aufwiegelung von Soldaten, Handwerkern oder Arbeitern ge-

---

367 „*Art. 14. Wer in einer Schrift zu einem gewaltsamen Angriffe auf eine der Kammern des Landtages auffordert, wer darin vorschlägt, eine Kammer auseinander zu treiben, oder ein Mitglied gewaltsam aus derselben zu entfernen, oder eine Kammer zur Fassung oder Unterlassung eines Beschlusses zu zwingen, soll mit Gefängniß von Einem Monate bis zu Einem Jahre und mit Geldbuße von fünfundzwanzig bis eintausend Gulden bestraft werden.*“ (Regierungsblatt für das Königreich Bayern, München 1850, S. 94).

368 „*Art.15. Gleiche Strafe ist auszusprechen, wenn in einer Schrift zu einer Zusammenrottung aufgefordert wurde, um hiedurch auf die Beschlüsse der Kammern oder einer derselben einzuwirken.*“ (Regierungsblatt für das Königreich Bayern, München 1850, S. 95).

369 „*Art.16. Wer in einer Schrift die Unverletzlichkeit des Königs, dessen verfassungsmäßige Gewalt oder die Thronfolge angreift, wer die Rechtsinstitute der Ehe, der Familie oder des Eigentums angreift, wer zum Ungehorsam gegen die Gesetze oder gegen die Beschlüsse oder Anordnungen der zuständigen Obrigkeit auffordert, soll mit Gefängniß von acht Tagen bis zu sechs Monaten und mit Geldbuße von zehn bis einhundert Gulden bestraft werden. Ist durch solche Aufforderung Ungehorsam veranlaßt worden, so tritt Gefängniß von vierzehn Tagen bis zu einem Jahre und Geldbuße von fünfundzwanzig bis zweihundert Gulden ein.*“ (Regierungsblatt für das Königreich Bayern, München 1850, S. 95).

370 „*Art.17. Wer in einer Schrift Soldaten der aktiven Armee, oder Landwehrmänner zum Ungehorsam gegen ihre Vorgesetzten, zur Verweigerung ihres Dienstes oder zum Abfalle, desgleichen wer andere Personen zu ungesetzlicher Bewaffnung auffordert, soll mit Gefängniß von drei Monaten bis zu einem Jahre und mit Geldbuße von fünfzig bis eintausend Gulden bestraft werden.*“ (Regierungsblatt für das Königreich Bayern, München 1850, S. 95 f.).

371 „*Art.18. Wer in einer Schrift Handwerksgesellen oder Arbeiter zu gemeinschaftlicher Widersetzlichkeit gegen ihre Meister oder Dienstherren auffordert, soll mit Gefängniß von acht Tagen bis zu drei Monaten und mit Geldbuße von zehn bis fünfzig Gulden und, wenn die Aufforderung von Erfolg gewesen ist, mit Gefängniß von vierzehn Tagen bis zu sechs*

gen ihre Vorgesetzten vor. Eine Rechtsgrundlage, die später besonders häufig zur polizeilichen Beschlagnahme herangezogen wurde, war Art.19[372], der die Verbreitung von wissentlich falschen Nachrichten durch Schriften unter Strafe stellte. In den Art.20[373] und 21[374] waren schriftliche Angriffe auf Religion und Sittlichkeit unter Strafe gestellt. Art.22[375] verbot die schriftliche Beleidigung eines auswärtigen Staatsoberhauptes. Es folgte neben dem Verbot der Gesandtenbeleidigung unter anderem noch die Sanktionierung der Beschimpfung fremder Regierungen.

In diesem zweiten Teil des „*Gesetzes zum Schutz gegen den Missbrauch der Presse*" waren also die zu erwartenden Übertritte der Presse in 25 Tatbeständen formuliert. Die einzelnen Tatbestände waren weit gefasst und standen damit im Gegensatz zur Kasuistik des bayerischen Strafgesetzbuches von 1813[376]. War die Pressefreiheit 1848 noch in den Reden der Abgeordneten hoffnungsvoll angestrebt worden, so zeigte der Strafenkatalog, dass die Presse 1850 durchaus als Gefahr für die staatliche, gesellschaftliche, sittliche und religiöse Ordnung gesehen wurde[377]. Neben dieser Bewertung des „*Gesetzes zum Schutz gegen den Missbrauch der Presse*" darf aber nicht vergessen werden, dass dieses Gesetz erlassen worden war, um den Besonderheiten der strafrechtlichen Übertritte der

---

Monaten und mit Geldbuße von fünfzehn bis einhundert Gulden bestraft werden." (Regierungsblatt für das Königreich Bayern, München 1850, S. 96).

372 „*Art.19. Mit Gefängniß von acht Tagen bis zu drei Monaten und mit Geldbuße von zehn bis einhundert Gulden ist zu bestrafen, wer in einer Schrift wissentlich falsche, zur Beunruhigung der Staatseinwohner, zur Störung des öffentlichen Vertrauens oder zur Erregung von Gehässigkeiten geeignete Nachrichten oder Gerüchte ausstreut.*" (Regierungsblatt für das Königreich Bayern, München 1850, S. 96).

373 „*Art.20. Wer in einer Schrift die Religion oder Sittenlehren überhaupt, oder die Lehren, Einrichtungen, Gebräuche einer im Staate bestehenden Religionsgemeinschaft durch Ausdrücke der Verachtung oder Verspottung angreift, oder wer die Amtsehre einer öffentlichen Kirchenbehörde beleidigt, soll mit Gefängniß von acht Tagen bis zu einem Jahre und mit Geldbuße von zehn bis zweihundert Gulden bestraft werden.*" (Regierungsblatt für das Königreich Bayern, München 1850, S. 97).

374 „*Art.21. Gefängniß von acht Tagen bis zu sechs Monaten und Geldbuße von zehn bis einhundert Gulden tritt ein, wenn in einer Schrift durch unzüchtige Darstellung die Sittlichkeit beleidigt wird.*" (Regierungsblatt für das Königreich Bayern, München 1850, S. 97).

375 „*Art.22. Wer in einer Schrift das Oberhaupt eines auswärtigen Staates auf die im Art.12 bezeichnete Art beleidigt, wird mit Gefängniß von einem Monate bis zu einem Jahre bestraft.*" (Regierungsblatt für das Königreich Bayern, München 1850, S. 97).

376 Vgl. Ernst Richter, Entwicklung bayerischen Pressrechts 1848-1874, München 1952, S. 47.

377 Vgl. Stefan Spiegel, Pressepolitik und Presspolizei in Bayern unter der Regierung von König Maximilian II., herausgegeben von Erwin Riedenauer, München 2001, S. 94.

Presse durch ein niedrigeres Strafmaß gerecht zu werden. Die Höhe der Gefängnisstrafen war im „*Gesetz zum Schutz gegen den Missbrauch der Presse*" deutlich niedriger als im Strafgesetzbuch Bayerns, wobei aber zu beachten ist, dass auch im neuen Gesetz die wirtschaftliche neben der persönlichen Bestrafung in Form einer Kumulation von Geld- und Freiheitsstrafen erhalten blieb[378]. Diese Kumulation konnte aber durch ein im dritten Teil des „*Gesetzes zum Schutz gegen den Mißbrauch der Presse*" neu eingeführtes Institut durchbrochen werden.

Im dritten Teil des Gesetzes (Art.35-49[379]) und den Schlussbestimmungen (Art.50-55[380]), wo unter Bestimmungen für die Polizei der Presse Beschlag-

---

[378] Vgl. Stefan Spiegel, Pressepolitik und Presspolizei in Bayern unter der Regierung von König Maximilian II., herausgegeben von Erwin Riedenauer, München 2001, S. 94.

[379] „*Art.38. Wer ohne Berechtigung mit Schriften Handel treibt, wer ohne obrigkeitliche Erlaubniß damit hausieret, oder auf Straßen oder Plätzen Schriften ausstreut, anbietet oder anheftet, desgleichen wer ohne solche Erlaubniß mit Schriften hausieren, oder solche auf Straßen oder öffentlichen Plätzen ausbieten, ausstreuen oder anheften läßt, wird mit Arrest bis zu vierzehn Tagen und um Geld bis zu fünfzig Gulden bestraft.(...)*
Art.43. Für jede im Königreiche herauskommende Zeitung und periodische Schrift soll ununterbrochen ein verantwortlicher Redakteur bestehen, und auf jedem Blatt, Stück oder Heft der Zeitung oder periodischen Schrift genannt sein. (...) Wer wegen Preßvergehens in Jahresfrist zweimal verurteilt wurde, kann von dem Schwurgerichtshofe auf ein bis fünf Jahre von Übernahme einer verantwortlichen Redaktion ausgeschlossen werden. (...)
Art.44. Von jedem einzelnen Blatte, Stücke oder Hefte einer im Königreiche herauskommenden Zeitung sind, sobald die Austeilung und Versendung beginnt, durch den Verleger zwei mit der eigenhändigen Unterschrift des verantwortlichen Redacteurs versehene Exemplare bei der Districts-Polizeibehörde des Orts, an welchem das Blatt, Stück oder Heft ausgegeben wird, mit beigefügter Bemerkung des Tages, an welchem dieses geschieht, zu hinterlegen. Bei Verhinderung des Redacteurs hat die Unterschrift durch einen nach Art.43 zur Übernahme der Redaction befähigten Stellvertreter zu geschehen, welchen für diesen Fall die Mitverantwortlichkeit trifft.Diese Unterlassung wird mit einer Geldbuße bis zu fünfzig Gulden bestraft. Durch die Hinterlegung soll die Austeilung oder Versendung nicht aufgehalten seyn. (...)" (Regierungsblatt für das Königreich Bayern, München 1850, S. 108 ff.).

[380] „(...) *Art.51. Wenn aus einem Verlage oder aus einer Druckerei binnen eines Jahres wenigstens zwei Schriften hervorgegangen sind, die wegen Preß-Verbrechens oder Vergehens zur Verurteilung Veranlassung gegeben haben, und innerhalb Jahresfrist vom letzten rechtskräftigen Erkenntnisse an aus diesem Verlage oder dieser Druckerei eine neue Schrift erscheint, die ein solches Verbrechen oder Vergehen enthält, so ist die zuständige Gewerbepolizeibehörde, jedoch nur während drei Monaten von dem rechtskräftigen Urteile über diese neue strafrechtliche Handlung an berechtigt, gegen Verleger oder Drucker die Gewerbsbefugniß auf höchstens ein Jahr lang einzuziehen.War diese Maßregel gegen den Verleger bereits einmal in Folge vorstehender Bestimmung verhängt worden, so kann unter den nämlichen Voraussetzungen und innerhalb der nämlichen First die gänzliche Einziehung der*

nahme[381], Abgabe von zwei Pflichtexemplaren an die Polizei[382] sowie die Entziehung der Gewerbeberechtigung geregelt waren, wurde mit Art.54[383] als besonders wichtige Neuerung das Prinzip der mildernden Umstände eingeführt. Der Geltungsbereich dieses Prinzips war nicht näher konkretisiert, wodurch dem Ermessen der Geschworenen ein beträchtlicher Spielraum eröffnete wurde[384]. Als mildernde Umstände konnten neben subjektiven auch objektive Momente herangezogen werden, also z.B. Umstände, die in der Persönlichkeit des Angeklagten, in seiner guten Absicht, den Zeitverhältnissen oder auch in der geringen Verbreitung des Presseerzeugnisses lagen[385]. Die Geschworenen waren gemäß Art.54 des Gesetzes bei allen Verbrechen oder Vergehen der Presse zu fragen, ob mildernde Umstände vorlägen, wobei eine Unterlassung dieser Frage die

---

Gewerbsbefugniß angeordnet werden. (...). (Regierungsblatt für das Königreich Bayern, München 1850, S. 106 ff.).

381 *„Art. 37. Wer ohne vorausgehende Anzeige bei der Obrigkeit Schriften mit einer Privatpresse hervorbringt und ausgibt, soll mit Arrest bis zu vierzehn Tagen und mit einer Geldbuße bis zu hundert Gulden belegt werden. Zugleich kann das Gericht die Confiscation des sämtlichen Druckereigerätes, dann der vorhandenen Exemplare der unbefugt gedruckten Schriften aussprechen (...).*
Art. 38. Wer ohne Berechtigung mit Schriften Handel treibt, wer ohne obrigkeitliche Erlaubniß damit hausiert, oder auf Straßen oder öffentlichen Plätzen Schriften ausstreut, anbietet oder anheftet, desgleichen wer ohne solche Erlaubniß mit Schriften hausieren, oder solche auf Straßen oder öffentlichen Plätzen anbieten, ausstreuen oder anheften läßt, wird (...) bestraft. Zugleich kann das Gericht die Confiscation der zum unbefugten Verkehre angeschafften oder gesetzwidrig im Publicum verbreiteten, jedoch noch nicht in fremdes Eigentum übergegangenen Schriften aussprechen.“ Auch die Art.39, 40, 42 sahen als Rechtsfolge die Beschlagnahme vor (Regierungsblatt für das Königreich Bayern, München 1850, S. 106 f.).

382 *„Art. 44. Von jedem einzelnen Blatte, Stücke oder Hefte einer im Königreiche herauskommenden Zeitung sind, sobald die Austeilung und Versendung beginnt, durch den Verleger zwei mit der eigenhändigen Unterschrift des verantwortlichen Redacteurs versehene Exemplare bei der Districts-Polizeibehörde des Orts, an welchem das Blatt, Stück oder Heft ausgegeben wird, mit beigefügter Bemerkung des Tages, an welchem dieses geschieht, zu hinterlegen (...).“* (Regierungsblatt für das Königreich Bayern, München 1850, S. 109 f.).

383 *„Art.54. In allen in Art. 11 gegenwärtigen Gesetzes aufgeführten Fällen ist an die Geschworenen bei Strafe der Nichtigkeit auch die Frage zu stellen, ob mildernde Umstände vorhanden seien. Im Falle diese Frage bejaht wird, darf bei Ausmessung der Strafe die Hälfte des höchsten Strafmasses nicht überschritten werden. Das Gericht ist in diesem Falle, wenn es sich um ein Vergehen handelt, auch befugt, unter das geringste Strafmass herabzugehen und wodurch das Gesetz Freiheitsstrafe und Geldbusse in Verbindung angedroht sind, nur auf eine oder die andere zu erkennen. Auch bei Polizeiübertretungen ist das Gericht, wenn mildernde Umstände vorhanden sind, in den Fällen, wo das Gesetz Freiheitsstrafe und Geldbusse in Verbindung androht, befugt, nur auf die eine oder die andere dieser Strafen zu erkennen.“* (Regierungsblatt für das Königreich Bayern, München 1850, 114 f.).

384 Friedrich Wiebeking, Die bayerische Pressegesetzgebung, Bamberg 1865, S. 33.

385 Friedrich Wiebeking, Die bayerische Pressegesetzgebung, Bamberg 1865, S. 33.

Nichtigkeit des Urteils nach sich zog. Bei Bejahung von mildernden Umständen konnte das Strafmaß erheblich gesenkt werden. Das Institut der mildernden Umstände konnte ausschließlich auf Übertritte der Presse angewendet werden[386].

Insgesamt bleibt für das „*Gesetz zum Schutz gegen den Mißbrauch der Presse*“ festzuhalten, dass es nicht als verfassungsänderndes oder –ergänzendes[387], sondern als spezielles Strafgesetz erging. Inhaltlich ergänzte und konkretisierte das Gesetz die Zensurregelungen des „*Edikts über die Freiheit der Presse und des Buchhandels*“ von 1848, was sich besonders an § 5 des Ediktes zeigen lässt, wo es hieß: „*Andere Beschränkungen als in den Gesetzen enthalten sind, finden bei Ausübung der Freiheit der Presse und des Buchhandels nicht statt, (...).*“[388] Solche Beschränkungen stellte das „*Gesetz zum Schutz gegen den Mißbrauch der Presse*“ in den pressepolizeilichen Vorschriften (Art.35 ff.) auf und ergänzte somit die Regelung des Presseedikts[389]. Inhaltlich enthielt das Gesetz im ersten Teil, der allgemeine Bestimmungen über Verbrechen und Vergehen der Presse behandelte, unter anderem Vorschriften zur strafrechtlichen Verantwortlichkeit, zur Unterdrückung beziehungsweise Vernichtung der als strafbar erkannten Presseerzeugnisse, Regelungen über erhöhte Strafen für die Verbreitung der als strafbar erkannten Presseerzeugnisse und über Verjährung.

Der Kernbestand des Gesetzes war der zweite Teil, der in einem 25 Artikel umfassenden Strafenkatalog die Übertritte der Presse tatbestandsmäßig erfasste. Besonders dieser Teil des Gesetzes weckte Befürchtungen, dass die Zensur wieder eingeführt würde und die Presse in diesem Gesetz als Feindbild stilisiert würde. So hieß es am 1. Januar und dann am 15. März 1850 im *Nürnberger Kurier*:

---

[386] Friedrich Wiebeking, Die bayerische Pressegesetzgebung, Bamberg 1865, S. 33; vgl. Ernst Richter, Entwicklung bayerischen Pressrechts 1848-1874, München 1952, S. 56.

[387] So etwas missverständlich bei Roeder: „*Mit dem neuen Preßgesetz war eine unsichere Rechtslage geschaffen worden; denn neben dem „Gesetz zum Schutze gegen den Mißbrauch der Presse“ von 1850 hatte auch noch das Gesetz über die Pressefreiheit aus den Märztagen von 1848 Gültigkeit. Meinungsverschiedenheiten zwischen Journalisten und Presseaufsichtsbehörden konnten nicht ausbleiben, da beide meist von verschiedenen Gesetzen ausgingen.*“ (Elmar Roeder, Der konservative Journalist Ernst Zander und die politischen Kämpfe seines „Volksboten“, München 1972, S. 70). Anders Spiegel: „*Preßedikt und Preßgesetz bildeten gesetzessystematisch eine Einheit;*“ (Stefan Spiegel, Pressepolitik und Presspolizei in Bayern unter der Regierung von König Maximilian II., herausgegeben von Erwin Riedenauer, München 2001, S. 92).

[388] Regierungsblatt für das Königreich Bayern, München 1848, S. 92.

[389] Karl Brater (Hrsg.), Die Verfassungsurkunde des Königreichs Bayern und die Verfassungsedicte in ihrem gegenwärtigen Bestand, 3. Auflage, Nördlingen 1868, S. 94.

„[Dem Gesetzgeber, Anm.d.V.] schwebte die Presse nicht in ihrer hehren Aufgabe als Vermittlerin des Ideen-Austausches (...) vor, sondern vielmehr als ein blutdürstiges Ungetüm, (...) welches beständig an schweren Ketten gefesselt sein muß.“

„Binnen wenigen Tagen wird daher die Zensur unter anderer Form wieder hergestellt sein (...) Wir begrüßen daher als eine reale März-Errungenschaft die Wiederherstellung der Zensur und empfehlen uns der Reihenfolge der gestrengen Herren Zensoren zu Gnaden.“[390]

Doch darf neben dieser Bewertung nicht unberücksichtigt bleiben, dass das Strafmaß für Übertritte der Presse gegenüber der Strafhöhe im bayerischen Strafgesetzbuch deutlich herabgesetzt und damit den speziellen Bedürfnissen der Presse angepasst worden war.

Im dritten Teil des Gesetzes, der Bestimmungen zur Polizei der Presse enthielt, waren unter anderem Zuständigkeiten, Privatbeleidigung, Anzeigepflicht bezüglich der Privatpressen, Handel mit Presseerzeugnissen, Nennung des Druckers, Verlegers oder Verfassers, Beschlagnahme sowie die Abgabe von zwei Pflichtexemplaren an die Polizeibehörde geregelt. Unter den Schlussbestimmungen war neben dem Begriff der Presseerzeugnisse und der Entziehung der Gewerbeberechtigung besonders das neu eingeführte Institut der mildernden Umständen bemerkenswert. Die Kumulation von Geld- und Freiheitsstrafen konnte dadurch durchbrochen werden und zu einer Reduktion der Strafe auf die Hälfte des ursprünglich vorgesehenen Strafmaßes führen. Diese Möglichkeit der Flexibilität bei der Strafhöhe war jedoch wenig präzise ausgestaltet. Den Geschworenen wurde dadurch ein großes Maß an Ermessensspielraum - zu Lasten von Rechtssicherheit - eingeräumt[391]. Das „*Gesetz zum Schutz gegen den Mißbrauch der Presse*“ sollte in seiner 1850 festgesetzten Form jedoch nicht lange Bestand haben.

---

390 Zitiert nach: Stefan Spiegel, Pressepolitik und Presspolizei in Bayern unter der Regierung von König Maximilian II., herausgegeben von Erwin Riedenauer, München 2001, S. 98.

391 Vgl. zu dem sich daraus ergebenden Verfahren und der Anwendung des Gesetzes vom 17. März 1950 durch die Gerichte ausführlich: Ernst Richter, Entwicklungen bayerischen Pressrechts 1848-1874, München 1952, S. 58 f.; 96 ff.

e. Entwicklungen des bayerischen Strafrechts im Hinblick auf die darin enthaltenen zensurrelevanten Vorschriften bis 1874

Das „*Gesetz zum Schutz gegen den Mißbrauch der* Presse“ war das letzte Spezialgesetz Bayerns in Zensurangelegenheiten. Das 1874 auf Reichsebene ergangene Reichspressegesetz sollte für das bayerische Zensurwesen neue Rechtsgrundlagen und damit verbunden die Aufhebung der meisten bis dahin geltenden Zensurvorschriften in Bayern mit sich bringen. Bevor jedoch einige Anmerkungen zum Reichspressegesetz von 1874 und ein Ausblick auf wichtige Entwicklungen bis zum Ende des Jahrhunderts die Untersuchung der rechtlichen Grundlagen bayerischer Zensur im 19. Jahrhundert abschließen, werden zunächst noch die Entwicklungen bis zum Erlass des Reichspressegesetzes vorgestellt.

Wie bereits gesehen, wurde im „*Edikt über die Freiheit der Presse und des Buchhandels*“[392] für die Ahndung von Polizeiübertretungen, Vergehen oder Verbrechen, die durch die Presse verübt wurden, auf das bayerische Strafrecht verwiesen. Elf Jahre nach dem Erlass des als spezielles Strafrecht ergangenen „*Gesetzes zum Schutz gegen den Mißbrauch der Presse*“ änderten sich die Rechtsgrundlagen für das bayerische Zensurwesen durch die Einführung zweier neuer Strafgesetzbücher (Straf- und Polizeistrafgesetzbuch) nebst Einführungsgesetz am 10. November 1861[393]. Der Erlass der beiden Strafgesetzbücher in Bayern war von besonderer Bedeutung, da sie im gesamten Königreich Bayern galten und damit als Erfüllung des, schon in der Verfassungsurkunde Titel VIII § 7[394] angelegten Postulats eines einheitlichen Strafgesetzbuches für das ganze Königreich Bayern zu sehen waren[395].

---

[392] „*§ 5. Andere Beschränkungen als in den Gesetzen enthalten sind, finden bei Ausübung der Freiheit der Presse und des Buchhandels nicht statt, und können im Verwaltungswege nicht eingeführt werden. Keine Schrift darf verfolgt, Niemand darf einer Schrift wegen zur Verantwortung gezogen werden, außer in den Fällen, welche als Polizei-Uebertretungen, Vergehen oder Verbrechen gesetzlich mit Strafe bedroht sind.*“ (Gesetzblatt für das Königreich Bayern, München 1848, S. 92).

[393] Das Strafgesetzbuch Bayerns von 1861 ist abgedruckt in: Ludwig Hauff, Die neuesten bayerischen Gesetzbücher, München 1862, S. 65 ff.

[394] „*§ 7. Es soll für das ganze Königreich ein und dasselbe bürgerliche und Straf-Gesetzbuch bestehen.*“ (Karl Brater (Hrsg.), Die Verfassungsurkunde des Königreichs Bayern und die Verfassungsedicte in ihrem gegenwärtigen Bestand, 3. Auflage, Nördlingen 1868, S. 32).

[395] Carl Friedrich von Dollmann, Die Gesetzgebung des Königreichs Bayern seit Maximilian II. mit Erläuterungen, fortgesetzt von J. von Pözl, Dritter Teil, Strafrecht und Strafprozess, Vierter Band, Erlangen, 1868, S. 5.

Im *„Gesetz, die Einführung des Strafgesetzbuches und des Polizeistrafgesetzbuches für das Königreich Bayern betreffend*", wurde in Art.2 Ziff. 3 bestimmt, welche Artikel des *„Gesetzes zum Schutz gegen den Mißbrauch der Presse*" mit Inkrafttreten des neuen Strafgesetzbuches ihre Wirksamkeit verlieren sollten:

„Art.2. Mit diesem Zeitpunkte [1. Juli 1862, Anm.d.V.] verlieren alle dermalen geltenden Bestimmungen, deren Uebertretung bisher mit Strafe bedroht war, soweit sie nicht durch den Inhalt der neuen Strafgesetzbücher oder das gegenwärtige Gesetz als fortbestehend bezeichnet sind, ihre Gültigkeit und Wirksamkeit. Insbesondere treten außer Kraft: (...)
3.) von dem Gesetze zum Schutze gegen den Mißbrauch der Presse vom 17. März 1850 die Art.2, 4-7, 10-36, 49 und 50."[396]

Von den ursprünglich 55 Artikeln des *„Gesetzes zum Schutz gegen den Mißbrauch der Presse*" blieben folglich gemäß dem Einführungsgesetz für das neue Strafgesetzbuch weniger als die Hälfte übrig[397]. In Art.3 Ziff. 7 des *„Gesetzes, die Einführung des Strafgesetzbuches und des Polizeistrafgesetzbuches für das Königreich Bayern betreffend*", wurden die weiterhin, teilweise mit geringen Modifikationen geltenden Artikel explizit aufgeführt[398]. In Art.11 Abs. 2 des Einführungsgesetzes wurden die Art.37-41 und 43-48 des *„Gesetzes zum Schutz gegen den Mißbrauch der Presse*" als Polizeiübertretungen charakterisiert[399]. Ausgehend von einer Dreiteilung strafbarer Handlungen in Verbrechen, Vergehen und Polizeiübertretungen fielen unter Polizeiübertretungen alle strafbaren Handlungen, die nicht mehr als Vergehen zu bewerten waren, also eine Bezeich-

---

[396] Gesetzblatt für das Königreich Bayern, München 1861/62, S. 321 ff. (323).

[397] Das *„Gesetz zum Schutz gegen den Mißbrauch der Presse*" wurde schließlich durch Art. 2 Ziff. 9 des Ausführungsgesetzes zur Strafprozessordnung vom 18. August 1879 aufgehoben: *„Art. 2. Außer Kraft treten, vorbehaltlich der Bestimmung in Art. 77, insbesondere:(...) 9) das Gesetz vom 17. März 1850 zum Schutze gegen den Mißbrauch der Presse.*" (Gesetzblatt für das Königreich Bayern, München 1879, Erster Band, S. 781 f.).

[398] *„Art. 3. Aufrecht bleiben erhalten:(...) 8.) von dem Gesetze zum Schutze gegen den Mißbrauch der Presse die Art. 1, 3, 8, 9, 37-48 und 51-55, wobei die in den Art. 46 und 52 genannten Gesetzes enthaltene Allegation der Art. 4 und 27 nunmehr auf die Art. 84 und 150 des Strafgesetzbuches zu beziehen ist und die Be-stimmungen des Art. 48 des genannten Gesetzes auf alle Fälle Anwendung zu finden haben, in welchen gegen den Herausgeber oder Verleger einer Zeitung oder periodischen Schrift wegen einer durch die Presse verübten strafbaren Handlung eine Beurteilung erfolgt.*" (Gesetzblatt für das Königreich Bayern, München 1861/1862, S. 326 f.).

[399] *„Art. 11. (...) Die in den Art. 37-41 und 43-48 des so eben angeführten Gesetzes [Gesetz zum Schutz gegen den Mißbrauch der Presse vom 17. März 1850, Anm.d.V.] vorgesehenen Handlungen sind Polizeiübertretungen.*" (Gesetzblatt für das Königreich Bayern, München 1861/1862, S. 331).

nung für eine Gruppe von Taten, die weniger als ein Vergehen, aber dennoch strafbar waren[400]. Diese Dreiteilung wurde durch die Neuerungen im bayerischen Strafrecht des Jahres 1861 durch eine Vierteilung ersetzt. Innerhalb der Polizeiübertretungen wurde noch weiter zwischen geringeren Rechtsverletzungen[401] und bloßen Rechtsgefährdungen differenziert[402]. Die erste Gruppe wurde nach den Regelungen des allgemeinen Strafgesetzbuches, die zweite Gruppe nach den Vorschriften des ebenfalls am 10. November 1861 ergangenen Polizeistrafgesetzbuches[403] behandelt[404].
Für das bayerische Zensurwesen hatte der Erlas der beiden neuen Strafgesetzbücher zur Folge, dass Strafbestimmungen über die durch die Presse verübten Verbrechen und Übertretungen, die vorher im *„Gesetz zum Schutz gegen den Mißbrauch der Presse"* unter Titel II geregelt waren, nun im Strafgesetzbuch (Art.8, 35, 57, 94-96, 108, 118, 119, 122-125, 126, 127, 132-134, 135, 150, 159-161, 223) beziehungsweise im Polizeistrafgesetzbuch (Art.93, 103, 116) zu finden waren[405].

Die wichtigsten zensurrelevanten Regelungen des allgemeinen bayerischen Strafgesetzbuches von 1861 waren neben der Aufforderung zum Hochverrat (Art.108) waren die Angriffe gegen die staatlichen und sozialen Grundlagen in Form von staatsgefährdenden Äußerungen und Gerüchten (Art.118) sowie die Verbreitung beunruhigender Nachrichten (Art.119). Besonders wichtig und daher in abgestuften Systemen geregelt folgten die Majestäts- (Art.122 –125) und Amtsehrensbeleidigung (Art.126, 127, 132-134), weiterhin die Aufforderung zum Ungehorsam (Art.135), die Missbilligung richterlicher Urteile (Art.150), Angriffe auf die Religion (Art.159, 161) sowie die Verletzung der Sittlichkeit (Art.223)[406].

---

[400] Friedrich Wiebeking, Die bayerische Pressgesetzgebung, Bamberg 1865, S. 60.
[401] Dazu gehörten z.B. Ehrenkränkung und Diebstahl.
[402] Friedrich Wiebeking, Die bayerische Pressgesetzgebung, Bamberg 1865, S. 60.
[403] Ludwig Hauff, Die neuesten bayerischen Gesetzbücher, München 1862, S. 3 ff.
[404] Für die bloßen Rechtsgefährdungen, die nach dem Polizeistrafgesetzbuch geregelt wurden galten hinsichtlich allgemeiner Lehren, wie z.B. Versuch, Teilnahme, vom allgemeinen Strafgesetzbuch abweichende Grundsätze (vgl. Friedrich Wiebeking, Die bayerische Pressgesetzgebung, Bamberg 1865, S. 61).
[405] Vgl. Karl Weber, Neue Gesetz- und Verordnungen- Sammlung für das Königreich Bayern mit Einschluss der Reichsgesetzgebung, Vierter Band (1848 bis 1856), Nördlingen 1885, S. 102.
[406] Friedrich Wiebeking, Die bayerische Pressgesetzgebung, Bamberg 1865, S. 35.

In dem ebenfalls am 10. November 1861 erlassenen Polizeistrafgesetzbuch waren neben dem Aufruf zu unerlaubten Sammlungen (Art.93 i.V.m. 92[407]), der Ankündigung unerlaubter Lotterien oder Ausspielungen (Art.103[408]) und der Ankündigung von Heilmitteln und dergleichen (Art.116 [409]) weniger bedeutsame zensurrelevante Rechtsgrundlagen enthalten.

Wurden durch ein und dasselbe Presserzeugnis mehrere Strafgesetze verletzt, oder lagen mehrfache solcher Übertretungen durch verschiedene Presserzeug-

---

407 *„Art. 92. Wer ohne die erforderliche polizeiliche Bewilligung eine Sammlung von Geld- oder sonstigen Beiträgen oder von Unterschriften unternimmt oder die erwirkte Bewilligung überschreitet, wird vorbehaltlich dessen, was in Ansehung von Sammlungen für besondere Zwecke gesetzlich bestimmt ist, an Geld bis zu 25 Gulden bestraft. Eine polizeiliche Bewilligung ist nicht erforderlich für Sammlungen zu erlaubten Zwecken, welche Jemand bei Gelegenheit einer geselligen Zusammenkunft oder in einem Vereine, welchen er angehört, oder im Kreise von Personen veranstaltet, mit welchen er in geselliger oder in Geschäftsberührung, in freundschaftlichen oder verwandtschaftlichen Verhältnissen steht. Ist eine unbefugte Sammlung teilweise oder ausschließlich zum eigenen Vorteile unternommen worden, so richtet sich die Bestrafung nach Art 89. Das unbefugt Gesammelte wird zum Besten der Armenkassa des Orts der Betretung konfisziert. War jedoch der Zweck der Sammlung ein angemessener, so ist der Richter berechtigt, die Verwendung für diesen Zweck vorbehaltlich der Zustimmung jener Behörde oder Stelle, deren Erlaubnis für die Vornahme der Sammlung erforderlich gewesen wäre, als zulässig zu erklären.*
Art. 93. Die Bestimmungen des Art 92 finden auch dann Anwendung, wenn ohne polizeiliche Bewilligung ein Aufruf zu Gaben oder Geldbeiträgen mit dem Erbieten zur Empfangnahme derselben in öffentlichen Blättern oder Anschlägen erlassen wird. In diesem Falle trifft die gesetzliche Strafe den Verfasser des Aufrufs sowie den Redacteur oder, sofern dieser für Ankündigungen nicht verantwortlich ist, den Verleger des Blattes, welcher den Aufruf veröffentlicht hat.“ (Polizeistrafgesetzbuches von 1861 abgedruckt in: Ludwig Hauff, Die neuesten bayerischen Gesetzbücher, München 1862, S. 26).

408 *„Art. 103. Wer in öffentlichen Blättern oder Anschlägen unerlaubte Lotterien oder Ausspielungen ankündigt, Lose oder Promessen hiezu oder Promessen auf Prämien in- oder ausländischer Lotterieanlehen ausbietet oder zur Teilname an solchen Unternehmungen einladet, wird an Geld bis zu fünfzig Gulden gestraft. Gleicher Strafe unterliegt der Redakteur oder, sofern dieser für Ankündigungen nicht verantwortlich ist, der Verleger der öffentlichen Blattes, welches die betreffende Ankündigung aufgenommen hat.“* (Polizeistrafgesetzbuches abgedruckt in: Ludwig Hauff, Die neuesten bayerischen Gesetzbücher, München 1862, S. 28).

409 *„Art. 116. An Geld bis zu fünfundzwanzig Gulden wird gestraft, wer in öffentlichen Blättern oder Anschlägen kosmetische Mittel, Geheim- oder anderen Heilmittel, deren Verkauf von der zuständigen Behörde nicht erlaubt ist, anzeigt oder bei der Ankündigung den Bedingungen zuwiderhandelt, unter welchen der Verkauf von der zuständigen Behörde gestattet worden ist. Gleicher Strafe unterliegt der Redakteur oder, sofern dieser für Ankündigungen nicht verantwortlich ist, der Verleger des öffentlichen Blattes, welches dieselbe aufgenommen hat.“* (Polizeistrafgesetzbuches abgedruckt bei: Ludwig Hauff, Die neuesten bayerischen Gesetzbücher, München 1862, S. 32).

nisse gegen dieselbe Person vor oder konkurrierten strafbare Handlungen durch die Presse mit gemeinen Übertretungen der Strafgesetze, so hatte nach Art.84 des allgemeinen Strafgesetzbuches Bayerns von 1861 dasjenige Gesetz Anwendung zu finden, nach welchem das höchste Strafmaß verhängt werden konnte:

„Hat Jemand
1. in verschiedenen Handlungen mehrere Verbrechen, Vergehen oder Uebertretungen begangen oder
2. in einer und derselben Handlung mehrere Strafgesetze zugleich oder ein und dasselbe Strafgesetz in mehrfacher Richtung übertreten, so soll nur dasjenige Strafgesetz, welches die schwerste Strafausmessung zulässt, in Anwendung gebracht werden (...)."[410]

Das Polizei- und das allgemeine Strafgesetzbuch von 1861 sowie die Art.1, 3, 46 Abs. 2 und 3, Art.54 Abs. 1 bis 3 des „*Gesetzes zum Schutz gegen den Mißbrauch der Presse*" wurden durch das „*bayerische Gesetz vom 26. Dezember 1871, den Vollzug der Einführung des Strafgesetzbuchs für das Deutsche Reich in Bayern betreffend*", außer Kraft gesetzt[411]. Das Strafgesetzbuch für das deutsche Reich[412], welches das bis zum 1. Januar 1872 geltende bayerische Straf-

[410] Art 84 des Strafgesetzbuches ist abgedruckt bei: Ludwig Hauff, Die neuesten bayerischen Gesetzbücher, München 1862, S. 88.
[411] *„Art. 2. Insbesondere treten, vorbehaltlich der in dem gegenwärtigen Gesetze enthaltenen Uebergangsbestimmungen, außer Kraft:*
1) das Strafgesetzbuch vom 10. November 1861;
2) das Polizeistrafgesetzbuch vom 10. November 1861;
3) die Art. 1 bis 84 des Einführungsgesetzes zum Strafgesetzbuche und Polizeistrafgesetzbuche vom 10. November 1861
4) das Gesetz vom 10. November 1861, den „Vollzug der Freiheitsstrafen in Einzelhaft" betr.;
5) das Gesetz vom 16. Mai 1868, „die Abänderung einiger Bestimmungen des Straf- und Polizeistrafgesetzbuchs vom 10. November 1861" betr.;
6) das Gesetz vom 14. Januar 1871, „die Abänderung der Bestimmungen des Art. 200 des Polizeistrafgesetzbuchs vom 10. November 1861" betr.;
7) das Gesetz vom 28. Mai 1870, „die Anwendung einiger Bestimmungen des Strafgesetzbuches vom 10. November 1861 auf die Gerichtsvollzieher" betr.;
8) die Bestimmungen der Art. 1, 3, 46 Abs. 2 und 3, 54 Abs. 1 bis 3 des Gesetzes vom 17. März 1850 zum Schutze gegen den Mißbrauch der Presse (...)." (Das Strafgesetzbuch für das Deutsche Reich mit den Einführungs- und Nebengesetzen für das Königreich Bayern. Mit Anmerkungen von Julius Staudinger, Nördlingen 1872, S. 26 ff.).
[412] Das Strafgesetzbuch für das Deutsche Reich mit den Einführungs- und Nebengesetzen für das Königreich Bayern. Mit Anmerkungen von Julius Staudinger, Nördlingen 1872, S. 251 ff.

recht ablöste[413], brachte inhaltlich in Bezug auf die durch die Presse verübten strafbaren Handlungen keine gravierenden Neuerungen. Hingewiesen sei hier nur auf das oben vorgestellte Prinzip der mildernden Umstände (Art.54 des „*Gesetzes zum Schutz gegen den Mißbrauch der Presse*“), das nach Inkrafttreten des Reichsstrafgesetzes nur noch in den Fällen zulässig war, in denen das Reichsstrafgesetzbuch die Möglichkeit der mildernden Umstände für einzelne Verbrechen oder Vergehen ausdrücklich vorsah[414]. Nach dieser Skizzierung der Entwicklung des bayerischen Strafrechts und der wichtigsten darin enthaltenen Zensurvorschriften in der Zeit vor 1874 sollen hier noch einige Anmerkungen zu weniger bekannten Rechtsgrundlagen bayerischer Zensur folgen.

4. Zensurvorschriften im Gewerberecht

Neben den bisher vorgestellten Rechtsgrundlagen im Verfassungs- und Strafrecht konnten auch über das Gewerberecht Zensurmaßnahmen ausgeübt werden. Diese Möglichkeit wurde durch § 1 des „*Edikts über die Freiheit der Presse und des Buchhandels*“ eröffnet:

„*Die in der Verfassungs-Urkunde Tit. IV § 11 ausgesprochene Freiheit der Presse und des Buchhandels gewährt jedem Verfasser, oder wer dessen Rechte erworben hat, für seine Schriften den freien Gebrauch der Presse, die freie Herausgabe und den freien Verlag, jedem gewerbsberechtigten Inhaber einer Schriftdruckerei oder lithographischen oder wie sonst zur Vervielfältigung von Schriften dienlichen Anstalt den freien Druck der zur Presse übergebenen Schriften, jedem gewerbsberechtigten Buchhändler den freien Verkehr mit den aus den Pressen des In- oder Auslandes hervorgegangenen Schriften.*“[415]

---

413 „*Art. 1. Vom 1. Januar 1872 an gelten im Königreiche Bayern neben den Strafbestimmungen der Reichsgesetze sowie der in Bayern verkündeten Zollvereinsgesetze von den noch in Kraft stehenden Bestimmungen des Landesstrafrechts fernerhin nur mehr diejenigen, welche in dem gegenwärtigen Gesetze oder in dem Polizeistrafgesetzbuche für Bayern enthalten oder als fortbestehend enthalten sind (...).*“ (Das Strafgesetzbuch für das Deutsche Reich mit den Einführungs- und Nebengesetzen für das Königreich Bayern. Mit Anmerkungen von Julius Staudinger, Nördlingen 1872, S. 22 ff.).

414 Julius Staudinger, Anmerkung zu Art. 2 Ziff. 8 „*Bayerisches Gesetz vom 26. Dezember 1871, den Vollzug der Einführung des Strafgesetzbuchs für das Deutsche Reich in Bayern betr.*“, in: Das Strafgesetzbuch für das Deutsche Reich mit den Einführungs- und Nebengesetzen für das Königreich Bayern. Mit Anmerkungen von Julius Staudinger, Nördlingen 1872, S. 33.

415 Gesetzblatt für das Königreich Bayern, München 1848, S. 90 f.

Demnach erstreckten sich die Rechte aus § 1 des *„Edikts über die Freiheit der Presse und des Buchhandels“* nur auf gewerbeberechtigte Inhaber einer Druckerei oder gewerbeberechtigte Buchhändler. Die Gewerbeberechtigung erforderte eine Konzession, deren Erteilung gemäß den Vorschriften des Gewerbegesetzes zu bestimmen war. Da jedoch das bayerische Gewerberecht, ähnlich wie das bayerische Strafrecht im 19. Jahrhundert, mehrfach geändert wurde, muss hier kurz erläutert werden, auf welches Gewerbegesetz aufgrund der Regelung des § 1 des *„Edikts über die Freiheit der Presse und des Buchhandels“* zurückgegriffen werden konnte.
Im Jahre 1848, also zu der Zeit, als das *„Edikt über die Freiheit der Presse und des Buchhandels“* in Kraft trat, galt in Bayern das Gewerbegesetz vom 11. September 1825[416]. Dieses enthielt in Art.2 die Voraussetzungen, die zur Erteilung einer Konzession vorliegen mussten:

„Art.2. Die Vorbedingung zur Erlangung einer Gewerbs-Concession ist die persönliche Fähigkeit des Bewerbers. Ist diese Vorbedingung, womit auch die Berücksichtigung des erforderlichen Nahrungsstandes zu verbinden ist, nebst den gesetzlichen Erfordernissen der Ansässigmachung vorhanden, so darf die Concession nicht versagt werden (...).“[417]

Die Erteilung einer Gewerbekonzession war folglich von der persönlichen Fähigkeit des Bewerbers abhängig. Sie konnte gemäß Art.6 Gewerbegesetz wegen *„(...) Mißbrauchs, beharrlichen Ungehorsams oder Widersetzlichkeit gegen obrigkeitliche Anordnungen in Gewerbssachen“* erlöschen beziehungsweise eingezogen werden[418]. Für Erteilung und Entzug von Gewerbekonzessionen waren gemäß Art.10 des Gewerbegesetzes die in den entsprechenden Verordnungen vorgesehenen Behörden zuständig. Für das Pressegewerbe waren in Bayern die Kreisregierungen mit dem Handelsministerium als Berufungsinstanz zuständig[419]. Die Möglichkeit, durch die Drohung einer Kon-

[416] Gesetzblatt für das Königreich Bayern, München 1825, S. 127 ff.
Vgl. zum bayerischen Gewerbewesen und zum Entstehungsprozess des Gewerbegesetzes von 1825: Dirk Götschmann, Das bayerische Innenministerium 1825-1864. Organisation und Funktion, Beamtenschaft und politischer Einfluss einer Zentralbehörde in der konstitutionellen Monarchie, Göttingen, 1993, S. 500 ff.
[417] Gesetzblatt für das Königreich Bayern, München 1825, S. 129.
[418] Gesetzblatt für das Königreich Bayern, München 1825, S. 133.
[419] Vgl. Stefan Spiegel, Pressepolitik und Pressepolizei in Bayern unter der Regierung von König Maximilian II., herausgegeben von Erwin Riedenauer, München 2001, S. 144. Nach Richter wurde die Zuständigkeit der Kreisregierungen erst durch Verordnung vom 17.12.1853 begründet (Ernst Richter, Die Entwicklung bayerischen Pressrechts 1848-1874, München 1952, S. 55).

zessionsentziehung Druck auf Buchhändler oder Inhaber einer Druckerei auszuüben, wurde durch Art.51[420] des *„Gesetzes zum Schutz gegen den Mißbrauch der Presse“* beschränkt[421]. Am 30. Januar 1868 erging das bayerische Gewerbegesetz, das die Konzessionspflicht für Pressegewerbe durch die darin enthaltenen Art.1[422], 8[423] und 34[424] beseitigte[425]. Dieses schließlich wurde durch die

---

[420] *„Art. 51. Wenn aus einem Verlage oder aus einer Druckerei binnen eines Jahres wenigstens zwei Schriften hervorgegangen sind, die wegen Preß-Verbrechens oder Vergehens zur Verurteilung Veranlassung gegeben haben, und innerhalb Jahresfrist vom letzten rechtskräftigen Erkenntnisse an aus diesem Verlage oder dieser Druckerei eine neue Schrift erscheint, die ein solches Verbrechen oder Vergehen enthält, so ist die zuständige Gewerbspolizeibehörde, jedoch nur während drei Monaten von dem rechtskräftigen Urteile über diese neue strafrechtliche Handlung an berechtigt, gegen den Verleger oder Drucker die Gewerbsbefugniß auf höchstens ein Jahr lang einzuziehen. War diese Maßregel gegen den Verleger oder Drucker bereits einmal in Folge vorstehender Bestimmung verhängt worden, so kann unter den nämlichen Voraussetzungen und innerhalb der nämlichen Frist die gänzliche Einziehung der Gewerbsbefugniß angeordnet werden.“* (Gesetzblatt für das Königreich Bayern, München 1825, S. 113).

[421] Vgl. mit einer tabellarischen Übersicht zu den zwischen 1840 und 1867 erteilten Konzessionen für Buchdrucker und Buchhändler in München: Stefan Spiegel, Pressepolitik, und Pressepolizei in Bayern unter der Regierung von König Maximilian II., herausgegeben von Erwin Riedenauer, München 2001, S. 144; Karl Weber, Neue Gesetz- und Verordnungen-Sammlung für das Königreich Bayern mit Einschluss der Reichsgesetzgebung, Vierter Band (1848 bis 1856), Nördlingen 1885, S. 102).

[422] *„Art. 1. Alle Staatsangehörigen ohne Unterschied des Geschlechtes und des Glaubensbekenntnisses sind zum Betriebe von Gewerben im ganzen Umfange des Königreichs berechtigt. In dieser Berechtigung liegt insbesondere die Befugniß, verschiedenartige Geschäfte gleichzeitig an mehreren Orten und in mehreren Localitäten desselben Ortes zu betreiben, von einem Gewerbe zum andern überzugehen, ein Geschäft auf den Bereich anderer Gewerbe auszudehnen und Hilfspersonen aus verschiedenartigen Gewerbszweigen in beliebiger Anzahl in und außer dem Hause zu beschäftigen.“* (Gesetzblatt für das Königreich Bayern, München 1968, S. 310 f.).

[423] *„Art.8. Nur auf grund einer Concession dürfen betrieben werden: (...).“* (Gesetzblatt für das Königreich Bayern, München 1968, S. 313 f.).

[424] *„Art. 34. Gegenwärtiges (...) Gesetz tritt mit dem 1. Mai 1868 für den ganzen Umfang des Königreichs in Wirksamkeit. Vom gleichen Tage an sind die Grundbestimmungen für das Gewerbswesen vom 11. September 1825, mit Ausnahme der Art. 9 und 11 Abs. 2 derselben (...) aufgehoben.“* (Gesetzblatt für das Königreich Bayern, München 1968, S. 327 f.).

[425] Franz Xaver Probst (Hrsg.), Das neue Gewerbegesetz für das Königreich Bayern, 2. Auflage, München 1869, S. 1 ff.

Reichsgewerbeordnung vom 21. Juni 1869[426], die in Bayern am 1. Januar 1873 in Kraft trat, aufgehoben[427].

Für die Bedeutung des Gewerberechts für das bayerische Zensurwesen hat dieser Überblick gezeigt, dass die Erteilung oder der Entzug einer Gewerbekonzession ein behördliches Druckmittel gegen Buchhändler und Inhaber einer Druckerei war. Dieses vielleicht auf den ersten Blick nicht besonders starke Repressionsmittel wurde sehr häufig im Kampf gegen unliebsame Druckwerke eingesetzt.

---

[426] Gewerbeordnung für den Norddeutschen Bund vom 21. Juni 1869, abgedruckt in: Beilagen zum Gesetzblatt für das Königreich Bayern von 1871-1872, München 1872, S. 52 ff.

[427] *„Bekanntmachung, die Einführung Norddeutscher Bundesgesetze als Reichsgesetze, hier die Einführung der Gewerbeordnung für den Norddeutschen Bund vom 21. Juni 1869 betreffend. (...) Nach beigedruckten Reichsgesetze vom 12. Juni 1872 ist die Gewerbeordnung für den Norddeutschen Bund vom 21. Juni 1869 im Königreiche Bayern (...) mit der Wirksamkeit vom 1. Juni 1872 an (...) als Reichsgesetz eingeführt.“* (Beilagen zum Gesetzblatt für das Königreich Bayern von 1871-1872, München 1872, S. 49).

III. Vereinheitlichung der Zensurvorschriften im Reichspressegesetz von 1874

Die Vielzahl der verschiedenen Rechtsgrundlagen der bayerischen Zensur waren bis zum Jahr 1874 gemäß ihrer Rechtsnatur in verfassungsrechtliche Vorschriften („*Edikt über die Freiheit der Presse und des Buchhandels*"), allgemeinen und speziellen Strafrechtsregelungen („*Gesetz zum Schutz des Mißbrauchs gegen die Presse*") und im Gewerberecht zu finden. Erschwerend zu diesen nebeneinander stehenden Rechtsgrundlagen kommt die große Zahl an Änderungen, Neuerungen, in- und außer Kraft tretender Gesetzesnormen besonders im Straf- und Gewerberecht Bayerns. Erst das Jahr 1874 sollte für Bayern eine große Vereinheitlichung bringen.

Auf Reichsebene waren die wichtigsten Entwicklungen des Zensurwesens der Art.18 d) der Bundesakte von 1815[1], in dem die „*Abfassung gleichförmiger Verfügungen über die Preßfreiheit*" in Aussicht gestellt worden, die daraufhin folgende Einführung der Zensur durch den auf die Karlsbader Beschlüsse gründenden Bundesbeschluss[2], der durch einen Bundesbeschluss vom 3. Februar 1848 wieder aufgehoben wurde, sowie ein am 6. Juli 1854 erlassener Bundesbeschluss, der Bestimmungen über die Presse enthalten hatte[3]. Die Regelungen des auch als Bundespressegesetz[4] bezeichneten Beschlusses waren in Bayern nicht angewendet worden, da sie im Widerspruch zu den landesrechtlichen Regelungen standen. Mit dem Ende des deutschen Bundes hatte dieser Bundesbeschluss vom 6. Juli 1854 seine Gültigkeit verloren[5]. Am 19. März 1873 wurde im Reichstag von mehreren Abgeordneten ein Entwurf für ein Reichspressegesetz eingebracht[6] Bevor jedoch dieser Gesetzesentwurf von einer Kommission überprüft werden konnte, wurde vom Bundesrat ein anderer Ent-

---

[1] Ernst Rudolf Huber, Dokumente zur deutschen Verfassungsgeschichte, Erster Band, 3. Auflage, Stuttgart/Berlin/Köln/Mainz, 1978, S. 90.

[2] Ernst Rudolf Huber, Dokumente zur deutschen Verfassungsgeschichte, Erster Band, 3. Auflage, Stuttgart/Berlin/Köln/Mainz, 1978, S. 102 f.

[3] Ernst Rudolf Huber, Dokumente zur deutschen Verfassungsgeschichte, Zweiter Band, 3. Auflage, Stuttgart/Berlin/Köln/Mainz 1986, S. 3 ff.; H. Marquardsen (Hrsg.), Das Reichs-Preß-Gesetz vom 7. Mai 1874 mit Einleitung und Kommentar, Berlin 1875, S. 1.

[4] Der Gesetzescharakter erscheint jedoch fraglich, da die Bundesversammlung keine gesetzgebende Gewalt besaß (H. Marquardsen (Hrsg.), Das Reichs-Preß-Gesetz vom 7. Mai 1874 mit Einleitung und Kommentar, Berlin 1875, S. 1).

[5] Vgl. Ernst Rudolf Huber, Dokumente zur deutschen Verfassungsgeschichte, Zweiter Band, 3. Auflage, Stuttgart/Berlin/Köln/Mainz 1986, S. 455 ff.

[6] Verhandlungen des Reichstages 1872, S. 107 ff.

wurf für ein Reichspressegesetz vorgestellt[7]. Nach Überprüfung durch die Kommission fand eine zweite Beratung des Gesetzesentwurfes im Reichstag statt, der eine erneute Kommissionsberatung folgte, nach deren Abschluss dem Reichstag schließlich eine nochmals überarbeitete Fassung des vom Bundesrat eingereichten Gesetzesentwurfes vorgelegt werden konnte. In den Sitzungen vom 24. und 25. April 1874 wurde der Entwurf des Pressegesetzes mit großer Mehrheit angenommen[8]. Seine Verkündung im Reichsgesetzblatt erfolgte am 7. Mai 1874[9]. Das Gesetz umfasste 31 Paragraphen und war in fünf Teile nebst Schlussbestimmungen gegliedert. Im ersten Abschnitt waren unter dem Titel „*Einleitende Bestimmungen*“[10] die wichtigsten Grundsätze des neuen Gesetzes enthalten.

Gemäß § 1 Reichspressegesetz unterlag die „*Freiheit der Presse nur denjenigen Beschränkungen, welche durch das gegenwärtige Gesetz vorgeschrieben oder zugelassen*“[11] waren. Dadurch stellte das Reichspressegesetz die Freiheit der Presse als Grundsatz dar, der nur durch gesetzliche Anordnungen beschränkt werden konnte[12]. Dabei durften aber nicht alle Gesetze, also auch Landesgesetze zur Beschränkung der Pressefreiheit, herangezogen werden, sondern nur solche, aus dem gegenwärtigen Gesetz, also dem Reichspressegesetz. Durch diese Reduzierung der Beschränkungsmöglichkeiten der Pressefreiheit auf das Reichspressegesetz sollten „*die Angelegenheiten der Presse einheitlich unter Ausschluß der Landesgesetzgebungen in dieser Materie geregelt werden.*“[13] Anders war noch im Zuge der Einführung des Reichsstrafgesetzbuches verfahren worden, der gemäß § 2 Abs. 2 Einführungsgesetz zum Reichsstrafgesetz-

---

[7] Friedrich Oskar Schwarze, Das Reichs-Preßgesetz vom 7. Mai 1874. Erläuterungen, Erlangen 1874, S. 2.
[8] Verhandlungen des Reichstags 1874, S. 1083 f.
[9] Abgedruckt bei: Karl Weber, Neue Gesetz- und Verordnungen-Sammlung für das Königreich Bayern mit Einschluss der Reichsgesetzgebung, Zehnter Band (26. Mai 1873 bis 7. Juni 1875), Nördlingen 1889, S. 299 ff.
[10] Karl Weber, Neue Gesetz- und Verordnungen-Sammlung für das Königreich Bayern mit Einschluss der Reichsgesetzgebung, Zehnter Band (26. Mai 1873 bis 7. Juni 1875), Nördlingen 1889, S. 299.
[11] Karl Weber, Neue Gesetz- und Verordnungen-Sammlung für das Königreich Bayern mit Einschluss der Reichsgesetzgebung, Zehnter Band (26. Mai 1873 bis 7. Juni 1875), Nördlingen 1889, S. 299.
[12] Wilhelm Koller, Das Reichs-Preßgesetz vom 7. Mai 1874. Erläuterungen, Nördlingen 1888, S. 12.
[13] Motive zu § 1 des Entwurfs des Pressgesetzes, bei: Wilhelm Koller, Das Reichs-Preßgesetz vom 7. Mai 1874. Erläuterungen, Nördlingen, S.13.

buch bestimmt hatte, dass die besonderen Vorschriften des Landesstrafrechts über strafbare Verletzungen der Pressepolizeigesetze in Kraft bleiben würden[14].

Landesrechtliche Zensurregelungen fanden gemäß § 30 Reichspressegesetz neben diesem nur noch in speziellen Fällen (z.B. Kriegszeiten) Anwendung[15]. Unberührt von der landesrechtlichen Ausschlussregelung des Reichspressegesetzes blieben die Gesetze, die zwar Rechtsgrundlagen für die Zensur enthielten, jedoch keine speziellen Pressegesetze waren, wie das Strafgesetzbuch[16].

§ 2 Reichspressegesetz bestimmte den Anwendungsbereich des Gesetzes, der sich auf alle damals bekannten Arten der Vervielfältigung von Gedanken in Wort, Schrift oder bildlicher Darstellung erstreckte[17]. Das Gesetz umfasste also auch Photographien, Stein- und Holzdrucke sowie Kupfer- und Stahlstiche[18].

---

[14] *„§ 2. Mit diesem Tage tritt das Bundes- und Landesstrafrecht, insoweit dasselbe Materien betrifft, welche Gegenstand des Strafgesetzbuchs für den Norddeutschen Bund (für das Deutsche Reich) sind, außer Kraft. In Kraft bleiben die besonderen Vorschriften des Bunds- und Landesstrafrechts, namentlich über strafbare Verletzungen der Preßpolizeigesetze (...).“* (Das Strafgesetzbuch für das Deutsche Reich mit den Einführungs- und Nebengesetzen für das Königreich Bayern, mit Anmerkungen von Julius Staudinger, Nördlingen 1872, S. 528).

[15] *„Art. 30. Die für Zeiten der Kriegsgefahr, des Krieges, des erklärten Kriegs- (Belagerungs-) Zustandes oder innerer Unruhen (Aufruhrs) in Bezug auf die Presse bestehenden besonderen gesetzlichen Bestimmungen bleiben auch diesem Gesetze gegenüber bis auf Weiteres in Kraft (...).“* (Karl Weber, Neue Gesetz- und Verordnungen-Sammlung für das Königreich Bayern mit Einschluss der Reichsgesetzgebung, Zehnter Band (26. Mai 1873 bis 7. Juni 1875), Nördlingen 1889, S. 306).

[16] Ausnahmen von dem Grundsatz der erschöpfenden reichsrechtlichen Regelung der Pressegesetzgebung galten nur für landesrechtliche Vorschriften bezüglich des Plakat- und Flugschriftenwesens, der Regelung der Abgabepflicht von Freiexemplaren an Bibliotheken und öffentliche Sammlung, des Erlasses von Strafvorschriften wegen Verletzung der auf diesen Gebieten erlassenen landesrechtlichen Vorschriften und für die Aufrechterhaltung der schwurgerichtlichen Zuständigkeit in Pressestrafsachen (Kurt Häntzschel, Reichspreßgesetz und die übrigen preßrechtlichen Vorschriften des Reichs und der Länder, Berlin 1927, S. 11).

[17] *„§ 2. Das gegenwärtige Gesetz findet Anwendung auf alle Erzeugnisse der Buchdruckerpresse, sowie alle anderen, durch mechanische oder chemische Mittel bewirkten, zur Verbreitung bestimmten Vervielfältigungen von Schriften und bildlichen Darstellungen mit oder ohne Schrift, und von Musikalien mit Text oder Erläuterungen. Was im Folgenden von „Druckschriften“ verordnet ist, gilt für alle vorstehend bezeichneten Erzeugnisse.“* (Karl Weber, Neue Gesetz- und Verordnungen-Sammlung für das Königreich Bayern mit Einschluss der Reichsgesetzgebung, Zehnter Band (26. Mai 1873 bis 7. Juni 1875), Nördlingen 1889, S. 299 f.).

[18] Wilhelm Koller, Das Reichs-Preßgesetz vom 7. Mai 1874. Erläuterungen, Nördlingen 1888, S.14.

Weiterhin wurde zur Entziehung der Befugnis, ein Pressegewerbe zu betreiben, in den §§ 4, 5 Reichspressegesetz[19] auf die Bestimmungen der Reichsgewerbeordnung verwiesen[20].
Die im zweiten Teil des Gesetzes enthaltenen §§ 6-17 Reichspressegesetz[21] enthielten Vorschriften, die dem Missbrauch der Pressefreiheit vorbeugend entgegenwirken und die künftige strafrechtliche Verfolgung etwaiger Pressedelikte sichern sollten[22]. Ferner waren Vorschriften zur Verantwortung der Handlungen, deren Strafbarkeit durch den Inhalt eines Presseerzeugnisses begründet wurde (§§ 20, 21 Reichspressegesetz), Verjährung (§ 22 Reichspressegesetz), Beschlagnahme (§§ 23-29 Reichspressegesetz) sowie die Schlussbestimmungen enthalten[23].

Hinsichtlich des Reichspressegesetzes vom 7. Mai 1874 lässt sich zusammenfassend festzuhalten, dass durch dieses Gesetz ein einheitliches Vorgehen im Fall von Übertritten durch die Presse auf dem Gebiet des ganzen Reichs erreicht werden sollte. Daher traten viele landesrechtliche, spezielle Pressegesetze außer Kraft. Als Grundsatz in § 1 Reichspressegesetz war die Pressefreiheit formuliert worden, die nur durch streng festgelegte, bis auf wenige Ausnahmen im nämlichen Gesetz enthaltene Regelungen beschränkt werden durfte. Allerdings bleibt hier zu bedenken, dass das Reichspressegesetz nur als einfaches Reichsgesetz erging. Folglich konnte nach dem Grundsatz, dass jedes spätere Reichsge-

---

19 „*§ 4. Eine Entziehung der Befugniß zum selbstständigen Betriebe irgend eines Preßgewerbes oder sonst zur Herausgabe und zum Vertriebe von Druckschriften kann weder im administrativen, noch im richterlichen Wege stattfinden. Im Uebrigen sind für den Betrieb der Preßgewerbe die Bestimmungen der Gewerbeordnung maßgebend.*
§ 5. Die nichtgewerbsmäßige öffentliche Verbreitung von Druckschriften kann durch die Ortspolizeibehörde denjenigen Personen verboten werden, welchen nach § 57 der Gewerbeordnung ein Legitimationsschein versagt werden darf. Zuwiderhandlungen gegen ein solches Verbot werden nach § 148 der Gewerbeordnung bestraft.“ (Karl Weber, Neue Gesetz- und Verordnungen-Sammlung für das Königreich Bayern mit Einschluss der Reichsgesetzgebung, Zehnter Band (26. Mai 1873 bis 7. Juni 1875), Nördlingen 1889, S. 300).

20 Vgl. H. Marquardsen (Hrsg.), Das Reichs-Preß-Gesetz vom 7. Mai 1874 mit Einleitung und Kommentar, Berlin 1875, S. 60 ff.; Wilhelm Koller, Das Reichs-Preßgesetz vom 7. Mai 1874. Erläuterungen, Nördlingen 1888, S. 26 ff.

21 Abgedruckt bei: Karl Weber, Neue Gesetz- und Verordnungen-Sammlung für das Königreich Bayern mit Einschluss der Reichsgesetzgebung, Zehnter Band (26. Mai 1873 bis 7. Juni 1875), Nördlingen 1889, S. 300 ff.

22 Wilhelm Koller, Das Reichs-Preßgesetz vom 7. Mai 1874. Erläuterungen, Nördlingen 1888, S. 53.

23 Abgedruckt bei: Karl Weber, Neue Gesetz- und Verordnungen-Sammlung für das Königreich Bayern mit Einschluss der Reichsgesetzgebung, Zehnter Band (26. Mai 1873 bis 7. Juni 1875), Nördlingen 1889, S. 303 ff.; vgl. auch Kurt Häntzschel, Reichspreßgesetz und die übrigen preßrechtlichen Vorschriften des Reichs und der Länder, Berlin 1927, S. 43 ff.

setz einem früheren vorgehe, die Zensur mittels einfachem Reichsgesetz wieder eingeführt werden[24].

Die Wiedereinführung der Zensur geschah fast unbemerkt auf dem Wege einer Novelle zur Reichsgewerbeordnung. Im Juli 1883 wurde mit der Abänderung des § 56 Reichsgewerbeordnung die Präventivzensur für Druck- und andere Schriften und für Bildwerke, die im Wanderbuchhandel gewerbsmäßig vertrieben werden sollten, eingeführt[25]. Besonders Schriften, die in religiöser oder sittlicher Hinsicht Anstoß zu geben geeignet schienen, sollten nicht mehr von umherziehenden Händlern verkauft werden dürfen. Um dies kontrollieren zu können, mussten Werkverzeichnisse bei den Polizeiverwaltungen eingereicht werden, die über die jährliche Erteilung der Wandergewerbescheine zu entscheiden hatten. Die Prüfung der eingereichten Werkverzeichnisse wurde durch die Oberpolizeibehörden vorgenommen. In den Neuesten Münchener Nachrichten erschien am 2. Januar 1884 ein Artikel, in dem berichtet wurde, dass die preußischen Regierungsbehörden die Sorgfalt dieser Prüfung rügen würden[26].

---

[24] Olaf Baron von Kruedener, Die Zensur im deutschen Verwaltungsrecht, Berlin 1938, S. 33.

[25] Die Pressefreiheit wurde durch mehrere Reichsgesetze wieder eingeschränkt. Dazu gehörten insbesondere der Art. III des Gesetzes betreffend die unter Ausschluss der Öffentlichkeit stattfindenden Gerichtsverhandlungen vom 5. April 1888, der § 89 des Börsengesetzes vom 8. Mai 1908, sowie § 56 Nr. 12 und § 148 Nr. 7 der Gewerbeordnung vom 1. Juli 1883 (Kurt Häntzschel, Reichspreßgesetz und die übrigen preßrechtlichen Vorschriften des Reichs und der Länder, Berlin 1927, S. 20 f.).

[26] *„Schundliteratur - Die preußischen Regierungsbehörden haben kürzlich folgende Bekanntmachung erlassen: nach § 56 der Reichsgewerbeordnung in der Fassung des Gesetzes vom 1. Juni 1883 sollen Druckschriften, andere Schriften und Bildwerke, insofern sie in religiöser und sittlicher Be-ziehung Ärgernis zu geben geeignet sind, vom Feilbieten im Umherziehen ausgeschlossen sein. Mit Rücksicht hierauf ist den Landräten und Polizeiverwaltungen bei den alljährlich über die Ausfertigung der Wandergewerbescheine von Seiten des Bezirksausschusses er-lassenen Rundverfügungen zur Pflicht gemacht worden, dafür zu sorgen, dass die hierher vorzulegenden Verzeichnisse von Druckschriften u.s.w. durch die Ortspolizeibehörden ge-prüft, und dass die in religiöser und sittlicher Beziehung erdenklichen hierher einzureichen seien. Nach den vom Bezirksausschusse gemachten Beobachtungen ist diese Prüfung indessen nicht immer mit der gehörigen Sorgfalt bewirkt worden und sind öfter dergleichen Verzeich-nisse von Druckschriften unbeanstandet zur Genehmigung vorgelegt worden, deren Zu-lassung nach den angedeuteten Richtungen hin nicht erfolgen kann. Es soll daher durch An-weisung der Beteiligten unterstellten Polizeibehörden und bzw. Beamten Sorge getragen wer-den, dass die angeordnete Prüfung fortan mit größter Sorgfalt vorgenommen werde und nicht nur Schriften unmoralischen oder in religiöser Hinsicht zu Bedenken Anlaß gebenden Inhalts beanstandet werden, sondern auch solche sogenannte Mord - oder Schauer-Romane, deren Inhalt durch die darin zum Ausdruck gebrachte Verherrlichung von Verbrechen aller Art die Phantasie in bedenklicher Weise*

Die Prüfung der eingereichten Werkverzeichnisse sollte mit größerer Sorgfalt vorgenommen werden und *„nicht nur Schriften unmoralischen oder in religiöser Hinsicht zu Bedenken Anlaß gebenden Inhalts beanstandet werden, sondern auch solche sogenannte Mord- oder Schauer-Romane, deren Inhalt durch die darin zum Ausdruck gebrachte Verherrlichung von Verbrechen aller Art die Phantasie in bedenklicher Weise anzuregen und dadurch selbst zur Begehung verbrecherischer Handlungen anzureizen geeignet*"[27] wäre. Das Problem der Nachahmungsgefahr von gewaltverherrlichenden Vorbildern in den Medien war demnach bereits im 19. Jahrhundert von den Behörden erkannt worden. Hauptanliegen der Behörden blieb es jedoch mit § 56 Ziff. 12 Gewerbeordnung, solche Schriften, die in sittlicher oder religiöser Weise bedenklich erschienen, zu unterbinden, wobei im Ergebnis auch bei pikanten Schriften nicht immer ein Verkaufsverbot ausgesprochen wurde. So wurde beispielsweise ein vom bayerischen Innenministerium gefordertes Verkaufsverbot für eine Broschüre mit dem Titel „*Der Fall Krupp*" von der Polizeidirektion München mit Schreiben vom 11. Februar 1903 abgelehnt. In der Schrift wurde die Homosexualität vieler bekannter Personen deutscher Geschichte besprochen, wobei unter anderem auch der wenige Jahre zuvor verstorbene bayerische König Ludwig II. genannt wurde. Ein Verkaufsverbot dieser Schrift, so die Polizeidirektion, könne nicht auf § 56 Ziff. 12 Reichsgewerbeordnung gestützt werden, da die Schrift weder in sittlicher noch in religiöser Beziehung Ärgernis zu geben geeignet wäre:

„Ein Kolportageverbot könnte auch gemäß § 56 Ziffer 12 mit 42 a Reichs-Gewerbeordnung bezüglich der Druckschrift nur dann in Frage kommen, wenn dieselbe in sittlicher oder religiöser Beziehung Ärgernis zu geben geeignet wäre. Das religiöse Moment scheidet überhaupt aus. Jedoch auch die Erwägung eines Ärgernisses in sittlicher Beziehung dürfte meines unmaßgeblichsten Erachtens im vorliegenden Falle ausgeschlossen sein.
Die Frage der Homosexualität wird bereits seit einer Reihe von Jahren sowohl in der Presse wie in speziell hierüber geschriebenen Abhandlungen vor der breitesten Öffentlichkeit erörtert. Sie ist der Gegenwart zu einer wissenschaftlichen Frage geworden und namentlich aus Anlaß des Falles Krupp bereits vor Erscheinen der Broschüre in angesehenen Zeitungen neuerdings ausführlich gesprochen worden. Was insbesondere die Hereinziehung der Person Weiland Seiner Majestät König Ludwig II. betrifft, so darf ich darauf hinweisen, dass die Einreihung des Königs unter diejenigen Personen, welche zur Homosexualität

---

anzuregen und dadurch selbst zur Begehung verbrecher-ischer Handlungen anzureizen geeignet ist." (Münchener Neueste Nachrichten vom 2. Januar 1884, in: StA München. Polizeidirektion München (Pressewesen) 6670).

[27] StA München. Polizeidirektion München (Pressewesen) 6670.

geneigt waren, nichts neues ist und dass diesbezüglich Andeutungen seit dem Tode des Monarchen in einer Reihe von Druckschriften gemacht worden sind. Zudem ist in der Broschüre „der Fall Krupp" nicht als sicher, sondern nur als "kaum zweifelhaft" hingestellt, dass der König homosexuell "veranlagt" gewesen sei und ist die bezügliche Anführung auch sonst in zurückhaltender Weise behandelt (...).[28] *Schließlich darf ich anfügen, dass meines Wissens überhaupt keine deutsche Polizeibehörde mit Kolportageverbot gegen die fragliche Druckschrift vorgegangen ist und dass letzteres wohl auch gerade in Folge dieses Umstandes weder in der Presse lebhaftere Besprechung noch im Publikum hervorragendes Interesse gefunden hat.*"[29]

Nachdem die Zensurgesetzgebung durch das Reichspressegesetz 1874 vereinheitlicht worden und dadurch fast alle bayerischen Spezialregelungen zum Zensurwesen außer Kraft getreten waren, wurde durch § 56 der Reichsgewerbeordnung vom 1. Juni 1883 die Zensur in Bayern wieder eingeführt. War § 56 Reichsgewerbeordnung in der Praxis in den darauffolgenden Jahren die in Bayern am häufigsten verwendete Rechtsgrundlage zur Ausübung der Zensur[30], so

[28] Die entsprechende Passage lautete: „*Die Zahl der Fürsten, die nach Angabe der Geschichtsschreiber der Homosexualität verdächtig oder überführt sind, ist sehr groß. Einige besonders markante Beispiele sollen folgen (Beginnend bei Heinrich II. von Frankreich beginnt eine Aufzählung von Monarchen). Bei Ludwig II. ,dem unglücklichen König von Bayern, ist es kaum zweifelhaft, dass er homosexuell veranlagt war. Merkwürdigerweise wird auch ihm, ähnlich wie Friedrich dem Großen, eine Verstümmelung nachgesagt. Paul von Haufingen berichtet darüber: „(...) Es war ein furchtbarer Sturz, den der König gelegentlich eines Nachtrittes in die Berge in einem Hohlwege nächst Berg getan hat. Er trug damals eine schwere Verwundung an empfindlichster Stelle davon, die eine Operation notwendig gemacht hat. Von dieser Operation datiert auch die zunehmende ungewöhnliche Verfettung Ludwigs, die in den letzten Monaten noch durch eine krankhafte Essgier befördert wurde." Bekannt ist die Abneigung des Königs gegen das weibliche Geschlecht. An Männer schrieb er die zärtlichsten Briefe. Aus den stenographischen Berichten des bayerischen Landtags ist zu ersehen, dass der König durch einen Kammerdiener die wichtigsten Regierungsakte entscheiden lassen wollte.*" (Aus: Der Fall Krupp. Sein Verlauf und seine Folgen. Ohne Autor, München ohne Jahresangabe- Broschüre aus: StA Oberbayern RA, Fasz. 3783, Nr. 57779).

[29] StA Oberbayern RA, Fasz. 3782, Nr. 57779.

[30] Vgl. dazu: Staatsarchiv für Oberbayern RA, Fasz. 3782, Nr. 57779 („*Verschleiss-*"Verbot für den Simplicissicmus auf allen Bahnhöfen Bayerns, Briefwechsel ab Juni 1909), Bezüglich eines „*Kolportage-*" Verbots der Nr. 35 und 36 der Wochenschrift *Die Kritik* Schreiben der Polizeidirektion München an die Regierung von Oberbayern, Kammer des Inneren vom 3. September 1907: „*Die Nummern 35 und 36 der Wochenschrift „Die Kritik" enthalten sowohl was die Bilder als auch die Texte anbelangt, ein derartiges Maß von sittlich Anstößigem, dass, wenn auch der Tatbestand des § 184 StGB nicht hinreichend erfüllt und demgemäß die Möglichkeit eines Einschreitens auf Grund des § 23 RPreßG nicht gegeben er-*

sollte sich die öffentliche Diskussion um eine geplante Neuerung eines anderen Rechtsgebietes drehen.

schien, doch genügend Anlaß bestand, gegen die Kolporteure gemäß § 56 Ziff. 12 RGO vorzugehen.").

IV. Entwicklungen bis zum Ende des Jahrhunderts

Das markanteste Ereignis für das Zensurwesen stellte in den beiden letzten Jahrzehnten des 19. Jahrhunderts die Diskussion um eine am 3. Februar 1899 in den Reichstag eingebrachte Strafgesetznovelle (§ 184 a Strafgesetzbuch) dar[31]. Darin war die Verschärfung der Strafbestimmungen gegen Zuhälterei, schwere Kuppelei und ähnliche Sittlichkeitsdelikte vorgesehen. Sie wurde als „Lex Heinze“ bekannt[32]. Hintergrund für den bald umstrittenen Gesetzentwurf war ein im Jahre 1891 in Berlin durchgeführter Mordprozess gegen die Eheleute Heinze, die der Berliner Unterwelt zuzurechnen waren[33]. Dieser Prozess erschütterte das Moral- und Sittlichkeitsempfinden der Öffentlichkeit[34] und rief die Reichsregierung auf den Plan, der es angezeigt schien, die Gesellschaft gegen die ihr von diesen sozialen Krankheitsherden aus drohenden Gefahren durch eine Verschärfung der Strafgesetzgebung zu schützen[35].

Nach einer weiteren Verschärfung der Gesetzesnovelle sollte sich der Anwendungsbereich auf den Verkauf von Schriften, das Ausstellen von Abbildungen sowie das Aufführen von Theaterstücken erstrecken, die das Schamgefühl verletzten[36]. Was das Schamgefühl verletzte, wurde nicht näher festge-

---

[31] Vgl. zur Entstehungsgeschichte: Otto Müller, Die Lex Heinze, Freiburg 1900, S. 14 ff.

[32] Vgl. dazu: Carl H. Werner, Die lex Heinze und ihre Geschichte, Dortmund 1935, S. 1 f.

[33] Vgl. Ernst Rudolf Huber, Deutsche Verfassungsgeschichte, Band IV. Struktur und Krisen des Kaiserreichs, Stuttgart 1969, S. 283.

[34] Vgl. dazu eine Schilderung der Ursachen der Lex Heinze: *„Um jenen die Sittlichkeit des Volkes in erheblichem Maße gefährdenden Zuständen nur einigermaßen Herr werden zu können, erwies sich eine Abänderung und Ergänzung der bestehenden Gesetze als dringend erforderlich. Zu jenen Mißständen gehörte vor allem das Unwesen (einer der verworfensten Kategorien der Menschheit), der sogen. Zuhälter. In jenem Schwurgerichtsprozeß war insbesondere der Umfang und die Gemeingefährlichkeit des sogen. Zuhältertums ganz deutlich in Erscheinung getreten. Hierher gehörte auch die damalige Erscheinungsform der Prostitution. Sie begünstigte die Ausbreitung von Geschlechtskrankheiten, gefährdete die Ordnung und Sittlichkeit auf den Straßen und Plätzen der Städte, schuf und förderte das Zuhältertum. Als weiterer Uebelstand kam hinzu der immer größer und aufdringlicher werdende Vertrieb unzüchtiger Schriften, Bildwerke und Darstellungen, was eine große sittliche Gefahr für das Volk, insbesondere aber für die heranwachsende Jugend bedeutete.Die Schwurgerichtsverhandlung gegen die Eheleute Heinze, die die durch die Prostitution veranlaßten sittlichen Schäden in solch krasser Weise in Erscheinung gebracht hatte, war der Anlaß zur sogen. Lex Heinze.*“ Carl H. Werner, Die lex Heinze und ihre Geschichte, Dortmund 1935, S. 1.

[35] Ernst Rudolf Huber, Deutsche Verfassungsgeschichte, Band IV. Struktur und Krisen des Kaiserreichs, Stuttgart 1969, S. 283.

[36] Vgl. § 184 a StGB (Ernst Rudolf Huber, Deutsche Verfassungsgeschichte, Band IV, Stuttgart 1969, S. 284); vgl. zur Entwicklungsgeschichte der lex Heinze: Carl H. Werner, Die lex

legt. Da aber bereits in § 184 Strafgesetzbuch der Verkauf und die Ausstellung von unzüchtigen Schriften und Abbildungen unter Strafe gestellt war, musste die Verletzung des Schamgefühls jedenfalls etwas anderes als unzüchtig sein. Der *„Berliner Männerbund zur Bekämpfung der Unsittlichkeit*" reichte am 28. Dezember 1896 in dieser Sache an den königlichen Staatsminister und Minister der geistlichen-, Unterrichts- und Medizinalangelegenheiten eine Eingabe ein:

„(...) Wir sind von der Überzeugung erfüllt, daß eine wahrhafte edle Kunst in ihren Schöpfungen zur Hebung auch der Sittlichkeit dient, ja daß selbst die Darstellung des Nackten das sittliche Gefühl des rein Denkenden unangetastet lassen wird (...).
Indessen haben die hiesigen Kunstausstellungen der letztvergangenen Jahre- wenn auch eine kleine Wendung zum Besseren anzuerkennen sein wird- eine Fülle von Darstellungen nackter Körper, sonderlich mehr oder weniger nackter Frauengestalten dargeboten, welche nach dem einmütigen Urteil berufener Männer und Frauen nimmermehr als Kunstwerke im edlen Begriff anzuerkennen, sondern selbst bei genialer Behandlung und meisterhafter Technik als Erzeugnisse verderblichen Mißbrauchs der Kunstgabe als frivole Malereien erkennbar waren, welche unmöglich geistige Vervollkommnung, vielmehr Erregung sinnlichen Wohlgefallens bezweckten, deren Betrachtung daher, zumal für jugendliche und künstlerisch nicht gebildete Beschauer, eine unmittelbare sittliche Gefahr bedeutete."[37]

Der Entwurf des § 184 a Strafgesetzbuch erregte die Gemüter, da er eine Bedrohung der Presse- und Kunstfreiheit befürchten ließ. Außerdem stellte er eine Verbindung von Zuhälterei, Kuppelei und Prostitution mit Literatur und Theater her, was bei vielen auf Unverständnis stieß. Als Folge dieses Unmuts formierten sich öffentliche Protestbewegungen, als deren Organ sich der „Goethe-Bund"[38] verstand[39]. Die hinter dem Goethe-Bund stehende Öffentlichkeit übte auf die

---

Heinze und ihre Geschichte, Dortmund 1935, S. 1-39; Otto Müller, Die Lex Heinze, Freiburg 1900, S. 63 ff.

[37] Eingabe des *„Berliner Männerbundes zur Bekämpfung der Unsittlichkeit*" vom 28. Dezember 1896 an den Königlichen Staatsminister und Minister des geistlichen- Unterrichts- und Medizinalangelegenheiten Dr. Bosse (aus: Die Behandlung der „lex Heinze" im Reichstag, 1892-1900), in: Wolfgang Hütt, Hintergrund. Mit den Unzüchtigkeits- und Gotteslästerungsparagraphen des Strafgesetzbuches gegen Kunst und Künstler 1900-1933, Berlin 1990, S. 81 f.

[38] Im März 1900 in München gegründet, verstand sich der Goethe-Bund als Abwehr von Angriffen auf die freie Entwicklung des geistigen Lebens.

[39] Ernst Huber, Deutsche Verfassungsgeschichte, Band IV. Struktur und Krisen des Kaiserreichs, Stuttgart 1969, S. 284.

Regierung einen so starken Druck aus, dass Vertreter des Goethe-Bundes in die Verhandlungen über Änderungen der „Lex Heinze" einbezogen wurden[40].
Die nach einer Überarbeitung in einer Kommission im Reichstag vorgestellte überarbeitete Fassung der „Lex Heinze" stieß erneut auf Widerstand. In der zweiten Lesung konnte sich die Kommissionsfassung zwar im wesentlichen durchsetzen, jedoch kämpften die Gegner mit dem Mittel der Obstruktion weiter gegen den Gesetzentwurf an. Am 22. Mai 1900 schließlich wurde eine Neufassung der „Lex Heinze" vorgestellt, welcher auf einen großen Teil der umstrittenen Vorschriften verzichtete[41]. Der besonders heftig bekämpfte § 184 a StGB enthielt keine allgemeinen Strafandrohungen gegen Literatur, Theater und bildender Kunst mehr und war auf Maßnahmen des Jugendschutzes beschränkt. Trotz weiterhin bestehender Vorbehalte[42] gegen diesen Gesetzesentwurf wurde er nun am 22. Mai 1900 im Reichstag angenommen.[43]

---

[40] Vgl. dazu die Erklärung des Goethe-Bundes zur Novellierung des § 184 RStGB mit anschließender Unterschriftenliste, übergeben dem preußischen Ministerium der geistlichen-Unterrichts- und Medizinalangelegenheiten, in: Wolfgang Hütt, Hintergrund. Mit dem Unzüchtigkeits- und Gotteslästerungsparagraphen des Strafgesetzbuches gegen Kunst und Künstler 1900-1933, Berlin 1990, S. 97.
[41] Vgl. Otto Müller, Die Lex Heinze, Freiburg 1900, S. 63 ff.
[42] Vgl. die Schilderung dieser Vorbehalte bei: Die Lex Heinze und ihre Gefahr für Kunst, Literatur und Sittlichkeit, von einem Parlamentarier, Sonderabdruck für die Vertrauensmänner des Volksvereins für das katholische Deutschland, Köln 1900, S. 1 ff.
[43] *„§ 184 RStGB. Mit Gefängnis bis zu einem Jahr und mit Geldstrafe bis zu eintausend Mark oder mit einer dieser Strafen wird bestraft, wer, 1. unzüchtige Schriften, Abbildungen oder Darstellungen feilhält, verkauft, verteilt, an Orten, welche dem Publikum zugänglich sind, ausstellt oder anschlägt oder sonst verbreitet, sie zum Zwecke der Verbreitung herstellt oder zu demselben Zwecke vorrätig hält, ankündigt oder anpreist; 2. unzüchtige Schriften, Abbildungen oder Darstellungen einer Person unter sechzehn Jahren gegen Entgelt überläßt oder anbietet;(...) Neben der Gefängnisstrafe kann auf Verlust der bürgerlichen Ehrenrechte sowie auf Zulässigkeit von Polizei-Aufsicht erkannt werden.*
§184 a RStGB. Wer Schriften, Abbildungen oder Darstellungen, welche, ohne unzüchtig zu sein, das Schamgefühl gröblich verletzen, einer Person unter sechzehn Jahren gegen Entgelt überläßt oder anbietet, wird mit Gefängnis bis zu sechs Monaten oder mit Geldstrafe bis zu sechshundert Mark bestraft." (Reichsgesetzblatt, Berlin 1900, S. 302 ff.).

V. Schlußbetrachtung

Die Untersuchung der rechtlichen Grundlagen bayerischer Zensur hat gezeigt, dass es in Bayern im 19. Jahrhundert eine Vielzahl von Rechtsgrundlagen gab, auf die Zensurmaßnahmen gestützt werden konnten. Dabei wurde zunächst von den Vorschriften in der bayerischen Verfassung ausgegangen. Bereits 1808 zum Verfassungsgrundsatz erhoben, erlangte der Grundsatz der Pressefreiheit in der in vollem Umfang in Kraft getretenen Konstitution von 1818 Verfassungsrang. Der in der Verfassungsurkunde enthaltene Grundsatz wurde jedoch durch das ebenfalls zur Verfassung gehörende Edikt in großem Umfang eingeschränkt, so dass zu diesem frühen Zeitpunkt noch nicht von einem tatsächlichen Abrücken von der Zensur gesprochen werden kann. Unter König Ludwig I., der schon als Kronprinz die bayerische Verfassung gegenüber Eingriffen von Reichsebene verteidigt hatte, wurde das Zensurwesen äußerst unterschiedlich, abhängig von den amtierenden Ministern, gehandhabt. Mit dem Jahr 1830 war diese verhältnismäßig liberale Phase vorbei und unter Karl von Abel war die bayerische Zensur auf den Stand des 18. Jahrhunderts zurückgefallen. Die Revolution 1848 brachte mit König Maximilian II. auch eine Neuerung des Verfassungsediktes über die Freiheit der Presse und des Buchhandels und bescherte Bayern eine bis dahin noch nicht dagewesene Milde in Zensurangelegenheiten.

Das neue Edikt eröffnete die Möglichkeit, Zensur über bestimmte Vorschriften des Gewerbe- und des Strafrechts auszuüben. Dabei erschien jedoch besonders das hohe Straf-maß der einschlägigen Paragraphen des Strafrechts - hier seien als Beispiel die Vorschriften über die Majestätsbeleidigung genannt - für Übertritte durch die Presse nicht recht angemessen. 1850 erging daher ein spezielles Strafgesetz zum Schutz gegen den Missbrauch der Presse. Darin fanden sich eigens auf die strafrechtlich zu ahndenden Verbrechen und Vergehen der Presse konzipierte Tatbestände und angepasste, deutlich mildere Strafen. Änderungen im bayerischen Strafrecht mit dem Erlass zweier Strafgesetzbücher 1861 führten zur fast vollständigen Aufhebung des speziellen Pressegesetzes von 1850.

Schließlich kam mit 1874 ein Reichspressegesetz, das fast alle landesrechtlichen Spezialgesetze in Presse- und Zensurangelegenheiten aufhob. Darin wurde als Grundsatz die Pressefreiheit erklärt, das Gesetz selbst enthielt aber einige Einschränkungen dieses Prinzips. Außerdem wurde zunächst fast unbemerkt über § 56 Ziff. 12 der Reichsgewerbeordnung die Zensur auch in Bayern wieder eingeführt. Wie oft die Behörden von dieser Rechtsgrundlage Gebrauch machten, zeigt ein Blick auf die bayerischen Zensurakten der 2. Hälfte des 19.

Jahrhunderts[44]. Die letzen beiden Jahrzehnte des Jahrhunderts waren vor allem von der Diskussion um die Lex Heinze und die damit geplante Verschärfung der Zensur durch das Strafrecht geprägt.

Als Resümee dieser Arbeit kann ein Satz dienen, der sich im Vorwort eines Buches über das bayerische Presserecht aus dem Jahr 1865 findet:

„Wie nichts unter der Sonne vollkommen ist, so leidet auch unsre gegenwärtige Pressgesetzgebung an vielfachen Mängeln.“[45]

[44] Vgl. etwa StA für Oberbayern, RA, Fasz. 3782, Nr. 57779.
[45] Friedrich Wiebeking, Die bayerische Pressgesetzgebung, Bamberg 1865, Vorwort S. 2.

Quellen- und Literaturverzeichnis

A. Ungedruckte Quellen

Staatsarchiv für Oberbayern, RA, Fasz. 3782, Nr. 5779.

Staatsarchiv München. Polizeidirektion München, Nr. 6670.

B. Gedruckte Quellen

Bosl, Karl (Hrsg.), Dokumente zur Geschichte von Staat und Gesellschaft in Bayern, Zweiter Band, München 1977.

Brater, Karl (Hrsg.), Die Verfassungsurkunde des Königreichs Bayern und die Verfassungsedicte in ihrem gegenwärtigen Bestand, 3. Auflage, Nördlingen 1868.

Cicero, Marcus Tullius, De natura deorum. Libri tres (lateinisch-deutsch), herausgegeben, übersetzt und kommentiert von Olof Gigon und Laila Straume-Zimmermann, Darmstadt 1996.

Das Pressgesetz. Ein in dem konstitutionell- monarchischen Verein für Freiheit und Gesetzmäßigkeit zu München gehaltener Vortrag, ohne Erscheinungsort 1850.

Die Bemerkungen Seiner Königlichen Hoheit des Kronprinzen Ludwig über den Entwurf der Verfassung für Bayern betreffend aus dem Bay.HStA AStA Staatrat Nr. 1654 I, in: Wolfgang von Rimscha, Die Grundrechte im süddeutschen Konstitutionalismus. Zur Entstehung und Bedeutung der Grundrechtsartikel in den ersten Verfassungsurkunden von Bayern, Baden und Württemberg, Berlin 1973.

Deutsche Reichstagakten unter Karl V. (bearbeitet von Adolf Wrede), Zweiter Band, 2. Auflage, Göttingen 1962.

Die Lex Heinze und ihre Gefahr für Kunst Litteratur und Sittlichkeit. Von einem Parlamentarier, Sonderabdruck für die Vertrauensmänner des Volksvereins für das katholische Deutschland, Köln 1900.

Dollmann, Carl Friedrich von, Die Gesetzgebung des Königreichs Bayern seit Maximilian II. mit Erläuterungen, fortgesetzt von J. Pözl, Dritter Teil, Strafrecht und Strafprozess, Vierter Band, Erlangen 1868.

Döllinger, Georg, Sammlung im Gebiete der inneren Staats-Verwaltung des Königreichs Bayern bestehende Verordnungen, Erster Band, München 1835.

Döllinger, Georg, Sammlung im Gebiete der inneren Staats-Verwaltung des Königreichs Bayern bestehende Verordnungen, Dritter Band, München 1836.

Geschichtliche Quellenhefte, Bayerische Quellen zur deutschen Geschichte, Erster Teil, 2. Auflage, Frankfurt a.M. 1961.

Gesetzblatt für das Königreich Bayern, München 1818.

Gesetzblatt für das Königreich Bayern, München 1825.

Gesetzblatt für das Königreich Bayern, München 1848.

Gesetzblatt für das Königreich Bayern, München 1861-62.

Gesetzblatt für das Königreich Bayern, München 1968.

Gesetzblatt für das Königreich Bayern, München 1871-72 (Beilagen), München 1872.

Gesetzblatt für das Königreich Bayern, München 1879, Erster Band.

Hauff, Ludwig, Die neuesten bayerischen Gesetzbücher, München 1862.

Huber, Ernst Rudolf, Dokumente zur deutschen Verfassungsgeschichte, Band 1, 3. Auflage, Stuttgart 1978.

Huber, Ernst Rudolf, Dokumente zur deutschen Verfassungsgeschichte, Band 2, 3. Auflage, Stuttgart/Berlin/Köln/Mainz 1986.

Klette, G. (Hrsg.), Die Staatsverträge des Königreichs Bayern. Von 1806 bis einschließlich 1858, Regensburg 1860.

Magnum Bullarium Romanun. Bullarum Privilegiorum AC Diplomatum Romanorum Pontificum Amplissima Collectio. Tomus Tertius. Pars Tertia, Photomechanischer Nachdruck, Graz 1964, S. 409 f.

Marquardsen, H. (Hrsg.), Das Reichs-Preß-Gesetz vom 7. Mai 1874 mit Einleitung und Kommentar, Berlin 1875.

Mayr`sche Generaliensammlung des Jahres 1784, Zweiter Band.

Mayr`sche Generaliensammlung des Jahres 1788, Vierter Band.

Mayr`sche Generaliensammlung des Jahres 1797, Fünfter Band.

Mayr`sche Generaliensammlung des Jahres 1800, Erster Band.

Mayr`sche Generaliensammlung vom Jahr 1802, Zweiter Band.

Montgelas, Ludwig Graf von (Hrsg.), Denkwürdigkeiten des bayerischen Staatsministers Maximilian Grafen von Montgelas. Im Auszug aus dem französichen Original übersetzt von Max Freiherrn von Freyberg-Eisenberg, Stuttgart 1887.

Näf, Werner (Bearb.), Die deutsche Bundesakte und der schweizerische Bundesvertrag von 1815, Quellen zur Neueren Geschichte, herausgegeben vom Historischen Seminar der Universität Bern, Bern 1959.

Neue und vollständigere Sammlung der Reichsabschiede, Band II, Neudruck der Ausgabe 1747, Osnabrück 1967.

Neue und vollständigere Sammlung der Reichsabschiede, Band III, Neudruck der Ausgabe 1747, Osnabrück 1967.

Ovidius, Naso Publius, Ars Amatoria (lateinisch-deutsch), herausgegeben von Michael von Albrecht, Stuttgart 1996.

Piloty, Robert, Die Verfassungsurkunde des Königreichs Bayern nebst den auf die Verfassung bezüglichen sonstigen Gesetzen mit An-merkungen, 1. Auflage, München 1907.

Pröbst, Franz Xaver (Hrsg.), Das neue Gewerbegesetz für das Königreich Bayern, München 1869.

Rauh, Reinhold / Seymour, Bruce (Hrsg.), Ludwig I. Und Lola Montez. Der Briefwechsel, München/New York, 1995.

Reichsgesetzblatt, Berlin 1900.

Regierungsblatt des Königreichs Bayern 1803, München 1803.

Regierungsblatt des Königreichs Bayern 1806, München 1806.

Regierungsblatt des Königreichs Bayern 1808, München 1808.

Regierungsblatt des Königreichs Bayern 1817, München 1817.

Regierungsblatt des Königreichs Bayern 1831, München 1831.

Regierungsblatt des Königreichs Bayern 1847, München 1847.

Regierungsblatt des Königreichs Bayern 1848, München 1848.

Regierungsblatt des Königreichs Bayern 1850, München 1850.

Rehm, Hermann, Quellensammlung zum Staats- und Verwaltungsrecht des Königreichs Bayern, Leipzig 1903.

Sammlung der neuest und merkwürdigsten Churbaierischen Generalien und Landesverordnungen, München 1771.

Sammlung der Kurpfalz-Baierischen allgemeinen und besonderen Landesverordnungen, Zweiter Band, München 1784.

Spindler Max (Hrsg.), Briefwechsel zwischen Ludwig I. von Bayern und Eduard von Schenk 1823-1841, München 1930.

Spindler, Max, Signate König Ludwig I., herausgegeben von Andreas Kraus, Erster Band, München 1987.

Strafgesetzbuch für das Königreich Bayern, München 1813.

Strafgesetzbuch für das Deutsche Reich mit Einführungs- und Nebengesetzen für das Königreich Bayern, mit Anmerkungen von Julius Staudinger, Nördlingen 1872.

Stein, Karl Freiherr vom und zum, Briefe und Amtliche Schriften, Fünfter Band, bearbeitet von Erich Botzenhart, neu herausgegeben von Walter Hubatsch, Stuttgart 1964.

Verhandlungen der Kammer der Abgeordneten 1827/28, zehnter Band.

Verhandlungen der Kammer der Abgeordneten 1831, erster Band.

Verhandlungen der Kammer der Abgeordneten 1831, fünfter Band.

Verhandlungen der Kammer der Abgeordneten 1831, sechster Band.

Verhandlungen der Kammer der Abgeordneten 1831, siebenter Band.

Verhandlungen der Kammer der Abgeordneten 1831, achter Band.

Verhandlungen der Kammer der Abgeordneten 1831, vierter Beilagen-band.

Verhandlungen der Kammer der Abgeordneten 1834, elfter Band.

Verhandlungen der Kammer der Abgeordneten 1840, zweiter Band.

Verhandlungen der Kammer der Abgeordneten 1840, dritter Band.

Verhandlungen der Kammer der Abgeordneten 1847, erster Band.

Verhandlungen der Kammer der Abgeordneten 1848, erster Band.

Verhandlungen der Kammer der Abgeordneten 1848, zweiter Band.

Verhandlungen der Kammer der Abgeordneten 1848, dritter Band.

Verhandlungen der Kammer der Abgeordneten 1848, achter Band.

Verhandlungen der Kammer der Abgeordneten 1848, erster Beilagenband.

Verhandlungen der Kammer der Abgeordneten 1849, zweiter Band.

Verhandlungen der Kammer der Abgeordneten 1850, dritter Band.

Verhandlungen der Kammer der Reichsräte 1850, Stenographische Berichte.

Weber, Karl, Neue Gesetz- und Verordnungen- Sammlung für das Königreich Bayern mit Einschluss der Reichsgesetzgebung, Vierter Band (1848 bis 1856), Nördlingen 1885.

Weber, Karl, Neue Gesetz- und Verordnungen- Sammlung für das Königreich Bayern mit Einschluss der Reichsgesetzgebung, Zehnter Band (26. Mai 1873 bis 7. Juni 1875), Nördlingen 1889.

C. Literaturverzeichnis

Barge, Hermann, Geschichte der Buchdruckerkunst von ihren Anfängen bis zur Gegenwart, Leipzig 1940.

Bayrle, Josef, Die rechtliche Situation der bayerischen Presse von 1818-1848, München 1948.

Bianco, Franz Joseph von, Die Alte Universität Köln, Erster Teil, Zweiter Band, Aalen 1974.

Bitterauf, Theodor, Die Zensur der politischen Zeitungen in Bayern 1799-1825, in: Riezler-Festschrift, Beiträge zur bayerischen Geschichte, herausgegeben von Karl Alexander von Müller, Gotha 1913.

Boeser, Knut (Hrsg.), Der Fall Oskar Panizza. Ein deutscher Dichter im Gefängnis, Berlin 1989.

Bosl, Karl, Bayerische Biographie, Regensburg 1983.

Breuer, Dieter, Geschichte der literarischen Zensur in Deutschland, Heidelberg 1982.

Busely, Hermann-Joseph/Klemmer, Liselotte, Maximilian Joseph Graf von Montgelas. Dokumente zu Leben und Wirken des bayerischen Staatsmannes (Katalog zur Ausstellung im Bayerischen Hauptstaatsarchiv 1988), München 1988.

Diels, Hermann, Fragmente der Vorsokratiker (griechisch-deutsch), 6.Auflage, herausgegeben von Th. Klauser, Stuttgart 1950.

Dirr, Pius, Buchwesen und Schrifttum im alten München, München 1929.

Doeberl, Michael, Ein Jahrhundert bayerischen Verfassungslebens, München 1918.

Doeberl, Michael, Rheinbundverfassung und bayerische Konstitution, München 1924.

Doeberl, Michael, Entwicklungsgeschichte Bayerns, dritter Band, herausgegeben von Max Spindler, München 1931.

Eisenhardt, Ulrich, Die kaiserliche Aufsicht über Buchdruck, Buchhandel und Presse im Heiligen Römischen Reich Deutscher Nation (1496-1806), Karlsruhe 1970.

Eisenhardt, Ulrich, Wandlungen von Zweck und Methoden der Zensur im 18. und 19. Jahrhundert, in: Von der Pressfreiheit zur Pressefreiheit, herausgegeben von der Württembergischen Landesbibliothek Stuttgart in Zusammenarbeit mit dem Verband Süddeutscher Zeitungsverleger und dem Verband der Druckindustrie in Baden-Württemberg, Stuttgart 1983.

Fahr, W., Theous nomizein, Zum Problem der Anfänge des Atheismus bei den Griechen, Hildesheim/Olms 1969.

Fichtl, Wilhelm, Aufklärung und Zensur, in: Krone und Verfassung. König Max I. Joseph und der neue Staat. Beiträge zur Bayerischen Geschichte und Kunst 1799-1825, herausgegeben von Hubert Glaser, München 1980.

Fichtl, Wilhelm, Das bayerische Bücherzensurkollegium, München 1940.

Franz, Eugen, Bayerische Verfassungskämpfe, München 1926.

Funk, Werner, Die Verfassungsfrage im Spiegel der Augsburger „Allgemeinen Zeitung“ von 1818-1848, Berlin 1977.

Füssel, Stephan, Gutenberg und seine Wirkung, Frankfurt a.M./Leipzig 1999.

Gigl, Caroline, Die Zentralbehörden Kurfürst Karl Theodors in München 1778-1799, München 1999.

Gmeinwiser, Josef, Die bayerische Politik im Jahre 1805, München 1928.

Gollwitzer, Heinz, Ludwig I. von Bayern. Königtum im Vormärz, München 1997.

Goppel, Alfons, Bayerns Entwicklung zum modernen Verfassungsstaat 1799 bis 1818, in: Alfons Goppel / Benno Hubensteiner / Bernhard Zittel, 150 Jahre bayerische Verfassung, München 1968.

Göpfert, Herbert G. / Weyrauch Erdmann (Hrsg.), „Unmoralisch an sich...“, Wiesbaden 1988.

Götschmann, Dirk, Das bayerische Innenministerium 1825-1864. Organisation und Funktion, Beamtenschaft und politischer Einfluss einer Zentralbehörde in der konstitutionellen Monarchie, Göttingen 1993.

Gramlich, Jürgen, Rechtsordnungen des Buchgewerbes im Alten Reich, Frankfurt a.M. 1994.

Gundel, W. / Gundel, H. G., Astrologumena. Die astrologische Literatur in der Antike und ihre Geschichte, in: Sudhoffs Archiv, Wiesbaden 1966.

Hammermayer, Ludwig, Illuminaten in Bayern. Zur Geschichte, Fortwirken und Legende des Geheimbundes, in: Krone und Verfassung. König Max I. Joseph und der neue Staat. Beiträge zur Bayerischen Geschichte und Kunst 1799-1825, herausgegeben von Hubert Glaser, München 1980.

Häntzschel, Kurt, Reichspreßgesetz und die übrigen preßrechtliche Vorschriften des Reichs und der Länder, Berlin 1927.

Heigel, Karl Theodor, Censurwesen in Altbayern, in: Karl Theodor Heigel, Neue historische Vorträge und Aufsätze, München 1883.

Heigel, Karl Theodor, Der Anteil des Kronprinzen Ludwig am bayerischen Verfassungswerk, in: Quellen und Abhandlungen der neueren Geschichte Bayerns, München 1884.

Herre, Franz, Ein Grundgesetz des modernen Bayern. Das Ansbacher Mémoire des Grafen Montgelas, Manuskript des Bayerischen Rundfunks, München 1996.

Hesse, Horst, Gesetzgeber und Gesetzgebung in Bayern 1848-1870, Weilheim 1984.

Hilgers, Joseph, Der Index der verbotenen Bücher, 9. Fassung, Freiburg 1904.

Hilgers, Joseph, Die Bücherverbote in Papstbriefen, Freiburg 1907.

Hoffmann, Ludwig, Geschichte der Censur und Preßfreiheit, historisch philosophisch bearbeitet, Erster Teil, Berlin 1819.

Houben, Heinrich Hubert, Hier Zensur-Wer dort ? Der gefesselte Biedermeier, Leipzig 1990.

Huber, Ernst Rudolf, Deutsche Verfassungsgeschichte, Erster Band, 3. Auflage, Stuttgart 1978.

Huber, Ernst Rudolf, Deutsche Verfassungsgeschichte, Zweiter Band, Stuttgart 1960.

Huber, Ernst Rudolf, Deutsche Verfassungsgeschichte, Vierter Band, Stuttgart 1969.

Hütt, Wolfgang, Hintergrund. Mit dem Unzüchtigkeits- und Gotteslästerungsparagraphen des Strafgesetzbuches gegen Kunst und Künstler 1900-1933, Berlin 1990.

Jerouschek, Günter, Religiosität zwischen Inquisitionsgericht und Zensur, Anmerkungen zu Aufstieg, Prozess und jährem Ende des Meister Eckhart O.P., in: Goltdammer`s Archiv 1989.

Kapp, Friedrich / Goldfriedrich, Johann, Geschichte des Deutschen Buchhandels, Erster Band, Leipzig 1886.

Klopfmann, Klaus, Die Religionsmandate des Herzogtums Bayern in der Reformationszeit (1522-1531), München 2000.

Koller Wilhelm, Zum Reichs-Preßgesetz vom 7. Mai 1874, Nördlingen 1888.

Krempel, Oswald, Das Zensurrecht in Deutschland zu Ausgang des 18. und Beginn des 19. Jahrhunderts, Würzburg 1921.

Krueder, Olaf Baron von, Die Zensur im deutschen Verwaltungsrecht, Berlin 1938.

Kühne, Jörg-Detlef, Die Reichsverfassung der Paulskirche. Vorbild und Verwirklichung im späteren deutschen Rechtsleben, 2. Auflage, Neuwied 1998.

Laertius, Diogenes, Leben und Meinungen berühmter Philosophen, 2. Auflage, Hamburg 1967.

Langer, Herbert, Der Westfälische Frieden. Pax Europaea und die Neuordnung des Reichs, Berlin 1994.

Leiss, Ludwig, Kunst im Konflikt. Künstler im Widerstreit mit der „Obrigkeit", Berlin/New York, 1971.

Lerchenfeld, Max Freiherr von, Die baierische Verfassung und die Karlsbader Beschlüsse, Nördlingen 1883.

Lorenz, Ferdinand, Zur Geschichte der Zensur und des Schriftwesens in Bayern. Ein Beitrag zur Geschichte der Aufklärung, nach archivalischen Quellen bearbeitet, in: Archiv für Kulturgeschichte 1914, S. 318 ff.

Meyer Michael, Theaterzensur in München. Geschichte und Entwicklung der polizeilichen Zensur und des Theaterzensurbeirates unter besonderer Berücksichtigung Frank Wedekinds, München 1982.

Möckl, Karl, Der moderne bayerische Staat. Eine Verfassungsgeschichte vom aufgeklärten Absolutismus bis zum Ende der Reformepoche, München 1979.

Müller, Otto, Die Lex Heinze, Freiburg 1900.

Neumann, Helmut, Staatliche Bücherzensur und – aufsicht in Bayern von der Reformation bis zum Ausgang des 17. Jahrhunderts, Karlsruhe 1977.

Orlop, Nikolaus, Von Garibald bis Ludwig III. Herzöge, Kurfürsten und Könige in Bayern, München 1979.

Pastor, Ludwig Freiherr von, Geschichte der Päpste im Zeitalter der Renaissance, Dritter Band, 8./9. Auflage, Freiburg 1926.

Pfeilschifter, Georg (Hrsg.), Acta Reformationis Catholicae Ecclesiam Germaniae Concernentia Saeculi XVI. Die Reformverhandlungen des Deutschen Episkopats von 1520 bis 1570, Erster Band, Regensburg 1959.

Preußische Staatsbibliothek zur 500sten Jahrfeier der Erfindung Guttenbergs, Deutscher Buchdruck und deutsche Geschichte (Ausstellungskatalog), Berlin 1940.

Raumer, Adalbert von, Der Ritter von Lang und seine Memoiren, München/Berlin 1923.

Reiter, Hermann, Die Revolution von 1848/49 in Altbayern. Ihre sozialen und mentalen Voraussetzungen und ihr Verlauf, München 1983.

Reusch, Franz Heinrich, Der Index der verbotenen Bücher, Erster Band, Neudruck der Ausgabe Bonn 1883, Aalen 1967.

Reusch, Franz Heinrich, Die Indices librorum prohibitorum des sechzehnten Jahrhunderts, Tübingen 1886.

Reuter Fritz / Brück, Anton Philipp / Petry, Ludwig / Steitz, Heinrich (Hrsg.), Der Reichstag zu Worms von 1521. Reichspolitik und Luthersache, Worms 1971.

Richter, Ernst, Die Entwicklung bayerischen Pressrechts 1848-1874, München 1952.

Riezler, Sigmund von, Geschichte Baierns, Vierter Band, Neudruck der Ausgabe Gotha 1899, Aalen 1964.

Rimscha, Wolfgang von, Die Grundrechte im süddeutschen Konstitutionalismus. Zur Entstehung und Bedeutung der Grundrechtsartikel in den ersten Verfassungsurkunden von Bayern, Baden und Württemberg, Berlin 1973.

Roeder, Elmar, Der konservative Journalist Ernst Zander und die politischen Kämpfe seines „Volksboten", München 1972.

Rosenthal, Jaques (Hrsg.), Literatur der Reformation. Mit einem Anhang: Papstbullen des Reformationszeitalters, München ohne Jahresangabe.

Rudhard, Ignaz von, Über die Zensur der Zeitungen im allgemeinen und besonders nach dem bayerischen Staatsrechte, Erlangen 1826.

Sachs, Lothar, Die Entwicklungsgeschichte des bayerischen Landtags in den ersten drei Jahrzehnten nach der Verfassungsgebung 1818-1848, Würzburg 1914.

Sauder, Gerhard, Die Bücherverbrennung. Zum 10. Mai 1933, Frankfurt a.M. 1985.

Schottenloher, Karl, Das Regensburger Buchgewerbe im 15. und 16. Jahrhundert, Mainz 1920.

Schottenloher Karl, Die Landshuter Buchdrucker des 16. Jahrhunderts, Nachdruck der Ausgabe Mainz 1930.

Schottenloher, Karl, Der Münchener Buchdrucker Hans Schobser (1500-1530), Nachdruck der Ausgabe München 1925, München 1967.

Schütz, Hans J., Verbotene Bücher. Eine Geschichte der Zensur, München 1990.

Schwarze, Friedrich Oskar, Das Reichs-Preßgesetz vom 7. Mai 1874. Erläuterungen, Erlangen 1874.

Schoen, Katharina, Zensur- und Pressepolitik im deutschen Vormärz (1819-1848), Nürnberg 1991.

Spiegel Stefan, Pressepolitik und Pressepolizei in Bayern unter der Regierung von König Maximilian II., herausgegeben von Erwin Riedenauer, München 2001.

Spindler, Max (Hrsg.), Handbuch der bayerischen Geschichte, Vierter Band, Erster Teilband, München 1979.

Schwab, Dieter, Die „Selbstverwaltungsidee" des Freiherrn vom Stein und ihre geistigen Grundlagen, Frankfurt a.M. 1971.

Schwab, Dieter, Pressefreiheit als Menschenrecht. Zur Theorie der Gedanken- und Pressefreiheit bei Carl Friedrich Bahrdt, in: Dieter Schwab, Geschichtliches Recht und moderne Zeiten. Ausgewählte rechtshistorische Aufsätze, Heidelberg 1995, S. 47 ff.

Schwab, Dieter, Kunst und Blasphemie. Anmerkungen zu einer aktuellen Debatte, in: Karl Möseneder / Gosbert Schüssler (Hrsg.), „Bedeutung in den Bildern", Festschrift für Jörg Traeger, Regensburg 2002, S. 329 ff.

Seydel, Max von, Bayerisches Staatsrecht, erster Band, München 1884.

Seydel, Max von, Bayerisches Staatsrecht, zweiter Band, München 1896.

Siemann, Wolfram, Von der offenen zur mittelbaren Kontrolle, in: Herbert G. Göpfert / Erdmann Weyrauch (Hrsg.), „Unmoralisch an sich...", Wiesbaden 1988.

Speyer, Wolfgang, Büchervernichtung und Zensur des Geistes bei Heiden, Juden und Christen, Stuttgart 1981.

Stroth, Wilhelm, Ovids Liebeskunst und die Ehegesetze des Augustus, Gymnasium 86, 1979.

Treml, Manfred, Bayerns Pressepolitik zwischen Verfassungstreue und Bundespflicht. Ein Beitrag zum bayerischen Souveränitätsverständnis und Konstitutionalismus im Vormärz, Berlin 1977.

Trusen, Winfried, Der Prozess gegen Meister Eckhart. Vorgeschichte, Verlauf und Folgen, Paderborn/München/Wien/Zürich 1988.

Valentin, Veit, Geschichte der Revolution 1848/49, Erster Band, Berlin 1930.

Voulliéme, Ernst, Der Buchdruck Kölns bis zum Ende des fünfzehnten Jahrhunderts, Nachdruck der Ausgabe Bonn 1903, Düsseldorf 1978.

Weber, Renate, Montgelas und sein Ansbacher Mémoire (Heft zur Ausstellung in der Münchener Staatskanzlei 1996/96), München 1996.

Wegelin, Peter, Die Bayerische Konstitution von 1808, in: Schweizer Beiträge zur Allgemeinen Geschichte, herausgegeben von Werner Näf, Ernst Walder, Bern 1958.

Weis, Eberhard, Montgelas. Zwischen Revolution und Reform, München 1971.

Weis Eberhard, Das neue Bayern – Max I. Joseph, Montgelas und die Entstehung und Ausgestaltung des Königreichs 1799 bis 1825, in: Hermann-Joseph Busley, Liselotte Klemmer, Maximilian Joseph Graf von Montgelas. Dokumente zu Leben und wirken des bayerischen Staatsmannes (Katalog zur Ausstellung im bayerischen Hauptstaatsarchiv 1988), München 1988.

Weiß, Joseph, Berthold von Henneberg. Erzbischof von Mainz (1484-1504), Freiburg 1889.

Welcker, Karl Theodor, Die vollkommene und ganze Pressfreiheit-Petition an die Hohe deutsche Bundesversammlung, Freiburg 1830.

Werner, Carl H., Die lex Heinze und ihre Geschichte, Dortmund 1935.

Wiebeking, Friedrich, Die bayerische Pressgesetzgebung, Bamberg 1865.

Wimmer Silvia, Die bayerisch-patriotischen Geschichtsdramen. Ein Beitrag zur Geschichte der Literatur, der Zensur und des politischen Bewusstseins unter Kurfürst Karl Theodor, München 1999.

Wittmann, Reinhard (Hrsg.), Quellen zur Geschichte des Buchwesens. Die Zensur. Nachdruck nach Exemplaren der Bayerischen Staatsbibliothek München, Erster Band, München 1981.

Zaretzky, Otto, Der erste Kölner Zensurprozess, Köln 1906.

Zimmermann, Fritz, Bayerische Verfassungsgeschichte vom Ausgang der Landschaft bis zur Verfassungsurkunde von 1818, München 1940, Neudruck Aalen 1973.

Zuber, Karl-Heinz, Der „Fürst Proletarier“ Ludwig von Oettingen-Wallerstein. Adeliges Leben und konservative Reformpolitik im konstitutionellen Bayern, München 1978.

RECHTSHISTORISCHE REIHE

Band 1 Studien zu den germanischen Volksrechten. Gedächtnisschrift für Wilhelm Ebel. Vorträge gehalten auf dem Fest-Symposion anläßlich des 70. Geburtstages von Wilhelm Ebel am 16. Juni 1978 in Göttingen. Götz Landwehr (Hrsg.) 1982.

Band 2 Hans Poeschel: Die Statuten der Banken, Sparkassen und Kreditgenossenschaften in Hamburg und Altona von 1710 bis 1889. 1978.

Band 3 Thomas Kolbeck: Juristenschwemmen, Untersuchungen über den juristischen Arbeitsmarkt im 19. und 20. Jahrhundert. 1978.

Band 4 Norbert Hempel: Richterleitbilder in der Weimarer Republik. 1978.

Band 5 Rolf Stratmann: Die Scheinbußen im mittelalterlichen Recht. 1978.

Band 6 Martin C. Lockert: Die niedersächsischen Stadtrechte zwischen Aller und Weser. Vorkommen und Verflechtungen. Eine Bestandsaufnahme. 1979.

Band 7 Joachim Rückert/Wolfgang Friedrich: Betriebliche Arbeiterausschüsse in Deutschland, Großbritannien und Frankreich im späten 19. und frühen 20. Jahrhundert. Eine vergleichende Studie zur Entwicklung des kollektiven Arbeitsrechts. 1979.

Band 8 Peter Bender: Die Rezeption des römischen Rechts im Urteil der deutschen Rechtswissenschaft. 1979.

Band 9 Friedrich Karl Alsdorf: Untersuchungen zur Rechtsgestalt und Teilung deutscher Ganerbenburgen. 1980.

Band 10 Dietmar Willoweit/Winfried Schich (Hrsg.): Studien zur Geschichte des sächsisch-magdeburgischen Rechts in Deutschland und Polen (Sammelband). 1980.

Band 11 Brigitte Hempel: Der Entwurf einer Polizeiordnung für das Herzogtum Sachsen-Lauenburg aus dem Jahre 1591. 1980.

Band 12 Klaus-Detlev Godau-Schüttke: Rechtsverwalter des Reiches. Staatssekretär Dr. Curt Joël. 1981.

Band 13 Rainer Polley: Anton Friedrich Justus Thibaut (AD 1772-1840) in seinen Selbstzeugnissen und Briefen. Teil 1: Abhandlung. Teil 2: Briefwechsel. Teil 3: Register zum Briefwechsel. 1982.

Band 14 Michael Wettengel: Der Streit um die Vogtei Kelkheim 1275-1276. Ein kanonischer Prozeß.1981.

Band 15 Otto Wilhelm Krause: Naturrechtler des sechzehnten Jahrhunderts. Ihre Bedeutung für die Entwicklung eines natürlichen Privatrechts. 1982.

Band 16 Helga Spindler: Von der Genossenschaft zur Betriebsgemeinschaft. Kritische Darstellung der Sozialrechtslehre Otto von Gierkes. 1982.

Band 17 Holger Otte: Gustav Radbruchs Kieler Jahre 1919 - 1926. 1982.

Band 18 Rüdiger Teuner: Die fuldische Ritterschaft 1510 - 1656. 1982.

Band 19 Gerhard Dilcher/Rudolf Hoke/Gian Savino Pene Vidari/Hans Winterberg (Hrsg.): Grundrechte im 19. Jahrhundert. 1982.

Band 20 Karl-Hans Schloßstein: Die westfälischen Fabrikengerichtsdeputationen - Vorbilder, Werdegang und Scheitern. 1982.

Band 21 Birger Schulz: Der Republikanische Richterbund (1921-1933). 1982.

Band 22 Engelbert Krause: Die gegenseitigen Unterhaltsansprüche zwischen Eltern und Kindern in der deutschen Privatrechtsgeschichte. 1982.

Band 23 Meent W. Francksen: Staatsrat und Gesetzgebung im Großherzogtum Berg (1806-1813). 1982.

Band 24 Gerd von Sonnleithner: Bearbeitung des Handelsrechts durch Ignaz von Sonnleithner in seinem "Leitfaden über das österreichische Handels- und Wechselrecht". 1982.

Band 25 Rudolf Palme: Rechts-, Wirtschafts- und Sozialgeschichte der inneralpinen Salzwerke bis zu deren Monopolisierung. 1983.

Band 26 Helen Bosshard: Pestalozzis Staats- und Rechtsverständnis und seine Stellung in der Aufklärung. 1983.

Band 27 Jens Jessen: Die Selbstzeugnisse der deutschen Juristen. Erinnerungen, Tagebücher und Briefe. Eine Bibliographie. 1983.

Band 28 Günter Martin Jensen: Das Domanium Waldeck. Die rechtliche Zuordnung eines Fürstenvermögens. 1984.

Band 29 Johann Heinrich Kumpf: Petitionsrecht und öffentliche Meinung im Entstehungsprozeß der Paulskirchenverfassung 1848/49. 1983.

Band 30 Sabine Frey: Rechtsschutz der Juden gegen Ausweisungen im 16. Jahrhundert. 1983.

Band 31 Dietrich Joswig: Die germanische Grundstücksübertragung. 1984.

Band 32 Andreas Baryli: Konzessionssystem contra Gewerbefreiheit. Zur Diskussion der österreichischen Gewerberechtsreform 1835 bis 1860. 1984.

Band 33 Gerhard Oberkofler: Studien zur Geschichte der österreichischen Rechtswissenschaft. 1984.

Band 34 Rudolf Lauda: Kaufmännische Gewohnheit und Burgrecht bei Notker dem Deutschen. Zum Verhältnis von literarischer Tradition und zeitgenössischer Realität in der frühmittelalterlichen Rhetorik. 1984.

Band 35 Jens Jensen: Die Ehescheidung des Bischofs Hans von Lübeck von Prinzessin Julia Felicitas von Württemberg-Weiltingen AD 1648-1653. Ein Beitrag zum protestantischen Ehescheidungsrecht im Zeitalter des beginnenden Absolutismus. 1984.

Band 36 Horst Schröder: Friedrich Karl von Savigny. Geschichte und Rechtsdenken beim Übergang vom Feudalismus zum Kapitalismus in Deutschland. 1984.

Band 37 Andreas Hatzung: Dogmengeschichtliche Grundlagen und Entstehung des zivilrechtlichen Notstands. 1984.

Band 38 Matthias Klasen: Das Billwerder Landrecht. Landrecht und Landgericht in den Hamburger Elbmarschen. 1985.

Band 39 Rainer Jamin: Aufbau, Tätigkeit und Verfahren der Auseinandersetzungsbehörden bei der Durchführung der preußischen Agrarreformen. 1985.

Band 40 Henry Winter: Teilschuld, Gesamtschuld und unechte Gesamtschuld. Zur Konzeption der §§ 420 ff. BGB - Ein Beitrag zur Entstehungsgeschichte des BGB. 1985.

Band 41 Hermann Eichler: Verfassungsbewegung in Amerika und Europa. 1985.

Band 42 Dagmar Bandemer: Heinrich Albert Zachariae. Rechtsdenken zwischen Restauration und Reformation. 1985.

Band 43 Eva-Christine Frentz: Das Hamburgische Admiralitätsgericht (1623-1811). Prozeß und Rechtsprechung. 1985.

Band 44 Karl Lillig: Rechtsetzung im Herzogtum Pfalz-Zweibrücken während des 18. Jahrhunderts. Ein Beitrag zur Geschichte der territorialen Rechtsbildung. 1985.

Band 45 Walter Weber: Die Entwicklung der Sparkassen zu selbständigen Anstalten des öffentlichen Rechts. Ein Beitrag zur Entwicklung des Anstaltsbegriffs im 19. Jahrhundert. 1985.

Band 46 Bärbel Baum: Der Stabreim im Recht. Vorkommen und Bedeutung des Stabreims in Antike und Mittelalter. 1986.

Band 47 Hans Popp: Die nationalsozialistische Sicht einiger Institute des Zivilprozeß- und Gerichtsverfassungsrechts. 1986.

Band 48 John Karl-Heinz Montag: Die Lehrdarstellung des Handelsrechts von Georg Friedrich von Martens bis Meno Pöhls. Die Wissenschaft des Handelsrechts im ersten Drittel des 19. Jahrhunderts. 1986.

Band 49 Volker D. Anhäusser: Das internationale Obligationenrecht in der höchstrichterlichen Rechtsprechung des 19. Jahrhunderts. 1986.

Band 50 Udo Beer: Die Juden, das Recht und die Republik. Verbandswesen und Rechtsschutz 1919-1933. 1986.

Band 51 Herbert Grziwotz: Der moderne Verfassungsbegriff und die "Römische Verfassung" in der deutschen Forschung des 19. und 20. Jahrhunderts. 1986.

Band 52 Ralf Conradi: Karl Friedrich Eichhorn als Staatsrechtslehrer. Seine Göttinger Vorlesung über "Das Staatsrecht der deutschen Bundesstaaten" nach einer Kollegmitschrift aus dem Wintersemester 1821/22. 1987.

Band 53 Dieter Dannreuther: Der Zivilprozeß als Gegenstand der Rechtspolitik im Deutschen Reich 1871 - 1945. Ein Beitrag zur Geschichte des Zivilprozeßrechts in Deutschland. 1987.

Band 54 Stephan Felix Pauly: Organisation, Geschichte und Praxis der Gesetzesauslegung des (Königlich) Preußischen Oberverwaltungsgerichtes 1875 - 1933. 1987.

Band 55 Rüdiger Schulz: Die Entstehung des Seerechts des Allgemeinen Deutschen Handelsgesetzbuches unter besonderer Berücksichtigung der Bestimmungen über die Reederei, den Schiffer und die Schiffsmannschaft. 1987.

Band 56 Reinhold Reis: Deutsches Privatrecht in den Weistümern der Zenten Schriesheim und Kirchheim. 1987.

Band 57 Jürgen Christoph: Die politischen Reichsamnestien 1918 - 1933. 1987.

Band 58 Gerhard Oberkofler/Eduard Rabofsky: Hans Kelsen im Kriegseinsatz der k.u.k.-Wehrmacht. Eine kritische Würdigung seiner militärtheoretischen Angebote. 1988.

Band 59 Arne Wulff: Staatssekretär Prof. Dr. Dr. h.c. Franz Schlegelberger. 1876-1970. 1991.

Band 60 Gerhard Köbler (Hrsg.): Wege europäischer Rechtsgeschichte. Karl Kroeschell zum 60. Geburtstag. 1987.

Band 61 Rüdiger Hütte: Der Gemeinschaftsgedanke in den Erbrechtsreformen des Dritten Reichs. 1988.

Band 62 Markus Göldner: Politische Symbole der europäischen Integration. Fahne, Hymne, Hauptstadt, Paß, Briefmarke, Auszeichnungen. 1988.

Band 63 Wolfgang Kröner: Freiheitsstrafe und Strafvollzug in den Herzogtümern Schleswig, Holstein und Lauenburg von 1700 bis 1864. 1988.

Band 64 Werner Gaile: Die Norder Theelacht. 1988.

Band 65 Karl v. Kempis: Andreas Gaill (1526 - 1587). Zum Leben und Werk eines Juristen der frühen Neuzeit. 1988.

Band 66 Wolf-Rüdiger Osburg: Die Verwaltung Hamburgs in der Franzosenzeit. 1811-1814. 1988.

Band 67 Christian Schudnagies: Hans Frank. Aufstieg und Fall des NS-Juristen und Generalgouverneurs. 1988.

Band 68 Otmar Jung: Senatspräsident Freymuth. Richter, Sozialdemokrat und Pazifist in der Weimarer Republik. Eine politische Biographie. 1989.

Band 69 Joachim Lohner: Das landeshauptmannschaftliche Gericht in Oberösterreich zu Beginn der Neuzeit. Eine Darstellung des oberösterreichischen Prozeßrechts am obersten Territorialgericht des Landes anhand der oberösterreichischen Landtafel.1989.

Band 70 Bernd Klemann: Rudolf von Jhering und die Historische Rechtsschule. 1989.

Band 71 Adalbert Langer: Männer um die österreichische Zivilprozeßordnung 1895. Zusammenspiel / Soziales Ziel. 1990.

Band 72 Robert-Dieter Klee: Die Landessuperintendentur Lauenburg. Ursprung und Entwicklung sowie Ende der Sonderstellung des Kirchenkreises Herzogtum Lauenburg durch die nordelbische Kirchenvereinigung. 1989.

Band 73 Heinrich Herrmann: Die Gehöferschaften im Bezirk Trier. 1989.

Band 74 Wilhelm Brauneder, Franz Baltzarek (Hrsg.): Modell einer neuen Wirtschaftsordnung. Wirtschaftsverwaltung in Österreich 1914 - 1918. 1991.

Band 75 Thomas Dreyer: Die "Assecuranz- und Haverey-Ordnung" der Freien und Hansestadt Hamburg von 1731. 1990.

Band 76 Bernhard Sendler: Die Rechtssprache in den süddeutschen Stadtrechtsreformationen. 1990.

Band 77 Brigitte Lehmann: Ehevereinbarungen im 19. und 20. Jahrhundert. 1990.

Band 78 Michael Sunnus: Der NS-Rechtswahrerbund (1928-1945). Zur Geschichte der nationalsozialistischen Juristenorganisation. 1990.

Band 79 Stefan Schulz: Die historische Entwicklung des Rechts an Bienen. (§§ 961 - 964 BGB). 1990.

Band 80 Gerhard Lingelbach, Heiner Lück (Hrsg.): Deutsches Recht zwischen Sachsenspiegel und Aufklärung. Rolf Lieberwirth zum 70. Geburtstag dargebracht von Schülern, Freunden und Kollegen, herausgegeben von Gerhard Lingelbach und Heiner Lück. 1991.

Band 81 Manfred Krohn: Die deutsche Justiz im Urteil der Nationalsozialisten 1920 - 1933. 1991.

Band 82 Angelika Kühn: Privilegierung nationaler Minderheiten im Wahlrecht der Bundesrepublik Deutschland und Schleswig-Holsteins. 1991.

Band 83 Georg Brun: Leben und Werk des Rechtshistorikers Heinrich Mitteis unter besonderer Berücksichtigung seines Verhältnisses zum Nationalsozialismus. 1991.

Band 84 Wolfgang Simon: Claudius Freiherr von Schwerin. Rechtshistoriker während dreier Epochen deutscher Geschichte. 1991.

Band 85 Friedrich-Carl Wachs: Das Verordnungswerk des Reichsdemobilmachungsamtes. Stabilisierender Faktor zu Beginn der Weimarer Republik. 1991.

Band 86 Jens-Uwe Petersen: Die Vorgeschichte und die Entstehung des Mieterschutzgesetzes von 1923 nebst der Anordnung für das Verfahren vor dem Mieteinigungsamt und der Beschwerdestelle. 1991.

Band 87 Ulrike Haibach: Familienrecht in der Rechtssprache. Die historische Entwicklung zentraler Ausdrücke des geltenden Familienrechts. 1991.

Band 88 Joern Christian Nissen: Die Beratungen des Seeversicherungsausschusses der Akademie für Deutsches Recht zu einem neuen Seeversicherungsgesetz (1934-1939). Ein Beitrag zur Entwicklung der allgemeinen Lehren des Seeversicherungsrechts unter besonderer Berücksichtigung des Handelsgesetzbuchs und der Allgemeinen Deutschen Seeversicherungs-Bedingungen 1919. 1991.

Band 89 Diethard Bühler: Die Entstehung der allgemeinen Vertragsschluß-Vorschriften im Allgemeinen Deutschen Handelsgesetzbuch (ADHGB) von 1861. Ein Beitrag zur Kodifikationsgeschichte des Privatrechts im 19. Jahrhundert. 1991.

Band 90 Gerhard Oberkofler: Die Vertreter des Römischen Rechts mit deutscher Unterrichtssprache an der Karls-Universität in Prag. Vom Vormärz bis 1945. 1991.

Band 91 Ulrich Andermann: Ritterliche Gewalt und bürgerliche Selbstbehauptung. Untersuchungen zur Kriminalisierung und Bekämpfung des spätmittelalterlichen Raubrittertums am Beispiel norddeutscher Hansestädte. 1991.

Band 92 Heinz Marcus Hanke: Luftkrieg und Zivilbevölkerung. Der kriegsvölkerrechtliche Schutz der Zivilbevölkerung gegen Luftbombardements von den Anfängen bis zum Ausbruch des Zweiten Weltkrieges. 1991.

Band 93 Kirsten Kraglund: Familien- und Erbrecht. Materielles Recht und Methoden der Rechtsanwendung in der Rechtsprechung des Oberappellationsgerichts der vier Freien Städte Deutschlands zu Lübeck. 1991.

Band 94 Reinhard Lorenz: Die politische und rechtliche Stellung des Proletariats in Preußen in der Zeit zwischen den Reformen und der Revolution 1848/49. 1991.

Band 95 Eric Hilgendorf: Die Entwicklungsgeschichte der parlamentarischen Redefreiheit in Deutschland. 1991.

Band 96 Hans J. Reiter: Die Handelsgesellschaft Villeroy & Boch von der Gründung 1836 bis zum Jahr 1878. 1992.

Band 97 Martin Johannes Heller: Reform der deutschen Rechtssprache im 18. Jahrhundert. 1992.

Band 98 Michael Kotulla: Die Tragweite der Grundrechte der revidierten preußischen Verfassung vom 31.01.1850. 1992.

Band 99 Michael Siefener: Hexerei im Spiegel der Rechtstheorie. Das crimen magiae in der Literatur von 1574 bis 1608. 1992.

Band 100 Andreas Ebert-Weidenfeller: Hamburgisches Kaufmannsrecht im 17. und 18. Jahrhundert. Die Rechtsprechung des Rates und des Reichskammergerichtes. 1992.

Band 101 Enno Bommel: Die Entstehung der Verwirkungslehre in der Krise des Positivismus. 1992.

Band 102 Ralph Steppacher: Die Berücksichtigung der bäuerlichen Postulate bei der Entstehung des ZGB und der Revision des OR. Ein Beitrag zur schweizerischen Kodifikationsgeschichte (1893 - 1912). 1992.

Band 103 Martin Fleckenstein: Die Todesstrafe im Werk Carl Joseph Anton Mittermaiers (1787 - 1867). Zur Entwicklungsgeschichte eines Werkbereichs und seiner Bedeutung für Theorie- und Methodenbildung. 1992.

Band 104 Jörn Eckert: Der Kampf um die Familienfideikommisse in Deutschland. Studien zum Absterben eines Rechtsinstitutes. 1992.

Band 105 Jörg Grotkopp: Beamtentum und Staatsformwechsel. Die Auswirkungen der Staatsformwechsel von 1918, 1933 und 1945 auf das Beamtenrecht und die personelle Zusammensetzung der deutschen Beamtenschaft. 1992.

Band 106 Andreas Rohde: Die Garantiehaftung des Vermieters und ihr Verhältnis zum Unmöglichkeitsrecht in dogmengeschichtlicher und modernrechtlicher Sicht. 1992.

Band 107 Tjark Siefke Kunstreich: Gesamtvertretung. Eine historisch-systematische Darstellung. 1992.

Band 108 Jürgen Krüger: Blindheit und Königtum. Die Blindheit des Königs Georg V. von Hannover als verfassungsrechtliches Problem. 1992.

Band 109 Wolfgang Putschek: Ständische Verfassung und autoritäre Verfassungspraxis in Österreich 1933-1938 mit Dokumentenanhang. Verfassung und Verfassungswirklichkeit. Mit einem Anhang: Denkschriften von Rechtsanwalt Dr. Erich Führer 1936/37. 1993.

Band 110 Klaus Hofmann: Die Verdrängung der Juden aus öffentlichem Dienst und selbständigen Berufen in Regensburg 1933-1939. 1993.

Band 111 Franz Kilger: Die Entwicklung des Telegraphenrechts im 19. Jahrhundert mit besonderer Berücksichtigung der technischen Entwicklung. Telegraphenrecht im 19. Jahrhundert. 1993.

Band 112 Wilhelm Brauneder (Hrsg.): Heiliges Römisches Reich und moderne Staatlichkeit. 1993.

Band 113 Thomas Heinrich: Das preußische Nichtehelichenrecht: Von der Aufklärung zur Reaktion. 1993.

Band 114 Gerald Kohl: Jagd und Revolution. Das Jagdrecht in den Jahren 1848 und 1849. 1993.

Band 115 Christian Schudnagies: Der Kriegs- oder Belagerungszustand im Deutschen Reich während des Ersten Weltkrieges. Eine Studie zur Entwicklung und Handhabung des deutschen Ausnahmezustandsrechts bis 1918. 1994.

Band 116 Elisabeth Bellmann: Die Internationale Kriminalistische Vereinigung (1889-1933). 1994.

Band 117 Julia Pfannkuch: Volksrichterausbildung in Sachsen 1945-1950. 1993.

Band 118 Jörg Offen: Von der Verwaltungsgemeinschaft des BGB von 1896 zur Zugewinngemeinschaft des Gleichberechtigungsgesetzes von 1957. 1994.

Band 119 Dorothee Kohlhas-Müller: Untersuchungen zur Rechtsstellung Theoderichs des Großen. 1995.

Band 120 Monika Rose: Das Gerichtswesen des Herzogtums Pfalz-Zweibrücken im 18. Jahrhundert. Ein Beitrag zur territorialen Gerichtsbarkeit im Alten Reich. 1994.

Band 121 Jörn Eckert / Hans Hattenhauer (Hrsg.): Bibel und Recht. Rechtshistorisches Kolloquium 9. - 13. Juni 1992 an der Christian-Albrechts-Universität zu Kiel. 1994.

Band 122 Robert Martin Mizia: Der Rechtsbegriff der Autonomie und die Begründung des Privatfürstenrechts in der deutschen Rechtswissenschaft des 19. Jahrhunderts. 1995.

Band 123 Walther Graf von Plettenberg: Das Fortleben des Liber Iudiciorum in Asturien/León (8. - 13. Jh.). 1994.

Band 124 Wolfgang Schulz: Das deutsche Börsengesetz. Die Entstehungsgeschichte und wirtschaftlichen Auswirkungen des Börsengesetzes von 1896. 1994.

Band 125 Frank Hagemann: Der Untersuchungsausschuß Freiheitlicher Juristen. 1949 – 1969. 1994.

Band 126 Andreas Rethmeier: "Nürnberger Rassegesetze" und Entrechtung der Juden im Zivilrecht. 1995.

Band 127 Edith Grether: Die Poesie der Throne. Die Juristen in der Fruchtbringenden Gesellschaft. 1995.

Band 128 Anna Bartels-Ishikawa: Der Lippische Thronfolgestreit. Eine Studie zu verfassungsrechtlichen Problemen des Deutschen Kaiserreiches im Spiegel der zeitgenössischen Staats. 1995.

Band 129 Jörg Schmidt: Otto Koellreutter 1883-1972. Sein Leben, sein Werk, seine Zeit. 1995.

Band 130 Christian Hattenhauer: Wahl und Krönung Franz II. AD 1792. Das Heilige Reich krönt seinen letzten Kaiser - Das Tagebuch des Reichsquartiermeisters Hieronymus Gottfried von Müller und Anlagen. 1995.

Band 131 Jutta v. der Decken: Das Seearbeitsrecht im Hamburger Stadtrecht von 1301 bis 1603. 1995.

Band 132 Detlev Schmidt: Die Reform des Rechts der Handelsvertreter von 1953. 1995.

Band 133 Gabi Roßdeutscher: Privatautonomie im Scheidungsrecht. Scheidungsbezogene Vereinbarungen in den letzten 200 Jahren. 1995.

Band 134 Harald Kahlenberg: Leben und Werk des Rechtshistorikers Walther Merk. Ein Beispiel für das Verhältnis von Rechtsgeschichte und Nationalsozialismus. 1995.

Band 135 Michael Steitz: Adelbert Düringer am Reichsgericht (1902-1915). Seine aktienrechtlichen Entscheidungen und sein Einfluß auf das Aktienrecht in Deutschland. 1995.

Band 136 Christian Becker: Beata Justorum Translatio. Juristen in schleswig-holsteinischen Leichenpredigten. 1996.

Band 137 Christoph Seiler: Vom Allgemeinen Landrecht zum Bürgerlichen Gesetzbuch. Dargestellt am Beispiel der höchstrichterlichen Judikatur zum kaufrechtlichen Sachmängelgewährleistungsrecht. 1996.

Band 138 Bernd Mayer: Die Vertrauensmännerausschüsse auf den preußischen Steinkohlegruben an der Saar. Entstehung und Wirken. Eine rechtshistorische Untersuchung. 1996.

Band 139 Rochus Scholl: Juden und Judenrecht im Herzogtum Pfalz-Zweibrücken. Ein Beitrag zur Rechtsgeschichte eines deutschen Kleinstaates am Ende des alten Reiches. 1996.

Band 140 Meike Bursch: Judentaufe und frühneuzeitliches Strafrecht. Die Verfahren gegen Christian Treu aus Weener/Ostfriesland 1720-1728. 1996.

Band 141 Markus Hillenbrand: Fürstliche Eheverträge. Gottorfer Hausrecht 1544 - 1773. 1996.

Band 142 Ulf Häder: Das gemeinschaftliche Oberappellationsgericht thüringischer Staaten in Jena. Ein Beitrag zur Geschichte des Gerichtswesens im 19. Jahrhundert. 1996.

Band 143 Andreas Bauer: Das Gnadenbitten in der Strafrechtspflege des 15. und 16. Jahrhunderts. Dargestellt unter besonderer Berücksichtigung von Quellen der Vorarlberger Gerichtsbezirke Feldkirch und des Hinteren Bregenzerwaldes. 1996.

Band 144 Christian Wirth: Der Jurist Johann Andreas Georg Friedrich Rebmann zwischen Revolution und Restauration. 1996.

Band 145 Stefanie Müller: Die Rechtsprechung des Hanseatischen Oberlandesgerichts zum persönlichen Eherecht in Hamburgischen Gerichtsfällen von 1879 -1900. 1996.

Band 146 Jean-Nicolas Morisset: Der Frachtvertrag in der *Ordonnance de la marine* von 1681. 1996.

Band 147 Dirk Lentfer: Die Glogauer Landesprivilegien des Andreas Gryphius von 1653. 1996.

Band 148 Wencke Mull: Die Haftung für Einsturzschäden nach den §§ 836-838 BGB in der Rechtsprechung des Reichsgerichts. 1996.

Band 149 Renate Zelger: Teufelsverträge. Märchen, Sage, Schwank, Legende im Spiegel der Rechtsgeschichte. 1996.

Band 150 Guido Kraß: Das Arrestverfahren in Frankfurt am Main im Spätmittelalter. 1996.

Band 151 F. Benedict Heyn: Die Entwicklung des Eisenbahnfrachtrechts von den Anfängen bis zur Einführung des Allgemeinen Deutschen Handelsgesetzbuches (ADHGB). 1996.

Band 152 Thomas Lang: Die Staats- und Verfassungslehre Carl Salomo Zachariaes. 1996.

Band 153 Michael Hebeis: Karl Anton von Martini (1726-1800). Leben und Werk. 1996.

Band 154 Gerald Hubert: Die Diskussion um die rechtliche Natur der Bizone in den Jahren 1947-1949. 1996.

Band 155 Christof Horn: Die Rechtsprechung des Reichsgerichts in Ehescheidungssachen der Jahre 1900 bis 1905. 1996.

Band 156 Hermann Nehlsen / Georg Brun (Hrsg.): Münchener rechtshistorische Studien zum Nationalsozialismus. 1996.

Band 157 Jan Otto Clemens Kehrberg: Die Entwicklung des Elektrizitätsrechts in Deutschland. Der Weg zum Energiewirtschaftsgesetz von 1935. 1997.

Band 158 Johannes Tradt: Der Religionsprozeß gegen den Zopfschulzen (1791-1799). Ein Beitrag zur protestantischen Lehrpflicht und Lehrzucht in Brandenburg-Preußen gegen Ende des 18. Jahrhunderts. 1997.

Band 159 Dietmar Olsen: Das kaufrechtliche Sachmängelgewährleistungsrecht des Code civil in der Rechtsprechung deutscher Gerichte im 19. Jahrhundert. Ein Beitrag zur Ablösung der Partikularrechte durch das BGB. 1997.

Band 160 Ulrich Bernhardt: Die Deutsche Akademie für Staats- und Rechtswissenschaft „Walter Ulbricht" 1948-1971. 1997.

Band 161 Claudia Susan Hoppe: Die Bürgschaft im Rechtsleben Hamburgs von 1600 bis 1900. 1997.

Band 162 Franz-Rudolf Ecker: Die Entwicklung des Bergrechts im Saarbrücker Steinkohlenrevier bis zum Ende des 18. Jahrhunderts. Ein Vergleich mit dem älteren deutschen Bergrecht. 1997.

Band 163 Anne Katrin Rückert: Politik und Privatrecht in der „konservativen Revolution". 1997.

Band 164 Gisbert Laube: Der Reichskunstwart. Geschichte einer Kulturbehörde 1919-1933. 1997.

Band 165 Nicolas Lührig: Die Diskussion über die Reform der Juristenausbildung von 1945 bis 1995. 1997.

Band 166 Regula Gerber Jenni: Die Emanzipation der mehrjährigen Frauenzimmer. Frauen im bernischen Privatrecht des 19. Jahrhunderts. 1997.

Band 167 Mischa A. Färber: Das gemeinschaftliche Testament in der höchstrichterlichen Rechtsprechung zum Allgemeinen Preußischen Landrecht und zum BGB. Ein Beitrag zur Ablösung der Partikularrechte durch das BGB. 1997.

Band 168 Catherine Antoinette Gasser: Philipp Lotmar 1850-1922. Professor der Universität Bern. Sein Engagement für das Schweizerische Arbeitsrecht. 1997.

Band 169 Lars Immisch: Der sozialistische Richter in der DDR und seine Unabhängigkeit. Der Versuch eines Rechtsvergleiches zum Unabhängigkeitsbegriff in der bundesdeutschen Rechtsordnung. 1997.

Band 170 Jessica Jacobi: Besitzschutz vor dem Reichskammergericht. Die friedenssichernde Funktion der Besitzschutzklagen am Reichskammergericht im 16. Jahrhundert, dargestellt anhand von Kameralisten. 1998.

Band 171 Ewald Hügemann: Die Geschichte des öffentlichen und privaten Mietpreisrechts vom Ersten Weltkrieg bis zum Gesetz zur Regelung der Miethöhe von 1974. 1998.

Band 172 Lutz Rentzow: Die Entstehungs- und Wirkungsgeschichte der Vernewerten Landesordnung für das Königreich Böhmen von 1627. 1998.

Band 173 Sabine Stürmer: Mühlenrecht im Herzogtum Pfalz-Zweibrücken während des 18. Jahrhunderts. Ein Beitrag zum Wirtschaftsrecht eines deutschen Kleinstaates im Alten Reich. 1998.

Band 174 Mario Bogisch: *Nemo testis in re sua*. Das Problem der Zeugnisfähigkeit bei der Anwendung der deutschen Zivilprozeßordnung von 1877. 1998.

Band 175 Rainer Oßwald: Pactane sunt servanda? Freiwilligkeit, Zwang und Unverbindlichkeitserklärungen im islamischen Vertragsrecht malikitischer Schule. 1998.

Band 176 Bettina Kern: Der preußische BGB-Entwurf von 1842. 1998.

Band 177 Inken Fuhrmann: Die Diskussion über die Einführung der fakultativen Zivilehe in Deutschland und Österreich seit Mitte des 19. Jahrhunderts. 1998.

Band 178 Annette Rieck: Der Heilige Ivo von Hélory (1247-1303). Advocatus pauperum und Patron der Juristen. 1998.

Band 179 Frank Bottenberg: Die Hamburgische Strafprozeßordnung von 1869. 1998.

Band 180 Matthias Krauß: Das kursächsische Postrecht von seinen Anfängen bis zum Ende des Alten Reichs. 1998.

Band 181 Torsten Schmidt: Die Entmündigung von den Anfängen des BGB bis zu ihrer Ablösung durch das Institut der Betreuung. 1998.

Band 182 Christian Nunn: Rudolf Müller-Erzbach. 1874-1959. Von der realen Methode über die Interessenjurisprudenz zum kausalen Rechtsdenken (Leben und Werk). 1998.

Band 183 Christian Ortloff: Das staatskirchenrechtliche System Wilhelm Traugott Krugs. Glaubens- und Gewissensfreiheit – eine Forderung der Vernunft. 1998.

Band 184 Christian Hattenhauer: Schuldenregulierung nach dem Westfälischen Frieden. Der sog. § *de indaganda* und seine Umsetzung im Jüngsten Reichsabschied (AD 1648 und 1654). 1998.

Band 185 Werner Schubert: Preußen im Vormärz. Die Verhandlungen der Provinziallandtage von Brandenburg, Pommern, Posen, Sachsen und Schlesien sowie – im Anhang – von Ostpreußen, Westfalen und der Rheinprovinz (1841-1845). 1998.

Band 186 Silvia Schumacher: Das Rechtsverhältnis zwischen Eltern und Kindern in der Privatrechtsgeschichte. 1999.

Band 187 Kai Sommer: Die Strafbarkeit der Homosexualität von der Kaiserzeit bis zum Nationalsozialismus. Eine Analyse der Straftatbestände im Strafgesetzbuch und in den Reformentwürfen (1871-1945). 1998.

Band 188 Jan Erik Backhaus: Volksrichterkarrieren in der DDR. 1999.

Band 189 Ralf Ruhnau: Die Fürstlich Thurn und Taxissche Privatgerichtsbarkeit in Regensburg. Ein Kuriosum der deutschen Rechtsgeschichte. 1999.

Band 190 Antonio Grilli: Die französische Justizorganisation am linken Rheinufer 1797-1803. 1999.

Band 191 Stephanie Kammerloher-Lis: Die Entstehung des Gesetzes über die religiöse Kindererziehung vom 15. Juli 1921. 1999.

Band 192 Jan Telp: Ausmerzung und Verrat. Zur Diskussion um Strafzwecke und Verbrechensbegriffe im Dritten Reich. 1999.

Band 193 Kurt von Pannwitz: Die Entstehung der Allgemeinen Deutschen Wechselordnung. Ein Beitrag zur Geschichte der Vereinheitlichung des deutschen Zivilrechts im 19. Jahrhundert. 1999.

Band 194 Sylvia Busch: Die Entstehung der Allgemeinen Gerichtsordnung für die Preussischen Staaten von 1793/95. Ein Beitrag zur Geschichte der Kodifikationsbewegung und der Reform des Zivilprozesses in Preußen im 18. Jahrhundert. 1999.

Band 195 Dirk Bieresborn: Klage und Klageerwiderung im deutschen und englischen Zivilprozeß. Eine rechtshistorische und rechtsvergleichende Untersuchung unter besonderer Berücksichtigung der Beeinflussung durch das römisch-kanonische Verfahren. 1999.

Band 196 Andreas Thier / Guido Pfeifer / Philipp Grzimek (Hrsg.): Kontinuitäten und Zäsuren in der Europäischen Rechtsgeschichte. Europäisches Forum Junger Rechtshistorikerinnen und Rechtshistoriker München 22.-24. Juli 1998. 1999.

Band 197 Franz Smola: Die Fürstlich Liechtenstein'sche Kunstsammlung. Rechtsfragen zur Verbringung der Sammlung von Wien nach Vaduz in den Jahren 1944/45. 1999.

Band 198 Frank Martin Krauss: Das geteilte Eigentum im 19. und 20. Jahrhundert. Eine Untersuchung zum Fortbestand des Teilungsgedankens. 1999.

Band 199 Matthias Frey: Die spanische Aktiengesellschaft im 18. Jahrhundert und unter dem Código de Comercio von 1829. 1999.

Band 200 Alexandra Gilde: Die Stellung der Frau im Reichsstrafgesetzbuch von 1870/71 und in den Reformentwürfen bis 1919 im Urteil der bürgerlichen Frauenbewegung. Eine Analyse ausgewählter Straftatbestände. 1999.

Band 201 Malte Dießelhorst / Arne Duncker: Hans Kohlhase. Die Geschichte einer Fehde in Sachsen und Brandenburg zur Zeit der Reformation. 1999.

Band 202 Jörg Hillmann: Territorialrechtliche Auseinandersetzungen der Herzöge von Sachsen-Lauenburg vor dem Reichskammergericht im 16. Jahrhundert. 1999.

Band 203 Carsten Engler: Die Kommanditgesellschaft (KG) und die stille Gesellschaft im Allgemeinen Deutschen Handelsgesetzbuch (ADHGB) von 1861. 1999.

Band 204 Vesta Hoffmann-Steudner: Die Rechtsprechung des Reichsgerichts zu dem Scheidungsgrund des § 49 EheG (EheG 1938) in den Jahren 1938-1945. 1999.

Band 205 Michaela Thiele: Die Auflösung von Arbeitsverhältnissen aufgrund Anfechtung und außerordentlicher Kündigung nach der Rechtsprechung des Reichsarbeitsgerichts (1927-1945). 2000.

Band 206 Peter Landau / Hermann Nehlsen / Mathias Schmoeckel (Hrsg.): Karl von Amira zum Gedächtnis. 1999.

Band 207 Marcus Flinder: Die Entstehungsgeschichte des Zivilgesetzbuches der DDR. 1999.

Band 208 Boris Franz Leo Bromm: Die Entstehungsgeschichte des Berufs des Handelsvertreters. Unter besonderer Berücksichtigung der Sozialgesetzgebung in den Jahren von 1871-1933. 2000.

Band 209 Winfried C. J. Eberstein: Das Tierschutzrecht in Deutschland bis zum Erlaß des Reichs-Tierschutzgesetzes vom 24. November 1933. Unter Berücksichtigung der Entwicklung in England. 1999.

Band 210 Patrick Deller: Der „nach dem Vertrage" vorausgesetzte Gebrauch (§ 459 Absatz 1 Satz 1 BGB). Eine kaufrechtliche Untersuchung unter Berücksichtigung rechtshistorischer wie rechtsvergleichender Grundlagen. 2000.

Band 211 Eckard Freiherr von Bodenhausen: Haftung des Geschäftsherrn für Verrichtungsgehilfen im Straßen- und Schienenverkehr. Eine Analyse der Entscheidungen des Reichsgerichts zu § 831 BGB (1900-1945). 2000.

Band 212 Birte Gast: Der Allgemeine Teil und das Schuldrecht des Bürgerlichen Gesetzbuchs im Urteil von Raymond Saleilles (1855-1912). 2000.

Band 213 Hansjörg Michael Huber: Koloniale Selbstverwaltung in Deutsch-Südwestafrika. Entstehung, Kodifizierung und Umsetzung. 2000.

Band 214 Ulf Björner: Die Verfassungsgerichtsbarkeit im Norddeutschen Bund und Deutschen Reich (1867-1918). Eine rechtshistorische Untersuchung über Gerichtsbarkeit im Spannungsfeld von Politik und Recht innerhalb der von Bismarck geschaffenen deutschen Bundesstaaten. 2000.

Band 215 Mathias Freiherr von Rosenberg: Friedrich Carl von Savigny (1779-1861) im Urteil seiner Zeit. 2000.

Band 216 Reinhard Binder-Kriegistein: Österreichisches Adelsrecht 1868-1918/19. Von der Ausgestaltung des Adelsrechts der cisleithanischen Reichshälfte bis zum Adelsaufhebungsgesetz der Republik unter besonderer Berücksichtigung des adeligen Namensrechts. 2000.

Band 217 Claudia-Regine Nerius: Johannes Lehmann-Hohenberg (1851-1925). Eine Studie zur völkischen Rechts- und Justizkritik im Deutschen Kaiserreich. 2000.

Band 218 Ludger Meuten: Die Erbfolgeordnung des Sachsenspiegels und des Magdeburger Rechts. Ein Beitrag zur Geschichte des sächsisch-magdeburgischen Rechts. 2000.

Band 219 Christoph Alexander von Wilcken: Die Reformbestrebungen zum Genossenschaftsgesetz in der Frühzeit der Bundesrepublik. Die Beratungen der Sachverständigenkommission zur Überprüfung des Genossenschaftsrechts 1954 bis 1958 und der Referentenentwurf von 1962. 2000.

Band 220 Verein Junger RechtshistorikerInnen Zürich (Hrsg.): ¿Rechtsgeschichte(n)? ¿Histoire(s) du droit? ¿Storia/storie del diritto? ¿Legal Histori(es)? Europäisches Forum Junger Rechtshistorikerinnen und Rechtshistoriker Zürich 28.-30. Mai 1999. 2000.

Band 221 Hans Christian Schüler: Die Entstehungsgeschichte der Bundesnotarordnung vom 24. Februar 1961. 2000.

Band 222 Nils-Eberhard Schramm: Die Vereinigung demokratischer Juristen (1949-1999). 2000.

Band 223 Silke Anke Torp: Das Rechtsverhältnis zwischen den Eltern und ihren Kindern. Dienstleistungspflicht, Aussteuer und Ausstattung. Eine Analyse der Rechtsprechung des Reichsgerichts und des Reichsarbeitsgerichts zu den Vorschriften der §§ 1616 bis 1625 des Bürgerlichen Gesetzbuches in der Zeit von 1900 bis 1945. 2000.

Band 224 Martin Jürgen Maaß: Die Geschichte des Eigentumsvorbehalts, insbesondere im 18. und 19. Jahrhundert. 2000.

Band 225 Stefanie Langer: Rechtswissenschaftliche Itinerarien. Lebenswege namhafter europäischer Juristen vom 11. bis zum 18. Jahrhundert. 2000.

Band 226 Ulrich Schmitz: Der Unterhaltsanspruch des nichtehelichen Kindes gegen seinen Erzeuger. Die rechtsgeschichtliche und dogmatische Entwicklung im deutschen Recht. 2000.

Band 227 Sebastian Günther: Friedrich Carl von Savigny als Grundherr. 2000.

Band 228 Henning Ibs: Hermann J. Held (1890-1963). Ein Kieler Gelehrtenleben in den Fängen der Zeitläufe. 2000.

Band 229 Matthias Rücker: Wirtschaftswerbung unter dem Nationalsozialismus. Rechtliche Ausgestaltung der Werbung und Tätigkeit des Werberats der deutschen Wirtschaft. 2000.

Band 230 Hendrik Sandmann: Die Entwicklung von Begriff und Inhalt des Wirtschaftsrechts durch die Rechtswissenschaft in der Weimarer Republik. 2000.

Band 231 Sibylle Müller: Gibt es Menschenrechte bei Samuel Pufendorf? 2000.

Band 232 Karin Olechowski-Hrdlicka: Die gemeinsamen Angelegenheiten der Österreichisch-Ungarischen Monarchie. Vorgeschichte – Ausgleich 1867 – Staatsrechtliche Kontroversen. 2001.

Band 233 Johannes Mierau: Die juristischen Abschluß- und Diplomprüfungen in der SBZ/DDR. Ein Einblick in die Juristenausbildung im Sozialismus. 2001.

Band 234 Jörg Wolff (Hrsg.): Stillstand, Erneuerung und Kontinuität. Einsprüche zur Preußenforschung. 2001.

Band 235 Friedo Schröder: Die anwaltliche Tätigkeit während der nationalsozialistischen Herrschaft. Eine Analyse der anwaltlichen Argumentation in Zivilprozessen anhand der vorhandenen Prozeßakten der Landgerichte Frankenthal, Wiesbaden, Limburg und Frankfurt und der Handakten der *jüdischen Konsulenten* des OLG-Bezirks Frankfurt. 2001.

Band 236 Der Code pénal des Königreichs Westphalen von 1813 mit dem Code pénal von 1810 im Original und in deutscher Übersetzung. Herausgegeben und mit einer Einleitung versehen von Werner Schubert. 2001.

Band 237 Klaus Richter: Deutsches Kolonialrecht in Ostafrika 1885-1891. 2001.

Band 238 Kai von Lewinski: Deutschrechtliche Systembildung im 19. Jahrhundert. 2001.

Band 239 Alexander Herzog: Sittenwidrige Rechtsgeschäfte in der höchstrichterlichen Rechtsprechung aus den Jahren 1948-1965. 2001.

Band 240 Claudia Rönnau: Die Beratungen des Wasserrechtsausschusses der Akademie für Deutsches Recht zu einem Reichswassergesetz (1934-1941). Ein Beitrag zur Dogmatik der Begriffe *Gemeingebrauch* und *Sondergebrauch* in der Zeit des Nationalsozialismus. 2001.

Band 241 Momme Rohlack: Kriegsgesellschaften (1914-1918). Arten, Rechtsformen und Funktionen in der Kriegswirtschaft des Ersten Weltkrieges. 2001.

Band 242 Rolf Geyer: Der Gedanke des Verbraucherschutzes im Reichsrecht des Kaiserreichs und der Weimarer Republik (1871-1933). Eine Studie zur Geschichte des Verbraucherrechts in Deutschland. 2001.

Band 243 Felix Lorenz Benjamin Lehmann: Der Rote Adlerorden. Entstehung und rechtliche Grundlagen (1705-1918). 2002.

Band 244 Marc Ludwig: Der Pfändungsschutz für Lohneinkommen. Die Entstehungs- und Entwicklungsgeschichte der Vorschriften zum Schutz vor Lohnpfändung in Deutschland. 2001.

Band 245 Alexander Wachter: Dorfschule zwischen Pastor und Schulmeister. Zur Säkularisierung des niederhessischen Schulwesens im 19. Jahrhundert. 2001.

Band 246 Richard Scholz: Analyse der Entstehungsbedingungen der reichsgerichtlichen Aufwertungsrechtsprechung. Untersuchung unter besonderer Berücksichtigung der konservativen Geldpolitik der Reichsbank und der Inflationspolitik der Reichsregierung. 2001.

Band 247 Judith Laeverenz: Märchen und Recht. Eine Darstellung verschiedener Ansätze zur Erfassung des rechtlichen Gehalts der Märchen. 2001.

Band 248 Christina Schenk: Bestrebungen zur einheitlichen Regelung des Strafvollzugs in Deutschland von 1870 bis 1923. 2001.

Band 249 Nils Werner: Die Prozesse gegen die Landvolkbewegung in Schleswig-Holstein 1929/32. Ein Beitrag zur Justizkritik in der späten Weimarer Republik. 2001.

Band 250 Wolfgang Walter: Das Duell in Bayern. Ein Beitrag zur bayerischen Strafrechtsgeschichte. 2002.

Band 251 Jörn Eckert / Kjell Å. Modéer (Hrsg.): Geschichte und Perspektiven des Rechts im Ostseeraum. Erster Rechtshistorikertag im Ostseeraum 8.–12. März 2000. 2001.

Band 252 Jan Könighaus: Die Inauguration der Christian-Albrechts-Universität zu Kiel 1665. Symbolgehalt und rechtliche Bedeutung des Universitätszeremoniells. 2002.

Band 253 Andreas Görgen: Rechtssprache in der Frühen Neuzeit. Eine vergleichende Untersuchung der Fremdwortverwendung in Gesetzen des 16. und 17. Jahrhunderts. 2002.

Band 254 Ralf Schäfer: Die Rechtsstellung der Haigerlocher Juden im Fürstentum Hohenzollern-Sigmaringen von 1634-1850. Eine rechtsgeschichtliche Untersuchung. 2002.

Band 255 Regine Schmalhorst: Die Tierhalterhaftung im BGB von 1896. Die Entstehung und Änderung des § 833 BGB sowie eine Analyse der Rechtsprechung des Reichsgerichts bis 1908. 2002.

Band 256 Thomas Hense: Konrad Beyerle. Sein Wirken für Wissenschaft und Politik in Kaiserreich und Weimarer Republik. 2002.

Band 257 Christian Mahlmann: Die Strafrechtswissenschaft der DDR. Klassenkampftheorie und Verbrechenslehre. 2002.

Band 258 Henning Kahmann: Die Bankiers von Jacquier & Securius 1933–1945. Eine rechtshistorische Fallstudie zur "Arisierung" eines Berliner Bankhauses. Mit einem Geleitwort von John Kornblum. 2002.

Band 259 Volker Friedrich Drecktrah: Die Gerichtsbarkeit in den Herzogtümern Bremen und Verden und in der preußischen Landdrostei Stade von 1715 bis 1879. 2002.

Band 260 Andreas Klass: Standes- oder Leistungselite? Eine Untersuchung der Karrieren der Wetzlarer Anwälte des Reichskammergerichts (1693-1806). 2002.

Band 261 Wolfgang Eder: Das italienische Tribunale Speciale per la Difesa dello Stato und der deutsche Volksgerichtshof. Ein Vergleich zwischen zwei politischen Gerichtshöfen. 2002.

Band 262 Albrecht Cordes / Bernd Kannowski (Hrsg.): Rechtsbegriffe im Mittelalter. 2002.

Band 263 Thomas Hildebrandt: Die Brandenburgischen Provinziallandtage von 1841, 1843, und 1845 anhand ausgewählter Verhandlungsgegenstände. 2002.

Band 264 Jan Finzel: Georg Adam Struve (1619–1692) als Zivilrechtler. 2003.

Band 265 Björn Carsten Frenzel: Das Selbstverständis der Justiz nach 1945. Analyse der Rolle der Justiz unter Berücksichtigung der Reden zur *Wiedereröffnung* der Bundes- und Oberlandesgerichte. 2003.

Band 266 Nils Reichhelm: Die marxistisch-leninistische Staats- und Rechtstheorie Karl Polaks. 2003.

Band 267 Raik Schneider: Altrechtliche Personenzusammenschlüsse. Ihre Entwicklung unter besonderer Berücksichtigung des Rechts des Großherzogtums Sachsen-Weimar-Eisenach sowie der Herzogtümer Sachsen-Meiningen und Sachsen-Gotha. 2003.

Band 268 Anke Meier: Die Geschichte des deutschen Konkursrechts, insbesondere die Entstehung der Reichskonkursordnung von 1877. 2003.

Band 269 Stefan Jens Jordan: Leben und Werk des Tübinger Rechtsprofessors Wilhelm Gottlieb Tafinger 1760–1813. 2003.

Band 270 Stefanie Hubig: Die historische Entwicklung des § 23 ZPO. Zum Ursprung und Fortleben des Vermögensgerichtsstandes im deutschen Prozeßrecht des 19. Jahrhunderts. 2003.

Band 271 Michael G. Perband: Der Grundsatz der freien Beweiswürdigung im Zivilprozeß (§ 286 ZPO) in der Rechtsprechung des Reichsgerichts. 2003.

Band 272 Mathias Bouveret: Die Stellung des Staatsoberhauptes in der parlamentarischen Diskussion und Staatsrechtslehre von 1848 bis 1918. 2003.

Band 273 Barbara Széchényi: Rechtliche Grundlagen bayerischer Zensur im 19. Jahrhundert. 2003.

FSC
www.fsc.org
MIX
Papier | Fördert gute Waldnutzung
FSC® C083411

Kolibri 360 GmbH
Ferdinand-Jühlke-Straße 7
99095 Erfurt, Deutschland
produktsicherheit@kolibri360.de

Druck:
CPI Druckdienstleistungen GmbH
im Auftrag der
Kolibri 360 GmbH
Ferdinand-Jühlke-Str. 7
99095 Erfurt